西洋政治思想と宗教

――思想家列伝

古賀敬太

風行社

〔目　次〕

はじめに

本書は、西洋政治思想史を政治と宗教、ないし国家と宗教の関係という視点から、古代から現代まで扱った通史である。特定の視点からの通史なので、今までの西洋政治思想史の通史と異なり、抜け落ちる部分がある反面、詳しく論述される所もある。

概していえば、古代から近代初期に至るまで、圧倒的に政治と宗教が一体化する政教一致の体制がとられていた。政教一致の体制においては、政教分離はおろか、信教の自由さえも認められていない。しかし、フランス革命以降になると、政教一致体制をとっている国においても信教の自由が認められていく。そして二〇世紀に入ると政教分離は原則として西欧諸国で定着していくのである。

本書の問題意識は五点ある。第一点は、古代と中世においては宗教による政治的統合が行われており、信教の自由は存在しなかった。しかし、政教一致をとっている政治システムであっても、内部における政治的権威と宗教的権威との関係においては、例えば古代イスラエル社会とギリシャ・ローマ社会では根本的に異なっている。つまり、前者においては宗教が政治的権力を批判し、コントロールする役割を果たしているのに対して、後者においては、宗教は政治的権力の正当化、神聖化のために利用される存在であり、いわゆる「鎮護国家的」役割を果たしているのである。

第二点は、近代になると信教の自由が保障され、政教分離も確立していくようになるが、それぞれの国の文化的・歴史的伝統に従って、政教分離の形態は実に多種多様であり、一つの枠にはめることはできない。従って、信教の自由や政教分離が確立されていくそのプロセスを、特にドイツ、フランス、イギリス、アメリカに分けて、国別に検討していくこととする。大雑把に言えば、ドイツやイギリスのように「穏健な政教分離」をとっている国、フランスのように

「厳格な政教分離」をとっている国、そして政教分離をとっているものの、キリスト教がいわば「市民宗教」（ベラー）として公的な領域にも浸透しているアメリカのような国に分類することができる。

第三点は、特に近代においては、ドイツ、フランス、イギリス、アメリカの国別に政治と宗教の問題をめぐって格闘した思想家を時代順に配列した。そこでは、一方において政教分離を推進していこうとする流れと、他方において宗教を国の根幹に位置づける流れの双方が存在する。したがって、思想家の配列として、単に政教分離の系譜に属する思想家のみならず、寛容を主張しつつも政教一致を主張する思想家をもとりあげた。

また「政教分離」を支持する思想家を取り扱う場合にも、いかなる理由から政教分離を主張するかという、その理由に注目した。つまり、宗教の純粋性を保ち、真の信仰を実践するために、世俗的権力と袂をわかち、国教会を否定するキルケゴールといった思想家もいれば、宗教戦争を回避し、国家の平和と秩序を保つために、寛容を説くようなフランスのモンテーニュやボダンのようなポリティーク派の人々もおり、更には人間の基本的人権である信教の自由を達成するためには、政教分離という制度的保障が必要と考える人々もいる。

第四番目は、政教分離を維持しつつも、宗教が私的領域に限定されるのではなく、また権力を正当化するのでもなく、政治的領域、公的領域において積極的に貢献することは可能かと問うことである。トクヴィル、リンゼイ、マリタンは、それぞれ立場は異なるにせよ、キリスト教が民主主義形成に及ぼす影響に関して積極的に発言している。

第五番目は、できるだけ各思想家の内面に肉薄し、彼らの信仰や宗教観に迫ろうとしたことである。思想史の研究は、思想家の思想の内容を客観的に叙述するのみならず、思想家個人の内面に肉迫し、追体験（Nacherleben）する作業が重要である。

こうした五つの視点に着目して、考察を進めていくこととする。

論述の進め方に関して、特に近代においては、国を基準として、それぞれの国の政教関係の歴史的文脈の中に、各思想家を位置づける構成にした。したがって第一節で、各国の政教関係の政治史を叙述し、第二節以降でその文脈の中に思想家を位置づけている。しかし国別に思想家の議論を組み入れたので、政治と宗教の関係において絶えず言及されるマキャヴェリやスピノザの議論を割愛せざるをえなかったことが残念である。

ところで、政治と宗教、国家と教会との関係を問う場合、国家と教会がどのように理解されているかが極めて重要である。ロックのように、政府が市民の基本的人権の保障のための手段として理解されているところでは、国家と教会の分離は成立するが、ヘーゲルのように国家が「人倫の実現体」として、すべてのものを包括する人倫の共同体として出現する所では、信教の自由が認められたとしても「制約」されたものであり、教会は価値の占有者である国家に従属することになる。

また教会論において、国家教会ないし国民教会の立場に立つ限りにおいて、政教分離を望むことはできない。トレルチの言う Kirche（キルヒェ）が Sekte（ゼクテ）に転換し、自由で自発的な教会観が形成されていかなければ、宗教の純粋性や、社会や政治に浸透していく活力を生み出すことはできない。私たちは、宗教が政治に結びつくことによって、国家においても、教会においても、様々な腐敗が生み出されてきた歴史を心に刻む必要がある。たしかに、バークの様に国教会を維持することによって、宗教を政治的統一体や国民の絆とする考えは、古くて新しく、政教分離が確立している今日においてもソフィストケイトされた形でいつでもよみがえってくるのである。

本書は、大きく時代を分けると、古代（古代ユダヤと古典古代）・中世と近・現代に分かれる。それでは、まず政治と宗教が一体化していた政治共同体について検討することにする。政治と宗教の一体化の形態でも、古代イスラエルと古典古代は、その具体的内実において根本的な相違が見られるので、注意すべきである。

第一部

古代・中世

第一章　古代イスラエルにおける政治と宗教

古代イスラエルの政治社会は、政治と宗教が一体化した政教一致の体制であり、そこには信教の自由は当然のことながら存在しなかった。モーセの時代から、七〇年のユダヤ人のディアスポラ（離散）に至るまで、モーセの律法を中心とした政治が行われていた。国家は、当然のことながら、民が律法を守り実行するように働きかける責任を有している。モーセの律法が宗教的・社会的規範の役割を果たしていたのである。しかし、このイスラエルの社会においては、基本的に政教一致でありながら、権力批判の装置がインプットされていることを看過すべきではない。つまり、「預言者」の存在である。預言者こそ、宗教の純粋性を守り、権力の腐敗や恣意的行使を批判する役割を果たすものであった。

Ⅰ　旧約聖書のユダヤ人の歴史

旧約聖書のユダヤ人の歴史は、以下のように分類することができる。

①族長時代（B.C.1800-1300）

②モーセ・ヨシュアの時代（B.C.1300-1200）

モーセによって与えられた宗教的・道徳的・法的戒律がイスラエル社会の秩序とルールを形造り、民はその戒律を守ることが義務づけられた。それは、神とイスラエルとの契約の書として成文化される。例えば「目には目を、歯には歯を」（出エジプト記21: 24）という刑法の応報原理であり、「在留異国人を苦しめてはならない」（22: 21）や同国人から「利息をとってならない」（22: 25）とする社会的弱者の救済、「悪を行う権力者の側に立ってはならない」（23: 2）、「わいろをとってはならない」（23: 8）などの規定も存在する。

③部族連合時代（B.C.1200-1040）

一二部族の連合で、裁き司（judge）が民の訴訟を裁いたり、外敵に対して一致して対抗する戦争指導者の役割をはたす。この時代は、従来国家連合や連邦制のモデルとして解釈されてきた。

④統一王国（B.C.1040-930）サウル、ダビデ、ソロモンの時代

この時代における統治体制を見ると、王であるダビデを筆頭に軍団長、参議、祭司、書記、守備隊長といった官職が存在する。祭司が統治機構の中に組み入れられているように、祭司は預言者と異なり、王を補佐し、王や国の安寧を祈る役割を果たすエスタブリッシュメントであった。

⑤分裂王国時代（南ユダ、北イスラエル）

ソロモンの後継者をめぐりヤロベアムとレハベアムが対立し、北イスラエルと南ユダという分裂王国が誕生する。そして前七二〇年、北イスラエルはアッシリアによって滅ぼされ、前五八五年南ユダはバビロン捕囚によって多数のユダヤ人がバビロンに連行された。

⑥植民地支配体制

以降、イスラエルは、ペルシャ、マケドニア、シリア、エジプト、ローマ帝国によって植民地支配を受け、七〇年のユダヤ戦争や一三五年のバル・コクバの乱によって、ユダヤ人はパレスチナの地から追放され、亡国の民となる。

Ⅱ　預言者の役割

旧約聖書において預言者が登場するのは、統一王国、そして分裂王国時代である。イスラエルの政教一致体制においては王が世俗的権力を持ち、神殿の管理をする大祭司が王の権力と一体化する反面、預言者が権力を批判する宗教的権威を持つ二元的構造となっており、王は、預言者のことばに耳を傾ける義務があった。

預言は、ヘブル語でネヴァー、預言者はナービーという。預言者の政治思想的意義に注目したのは、ウェーバー『古

代ユダヤ教』やウォルツァーの『解釈としての社会批判』である。ウェーバーは「被造物神化」の解体の視点から、ウォルツァーは、「社会正義」の確立の視点から、預言者が果たした役割を強調した。旧約聖書に登場する預言者を分類すると、以下の通りである。

北イスラエルの預言者――エリヤ、エリシャ、ホセア、アモス
南ユダの預言者――イザヤ、ミカ、エレミヤ
捕囚時代の預言者――エゼキエル、ダニエル、ゼカリヤ

Ⅲ　預言者の特質

預言者の特質としては、以下の点があげられる。

①神からの召命

王、大祭司が基本的に世襲制であったのに対して、預言者は直接的な神からの召命に拠っていた。出自は様々で、ダニエルは貴族、イザヤは王族、アモスは農夫、エレミヤは祭司の子、エゼキエルは祭司であった。

②神の口として語る

預言者は神の代理人として、神のことばをまっすぐに語ることが求められ、権力者にも民にもへつらってはならなかった。偽預言者は権力者にへつらい、民に迎合するものであるが、真の預言者は自分の命をもかえりみず、権力者や民を恐れず、批判し、悔い改めを迫る存在であった。したがって彼らは、例外なく権力者によって迫害された。

③預言者は、神の契約や律法を権力者や民に想起させ、遵守することを求めると同時に、アモスがイスラエルのアッシリア捕囚を予言し、エレミヤがユダヤのバビロン捕囚を予言したように、将来における神の審判を予言した。「預言」は「予言」を含むものであった。

以下、宗教の権力批判の事例として、預言者エレミヤの活動とアモスの活動を旧約聖書の「エレミヤ書」と「アモス書」から検討する。

Ⅳ　涙の預言者エレミヤ

エレミヤは、前六二七—前五八六年に活動した「涙の預言者」と言われている。エレミヤを描いた絵画としては、本書のカバーのレンブラントの「エルサレムの滅亡を嘆くエレミヤ」やミケランジェロ「エレミヤ」（ヴァティカンのシスティナ礼拝堂）が有名である。エレミヤは、エルサレムから北北東五キロの距離にあるアナトテで祭司の子として生まれた。彼が預言者としての召命を受けたのは二〇歳を少しすぎた頃であったと推測される。エレミヤが生きた時代の歴代の王は、ヨシア王（在位 B.C.640-609）、エホアハズ王（在位 B.C.609）、エホヤキム王（在位 B.C.609-598）、エホヤキン王（在位 B.C.598-597）、ゼデキヤ王（在位 B.C.597-586）であった。

ヨシア王はエルサレムの神殿で「申命記」が発見されたことにより、律法に基づく宗教改革を六二二年に行った。エレミヤの時代のユダ王国は偶像崇拝、性的堕落、不義、経済的格差、政治腐敗が激しかったので、エレミヤもヨシュア王を助けて宗教改革を訴えた。しかし、ヨシュア王の宗教改革は中途半端に終わり、彼以降の王は神に離反した政策を行い、民も腐敗・堕落していたので、エレミヤは王と民に悔い改めを迫った。もし悔い改めなければバビロンによる捕囚という神の裁きが近いことも予告した。一方「偽預言者」は、権力者や世論に反発されるのを恐れて彼らに「迎合」し、「平和」を語った。

身分の低い者から高い者に至るまで、皆、利をむさぼり、預言者から祭司に至るまで皆、欺く。彼らはわが民の破滅を手軽に治療して、平和がないのに、『平和、平和』と言う。（エレミヤ書 6: 13-14）

こうしたエレミヤの歯に衣着せぬ言動に対して歴代の王は怒り、エレミヤを迫害し、殺害しようとした。特にエホヤキム王（第三六章）、ゼデキヤ王（第三七章）がそうである。預言者エレミヤの警告に耳を傾けなかったゼデキヤ王は、バビロンに連行された。エレミヤは、ユダヤの民に「バビロン捕囚」という裁きを宣告したが、その預言は第一回目のバビロン捕囚（B.C.597）、第二回目のバビロン捕囚（B.C.586）において実現した。しかしエレミヤは、七〇年後におけるユダヤ人のバビロンからの帰還をも預言している。

私は、あなたがたのために立てている計画をよく知っているからだ。——主の御告げ——それはわざわいではなくて、平安を与える計画であり、あなたがたに将来と希望を与えるためのものだ。——主の御告げ——私は、あなたがたの繁栄を元どおりにし、私があなたを追い散らした先のすべての国々と、すべての場所から、あなたがたを集める。——主の御告げ——私はあなたがたを引いて行った先から、あなたがたをもとの所に帰らせる。(エレミヤ書 29: 11, 14)

そして旧約聖書によればこのエレミヤの預言は、紀元前五三九年のペルシャのクロス王によるユダヤ人のエルサレムへの帰還令によって実現した。

エレミヤは預言者としての活動の中で迫害され、いのちの危険性を冒しながらも、同胞のユダヤ人の救いのために、神からのメッセージを語った。彼は、「主のみことばは、私の心のうちで、骨の中に閉じ込められて、燃え盛る火のようになり、私はうちにしまっておくのに疲れて耐えられません」(エレミヤ書 20: 9) と述べている。そこに「預言者」としての使命があった。旧約聖書時代において、預言者は宗教改革の担い手であり、宗教の純粋性の復活の提唱者であった。そして彼らは同時に、社会的・政治的秩序における正義の確立を熱心に提唱したのである。

後に述べる古代ギリシャ・ローマ社会が政治が宗教を支配する祭政一致体制であったのに対して、古代イスラエル社会は宗教が政治に優越する神権政治であった。

Ⅴ　正義の預言者アモス

アモス書の時代的背景

アモスは、キリストが生まれたエルサレムから南に約二〇キロ離れたテコアの羊飼いであり、いちじくぐわの木を栽培していた農夫であった。彼は、貧しい階層の出身であった。アモスとは、「重荷を負うもの」というヘブル語である。当時、統一王国が北イスラエルと南ユダに分裂していたが、アモスは南ユダにあるテコア出身であるにもかかわらず、北イスラエルに対する預言者としての召命を受けた。彼と同時代人の預言者には、ホセア、ミカ、イザヤがいる。彼の預言活動は、前七六五年から前七五五年まで一〇年に及んでいる。ちなみに北イスラエルは、前七二二年にアッシリアによって滅ぼされて、地図上から消えていった。

当時、北イスラエルにおいては、階級対立が激化し、貧富の差が拡大していた。自営農民は没落し、債務奴隷におとしめられていた。アモスの批判は、貧しい者を犠牲にし、高利貸しをして暴利をむさぼり、市場価格を操作して、貧しい人々を搾取していた富める商人階級に向けられていた。彼らはユダヤ人としての連帯の絆を破壊し、貧しい者に多大な負債を負わせていたのである。

アモスの預言と社会正義

旧約聖書のアモス書の中から、アモスの預言を見てみよう。

彼らが金と引き換えに正しい者を売り、一足のくつのために貧しい者をうったからだ。彼らは弱い者の頭を地のちりに踏みつけ、貧しい者の道を曲げ、父と子が同じ女のところに通って、私の聖なる名を汚している。彼らはすべての祭壇のそばで、質にとった着物の上に横たわり、罰金で取り立てたぶどう酒を彼らの神の宮で飲んでいる。

（アモス書 2: 6-8）

ここには、高利貸しが「一足のくつ」の代金のために貧しい人を債務奴隷にし、放蕩に耽り、神の聖なる御名を汚している姿が描かれている。

聞け、貧しい者たちを踏みつけ、地の悩む者たちを絶やす者よ。あなたがたは言っている。「新月の祭りはいつ終わるのか。私達は穀物を売りたいのだが。安息日はいつ終わるのか。麦を売り出したいのだが。エパを小さくし、シェケルを重くし、欺きのはかりで欺こう。弱い者を金で買い、貧しい者を一足のくつで買取り、くず麦を売るために。（8: 4-6）

悪徳商人は、不正な方法を用いて、つまり「エパを小さくし、シェケルを重く」することによって貧しい人々を搾取する。エパとは、穀物や粉などをはかる容器で、シェケルは金や銀の重量の単位である。つまり彼らは、穀物を売る時に基準より小さなエパ枡を用い、代金を受け取る時に基準より重いはかり石を用いて、二重に搾取していたのである。それだけではなく、彼らは賄賂で裁判を曲げ、貧しい人々の訴えを門前払いにする。「私はあなたがたのそむきの罪がいかに多く、あなたがたの罪がいかに思いかを知っている。あなたがたは正しい者をきらい、まいないを取り、門で貧しい者を押しのける」（5: 12）。「彼らは、公義をにがよもぎにかえ、正義を地に投げ捨てて」（5: 7）いるので、アモスは、「公義を水のように、正義をいつも水の流れる川のように流れさせせよ」（5: 24）と訴えかけるのである。アモスの警告は、経済的利潤を追求するあまり貧しい者を踏み台にし、彼らの苦しみに耳を傾けようとしない人々に対する鋭い批判である。ここでいう「公義」とは、ヘブル語で「ミシュパート」であり、正しい裁きをすることによって、社会秩序を維持することを意味する。また「正義」とはヘブル語で「ツェダーカー」であり、律法や「契約」の遵守を意味し、社会的弱者の救済が含意されている。旧約の律法は、社会的弱者に対する配慮を一貫して説いている。

政治・宗教エリートに対する批判

ところでアモスの批判は、律法に反して貧しい者をしいたげる裕福な商人階級に向けられていただけではなかった。彼は祭司と君主にも批判の刃を向けている。宗教的エリートである祭司階級と政治的な支配者である王は、大商人と結託して貧しい者を抑圧し、不義に手を貸していた。今日の言葉で言えば、政・官・業の「鉄の三角形」の癒着構造と類似した状況が宗教、政治、市場の間で成立していたのである。そしてその犠牲者は社会的弱者であった。当時北イスラエルの神殿はベテルにあり、その祭司はアマツヤであり、王はヤロベアム二世であった。アモスは神殿や北王国の崩壊を預言した。この言葉に驚いたアマツヤはヤロベアムに人を遣わし、「イスラエルの家のただ中で、アモスはあなたに謀反をくわだてています。この国は彼のすべてのことばを受けいれることはできません。アモスはこう言っています。ヤロベアムは剣で死に、イスラエルはその国から必ず捕え移されていく」（7: 10-11）と伝えさせた。ヤロベアム二世の治世は前七九三—前七五三年であり、アモスの預言の時期（B.C.765-755）もそこに含まれる。彼は領土を拡大した野心的な君主であり、ヨルダン川東部やシリアの首都ダマスコを勢力下に置き、重要な国際交易路を支配し、経済的繁栄を達成していた。しかしその繁栄を享受していたのは、一部の特権階級であった。祭司アマツヤは、ヤロベアム二世の権力をバックにしてアモスを脅迫し、アモスを北イスラエルから追放しようとした。彼はアモスに対して、「先見者よ。ユダの地へ逃げていけ。その地でパンを食べ、その地で預言せよ。ベテルで二度と預言するな。ここは王の聖所、王宮のあるところだから」（7: 12, 13）と脅迫した。

アモスの預言は社会批判に留まらず、宗教的権力と政治的権力に対する批判、祭司と王に対する批判へとつき進んだ。それは貧しい人たちを抑圧し搾取する豊かな商人階級に対する批判から始まり、そうした経済的利害と結びついた宗教的・政治的権力に対する批判へとエスカレートし、最終的に北イスラエルに対する神の審判が告げられる。事実、聖書によれば、アモスの預言の通り北イスラエルのヤロベアム王朝は前七二二年アッシリアの侵略によって滅び去った。

預言による「被造物神化」批判

エレミヤやアモスの預言活動に見られるように、預言者は、権力者に対しても神のことばを語り、権力者を批判したので、迫害を受けざるをえなかった。こうした権力批判の伝統は、古代世界の権力の「神聖化」と著しい対照をなしている。古代社会においては、王の威厳は神に等しいものとみなされ、王への礼拝が強要されていた。ローマの皇帝礼拝もその伝統を継承したものである。日本では、天皇を「現人神」とする天皇礼拝もそうである。これに対してヘブライズムの伝統は、権力者からその神聖な衣をはぎ取り、神の前にその権力を相対化することであった。神の権威を代行するのは、君主ではなく預言者であり、旧約聖書のイスラエルの歴史は、王権ではなく、預言者を中心に展開するのである。預言者の伝統から生まれてくるのが、M・ウェーバーの言う「被造物神化」の解体である。人間が神格化されたり、動物や太陽といった被造物を礼拝し、拝むことは、「唯一神」に対する裏切りであり、「偶像崇拝」の罪であった。聖書では、創造主とは異なるものを拝むことを、「霊的姦淫」にたとえている。まさに神は、「ねたむ神」であり、神と人との関係はいかなるものも介入できない人格的な交わりの関係であった。

〔参考文献〕

・旧約聖書のエレミヤ書とアモス書（『聖書　新改訳』、いのちのことば社、2015）
・M・ウェーバー『古代ユダヤ教』（内田芳明訳、みすず書房、1985）
・M・ウォルツァー『解釈としての社会批判』（大川正彦・川本隆史訳、風行社、1996）〔ちくま学芸文庫、2014〕
・雨宮慧『旧約聖書の預言者たち』（NHK出版、1997）

第二章　古典古代における政治と宗教

I　アテナイとローマにおける政教一致

ギリシャやローマは古代文明の発祥地である。政治思想の観点から見る時ギリシャのアテナイは民主主義の発祥地であり、古代ローマは共和制やコスモポリタニズムの思想の源泉であった。またアテナイは、ソクラテス、プラトン、アリストテレスといった思想家を輩出し、ローマにおいてもストア学派が栄えた。しかし、アテナイにしろローマにしろ、ポリスは政教一致の祭祀国家であったことを忘れてはならない。この章では、祭祀共同体としてのアテナイやローマの特質を考察すると同時に、そのような国家宗教の枠組みの中で、個々の思想家がどのように行動し、体制と折り合いをつけようとしたのか、その血の滲むような言動をフォローしていきたい。

アテナイやローマといった古典古代のポリス（都市国家）は、古代イスラエルの社会と同様、政教一致の体制であった。しかし、古代イスラエルにおいては律法という成文法があり、そこには人権や社会正義がインプットされ、預言者による権力批判が正当化されていたのに対し、古典古代の政教一致においては宗教が権力と結びつき、政治的統合の絆となっていた。ヘーゲルは、『歴史哲学講義』において、ローマの建国者のロムルス（B.C.753-715）の後の二代目の王であるヌマ（B.C.715-673）が宗教儀式を取り入れ、王（rex）がギリシャ語の ρεζειν（犠牲を捧げる）の派生語であるように、ローマにおいては王が祭祀を兼ね、政治と祭事が結びつき、神政政治の形をとったと述べている（『歴史哲学講義』（下）、一二五頁）。

当時アテナイには、最高神のゼウス、ヘラ（結婚・母性の神）、アポロン（太陽と芸術、理性の神）、アルテミス（狩猟、純潔、豊穣の神）、アテナ（都市の守護神、知恵の女神）、アレス（戦いの神）、アフロディテ（愛の女神）、デメテル（穀物と豊穣の女神）、ヘファイトス（炎・鍛冶の神）、ポセイドン（海の神）、ヘルメス（幸運の神）、ヘスティア（竈の女神）という一二の神々が存在した。オリンポスの山々が神々の住む場所であった。アテナイの守護神は、知恵と戦争の女神であるアテナであった。アテナイではゼウスが最高神であるが、アポロンやアテナ、ポセイドンといった他の神々を強制的に服従させることはできず、他の神々同士の喧嘩を裁くこともできない。

またローマには、ギリシャの神々に対応して、最高神であるユピテル（ゼウスに対応）、ユノ（ヘラに対応）、アポロ（アポロンに対応）、ディアーナ（アルテミスに対応）、ミネルヴァ（アテナに対応）、マルス（アレスに対応）、ヴェヌス（アフロディテに対応）、ケレース（デメテルに対応）、ヴルカヌス（ヘファィトスに対応）、ネプチューン（ポセイドンに対応）、メルキュール（ヘルメスに対応）、ヴェスタ（ヘスティアに対応、ローマの守護神）という一二神が祭られていた。

Ⅱ　クーランジェの『古代都市』

ポリスが祭祀共同体であることを強調したのは、『古代都市』（1864）を書いたフランスの古代史家クーランジェ（1830-1889）であった。この著書に依拠して、ポリスの祭祀共同体の特徴を紹介することにする。

神々は基本的にポリスを守る守護神であり、鎮護国家的性質を持っている。したがって、他国人はポリスが挙行する聖なる儀式に参加することができない。

古代にあっては、あらゆる社会の紐帯をなしたものが祭祀であったことをみすごしてはならない。家族の祭壇が一家の人々をその周囲に結合させたように、都市は同じ守護神を持ち、同じ祭壇に向かって宗教的儀式を行う人々の集団であった。……市民一般の祭祀もまた他国人から隠されていた。市民でなければ、だれも犠牲奉献の式に列席

できなかった。他国人が一瞥を加えてさえ、その宗教的儀式はけがされるのであった。(『古代都市』、二一五頁)

市民の義務としては、防衛の義務、統治、立法、裁判といった政治への参加の義務に加えて、祭祀を行う義務があった。神々への犠牲奉献を行わない人は、「非国民」としてポリスから追放されたのである。

また市民の義務として公共の場で行う聖餐に参加する義務があった。この聖餐の儀式、共に食事をすることによって、彼らは相互の連帯感を確認しあったのである。この聖餐式を行うことも、神々に祝福される条件であった。

都市の祭祀の主な儀式も、聖餐であった。聖餐は、守護の神々に敬意を表すために、すべての市民が共同で行われなければならなかった。この公共の聖餐を祝う習慣は、ギリシャ全土にあまねく行われ、都市の禍福はこの儀式の成就にかかっていると信じられた。(同、二三〇頁)

そしてすでに述べたように市民は、宗教的儀式を行う義務をも伴っていたが、この義務を行わなければ、市民権は一切剥奪される。従来、ポリスの市民権の構成要素として、民会への参加や兵役の義務が強調されてきたが、それにもまして、宗教的儀式への参加が重要であった。

市民としての資格は、都市の祭祀に与るという事実によって認められた。そしてその私権と公権はすべてこの祭祀への参加から生じた。もし祭祀を捨てれば、同時にすべての権利を捨てるのであった。さきに国家の祭祀の主な儀式である公共の聖餐について述べたが、スパルタはこれに列席しなかったものは、たとえそのものの過失によるものでなくても、すぐに市民のうちから除外された。各都市では、あらゆる市民がその祭祀の式典に加わることを命じた。(同、二八一頁)

また古典古代のポリスにおいては、古代イスラエル社会、そして中世キリスト教社会に見られたように、国家と宗教との対立は存在しえなかった。なぜなら国家を支配するものが宗教をも支配したからである。

ギリシャ人もローマ人も他の社会ではごくありふれたことである宗教的権威と国家権力の闘争という悲しむべき事実を知らなかった。しかしそれは、ローマ、スパルタ、アテナイのどこでも、国家が全く宗教に服従していたことに原因する。しかもこの服従は、権力を強制する神官の団体があったからでは決してない。古代の国家は宗教的団体に服従したのではなく、宗教そのものに心服したのである。国家と宗教はいりまじっていて、単に両者の闘争のようなものを想像することができなかったばかりか、両者を区別することさえできなかった。（同、二四〇頁）

当然、こうした政教一致の体制においては、信教の自由は存在しえなかった。信教の自由は、近代的個人主義の中核を形成するものであるが、個の尊厳という認識そのものが存在しなかったのである。不信仰は「不敬罪」として処罰の対象となった。

人は、自分の信じる信仰を選択する自由ももたなかった。彼は都市の信仰を信じ、それに服従しなければならなかった。隣接する都市の神々は憎み、軽んじることもゆるされた。……都市の神々を信じないことは、宗教と国家とに同時に害を及ぼす不敬罪で、国家は、これに厳罰を加えた。ソクラテスは、この罪のために死刑にされたのである。古代人は都市の宗教についてかれこれ考える自由を絶対に知らなかった。市民は祭祀のあらゆる法則に従い、すべての行列に参加し、聖餐に加わらなければならなかった。アテナイの法律は、国家の祭典を宗教的に祝うことを怠る者に刑罰を加えると宣言した。（同、三二六頁）

ローマの元老院の議事は、神々の前で行われ、始める前に神々へのいけにえや祈りがささげられた。

ローマの元老院が集会する場所は常に神殿であった。もし、会議が神聖な場所以外で行われるなら、その決議は無効にされた。神々がそれに立ち会わなかったからである。議長は討論を開く前にいけにえを捧げ、祈禱を唱えた。議場には祭壇があって、議員は入場の際に、かならず神々を祈願して聖水をまくことになっていた。（同、二三八頁）

ヘーゲルは、『歴史哲学講義』の中で、幾分皮肉や批判を加えて、ローマの迷信と政治との関係において、「卜占や鳥占いや『巫師の書』のことを考えただけでローマ人がありとあらゆる迷信にとらわれ、自分のめざすことしか念頭になかったことは明らかです。動物のはらわたや稲妻や鳥の飛び方や巫女の声が、国家の政務や事業を左右した」（『歴史哲学講義』（下）、一二二頁）と揶揄している。

こうした政教一致のポリスの政治体制であるにもかかわらず、なぜ、アテナイやローマにおいて独創的な哲学や自然科学が生まれたのであろうか。学問の発達は、こうした政教一致の体制とどのように折り合いをつけたのであろうか。次にその点をソクラテス、プラトン、アリストテレスに依拠して考察することにする。

〔参考文献〕

・F・ド・クーランジュ『古代都市』（田辺貞之助訳、白水社、1997）
・G・W・F・ヘーゲル『歴史哲学講義』（下）（長谷川宏訳、岩波文庫、2002）

第三章　古代ギリシャの政治思想

神話から自然哲学へ

ソクラテス以前のギリシャ哲学は、前八世紀のホメロスやヘシオドスの神話の世界を克服して、「自然哲学」として展開された。小アジア西海岸のイオニアのミレトスから、万物の「根源」（アルケー）を問う「自然哲学」が発生し、ミレトス学派として各地に伝播していった。タレス（B.C.624-546）は、万物の根源を「水」に求め、アナクシマンドロス（B.C.610-545）は、「無限定なるもの」に求め、アナクシメネス（B.C.560-500）は、「空気」に求めた。ピタゴラス（B.C.582-496）は「数」に求め、ヘラクレイトス（B.C.540-480）は、「火」に求め、ソクラテスと同時代人のデモクリトス（B.C.460-370）は「原子」に求めた。しかし、プラトンやアリストテレスの哲学への影響という観点から重要であったのは、「万物の根源」に対する問いと並んで、不変的・恒常的なものと生成し消滅するものとの関係をめぐる問いであった。この問いに対しては、二つの全く異なる回答が与えられた。ヘラクレイトスは、「万物は流転して止むことなし」、「戦いは万物の父であり、王である」と述べて、生成変化の法則を「ロゴス」と捉え、この「ロゴス」があらゆる現象を秩序づける原理であると考えた。このような「生成・消滅の世界」を見据えるヘラクレイトスに対し、エレア学派のパルメニデス（B.C.515-450）は、「存在のみあり、非存在はあることなく、また思惟せられる能わず」と述べ、存在は始めも終わりも持たない、恒常的なものと主張する。これに対して、彼は感覚によって捕えられる「生成・消滅、変化の世界」を誤謬、臆見に基づく「非存在」として退けるのである。彼の「存在論」は、プラトンのイデア論やアリストテレスや新プラトン主義の「神」概念に大きな影響を及ぼした。

こうしたいわゆる「自然哲学者」は、多神教の世界において、ポリスの伝統的な神々に対してどのような態度をとったのであろうか。彼らの学問的営為に対する伝統的な宗教の側からの迫害や批判はなかったのであろうか。例えば、古代アテネの最大の政治家・将軍であるペリクレス（B.C.495-429）の友人にして師匠で、アテナイで三〇年ほど滞在したアナクサゴラス（B.C.500-428）は、ギリシャ神話を軽蔑し、「太陽は燃えている石で、神なんかではない。ペロポネソス半島よりは大きいけれど。それから、月は太陽の光を反射して輝いている。月食は……。日食は……」と天体の秘密を解き明かしたり、「太陽は四頭立ての二輪馬車に乗ったアポロンに導かれるのではない」と主張したことにより、裁判にかけられた。それは、アテネの市民にとっては「神を冒瀆」した罪であった。彼は、アテナイを去り、故郷の小アジアに戻った。次に述べるソクラテスも瀆神罪で処刑された人物である。

第一節　ソクラテス（Sōkratēs）

自然哲学から人間の哲学への転回点となったのが、ソクラテス（B.C.469-399）である。ソクラテス以降、「人はいかにしたら善く生きることができるか」という倫理学や政治学をめぐって議論が展開される。「自然科学」から「人間学」への転回である。すでに、自然科学的思考が定着していたアテナイ社会においても、神話ではなく、理性に基づく政治社会の構築が試みられることとなる。しかしながら、ソクラテスも祭政一致のアテナイのポリスで思想的活動を行ったので、当然のことながらそこに緊張関係が生じることになる。まずソクラテスが当時のギリシャ人の宗教に無関心でなかったことは、彼がデルフォイの神殿のアポロンの神託を重視したことに示されている。デルフォイは、ギリシャ中部の地名で、そこにはアポロン神殿があり、ギリシャ人に神殿の巫女を通して神託が語られ、ポリスの重要な決定はこの神託によってなされていた。アポロンはオリュンポスに住むとされた一二神の一人であり、理性や芸術の神である。ソクラテスの弟子のカレイフォンが、アポロン神殿で聞いた「ソクラテス以上の賢者は一人もいない」というお告げをソクラテスに伝えた結果、ソクラテスは、そのお告げの信憑性を確かめるために、時の詩人や哲学者に会って問答を試みた。その結果、賢者とは自分が知らないことを自覚した者、つまり「無知の知」であることを悟ることになる。ソクラテスの問答法は、人々が対話によって自分の無知を自覚し、そこから反転して真理を追求することを目的としていた。

問答法によってソクラテスは有名人や有力者のうらみを買うことになるが、ソクラテス自身は神託に従って行動したことになる。ソクラテスは、「私はあなた方よりも神に従います。息の続く限り、私は知を愛し求めることをやめません」(『ソクラテスの弁明』、29D)と述べているが、彼にとって哲学(φιλοσφία, philosophia)、つまり知を愛することは、神の命じ給うことに他ならなかった。

ソクラテスの対話は「産婆術」として知られ、討論によって真理を発見していくダイナミックなプロセスを生み出した。以降、ヨーロッパの学問は、プラトン、キケロ、トマス・アクィナスの諸著作に見られるように、「対話」の精神によって形造られていくことになる。

ソクラテスの死刑判決の訴状は、「ソクラテスは、国家の定める神々を認めず、ほかの新しいダイモニアを導入し、また青年を腐敗させたことにより、罪を犯した。告発者は死刑を要求する」というものであった。ここで「新しいダイモニア」とは一体何であろうか。ソクラテスの行動は、自らの知恵に基づく行動ではなく、彼の心の中に働くダイモニアの導きによるものであった。彼は、裁判の場に死を恐れず来たことがダイモニアの働きであるとして、以下のように述べている。

私にいつも起こるダイモニアのお告げというものは、これまで全生涯を通じて、いつもたいへん数しげく現れて、ごく些細なことについても、私の行おうとすることが適当でない場合は、反対したものです。ところが今度、私の身に起こったことは、諸君も親しく見て、知っておられる通りでして、これこそ災悪の最大なるものと、人が考えるかもしれないことであり、一般にはそう認められていることです。ところが、その私に対して、朝、家を出てくる時にも、神の例の合図は、反対しなかったのです。また、ここにやってきて、この法廷に入ろうとした時にも、反対しなかったし、弁論の途中でも、私が何かを言おうとしているどのような場合にも反対しなかったのです。……つまり今度の出来事は、どうも私にとっては、善いことだったらしいのです。そしてもしわれわれが、死ぬことは災悪だと思っているのなら、そういうわれわれすべての考えは、どうしても正しくはないのです。(『ソクラテスの弁明』、31a-c)

つまりダイモニアの導きによってソクラテスは牢獄に入れられ、法廷で死刑判決を受けるものの、ソクラテスには魂の不死が啓示され、死がより良い世界に至る通過点にすぎないという真理を知るきっかけとなるのである。『ソクラテスの弁明』においては、ソクラテスがギリシャの神々を信じるか信じないかという信仰が問われている。そしてプラトンが描くソクラテスは、自らが神々に従っていることに全く疑いを持っていなかったものの、それはアテナイ人の外面的で、儀式的な宗教観と異なっていたのである。

彼が信じるダイモニアは、もはやアテナイ人の祭儀に象徴されるものではなく、彼の内面的・主観的な信念の象徴であったといえなくもない。ヘーゲルの評価によれば、ソクラテスは、神的なものを自分の心のなかに抱くことにより、内面的自由の神聖性というとりでを打ち立てたのである。

人間を行動へとむかわせる判断の根拠が洞察力ないし確信にあると考えたソクラテスは、祖国や慣習に対立する位置にある主観こそが決断の主体であり、自己のうちにこそギリシャ的な意味での神託がやどると主張した。ソクラテスによると、彼の心にダイモニアがいて、それが何をなすべきかを助言し、友人にとって何が有益かを示してくれる、という。このように主観の内面的世界が登場してくると、現実との断絶が生じてきます。ソクラテス自身は市民としての義務を果たしましたが、しかし、彼にとって現存の国家や国家の宗教は絶対のものではなく、思考の世界こそが真の故郷だったのです。かくて、神々は存在するかとか、神々はどんなものかといった問いが投げかけられてきます。（『歴史哲学講義』（下）、八二頁）

こうしたヘーゲルのソクラテス評価は、当時の伝統的な宗教観とソクラテスのそれとの緊張関係を適確に示している。

私たちは、次にソクラテスの弟子のプラトンの対話篇を通して、彼の宗教観そして政治思想を考察することにしよう。

〔参考文献〕

・プラトン『ソクラテスの弁明、クリトン』（久保勉訳、岩波文庫、1973）
・G・W・F・ヘーゲル『歴史哲学講義』（下）（長谷川宏訳、岩波文庫、2002）

第二節　プラトン（Platōn）

Ⅰ　プロフィール

プラトン（B.C.427-347）の生涯は、彼の『第七書簡』とディオゲネス・ラエルティオスの『ギリシャ哲学者伝』の記述によって知られている。プラトンは、アテナイ有数の名家に生まれた。ペリクレス（B.C.495-429）の死から二年後である。前四三一年にペロポネソス戦争（スパルタ中心のペロポネソス同盟軍とアテナイ中心のデロス同盟の戦い）が勃発していた。アテナイの民主主義の全盛期は、前四九二年のペルシャ戦争から前四三一年のペロポネソス戦争までである。

それ以降、道徳や習俗の堕落が顕著となる。前四〇四年にペロポネソス戦争がアテナイの敗北に終わり、三〇人独裁政権（親スパルタ）による恐怖政治が続いた後、民主制が回復される。プラトンは前四〇七年にソクラテスの弟子となっていたが、彼が二八歳の時、ソクラテスは陪審員裁判で死刑判決を受け、刑死した。この事件は、プラトンの民主制に対する批判を引き起こすこととなった。また彼は、この事件を契機として、政治から離れて、哲学への道を歩むこととなる。彼は、メガラに行った時にパルメニデスの影響を受け、南イタリアではピタゴラスから深い影響を受けた。彼は、ソクラテスの死後から、ソクラテスを主役とする幾多の対話編を公表しはじめた。また彼は前三八七年、アテナイでアカデメイアを開き、研究・教育に専心した。しかし、彼の政治への情熱は衰えず、前三六七年、六〇歳になってからシラクサの僭主ディオニュシオス二世の哲学教育を引き受け、シラクサの政治に関与しようとしたが、失敗に終わった。彼は、前三四七年、八〇歳でアテナイで死去した。

彼の著作は、初期の作品としては『ソクラテスの弁明』、『クリトン』、当時の有名なソフィストとの対話篇である『プロタゴラス』、カリクレスとソクラテスとの論争を含む『ゴルギアス』、初めて魂の「先在説」と「想起説」（アナムネーシス）を展開した『メノン――徳について』、中期の作品としては、恋（エロース）の本質を説いた『饗宴――恋について』、魂の不死を説いた『パイドロス――美について』や『パイドン』、哲人王を展開した『国家』（ポリテイア）、後期の作品としては、イデア論の再考を迫る『パルメニデス』、知識とは何かを問うた『テアイテトス』、プラトンの宇宙論で、中世のキリスト教神学に大きな影響を及ぼした『ティマイオス』、『政治家』（ポリティコス）、『法律』（ノモイ）などがある。ちなみにプラトンが開いたアカデメイアは、五二九年に東ローマ帝国皇帝ユスティニアヌス（527-565）が閉鎖を命じるまで、九〇〇年間も存続したのである。

Ⅱ　異教的世界におけるプラトンのジレンマ

プラトンにはソクラテスの「瀆神罪」による刑死の悪夢があるためであろうか、伝統的な神々への敬意を表すことに腐心した。彼は、ポリスの祭儀の慣行と彼独自の自由な思想の展開との折り合いをつけようとしたのである。

『国家』の中では、「ゼウスに誓って」という言葉が何度も多用されている。また『饗宴』でも「ゼウスに誓って」や「ポセイドンに誓って」、『メノン』では「神々に誓って」、「ゼウスに誓って」という言葉が多用されている。彼は、『法律』の中でも無神論者を批判して、神々にいけにえをささげる義務を強調している。また『国家』では、ソクラテスが弟子のアディマントスに対して、法律の制定に関して、「デルフォイにいますアポロンには、立法される事柄のうち最も重大で、最も立派で第一のことを規定していただかなければならない」として、神殿の建立や犠牲の奉納、神々や神霊（デーモン）や英雄神への様々な奉仕、死者の埋葬、死者を宥めるためのすべての供養の義務を指摘している（『国家』、IV-5-427B-C）。そしてこの点において、父祖の神アポロンに指導を仰ぐ必要があると付言している。

またプラトンは、『法律』（VI, 15, 771d）において、都市の中心は神殿であるとして、神々の恵みを得るため、そして互いに親しみ交わりを深めるために、月に二回、祭壇の前で犠牲を捧げるための集まりが催されると書き記している。そして、不敬な市民には刑事罰が科せられるという。

もしも人々が、神々の存在を認めなかったり、また神々の性格を法律が述べているようなものであるとは考えなかったりするなら、……ある者には鞭刑や監禁を、ある者には市民権剥奪の刑を、また他の者には財産没収や追放の刑を科して、罰しなければならない。（『法律』、X-4-890B-C）

また彼は、神々の存在がピュシス（自然）にとって存在するのであって、ノモス（法律＝習慣）によってではないことを説得しなければならないと述べている。つまり神々は、人間が作り出したものではないという主張である。

しかし、他方において多神教世界における暗黙の強制があるにも拘わらず、プラトンの哲学では唯一神的な傾向が示されている。例えば『国家』第七巻の「洞窟の比喩」で描かれる善のイデアは、「あらゆるものの知覚と存在の根拠であると同時に、絶対的な真理の基準かつ人間行動の規範」と定義されているが、それはいわば「神」に他ならない。

また、『ティマイオス』では、造り主（デミウルゴス）が、イデアに基づいて世界を創るとされている。また、『法律』

において は、「人間にとっては万物の尺度はなににもまして神（テオス、θεός）であり、その方が、人々の言うように、誰か人間が尺度であるとするよりも、はるかに妥当なことなのである」と記されている。すでに述べたように、こうした特徴は、特に後の新プラトン主義によって強化され、アウグスティヌスに示されているように、キリスト教神学を弁証する哲学的理論として用いられるようになる。

プラトンは、ギリシャ的な神々の存在や宗教的儀式の神聖さを認めるものの、ホメロスやヘシオドスといった詩人の「神話」をすべて容認したわけではなかった。彼は、自らの道徳的規準によって選別したのである。

この点に関してジャン・グロンダンは『宗教哲学』において、プラトンにおけるギリシャの神々に対する二律背反を指摘している。彼はプラトンにとって神話的伝統は、事物のイデアや永続性の認識に役立つ反面、神々に関する背徳的記述の故に、批判の対象であったと主張する。プラトンにとって神々は、背徳的であったり人間的であったりしてはならず、善きものでしかありえなかった。プラトンは『国家』の中で、ソクラテスとアディマントスの対話を紹介している。

「そうするといやしくも神であるからには、真に善きものであるはずであり、そしてそれをその通りに語らなければならないわけだね？」「たしかに」「しかるに、善いものであれば、そのどれ一つとして、有害でないものはないはずだ。そうだろうね？」「そう思います。」（『国家』、II 18-379B）

こう述べてソクラテスは、ホメロスや他の詩人が、ゼウスが時には幸福、時には不幸を人間に与えたり、善きものも悪しきものをも人間に与えることを決して容認してはならないと述べている（同、II 18-379d-e）。プラトンにとって、神々は悪徳の原因であったり、悪徳をもたらしたりするものであってはならなかった。ホメロスの神々は擬人化され、人間の低劣な情念を刺激するので、神々としてふさわしくない存在であった。

ホメロスの『イーリアス』や『オデュッセイア』、ヘシオドスの『神統記』や『仕事と日々』に登場するギリシャ神話の神々は、愛情におぼれたり、嫉妬に狂ったり、裏切ったりと極めて人間的であり、人間的な事象が天上界に投影されているきらいがある。たとえ神々は不死であるとしても、道徳的に見ればいかがわしい存在である。こうした神々が行動の模範にされれば、道徳は崩壊し、ポリスは瓦解せざるをえない。プラトンはそのことを恐れた。ポリスの再興と倫理的共同体の再建を目指すプラトンにとっての二大敵は、一方において悪徳の神々を描く詩人の神話であり、他方において、神や倫理的規範を否定するソフィストであった。かくして、プラトンは『国家』において、詩人たちの追放を提案する。彼らの描く神々は、市民の欲望や快楽を増幅させ、ポリスの倫理的絆を破壊する役割を果たすのである。

また愛欲や怒りについても、さらには、あらゆる行為に伴うとわれわれが主張する所の、魂のうちに生じるすべての欲望と快楽についても、詩作による真似が我々に与える効果は同様であるといえるのではないか。それはそうした衝動に水をやって育てるのだ。(『国家』、X-7-606D)

このようにプラトンは、不十分ではあるが、異教的世界の中でギリシャ神話の「非神話化」ないし「啓蒙化」を遂行したといえよう。国家の中から人間の低劣な情念に訴えるホメロスの詩を排除しようというプラトンの試みに関して、ヘーゲルは、「ソクラテスの弟子プラトンは、ギリシャ人の宗教観を確立したホメロスやヘシオドスを自分の国家から追放しましたが、それというのも、尊敬すべき神とはどのようなものかについて、思考に満足を与えるような、もっと高度の観念を得たいと思ったからです」(『歴史哲学』(下)、八二頁)と評価している。

J・J・ルソーもまた、ヘーゲルよりももっと直截に、ゼウスの放蕩やヴェヌスの淫乱を引き合いに出しながら、「古代の異教はいまわしい神々を生み出した。そういう神々は、この世の人間だとしたら極悪人として罰せられたであろうし、彼らが最高の幸福の図として示していることは、悪いことをしたり、情欲を満足させたりすることだけだ」(『エミール』(中)、二一八頁)と述べている。またヘーゲルは「プラトンは神話を全面的に排斥したため、弟子ともども無神論の非難を受けました」と言っているが、ソクラテスの死を見て、アテナイの宗教に対して慎重に身を処したプラトンでさえも、理想的な道徳に基ずく国家を形成しようとすれば、公定宗教と衝突せざるをえなかったのではないだろうか。一八世紀啓蒙主義者であるルソーやヘーゲルは、プラトンの伝統的な神々との戦いに着目していたのである。そこには彼らの当時の政教一致体制に対する戦いがプラトンに投影されていたのである。

Ⅲ　プラトンと神話

自然科学のミレトス学派以来、神話的な世界観に対して自然科学的な思考を優先させる啓蒙的な思考が登場することになる。そしてプラトンやアリストテレスにおいては、善のイデアなど一神教的特色が生み出されてくる。しかしとりわけプラトンにおいては、神話（ミュトス）の要素が彼の著作の中で大きな役割を果たしていることは否定することができない。そこにプラトンの魅力とわかりやすさがある反面、アリストテレスほど非神話化に徹底していないように思われる。後に述べるように『プロタゴラス』ではプロメテウスの神話、『饗宴』では、エロースについてピタゴラス派の巫女の託宣、『国家』では「エルの神話」（死んで一二日目に戦士エルが生きかえったという神話）、フェニキアの「黄金の神話」（神が人間の誕生に際して、ある人には黄金、ある人は銀、ある人は鉄・銅を混ぜたという神話）、「ギュゲスの指輪の神話」（指輪を内に向けると透明人間のようになり、人に見られず悪いことをするという話）、『ティマイオス』では宇宙生成の神話が描かれることになる。こうした「神話」が、プラトンのポリスの形成の理論においては、大きな役割を果たしているのである。神話は神話であるという理由だけで非科学的であるので排斥していいというふうにプラトンは考えなかった。そこには、普遍的な真理が神話という形式で表現されているからである。

私たちは、プラトンにおける宗教思想、特に宗教と政治に着目して、彼の「創造論」、「魂の不死論」、「イデア論」、「エロース論」を取り扱うことにする。

（1）創造論――『ティマイオス』

プラトンの書物の中で、後のキリスト教思想家によって最も言及される書物の一つが、『ティマイオス』である。ギリシャ神話を除けば、アリストテレスにしろ、後のストア派にしろ、宇宙はすでに存在するものとして前提されていた。しかし『ティマイオス』は、まさに宇宙の製作について語っている。この書物は、ソクラテス、イタリア南部のロクリス出身の天文学者ティマイオス、アテナイの政治家クリティアヌス、シラクサの政治家ヘルモクラテスという四人の対話で構成されている宇宙生成論である。ティマイオスは、宇宙は生成したものであり、製作者 δημιουργός（デミウルゴス）が存在したと述べる。そしてプラトンは、この「デミウルゴス」をヘシオドスのような詩人の宇宙生成の神々と区別する。ティマイオスは、「宇宙は神の配慮によって、魂 ψυχή（プシュケー）を備え、理性 νοῦς（ヌース）を備えた生きたものとして生まれた」（『ティマイオス』、30-C）と述べている。具体的には、宇宙は円を描いて回転運動をするように製作された。しかし製作者である「デミウルゴス」は、聖書の創造の神のように無から有を創造したわけではなく、様々な素材から秩序を作り出したにすぎない。

（2）魂の不死――『メノン』、『パイドン』、『国家』

プラトンにおける「魂の不死」は、最初から政治と密接に結びついている。最後の審判があるとするならば、有徳な生活をすることが求められるからである。

ソクラテスは『メノン』の中で、ピンダロスを引き合いにだしながら、「人間の魂は不死なるものであって、時には生涯を終えたり、時には再び生まれたりするけれども、しかし滅びることは決してない。このゆえに人はできるだけ神意にかなった生を送らなければならない」（『メノン』、14-81B）と述べている。『メノン』によれば、魂はこの世に生まれ変わって誕生する前に、すでにそれ以前の現世や来世の事柄を知り尽くしているので、魂はすでに学んでいることを「想起」すればよいことになる。彼にとって探求するとか学ぶことは、「想起」（アナムネーシス）することであった。

『パイドン』は、処刑当日のソクラテスと弟子シミアス及びケベスとの対話をそこに居合わせたパイドンが、ピタゴラス派のエケクラテスに語るという構成である。対話は、ソクラテスが死を恐れるどころか、喜んでいることに対する驚きからシミアスとケベスが死と死後に来るものについてソクラテスに質問するところから始まっている。ソクラテスは、「死とは魂の肉体からの分離」（『パイドン』、2-64C）と定義する。「肉体は魂の牢獄」であるので、哲学者は魂が肉体から解放されることを喜ぶのである。生きている時、「できるだけ肉体から離れ、魂の方へと向きを変える準備をする」。そして死んだとき、「肉体の快楽から解放され、きよめられているものは、神々とともに住み、そうでないものはハデスで泥の中に横たわるのである」（同、2-69C）。

またソクラテスにとって肉体の諸感覚は、真実在を探求することから哲学者を遠ざけるものに他ならなかった。したがって、「肉体から離れて、魂そのものによって事柄そのものを見る」（同、2-66D）ことが重要である。とするならば、人は死んだときにこそ真実在を理解できることになる。死を肉体と魂の分離とみる見解に対して、ケベスが魂も肉体と同様飛散消滅すると反論したのに対して、ソクラテスは魂の不滅を証明するために二つの証明方法を採用している。

第一は、生成の循環論的構造による説明であり、それによると「魂はこの世からあの世に至り、そこに存在し、再びあの世から到来して、死者たちから生まれる」（同、3-70C）というものである。これはプラトンが影響を受けたオルフィス教の「輪廻転生」の思想である。

第二は、すでにプラトンが『メノン』で語ったように、「想起説」による証明であり、イデアの認識は「想起」であるがゆえに、人は誕生以前にイデアを見ていたことになる。つまり、イデアが存在することと魂が生まれる前から存在することは車の両輪であり、魂が生まれる前から存在しなければ、イデアを想起することはできない。

ソクラテスによれば、輪廻転生に基づき、生前どのような生活をしたかによって、裁きが行われ、どのような形で生まれ変わるかが決定されることになる。

プラトンは、『国家』の第一〇巻でエルの神話の中でも、「死後の裁き」について触れている。つまり有徳な人の魂は死後「幸福者の島」へと送られ、悪徳な人は、「牢獄」（タルタロス）へと送られる。「幸福者の島」に送られるためにも、人々は現世において節制、勇気、正義を目指すべきである。

後のキリスト教の死後の裁きと異なる点は、プラトンの考える「死後の裁き」は、ある魂は天上に昇り、ある魂は刑罰のために地下に下った後に、再び「輪廻転生」する点にある。肉体は「魂の牢獄」であると考えたプラトンにとって、魂が肉体を脱して天上に帰り、そこで安らぐことが究極の幸福であるが、実際には魂は、「輪廻転生」の宿命から脱することはできないのである。

(3) イデア論――『国家』

プラトン哲学の特徴は、感覚的なもの(仮象)と超感覚的なもの(本体)、肉体と魂、素材(マテリア)と形相(エイドス)の二元論である。そして「善のイデア」こそ超感覚的で永遠の実在であり、規範でもある。

線分の比喩

プラトンは、『国家』の中の「線分の比喩」において、人間の認識を、永遠不変のイデアにかかわる「知性的認識」(ノエーシス)ないし「知識」(エピステメー)、数学に関係する「悟性的思考」(感覚ではなく、思考を用いて対象を考察しなければならないが、始原にさかのぼって考究するのではなく、仮説から出発する)、実際に見えるものしか見ない「確信」(ピスティス)、実物ではなく映像を実物とみなしている「映像知覚」(エイカシアー)の四つに区分している(VI-21-511D, E)。これは、いわばプラトンの認識論である。この中でプラトンにとって最も重要なものが、感覚的な世界を完全に超越した、絶対的で無時間的で不変のイデア的世界を認識する「知識」である。それに対して、それ自体の妥当性を問わない仮説を用いる「悟性的思考」も不十分であり、ましてや「確信」や「映像知覚」は、移り変わりがあったり誤っていたりする点で信頼できないものである。

重要なことは、この四つの認識形態が相互に分離されているのではなくて、人は感覚的な世界から理性的思考を経て、最終的に「イデア」の認識つまり知性的認識に至るということである。

洞窟の比喩

プラトンの思考においては、本質と現象、永遠と時間、超感覚的世界と感覚的世界の二元論が支配している。このプラトンの思考を典型的に示しているのが、『国家』第七巻の中の「洞窟」の比喩である。囚人たちは洞窟の中で手足を拘束され、壁に映る影しか見ることはできない。囚人の一人は、桎梏を解かれ洞窟から険しい昇り道を通って、日の光の下に引きずり出される。彼は、最初は洞窟の中の光源と影を投げかけている諸事物を見て、最後に太陽を見る。「この太陽こそが、全時間と歳月を創造し、可視的空間における万物を秩序づけ、彼らが洞窟で見たものの原因である」。つまり、太陽は「善のイデア」であり、あらゆるものの知覚と存在の根拠であると同時に、絶対的な真理の基準かつ人間行動の規範たるべきものである。太陽を見た囚人は、また洞窟に戻って囚われの身にある人々を救済しなければならない。彼らは、上方に留まるのではなく、囚人仲間の所に降りてきて、彼らに「善のイデア」の存在を教えなければならないのである。多くの人々は、影の世界にいまだ生きているからである。

しかし、「善のイデア」を認識できるのは、ただ一握りの哲学者のみである。大多数の市民は、この善のイデアへのアクセスから排除されていて、映像や影、そして臆見の世界に生きている。「哲学者は、つねに恒常不変のありかたを保つものに触れることのできる人々のことであり、他方、そうすることができずに、さまざまに変転する雑多な事物の中にさまよう人々は哲学者ではない」（『国家』、VI-1-684B）。プラトンにとって「実在」は恒常不変なものであり、「生成」とは変転する現象の世界に属するものであった。「生成」の現象に留まることは、感覚によって把握される「憶見」（ドクサ）に他ならない。そこから自己超越して、「イデア」の世界に目が開かれる必要がある。

（4）エロース――『饗宴』

「善のイデア」を求める原動力となるのがエロースである。このエロースなくして、イデア界に接近することはできない。時は前四一六年、アガトンが初優勝した悲劇コンクールの祝賀会で、参加者が愛の神エロースを様々に讃えることが行われた。ここでソクラテスは、巫女ディオティマから聞いたエロースの神話を語る。エロースとは、智慧と無知の中間物である。智慧ある者はもはや智慧を求めることはないが、無知なる者も智慧を求めることはない。ただ中間にいる「愛智者」（フィロソフィーテス）だけが、智慧を愛して、希求するのである。また智慧者は、婦人が懐妊し、出産するように、イデア的世界を認識することによって、自らの中に、また他者の中に美しきものを産出し、そして不死や不滅なるものを獲得する。プラトンは、愛智者は、「美の大海に乗り出してこれを眺めながら、限りなき愛智心から、多くの美しく、かつ崇高な言説と思想を産出し、ついにこれによって力を増しかつ成熟して、美へ向かうある唯一無類の認識を観ずるまでになることが必要なのです」(『饗宴』、28-210d) と述べている。この「唯一無類の認識」こそ「美のイデア」の認識である。プラトンにとって「美のイデア」は、「善のイデア」と同様、不変の真理や徳を指し示すものである。その「美のイデア」に到達するためにはエロースの働きが不可欠である。真理を愛して希求しないものは、この「美のイデア」に与ることができず、未来永劫、暗闇のなかにある。プラトンにとってエロースとは、真理への飽くなき追求である。

Ⅵ　プラトンの政治思想

ここから、プラトンの政治思想を検討することにする。

(1) 正義論――ソフィスト批判

ソフィストこそは、プラトンにとって、アテナイの伝統的な宗教的・道徳的な紐帯を根本から破壊する元凶に他ならなかった。ソフィストとして知られているのは、プロタゴラス (B.C.490-420)、ゴルギアス、トラシュマコス、カリクレスたちであり、主にイオニア植民地からアテナイに集まってきた人々であった。ソフィストの思想は、プロタゴラスの「人間は万物の尺度である」という言葉に象徴的に示されている。プロタゴラスは言う。

神々については、それが存在するということも、存在しないということも私は知ることはできない。なぜなら、それを知ることを妨げるものが数多くあるのだから。事柄が不明確であるのに加えて、人生は短いのだから。(『ギリシャ哲学者列伝』(下)、一四〇頁)

ディオゲネス・ラエルティオスは、『ギリシャ哲学者列伝』において、上記のプロタゴラスの言葉がプロタゴラスのアテナイからの追放の原因であったと述べている。

プラトンの時代においては、ポリスは衰退しつつあった。ポリスの再興こそ、プラトン政治哲学の目的であった。ポリスを解体させる思想的な役割を果たしていたのが、外国からきたソフィストであった。ソフィストは、もともと「賢者」という意味であったが、後に弁論術を教える職業教育者を意味するようになった。彼らの多くは、外国からアテナイにやってきた居留外国人であった。彼らは、「自然」（フィシス physis）と「作為」（ノモス nomos）の二分法に基づいて、「自然」概念を引き合いに出して、ポリスの「ノモス」（習慣、法律）を攻撃し、ポリス崩壊に拍車をかけていた。彼らの思想は、普遍的なものや絶対的基準を認めない点において、相対主義的であり懐疑主義的であった。プラトンはこうした危険な外来思想と対決し、ポリス再興の哲学的・倫理学的基盤を確立しようと試みた。プロタゴラスのように、「神が人間の尺度」ではなく「人間が万物の尺度」であるという考えは、絶対的な価値は認識できず、認識しうる価値は相対的、主観的なものであるという価値相対主義の表明である。客観的実在の世界が疑われ、主観的な価値判断が正当化されることになる。以下、トラシュマコス、カリクレスの議論を紹介しておくことにする。

トラシュマコス

プラトンの対話編では、ポリスの倫理的価値を危うくし、ポリスの絆を破壊するソフィストは、トラシュマコスであり、カリクレスであった。プラトンは、『国家』第一巻の中でトラシュマコスの議論を、『プロタゴラス』の中でカリクレスの議論を紹介している。

トラシュマコスにとって、正義は強者の利益である。支配階級は自分の利益に合わせて法律を制定する。そして、法律を制定したうえで、自分たちの利益になることこそ、被支配者たちにとって正しいことだと宣言し、これを踏み外した者を不正な犯罪人として処罰する。したがって、「正義」とは現存支配階級の利益になることであり、正しいこととは、強いものの利益になることである。「正義が力」ではなく、「力が正義」である。

まさに、トラシュマコスにとって「自然」ないし「自然法」は強者の権利であり、「ノモス」つまり約束事としての法は弱者が自己を防衛するための手段であり、それは自然の理に反するものであった。かくして支配階級は「ノモス」を無視したり、侵害したりすることができるのである。ここに、「ピュシス」と「ノモス」との対立というソフィストの対立軸が余すところなく現れているといえよう。このトラシュマコスと同じような見解を披露しているのが、『ゴルギアス』に登場するカリクレスである。

カリクレス

カリクレスは、「不正を行うほうが、不正を受けるより醜い」というソクラテスの見解を「そのようなことは、自然の本来（ピュシス）においては、美しいものではなく、ただ法律習慣（ノモス）の上でだけそうであるにすぎない」と批判し、「自然」と「ノモス」は、互いに相反する（『ゴルギアス』、483A）と断じている。少し長くなるが、カリクレスの「自然」と「ノモス」の相違が明白に表明されている箇所を引用しておこう。

以上のような理由で、『法律習慣』の上では、世の大多数の者たちよりも多く持とうと努めるのが、不正なことであり、醜いことであると言われているのであり、またそうすることを、人々は不正行為と呼んでいるのだ。だがぼくの思うに、「自然そのもの」が、直接に明らかにしているのは、優秀な者は劣悪な者よりも、また有能な者は無能な者よりも、多く持つのが正しいということである。――すなわち、正義とは、強者が弱者を支配し、そして弱者よりも多く持つことであるというふうに、すでに決定されてしまっているのだ。（同、483B-D）

そしてカリクレスは、「劣者・弱者のものは、すべて優者・強者の所有に帰するということ」、これこそが「自然本来における正義」と断じている。

プラトンにとってカリクレスは、「自然」の名のもとに「正義」や「節制」といった価値を否定し、弱肉強食、放縦を主張し、正しき秩序を否定する人々に他ならなかった。例えば、カリクレスは「節制」を否定して、「正しく生きようとする者は、自分自身の欲望を抑えるようなことはしないで、欲望はできるだけ大きくなるままに放置していくべきだ」（同、492A）と主張している。

このように彼は「節制」の徳を「自然」に反する約束事として批判し、こともあろうに「贅沢と、放埓と、自由」を、人間の徳や幸福として称賛するのである。

こうした反道徳的と思えるような辛辣な議論に対してソクラテスは、放埓よりも節度を持っている人が幸福であることを説得しようと試みている。そして善が快楽に優先すべきことを主張する。彼は、弁論術が市民たちをすぐれた人物にすることを目的としているにもかかわらず、それが民衆に迎合し、民衆の欲望を刺激することに堕していると告発する。彼は、すぐれた弁論家は「彼の同胞の市民たちの魂の中に、正義の徳が生まれて、不正は取り払われるように、また節制の徳がその中に生まれて、放埓は取り払われるように、そしてその他にも美徳が生まれて、悪徳は去っていくように」いつも心を傾けるべきだと述べている。まさしくソフィストたちは、その反対を行っていたのである。

以上述べた、トラシュマコスやカリクレスの思想は、「社会進化論」に近く、弱肉強食を正当化する理論であり、民主制ではなく僭主制を肯定することになる。こうした強者の理論は後のニーチェの「超人思想」にもつながり、民主主義の平等主義を破壊していくものであった。こうした反道徳的でポリスの紐帯を破壊するようなソフィストの試みに対して、プラトンやアリストテレスは、倫理的な共同体としてのポリスの再興を企てたのである。

ソクラテスの正義

プラトンは、個人の正義を考えるに際して、それを拡大した国家の正義を考察することから始めている。プラトンの正義概念は、「均衡と調和」を特徴とする。ポリスは三つの異なった階級によって構成されている。ポリスを統治する統治者階級、ポリスを防衛する戦士階級、そして生産に従事する生産者階級である。この三つの階級がそれぞれの役割を果たしつつ、ポリス全体として調和と均衡を保つことこそが「正義」である。ソクラテスにとって、ポリスは拡大された人間の魂であるが、人間の魂が理性的部分、気概的部分、そして欲望的部分によって構成され、それぞれの徳が知恵、勇気、節制であるように、ポリスの三つの階級もそれぞれ知恵、勇気、節制を目指すべき徳とみなす。そこには調和があると同時に、それぞれの階級や徳はヒエラルヒーをなしている。

プラトンは、フェニキヤの「黄金の神話」を引き合いに出し、人間の誕生に際して、ある人は黄金、ある人は銀、ある人は鉄・銅を混ぜられているので、その出生に応じた職業につくことを要請する。後の教育や訓練も重要であるが、まずは、出生時の資質が決定的である。

こうしたプラトンの主張には、当時の価値観や常識からみても、危険で過度な主張が含まれていた。つまりプラトンは、統治者階級と戦士階級に対しては私有財産制を否定し、女性と子供の共有を提唱したのである。それは、私的利益を追求することをせず、ひたすら公共の利害を実現するための制度的要請であった。また、最もすぐれた男女から生まれる子供たちは育てるが、最も劣った男女から生まれる子供たちは育てる必要がないと言う。そこには、悪質の遺伝的形質を淘汰し、優良なものを保存するという後のナチスに見られる優生学的思想が流れているのである。

プラトンの哲人王

哲学者こそポリスを統治する政治家になるべきであるとする「哲人王」の概念が『国家』の第六巻で展開される。「善のイデア」を認識しうる「哲人王」がポリスを支配し、「善のイデア」に照らしてポリスの法律や制度を上から構築することが理想的なポリスの姿であった。プラトンは、最も優秀な人々の教育と使命について以下のように述べている。

これらの人々をして、魂の眼光を上方に向けさせて、すべてのものに光を与えているかのものを、直接しっかりと注視させるということだ。そして彼らがそのようにして善そのものを見てとったならば、その善を「範型」として用いながら、各人が順番に国家と個々人と自分自身とを秩序づける仕事のうちに、残りの生涯を過すように強制しなければならない。(『国家』、VII-18-540A-B)

恒常不変な真理や正義の「範型」に照らして、この世の法律の妥当性を検証するという点では、プラトンは「自然法論」の先駆者である。問題なのは、このような絶対的な価値が存在し、その価値を認識できる者が少数者であり、その少数者こそが統治できるという論理からは、様々な人々が活動する実践の場としての「政治的空間」は存在する余地がないということである。こうしたプラトン的政治概念は、後に啓蒙専制主義やボルシェヴィズム独裁にも流れ込み、「少数者独裁」を正当化する源泉となっていった。

(2) プラトンの民主制批判

プラトンの民主制批判は、ポリスの崩壊と堕落のプロセスを描いた『国家』の第八巻において鮮やかに示されている。すでに見たように、プラトンは国家の階級を三つに分け、それぞれが人間の魂のどの部分に該当し、またその階級においては何が美徳とされるかについて書き記していた。つまり、ポリスの統治階級は魂の理知的部分に対応し、「知恵」を徳として持つのに対し、戦士階級は魂の気概的部分に対応し、「勇気」を徳として持ち、生産階級は魂の欲望的部分に対応し、「節制」を徳として持つ。正義とはこの三つの機能の調和とバランスであり、そこに秩序の原型があった。

プラトンにとって理想的な国政とは、「善のイデア」を認識しうる哲人が王となる哲人王であった。以下、そこからの堕落形態としての四つの国制を列挙しておく。これは、一個人の魂の堕落のプロセスに対応している。つまり優秀者支配制（aristokratia、知恵が徳）→名誉支配制（timokratia、名誉が徳）→寡頭制（oligarchia、富が基準、富裕なものの支配）→民主制（デモクラティア、富が基準、多数者の貧民支配）→僭主制（tyrannis）で腐敗が頂点に達する。プラトンにとって民主制の特徴の一つは、言論の自由によってもたらされる「多様性」であった。

まず第一にこの人々は、自由であり、またこの国家には自由が支配していて、何でも話せる言論の自由が行きわたっているとともに、そこでは何でも思い通りのことを行うことが放任されているのではないかね？（同、VIII-11-557B）

　この国制では様々な「多様性」が認められて、外見的には豊かな精神文化が花開いているように思われる。しかしプラトンは、民主制の自由の内実は価値や道徳基準を喪失した「放縦」であり、平等は「悪平等」であり、多様性は「無秩序」であることを憂えた。本来の平等とは、「等しい者に、等しいものを、等しくないものに、等しくないものを」与えることであるが、民主制の平等は、「等しいものにも、等しくないものにも、等しいものを与える」悪平等である。家庭における両親と子供、主人と奴隷、学校における先生と生徒、社会における年長者と若者、ポリスにおける市民と居留外国人を平等に取り扱うことは、オイコス（家）やポリスの秩序を破壊するものである。

　またプラトンは、必要な快楽と不必要な快楽、生産的な快楽と消費的な快楽を区別し、後者の欲望をコントロールし、避けるべきことを主張するが、民主制の人間は、欲望をすべて等しいものとみなし、欲望の飽くなき追求を好むのである。いわゆる「欲望民主主義」の成立である。更に民主制の人間は、自由を履き違えて、法律を破ることに何の痛みも感ぜず、無政府的になり、「絶対にどのような主人をも、自分の上にいだかない」のである。一言でいえば、民主制においてはあらゆる価値観の転倒が生まれてきているのである。それはトラシュマコスやカリクレスが主張していたことであり、ソクラテスが基礎づけようとした「正義」や「節制」といった徳の完全な破壊であった。


「傲慢」を「育ちのよさ」と呼び、「無統制」を「自由」と呼び、「浪費」を「度量の大きさ」と呼び、「無恥」を「勇敢」と呼んで、それぞれを美名の下にほめ讃える。（同、VIII-13-560D, E）

　最終的にこの体制はその反動として、僭主制を内側から産み出していく。プラトンは、「自由への貪欲、自由以外のものへの無関心が、この国制を変えて、僭主制を要求させるようにする」と指摘している。過度の自由は、過度の隷属状態を引き起こすものである。

　プラトンは、このようにアテナイのポリスの崩壊が民主制から生まれると考え、哲人王の支配によってポリスの再興を企てた。しかし後にプラトンは、後期の書物である『法律』においてはより現実的となり、「哲人王の支配」に代わって、「法の支配」に期待したのである。

（3）混合体制と法治国家への転回――『法律』

プラトンは、『法律』において立法の目的が「思慮」、「節制」、「正義」、「勇気」といった市民的な「徳」の形成にあることを主張する。そして彼は、「知性がすべての制度を統括することによってそれらが節制と正義に従うように、決して富や名誉心のもとに屈しないように」、法の制定者が「守護者」を据えることを主張する（『法律』、I-6-632C）。この点に関して『法律』は、『国家』のテーマを継承しているといえる。しかし、ポリスや法律の目的に関しては同一であるが、以下の二点において変化が生じてきている。

第一点は、プラトンが国家の「哲人王」の支配を断念し、「法の支配」を提唱していることである。彼は、絶対的な知性を持っている者は存在しないので、「次善のものとしての規則や法律を選ばなければならないのである」（『法律』、IX-13-875D）と述べている。

第二点は、プラトンは『国家』の中では、「優秀者支配体制」を最善の国制とみなしていたが、『法律』においては、君主制が過度の「専制」に、民主制が過度の放縦に陥る危険性が存するので、君主制と民主制の「混合体制」を提案していることである。

こうした「法の支配」や「混合体制」の主張において、また様々な法律の素材や制度の経験主義的な分析において、『法律』は『国家』とアリストテレスの『政治学』を架橋する役割を果たしているといえる。

〔参考文献〕

・プラトン『パイドロス』（藤沢令夫訳、岩波文庫、1972）

・――――『ティマイオス』（『プラトン全集』（全一五巻と別冊）（岩波書店）、第一二巻、1974）

・――『国家』（上・下）（藤沢令夫訳、岩波文庫、2004）
・――『ゴルギアス』（加来彰俊訳、岩波文庫、2007）
・――『法律』（上・下）（森進一他訳、岩波文庫、2007）
・――『プロタゴラス――ソフィストたち』（藤沢令夫訳、岩波文庫、2008）
・――『パイドン――魂の不死について』（岩田靖夫訳、岩波文庫、2009）
・――『饗宴』（久保勉訳、岩波文庫、2016）
・G・W・F・ヘーゲル『歴史哲学講義』（下）（長谷川宏訳、岩波文庫、2002）
・ディオゲネス・ラエルティオス『ギリシャ哲学者列伝』（上・中・下）（加来彰俊訳、岩波文庫、1984・1989・1994）
・J・グロンダン『宗教哲学』（越後圭一訳、白水社、2015）
・B・スネル『精神の発見』（新井靖一訳、創文社、2003）
・J・J・ルソー『エミール』（中）（今野一雄訳、岩波文庫、2011）

第三節　アリストテレス（Aristotelēs）

I　プロフィール

アリストテレス（B.C.384-322）は、ギリシャの植民地でマケドニア国境の近くにあったイオニア人の植民都市スケダイラに生まれた。彼の父親はマケドニア王の従医であった。彼は一七歳の時にアテナイに行き、プラトンの学園アカデメイアで二〇年間、三七歳まで研究生活を送った。彼は前三五三年までにはプラトンのイデア論に批判的になっていた。彼はプラトンが死去した前三四七年にアテナイを離れ、前三四三年にマケドニア王フィリッポス二世に招かれ、王子アレクサンドロス（B.C.356-323）の教育にあたった。その後前三三五年にアテナイに帰り、学園リュケイオンを開き、研究・教育を行った。彼の学問領域は論理学、自然学、形而上学、倫理学、政治学、詩学、修辞学にまで及んでいる。彼は前三二二年に六二歳でエウボイアのカルキスで死亡した。

彼の生涯は、大別して四つの時期に分けられる。第一期は誕生から一七歳までで、故郷に留まっていた幼少時代である。第二期は、アテナイにあるプラトンのアカメディアに入門してから、プラトンの死（B.C.347）によってアテナイを離れる二〇年間の研究と教育の期間である。この時期はプラトンの影響が強く、プラトンに倣って『エウデモス』、『哲学について』などの対話編を執筆している。第三期は前三四七—前三三五年の一二年間の遍歴時代であり、この一時期に王子アレクサンドロスの家庭教師をつとめている。アレクサンドロスは、前三三六年にマケドニア王となった。この時期に執筆されたのは『自然学』、『動物誌』、『天体論』、『生成消滅論』などである。私たちはプラトンが幾何学に心酔し演繹的手法を用いていたのに対し、アリストテレスが自然学を好み、経験的・帰納的手法を重視したことに注目すべきであろう。第四期は、アテナイに帰り、そこで学園リュケイオンを開設し、研究と教育に打ち込んだ一二年間（B.C.335-322）である。この時期に彼は、『形而上学』、『ニコマコス倫理学』、『政治学』などを書いている。彼は、前三二二年、六二歳で世を去った。アリストテレスのほとんどの著作は、この第四期に書かれている。

アリストテレスの政治学の目的は、プラトンと同様、当時崩壊しつつあったポリスを再興することであった。ポリス崩壊の危機意識がプラトンやアリストテレスに、ポリスの根源に迫りそれを再興しようとする原動力を与え、偉大な政治哲学を産み出したのである。しかし、ポリス再興という目的において一致したものの、二人はペリクレス亡き後のアテナイの民主制に対する見解においては異なっていた。プラトンが民主制を衆愚政治と同一視し、ポリスを解体する国制であると批判したのに対して、アリストテレスは行きすぎた民主制を警戒するものの、基本的にアテナイ民主制を継承していった。

アリストテレスはプラトンのアカデメイアにおける弟子であるが、アカデメイア時代にプラトンに批判的となり、『形而上学』や『政治学』においてプラトンを痛烈に批判した。この批判についてアリストテレスは次のように言っているが、学問をするものに必要な心構えである。

真理の確立のためには、親しきをも滅することがむしろいいのであって、それが我々の義務でもあると考えられるであろう。特に我々は、哲学者・愛知者なのであるから。けだし、真理も、親しき人々も、ともに我々にとって愛すべきものであるが、真理に対してより多くの真理を払うことこそが、敬虔な態度なのである。（『ニコマコス倫理学』、I-6-1096a）

Ⅱ　アリストテレスと古代アテナイの宗教

アリストテレスは、『政治学』や『アテナイ人の国制』において、比較的客観的に当時の祭祀共同体の慣行を描いている。『政治学』（VI-8-1322a）では「都市の公共の献祭をつかさどる役は、宗教上の習慣によれば、特別の神官に属さず、その権威を竈からえたものに属する。これをある所では、国王と呼び、他の所では市長といい、また執政官と称した」と述べ、「都市の祭司長は、政治上の首長でもあった」と述べている。また『政治学』（III-14-1285a）ではスパルタを取りあげて、「スパルタの国王は、三種の権限を持っていた。すなわち犠牲奉献の祭典を行い、戦争にさいして指揮をとり、裁判を統括する」と述べている。また彼は『アテナイ人の国制』において、アテナイ人の国制の変遷をソロン、ペイシストラトス、ペリクレスと跡づけ、祭政一致のアテナイの政治を描いている。

『政治学』第一章では、告訴を受けた陪審員三〇〇名は、犠牲を供え誓いをした後に審議し、被告を「瀆神罪」と定め、その氏族が「永久の追放者」となったと記されている。この瀆神罪は、アクロポリスの神域においては人を殺してはならないという習慣に反して殺人を犯したことによる。また『アテナイ人の国制』第五六章ではアルコン（統治者）の任務として、ゼウスのための祭礼を取り仕切ることが記されている。第五七章では、バシレウス（役人）の権限として、父祖伝来の供犠のすべてを統括し、瀆神に対する公訴を引き受け、氏族や神事に関するすべての争いを裁定することが挙げられている。しかし、こうした古代宗教の慣行は、客観的に当時の風習として述べられており、そのことに対するアリストテレスの評価は見られない。ただ彼は、『形而上学』において、ヘシオドスのように神々のことを語る人々について、彼らの神々は理解を超えており、真剣に値しないものであり、神々が永遠的であることを基礎づけることはできないと批判している（『形而上学』、III-4-1000a）。

私たちは、アリストテレスがアテナイで瀆神のかどで告訴され、訴訟の危険性を避けるためにアテナイを離れ、カルキスに引退し、翌年そこで死去したことを忘れてはならない。この点について『ギリシャ哲学者列伝』は、「祭司エウリュメドンがアリストテレスを不敬罪の罪で告発した」と記している。しかし『ギリシャ哲学者列伝』は、同時にアリストテレスが生前したためた遺書の中に、「ニカルノ（アリストテレスの叔父の子）が無事帰還したならば、私が彼のために祈願していた通りに、高さ四ペーキュスの石像を、スタゲイロスにいます救い主ゼウスと、救いの女神アテネに奉納する」と書くようにと勧めていることを紹介している。しかし、私たちがアリストテレスの哲学に目を向けると、彼の哲学的営みが一神教に到着することは明らかである。祭祀共同体のアテナイで活動したプラトンやアリストテレスの哲学は、一神教の神学の土台を形成し、後にキリスト教の神学の形成に大きな影響を及ぼした。ギルバート・マレーは、『ギリシャ宗教の五段階』において、アリストテレスが合理主義によって「神話や擬人主義を拒否し」、不動の神概念を確立することにより、多神教から離れ、唯一神に近い神観を抱くようになり、中世キリスト教神学に影響を及ぼすようになったと指摘している。（マレー、一五八頁）と述べている。またジャン・グロンダンは、アリストテレスがギリシャの神話的伝説の「非神話化」を行ったと指摘している（グロンダン、八〇頁）。そこで、私たちは、『形而上学』におけるアリストテレスの神概念の展開を見ることにしよう。

Ⅲ　『形而上学』

『形而上学』（metaphysica）は、自然学（physics）の後ろに（meta）位置づけられ、存在一般と神についての考察である。それは、「神学」（theologikē）でもあり、事物の第一原因を探求する意味において第一哲学でもある。特に『形而上学』の第一二巻は、神の存在証明にあてられている。

アリストテレスの思想は、その目的論によって、一神論的傾向を示している。彼の目的論的秩序においては無機物→植物→動物→人間→神という階層的秩序が設定されている。アリストテレスの哲学のコンテクストにおいては、神は、最終目的であるだけではなく第一原因であり、事物を動かす力の源泉である。彼は『形而上学』において、神を「永遠にして最高善なる生者であり、したがって連続的で永続的な生命と永劫」（『形而上学』、XII-7-1072b）と定義し、神学を最高の学問と推奨している。

もし神的なものがどこかに存するとすれば、それは明らかにあのような独立、不動、永遠な実在のうちに存すべきであるから、これを対象とする第一の学は神学と呼ばれる。そして最も尊い学は、最も尊い類の存在を対象とすべきであるから、一般的に理論的な諸学は他の諸学よりもいっそう望ましいものであるが、理論的な諸学のうちではこの神学が最も望ましいものである。（同、VI-1-1026a）

アリストテレスにとって、神を知ることが人間の最高の目的であった。彼にとって神は静止した存在ではなく、世界を動かす「始動因」であった。しかし、プラトンが『ティマイオス』において「デミウルゴス」という「造物主」がイデアに基づいて世界を創造したと主張したのに対して、アリストテレスは「造物主」の概念を拒否し、この世界はそれ自体独立したもので、初めも終わりもない「永遠の秩序」であると主張する。

プラトンのイデア論批判

アリストテレスは、『形而上学』において、感覚的世界と超感覚的世界、質量と形相、肉体と魂、現象界とイデア界というプラトン的二元論を克服し、この対立を総合した哲学体系を構築した。それは、個物の中に形相（エイドスeidos）が含まれていると考え、この形相が実現されていくプロセスを、「可能態」（dynamis）から「現実態」（energeia）への変化とみなした。彼は、『形而上学』において、プラトンのイデア論を批判し、以下の様に述べている。

彼らは、感覚界の個別的事物は流転していて、それらのなかに一つも同一に止まるものはないと考え、そして普遍的なものはそれらよりほかに存在し、それらとは異なるあるものであると考えた。もっとも、こうした考えを誘発したのは、ソクラテスその人であり、彼の求めた定義によってである。ただし、彼はその諸定義を個別的事物から切り離しはしなかった。そして、この切り離さなかった点では、彼の考えは正しかった。（同、XIII-9-1086b）

アリストテレスにおける「形相」は、「質料」を「現実態」へと転化させる「始動因」であると同時に、目的を達成させる「目的因」でもある。したがって、アリストテレスにとって自然的秩序は、因果関係の連鎖であると同時に、目的論的秩序であった。例えば質量である樫の実は、成長し、「形相」である樫の木の姿になり、その目的を実現する。またアリストテレスは、無機物から植物、動物、人間、神に至るまでの段階を、一つの有機的な目的論的秩序として理解した。「感覚的な魂」しか持たない動物➡「理性的魂」を持っている人間➡いかなる質量も持たず、永遠の実体である神というヒエラルヒーが存在するのである。

Ⅳ　『霊魂論』

ところで、プラトンのイデア論は魂の不滅と密接に関連していた。アリストテレスは、この魂の不滅を肉体との関係において、どのように理解したのであろうか。アリストテレスが「魂」の問題を「自然学」の文脈で考察しているのが、彼の『霊魂論』である。霊魂はギリシャ語でプシュケー、論はロゴスなので、英語で言えばpsychologie（心理学）である。アリストテレスは初期の『対話篇』の中では、魂の不滅を主張していたが、『霊魂論』では、霊魂は身体全部の「現実態」（エンテレケイア）とみなし、身体と別個に魂があるとはみなしていない。アリストテレスにとって霊魂は、「自然的物体の形相という意味での実体」（『霊魂論』、412a20）なので、形相は質量に対して「始動因」であり「目的因」でもあるので、形相は質量を離れて独立して存在するものではない。

こうした立場から、アリストテレスは、人間のみならず、植物、動物にも霊魂を認める。植物の魂は、栄養的能力、動物の魂はそれに加えて感覚的能力や欲求的能力、人間の魂は、それら二つに加えて、思考的能力、つまり理性を有している。そしてアリストテレスによればこの理性の部分のみが、身体と分離可能な部分なのである。

それ［理性］は、霊魂と何か別の類であるように見える。そしてこの部分だけが、ちょうど永遠なものが可滅的なものから分離されるように、分離されることができる、しかし霊魂の残りの部分は……分離できるものではないことはあきらかである。（同、413b20）

しかしアリストテレスは、『霊魂論』（第三巻）においては、理性を受動的理性と能動的理性に区別し、受動的理性は身体と分離できないが、能動的理性は分離でき、永遠であると述べ、能動的理性について、「質量から独立で不受動的で、まじりけのないもので、その本質から見れば現実活動」であり、「ただそれだけが不死で永遠である」（『霊魂論』、430a19, 20）と述べている。また彼は『動物発生論』においても、「理性だけが外から体内に入り、これだけが神的なものである」（同、736b28）と強調している。

このようにアリステレスは、魂の不滅の余地を残しているものの、それが、プラトンのように輪廻転生と結びついておらず、従って生前の人間の行動に対する死後の裁きという概念も存在しない。

V　アリストテレスにおける「知恵」と「知慮」

政治学がポリスに関する学問であるとするならば、そもそも政治学が他の学問領域との関係でどのように位置づけられているかを知らなければならない。そこにおいてプラトンとアリストテレスの対照的な立場が明らかとなる。

アリストテレスは、『形而上学』（第六巻第一章）と『ニコマコス倫理学』（第六巻）において、学問の分類を行っている。彼は、人間の知的活動を、「観想」、「実践」、「製作」に区別する。「観想」（テオーリア）の理論学は形而上学、数学、自然科学、論理学、生物学、心理学であり、「実践学」は倫理学、政治学であり、「製作学」は詩学、修辞学である。理論学は、その対象が人間の意志とは独立に存在し、人間が変えることのできない世界についての学問である。実践学は、理論学と異なり、普遍妥当性を要求できるものではなく、人間の意志によって作り出されるものである。

アリストテレスにとって、観想においては「知恵」（ソフィア）が重要であるが、実践においては「知慮」が重要であった。認識対象や領域に応じて、認識方法や実践基準も異なってくる。たしかに「知恵」は最高のものであるが、しかし「実践」（praxis）においては「知慮」（phronesis フロネーシス）の役割が大事である。「知慮」は、何をなすべきかを倫理的・政治的に判断し、個別的状況の中で具体的文脈に基づいて判断し、選択する能力である。したがってそれは、「知恵」のように普遍妥当性を主張しえない。政治学そして倫理学が対象とする世界は多様に生成変化する状況に対する認識であった。

政治学が考察の対象とする立派な良き行為は、きわめて多様で流動的な意見よりなっているので、それは「自然」（ピュシス）によってではなく、「人為」（ノモス）によって存在するものと考えられる。——我々はそのような主題について語るにあっては、ほぼ大体の真理であるような前提から出発し、おおよその真理であるのを語り、そのような前提からそれより良きものがないだけの結論に到達するならば、それで満足しなければならない。（『形而上学』、I-3-1094B）

このようにアリストテレスにとって政治学が、「多様で流動的な意見」を対象とするものであり、普遍妥当性を要求しないのであれば、「永遠のイデア」を求めて「多様で流動的な意見」を「臆見」として排斥したプラトンのように、政治学を哲学や形而上学に隷属させる必要はなくなる。アリストテレスにとって、実践の領域において政治学は最高の学問であり、ポリスを構成していく「棟梁的学問」であった。この棟梁的学問の対象は、立法、行政、司法の領域をカヴァーするものである。

ここで、アリストテレスの「知慮」の概念に関して、二点大事な点について触れておくことにする。

第一点は、「知慮」は倫理的徳と関連しているので、政治的判断のみならず、倫理的判断を含んでいることである。彼の政治学は倫理学の延長線上にあるといっても過言ではない。『ニコマコス倫理学』の終りにおいて『政治学』が始まっていることがそのことを如実に示しており、彼の倫理学も政治学によって完成する。マキャヴェリに始まる倫理と政治を分離する近代的思考はアリストテレスにとっては無縁なのである。

第二点は、アリストテレスが「制作」（ポイエーシス）と「実践」（プラクシス）を区別し、技術（テクネー）が前者に関係するのに対して、後者には適用できないと指摘している点である。この「制作」と「実践」の区別は、政治を上からのポリス形成の技術と理解しないためにも必要な区別である。このアリストテレスの分類からすれば、「国家」のイデアを発見し、その理想国家をこの地上に実現するプラトンの営みは「実践」ではなく、「制作」に当たるといえよう。政治の領域を「制作」ではなく「実践」の領域に定めることは、ポリスの政治学にとって不可欠であった。

Ⅵ　アリストテレスの政治思想

(1) 人間はポリス的動物

アリストテレスは、「人間は本性上（physei）ポリス的（politikon）動物である」（『ニコマコス倫理学』、I-7-1097b、『政治学』、III-6-1278b）と述べている。彼は、「可能態」と「現実態」の区別に基づいて、政治的共同体を人間本性に根差す「可能態」の実現とみなした。ポリスに向かう衝動はすべての人に備わっており、そうでないものは、野獣か神に他ならない。アリストテレスは、「自然に即して構成された共同体」形成のプロセスとして、家（オイコス）→村→ポリスを構想し、ポリスにおいてこそ人間は、完成すると主張する。人間は、ポリスという形相を有し、ポリスという目的に向かっているのである。

人間がその本性において『ポリス的動物』（ゾーン・ポリティコン）であることは明らかである。そしてポリスを持たないものがあるとすれば、人間として劣性のものであるか、あるいは人間以上のものである。……共同体に入り込めない者、あるいは自足していて他に何も求めることのない者がもしあるとしたら、それは国家社会のいかなる

部分ともならないわけであって、したがって野獣か神である。(『政治学』、I-2-1253a)

人間が「政治的動物」であることは、ポリスにおいてのみ善き生活、「共通善」の達成が可能であることを意味している。アリストテレスにとってポリスの目的は、市民の「良き生活」をもたらすことであった。ポリスは「善き生活をいとなむための生活共同体であり、そのめざすところは、完成し自足した生活にある」(同、III-9-1280b)。

このように、アリストテレスにとって、ポリスは単に政治共同体であるのみならず、倫理共同体でもあり、「共通善」を達成する政治空間であった。ポリスと個人は密接不可分であり、ポリスが全体であり、個人がその一部分であった。

アリストテレスにとって、人間は言葉(logos)を持つ存在であり、「善悪正邪等などについて知覚を持つということが、他の動物に比べて人間に固有なことである」(同、I-2-1253a)。しかし、人間は悪を選び、善を避ける自由意思が与えられている。したがって人間は、「徳を欠いていれば、最も不敬で最も野蛮で、また情事や食物にかけて最も悪しき者」(同、I-2-1253b)である。また「人間は、完成された時は動物の中で最もよいものであるが、法や裁判から切り離された時は、すべてのもののうちで最も悪い者である」(同、I-2-1253a)。人間は、「自由意志」を有しているので、ポリスから離れようとする傾向があるが、アリストテレスからすれば、それはとりもなおさず自然=人間本性に反する傾向であった。

(2) ポリスとオイコス

私たちは、ポリスの特徴をオイコス(家)との比較において考えてみよう。そこに、ポリスの民主制的性格が現わされている。アリストテレスは、ポリスと家(オイコス)の相違点を二点にわたって比較している。

第一の相違点は、公的領域か私的領域かという問題である。家(オイコス)が、「私的領域」であり、主人、女性、奴隷(ヘイロタイ、ヘロット)によって構成される家内労働が行われる場であるのに対して、ポリスとは、家の主人が平等な市民として、政治を行う「公的領域」である。アリストテレスは、市民の平等に関して、『政治学』の中で、「ポリスが市民の間の平等ないしは同等の資格ということに基づいて構成されている場合には、市民たちはそれぞれ順番に統治し、支配するための役職につくのを当然のことと考える」（同、III-6-1279a）と述べている。

古代ギリシャにおける「公的なもの」の「私的なもの」への優位は、英語のprivateという言葉にも明白に現われている。「私的」という言葉は、何か大切なものが奪われている（deprived）欠如態である。したがって古代ギリシャにおいては、「幸福」は「私的幸福」ではなく「公的幸福」であった。

第二の相違点は、支配の構造に関するものであり。アリストテレスは、家の支配形態を「主人的支配」と呼び、ポリスの支配形態を「政治家的支配」と呼んでいる。「主人的支配」と「政治家的支配」の区別は、アリストテレスの政治学の核心的部分である。すべての家は一人の人によって支配されるので、家政術は、独裁制であるのに対し、国政術、つまり政治家の術は、自由で互いに等しき者たちの支配である」（同、I-7-1255b）。家の支配である「主人的支配」は、主人の奴隷に対する命令と服従関係であり、主人と奴隷は、支配する者と支配される者との垂直的な権力関係である。他方、ポリスにおける「政治家的支配」は、市民の自由な活動の場であり、「知慮」が発揮される領域であった。ダントレーヴ（1902-1985）は、「ポリスとは、ポリティケ・コイノニア、つまり実力や圧制にではなく、法の原理に基づく自由で平等な市民による自発的秩序である」と述べている。

「主人的支配」と「政治家的支配」の相違を要約すると、「主人的支配」とは権力が垂直的で上意下達であり、支配と被支配が固定化されている支配システムであるのに対して、ポリスの「政治家的支配」とは、法と合意に基づく秩序形成であり、強制的契機を排除したものである。もしポリスが家の支配のモデルにおいて統治されるならば、それは「専制」である。アリストテレスは『政治学』において、「専制の支配の仕方は、一人の支配者が国家共同体に対して、ちょうど主人が奴隷に対して行うのと同様の支配を行うものである」（同、III-8-1279b）と述べている。それに対して「政治家的支配」は「自由で互いに等しき者たちの支配」であり、「支配するものと支配されるものが順次交替する」ので、民主制に近い。しかし、ポリスへの政治参加からは婦女子、「奴隷」そして「在留外国人」が排除されていた。

ところで、日本においてstateは、「国家」と訳されてきた。「国家」という語には、国が家の延長であるという家族

	全体の利益	自己の利益
一人	王制	僭主制
少数者	貴族制（優秀な人）	寡頭制（裕福な人）
多数者	ポリテイア（中産階級、徳を持つ人）	民主制（貧しい人々）

的国家観が根底にある。日本の伝統的な家族的国家観は、家長と女性や子供という命令・服従関係をそのまま天皇と国民との間に適用拡大してしまい、それが日本の国柄、つまり「国体」として固定化されてしまう。西洋政治思想史の本流は、家と政治的共同体を明確に区別しているが、例外的には「王権神授説」を説いたロバート・フィルマーの『家父長論』のように、家における族長の支配の延長線上に、政治共同体における国王権力の単独支配を弁証する議論が登場する。丸山眞男は、天皇制の家族的国家論とフィルマーの家父長制の類似性を指摘し、それらが「政治的主権は家父長の延長であり、国家は家族の拡大という説」、「臣民は君主の命に絶対服従する義務を持ち、これに違反する者は祖先に対する背反であると同時に、神意に対する反逆であるとする説」として批判した（丸山、一八五頁）。家族的国家観は、アリストテレスの「主人的支配」の一適用事例である。

（3）民主制に対する評価

『政治学』は、第一、二巻でポリスについて述べ、第三巻以降で国制について述べている。国家体制を分類する一つの基準は、それが全体の利益を目指すか、自己利益を目指すかであり、もう一つの基準は、支配者の数である。彼の国家体制論を表で示せば、上図の通りである。

アリストテレスにとって、最も悪しき体制がプラトンの理解する「民主制」であるが、最も「善き体制」とは、「ポリテイア」であり、それは、少数者支配と多数者支配の中間であり、経済・社会学的に見れば中産階級の支配である。

かくして最上のポリスは、中産の公民たちによって作られる。——というのはある者が多くを持ち、他の者が何物ももたぬところでは、極端な民主政治か純粋な寡頭政治かが起こり、あるいは僭主政治がどちらかの極端から成長するが、中間的なほぼ平等な条件からは起こりそうもないか

らである。（『政治学』、IV-11-1295b, 1296a）

アリストテレスは、「民主制」の支配は「衆愚政治」をもたらすと考える一方、多数の人が統治する「ポリテイア」を支持し、一人の人より多数者による政治が権力の腐敗を防止できると主張する。私たちはそうした彼の主張の中に、プラトンとは全く異なる権力観を見てとることができる。プラトンは、知的・道徳的に優れた人が支配する「哲人王」を支持し、「哲人王」が堕落し権力を乱用する危険性を認めなかったが、アリストテレスは、多数者の討論の中から生み出される決定に合理性を見出し、多数は一人よりも腐敗しにくいと考えたのである。彼は言う。

> 一人の最良の人が統治すべきであろうか、それとも市民のすべてが統治すべきであろうか。たしかに現に彼らが集合して、裁判をし、審議し、そして決定を下しており、そしてこの決定はすべて個別的な事柄である。たしかに彼らのうち個々人をとって比較すれば、おそらく誰でも最善の人より劣っているであろう。しかし、ポリスは多数者から構成されているのであり、皆がもちよった宴会のご馳走が一人の単純なそれよりも立派であるように、大衆は一人のすぐれた者よりも優れている。それゆえ大衆は、どんなに優れた一人の人よりも、多くの場合すぐれた判断を下す。さらに大衆の方が堕落しにくいものである。多くの水が腐敗しにくいように、大衆のほうが少数者よりもよりいっそう腐敗しにくい。また一人であれば、怒りやその他のそのような感情によって打ち負かされる時には、その判断は腐敗せざるをえないのであるが、他方の場合にあってはすべての人が同時に激情にかられて過ちを犯すというようなことはほとんどありえない。ただそれは、大衆が自由人であって、――法に反することは何事もなさないものたちと仮定しなければならない。（同、III-15-1286a、傍点引用者）

またアリストテレスは、『アテナイ人の国制』においても、民衆が万事において主人となり、民会の決議権、裁判所の裁判権、評議会の権限を持っていることを正当であると評価し、その理由として、「少数者は多数者よりも利益や好意によって腐敗しやすい」と指摘している。上述した引用からも明らかなように、アリストテレスの「ポリテイア」は、法に従って統治される体制であり、プラトンが民主制の特徴として描き出した「放縦」や「悪平等」を奨励するものではなかった。法に基づかない多数支配は「アナーキー」に至り、そこから「僭主制」を生み出すが、法に基づく多数支配が行われる所では、「民衆指導者は発生せず、そこでは市民の最良の人々が最高の地位についている」（同、Ⅳ4-1292a）。

このように、プラトンが民主制（Demokratia）を鋭く攻撃したのに対して、アリストテレスは真の民主制（politeia ポリテイア）に対して好意的であった。プラトンが民主制をポリスを解体するものとみなし、民主制を否定することによってポリスを再興しようとしたのに対して、アリストテレスはポリスの再興を、「ポリテイア」つまり有徳な多数の市民による法の支配に期待したのである。しかし、すでに遅しである。時代はポリスの時代から、「帝国」の時代へと進んでいき、「ポリス」は「帝国」によって取って代わられることになる。

〔参考文献〕

・アリストテレス『アリストテレス全集』（全一七巻、岩波書店）。『政治学』は第一五巻、『ニコマコス倫理学』は第一三巻、『形而上学』は第一二巻、『アテナイ人の国制』は第一七巻に収められている。訳の引用は『政治学』以外は岩波文庫版を用いた。

・――――『政治学』（山本光雄訳、岩波文庫、1972）、（牛田徳子訳、京都大学学術出版会、2007）、（田中美知太郎他訳、『世界の名著 8 アリストテレス』、中央公論社、1992）

・――――『アテナイ人の国制』（村川堅太郎訳、岩波文庫、1992）

・――――『ニコマコス倫理学』（上・下）（岩波文庫、1999）

・――――『形而上学』（上・下）（出隆訳、岩波文庫、2009）

・岩田康夫『アリストテレスの政治思想』（岩波書店、2010）

・荒木勝『アリストテレス政治哲学の重層性』（創文社、2011）

・丸山眞男『丸山眞男集』第四巻（岩波書店、2003）

・G・マレー『ギリシャ宗教発展の五段階』（藤田建治訳、岩波文庫、2007）

・J・グロンダン『宗教哲学』（越後圭一訳、白水社、2015）

第四章　ヘレニズムの政治思想

アレクサンドロス大王によるマケドニア帝国の支配によって、ポリスが崩壊したヘレニズム時代においては、人は自分の内面に「心の平静」や不動を求め、ポリスの公共的な空間から私的・内面的領域に退却することになる。その代表的哲学が、エピクロス派とストア派であった。

第一節　エピクロス学派

エピクロス（B.C.342-271）は、ギリシャの植民都市サモス島の出身であり、三五歳の時にアテナイで一つの学派を形成した。エピクロスの思想は「魂の平静」（アタラキシア）である。「正しい」や「不正」といった概念もここから定義される。彼は、「正しい人は、最も平静な境地にある。これに反し、不正な人は極度の動揺に満ちている」と述べている。賢者は、「日常の些事や国事の牢獄から自らを解放すべきである」とする彼の言葉は有名である。「隠れて生きよ」が彼のモットーである。

ところで彼にとって「魂の動揺」をもたらすものは、死後における神の裁きという考えであった。彼は、デモクリトスの原子論と唯物論の立場に依拠し、「魂の不死」と「死後の裁き」を否定した。死後の世界と裁きがあることは、彼にとっては「魂の平静」を脅かすものであった。「永遠に続くような恐ろしいものはなく、また長い間続く恐ろしいものはない」。世界の一切の生成は、アトムの離合集散である。「神々」が禍いを下し、人間世界に介入し、恐怖を与えると想定することは、「臆見」である。彼はプラトンの「造物主」（デミウルゴス）や「摂理」の概念にも反対した。彼の思想は、快楽を追求し、苦痛を避けるという意味において快楽主義と呼ばれている。ただ彼の考える快楽は、後のJ・S・ミル（1806-1873）と同様に、物質的快楽ではなく精神的快楽であり、とりわけ「友情」であった。

こうした思想は、当時のアテナイにおいては危険思想であった。したがってエピクロスは、自説の主張に慎重であり、一方において、「神々がたしかに存在しているし、神々の認識は明瞭な事実であり、神々は不滅である」ことを承認し、敬虔であることも勧める。しかし、他方においてその「神々は、世の多くの人が信じているようなものではない」と述べ、「多くの人たちが信じている神々を否認するものが不敬神な人ではなく、多くの人が抱いている考えを神に押し付けている者のほうが、むしろ不敬神な人である」と反論するのである。

第二節　ストア学派

ストア学派は、前四世紀から後三世紀にわたって、ギリシャ、ローマにおいて多くの信奉者を産み出した。ストア派は、初期ストア（前三―前二世紀後半）で、創始者ゼノン（B.C.334-262）やクレアンテス（B.C.331-232）、クリュシッポス（B.C.282-206）が活躍した時代、パナイティオス（B.C.189-109）やポセイドニオス（B.C.135-51）が活躍した中期ストア（前二世紀後半からローマ共和制末期）、そして後期ストアのセネカ（B.C.4-A.D.65）やエピクテトス（55-134）マルクス・アウレリウス（121-180）が活躍した時代に区分できる。

ストア派の創始者ゼノンは、キプロス島のキティオンで生まれ、二二歳頃にアテナイに来て、キュニコス学派のクラテスの弟子となった。その後アカデメイアでの勉学を経て、ヘパイストス神殿の近くの柱廊（ストア）で講義を始めた。

ストア派の始まりである。

ゼノンは哲学を自然学、倫理学、論理学の三分野に区分した。ストア派によると宇宙万有の原理は、質料（ヒューレ）とロゴス（理性、形成原理）によって構成されており、ロゴスは永遠であり、質料全体にいきわたりながら、個々の事物を動かし、保持している。彼にとって宇宙全体は、魂を持ち、理性をそなえた生き物であり、彼の神観は、汎神論的であった。

ストア派の倫理学の理想は、人間の理性が、神の理性が支配する自然と一致することであった。ストア派が言う「魂の平静」（アパティア）は、自己保存の衝動を理性によって統御し、自らの理性によって認識したコスモスの必然性によって生きる、つまり、「自然と一致して」生きることから生まれる。人間の理性は、宇宙万有の自然、万物にいきわたっている正しい理法（logos）の一部分である。ストア派にとって「賢者」、つまり有徳な者とは自然＝理性＝神に従う者を意味する。

政治思想において重要なのは、神の理性によって秩序付けられた「コスモス」を主張する「コスモポリタニズム」が初めて登場してくる点である。ストア派の「コスモポリタニズム」も、ポリスが崩壊し、帰属する場を喪失したことから来る帰結であった。エピクロス派の場合は生の個人、ストア派の場合は抽象的な世界市民ないし人類が、ポリスの具体的な「市民」に代わって登場してくる。ヘレニズム時代の倫理学は、アリストテレスのようにポリスの倫理学ではなく、エピクロスのようにアトム的個人の倫理学か、ストア派のように普遍的な抽象的理性の倫理学であった。

後のキリスト教との関係で触れておかなければならないのは、ストア派の人々は、善き人そして「賢者」は神々を敬い、神々に対して犠牲をささげる人々であると考えたことである。神々に香をたかず、犠牲をささげない「無神の徒」は劣悪な人々とされた。ストア派の理論と伝統的な神々への信仰は矛盾しないのである。

第三節　懐疑主義

古代の最も古い懐疑主義者は、ピュロン（B.C.360-270）に始まる。彼の教えは、ティモン（B.C.325-235）や紀元前一世紀のアイネシデモスによって継承された。アイネシデモスは、『ピュロン語録』により、ピュロンの教えを後世に伝えている。ピュロンの教えは、徹底した懐疑主義であり、知性に「判断停止」（エポケー）を迫るものである。ディオゲネス・ラエルティオスの『ギリシャ哲学者列伝』（下）の第一一章「ピュロン」によれば、彼は、ものごとの真理は把握できないとして判断の保留（エポケー）を哲学に導入した人物である。また彼は、感覚による対象の把握を認めるが、それは事物がどのように現れるかを知るだけであり、事物の本性がいかなるものであるかは確定しえない。彼は、何一つ正しく不正なこともなく、また美しく醜いものもないが、人はただ法と習慣に従って行動しているにすぎないと主張した。アイネシデモスによると、ピュロンは哲学の研究をしている時は、判断保留の原則に従っているが、実際の日常生活においては、普通に行動していたようである。またピュロン主義者にとって、原因と結果という因果律は、「ただ考えられるだけのものであって、実際には存在しえない」（『ギリシャ哲学者列伝』（下）、一八二頁）ものであった。さらに彼らにとっては、「判断を保留することが終局目的」であり、その保留において、平静な心（アタラキシア）が生じるという（同、一九〇頁）。というのも、何が善であり、何が悪であるかを判断する人は絶えず、心境を乱しているが、何が善で何が悪であるかを決めない人は、心の平静を獲得するというのである。

こうしたピュロン主義は、セクストス・エンペイリコス（二世紀から三世紀）の『ピュロン主義哲学の概要』でよく知られるようになり、一五六二年にセクストスの書物がラテン語訳で出版されるようになると、モンテーニュの『エセー』やヒュームの『人性論』や『人間知性論』に多大な影響を及ぼした。

古代におけるもう一つの懐疑主義の流れが、新アカデメイア派の懐疑論である。プラトンのアカデメイアは、学頭が、アルケシラオス（B.C.315-240）、カルネアデス（B.C.214-129）になって、ストア派やエピクロス主義に対立する懐疑主義的立場をとるようになった。彼らは、「どういう根拠に基づいて、あなたはそう信じるのか」と問うことによって、ドグマティストの教説の不合理性を明らかにしようとした。彼らにとって「真理は発見されず、探求されるだけ」であった。この新アカデメイアの懐疑主義は、キケロやアウグスティヌスに影響を及ぼしていく。キケロは、アルケシラオスについて、以下のように述べている。

アルケシラオスは、そもそも何か知られうるようなことがらが存在するということを認めず、ソクラテスが唯一自分に残しておいたことさえ認めなかった。こうして、すべては隠れていると考え、識別可能、認識可能なものは何ひとつ存在せず、したがって何ごとも断言したり肯定したりすべきではなく、また同意しつつ認めてもならない、いつも同意を控え軽卒に陥らないよう慎むべきであると考えた。偽なること知られざることを認めることこそ軽卒の極みであり、認識、把握に同意、肯定が先行するほど醜悪なことはないと言うのだ。アルケシラオスはこの理論を忠実に実践し、あらゆる人々の見解を反駁して多数の人を自分の理論へと導いた。（キケロ、『アカデミカ後書第一巻』一—四五）

ピュロン主義と新アカデメイア派の懐疑主義の相違として、『古代懐疑主義入門』は、前者が実践的懐疑主義として一つの生き方を示しているのに対し、後者は専門的哲学や認識論の問題とみなされるようになったと述べている（五一頁）。次に私たちは、ローマ時代に入ることにしよう。ここでは、ストア派と新アカデメイア派の影響を受けたキケロと、後期ストア学派のセネカとマルクス・アウレリウスの思想を見てみよう。

〔参考文献〕

・ディオゲネス・ラエルティオス『ギリシャ哲学者列伝』（上）（中）（下）（加来彰俊訳、岩波文庫、2007）

・岩崎允胤『ヘレニズムの思想家』（講談社学術文庫、2007）
・山本光雄『ギリシャ・ローマ哲学者物語』（講談社学術文庫、2003）
・J・アナス／J・バーンズ『古代懐疑主義入門』（金山弥平訳、岩波文庫、2015）
・キケロ『アカデミカ後書第一巻』（中川純男訳、http://phil.flet.keio.ac.jp/person/nakagawa/acpost_i.html）

第五章　古代ローマの政治思想

ここではまずキケロの伝統的な神々に対する見解をとりあげ、彼の政治思想を、共和主義思想とコスモポリタニズムに分けて考察することにする。

第一節　キケロ（Marcus Tullius Cicero）

Ⅰ　プロフィール

キケロ（B.C.106-43）は、ローマの南東約一〇〇キロほどの所に位置するアルピーヌムという町に前一〇六年に生まれた。彼は、若い頃ローマやギリシャに遊学して新アカデメイア派のラリサのピロン（B.C.159/59-84/83）から懐疑主義を学び、ディオドロスからストア派の哲学を学んだ。後に述べるようにキケロの思想はストア派に接近するが、それは「懐疑」を経たものであった。また彼は、弁論、修辞学を修め、さらにローマ法の発展に重要な役割を果たしたスカエウォラのもとで法律を研究した。彼は、法廷弁護士としての名声を確立し、元老院議員も務め、前六三年には執政官に就任した。前六〇年、ポンペイウス、クラッスス、カエサルの三頭政治が始まり、翌年にカエサルは執政官に就任した。前四四年にカエサルは、終身の独裁官に就任したが、マルクス・ブルートゥスやカッシウス（二人は当時法務官）

によって殺害された。キケロも共和制を守るため、この暗殺を支持した。ブルートゥスはキケロの友人であった。前四三年一二月にキケロはアントニウスの手下に殺害される。その後、ユリウス・カエサル（B.C.100-44）は君主制と専制のシンボルとなり、キケロは共和制のシンボルとなった。

Ⅱ　キケロと古代ローマの宗教

まずキケロは、伝統的なローマの神々に対してどのような態度をとったのであろうか。この点についてキケロは、プラトンやアリストテレスよりも積極的である。私たちは、後の時代の思想家に多大な影響を及ぼした『神々の本性について』（B.C.45）の検討を通して、彼の宗教観を明らかにしていきたい。彼は冒頭で、「神々の存在」について以下のように述べている。そこには「懐疑」を通して真理に迫るキケロの戦略がある。

今回とりあげた問題に関して言えば、ほとんどの哲学者は神が存在すると主張してきた。たしかに、この考えが最も真理に近いように思われるし、自然を導き手とすれば、誰もがこの考えに導かれるであろう。しかし、プロタゴラスは、その可能性を疑問視したし、メーロス島のディアゴラースやキューレーネーのテオドーロスに至っては、断じて神は存在しないと考えた。一方、神の存在を主張する者たちの意見は、あまりにも多様で、互いにあまりにも矛盾しているので、彼らの説をいちいち列挙しても煩雑なだけである。（『神々の本性』、1-1-2）

『神々の本性』では、エピクロス学派のウェッレイウス、ストア派のバルブス、新アカデメイア派で懐疑主義者のコッタの神々の本性についての対話を展開している。キケロの立場は、新アカデメイア派の方法論的懐疑主義の検証を経た上で、世界観的にはストア派のバルブスに近いといえよう。

第一巻においては最初にキケロの序文、ウェッレイウス（エピクロス主義者）の主張、並びに、コッタ（哲学者で神祇官）のエピクロス主義批判が展開されている。キケロは、神々の存在は認めるものの、人間の生にはいっさい関与しないと考えたエピクロスに対して、「この考えが仮に正しいとするならば、敬神、崇敬、恐怖といった感情は、いったいいかなる形で存在しうるのか。というのもこうした心持ちはいづれも不死なる神々が人間に対して何らかの配慮をし、何かを授けてくれると考えればこそ、神々の力に捧げることのできる純粋で清浄な感情だからである」と批判し、「神々に対する敬虔な気持ちがなくなれば、信義や人間社会の絆、さらには諸徳の中でも唯一の際立った徳というものも、おそらく消えてなくなるだろう」（同、I-2-3, 4、傍点引用者）と述べている。キケロにとって神の属性は、不変性、永続性であった。また彼は、ストア派の所説を「神々の思慮や理知の働きによって全世界が統治され、支配される」と要約し、この立場に共感を示している。またキケロは、ラリサのピロンから懐疑主義の哲学を教えられたので、新アカデメイアの哲学者に分類されることもあるが、「神々の問題」に関しては、懐疑主義を「不遜」と断言している。

　ここで、それぞれの派の主張を、それぞれの論者の言葉を用いて、紹介してみよう。

　ウェッレイウスはエピクロス学派の立場を、「心の平静（アタラクシア）とあらゆる義務からの解放こそ、幸福な人生の本質」と述べ、神は人間の事柄に介入しないと説き、「エピクロスのおかげで、こうした恐怖から解放され、自由の中へと翼をひろげ、神々をみだりに恐れることがなくなった」（同、I-20-56）と述べている。しかしコッタはウェッレイウスを批判し、エピクロスのように神々の人間的事象への介入や摂理を否定することは、「すべての宗教を根底から打ち砕くもの」であり、「理性によって不死なる神々の神殿や祭壇を根こそぎにする」（同、I-41-115）ものであると主張する。

> 神々が人間に対する好意と愛情を示さなければなぜ私たちは神々に祈ったり、拝んだりするだろうか。なぜ神祇官は宗教儀式を、鳥卜官は、鳥占いを取り仕切る必要があるだろう。また、なぜ私たちは、不死なる神々に願望を伝え、請願を行うのだろうか。（同、I-44-123）

要するにコッタによれば、エピクロスは、「議論の上では、神々の存在を認める余地を残したが、実質的には批判した」のである。

第二巻においては、エピクロス主義を批判したコッタは、積極的に神々の存在証明をすることを拒否したので、ストア主義者のバルブスが登場し、「神々が存在すること」、「神々がどのようなものか」、「宇宙が神々の摂理によって支配されていること」、「神々が人間的な事柄に対して配慮していること」について議論を展開する。バルブスにとって、神々の存在は自明のことであった。天体を観察するとき、それを支配しているジュピターの存在は明らかであり、神々はしばしばローマの戦いにおいて現れ、ローマに勝利をもたらした。バルブスにとって、神々を崇拝することが勝利の秘訣であった。そして、鳥占いやアポロンの神託を告げる巫女の重要性を指摘し、神託、予言、夢、前兆によって神々の意志を知ることができるのは、神々の人間に対する好意であると主張する。

更にバルブスは、「感覚と理性を持つ宇宙が神であること、宇宙のすべての力は神の本性によって支配されている」(同、II-11-30) と主張している。それは汎神論の主張である。興味深いことは、バルブスが、神とかかわるもの(例えば信義や知性)、また神のもたらした祝福(例えば勇気、名誉、富、健康、調和、自由、勝利)が神格化され、神殿で祀られるだけではなく、神の恩恵を受けて行動する卓越した人間(例えばヘラクレース、アスクレーピオス(医術の神)、ディオニューソス(酒の神)、ロムルス)が神格化されて、神殿で祀られるようになったと指摘していることである。また自然も神格化され、空気の神としてユノ(ジュピターの妻、ギリシャの女神ヘラに相当)、海の神としてネプチューン(ジュピターの兄弟)、穀物・農耕の女神としてプロセルピナ、そして狩猟の女神としてディアーナ(ギリシャのアルテミスに相当)がつくられた。

しかしバルブスはこうした神格化のすべてを認めているわけではなく、「想像と空想上の神々」が作り出され、「誤った意見や混乱に満ちた考え」や迷信が生じたことを指摘する。同時にバルブスは、プラトンと同様に、神々の欲望、悲嘆、怒り、戦いが詩人たちによって語られ、信じられてきたことに対して、「虚飾に満ちた軽薄な考え」と叱責し、宗教と迷信を区別することを勧めている。

次に、「宇宙が神の摂理によって支配されていること」(同、II-75-135) について、天体(星座、惑星、地球)の運行、植物の成長、動物の生態などを検討しつつ、「万物は、この宇宙の中で神の知性と熟慮によって驚嘆すべき仕方で支配されており、その目的は、万物の安全と存続を図ることにある」（同、II-53-132）と結論づけている。

第三巻は、コッタのストア主義批判である。実はこの第三巻にキケロの主張があるといえよう。まずコッタは、自分の立場を説明して、不死なる神々の崇拝や宗教的儀式を守ることを表明し、「ロムルス」が鳥占いによって、ヌマが神聖な儀式を制定することによってローマの基礎をつくり、ローマは、「不死なる神々の最大の好意なしには、今のような偉大な国家にはならなかったであろう」（同、III-2-5）と述べている。この点においては、バルブスとコッタの意見は同じである。しかし、コッタは、バルブスの存在証明は全く証明になっていない独断と批判している。それは、神々の存在を理性によって証明しようとする「理性」の傲慢に対する批判であるが、認識論的懐疑主義に立ちながらも、実際の行動においては、伝統や習慣を尊重する立場である。しかしこの立場は、懐疑主義を経由することによって、「迷信」を追放しようとする。コッタは、予言術の信憑性に疑問をなげかけ、自然や宇宙、人間の神格化を否定し、多様な神々を創り出すことに反対をした。まさにそのことは、宗教から無知や迷信をとり除くために必要なことであった。また彼は、人間の神格化を非難し、「知性」、「信義」、「勇気」、「名誉」、「勝利」、「健康」、「調和」は、神々の名ではなく、抽象的概念にすぎないと主張する。総じて、ストア派の賢人たちは、「偽りに満ちた神話をもっともらしく解釈した」と し、特に詩人の作り話に批判的であった。コッタは、「私は何より哲学者であること、作り話ではなく事実を尊重する人間であることを望みたい」（同、III-31-77）と述べている。これこそキケロが重視した立場であった。

こうしたキケロの一見相矛盾する立場について、次のヒュームのキケロ評は、言い得て妙である。

キケロその人は、あらゆる演説や行為において、不信心の最も公然たる教唆者であったであろう。ところが、この偉人が著作や哲学的会談においてどれほどの懐疑的な奔放さを示したにせよ、なおかつ日常の生活行動の上では、理神論や瀆神の嫌疑を避けたことは明らかである。彼は自分の家庭においてさえ、また彼が強く信頼していた自分の妻のテレンティアに対してさえ、敬虔な信心家とみられることを欲していた。かくして、彼女に向けられた一書箇が残されているが、その中で彼は自分の健康回復の感謝のしるしとして、アポロとエスクラピウスに犠牲を捧げるよう彼女にまじめに要求している。（ヒューム、七八頁）

まさにこの立場こそ、後に述べるようにヒューム自身の立場でもあった。

またヒュームが尊敬していたモンテスキューも、「宗教におけるローマ人の政策」において、「キケロが個人としては、そして友人たちの間ではいつも不信仰の告白をしているのだが、公衆の面前では、異常な情熱をもってウェレスの不敬虔に反対しているのを見る」（モンテスキュー、一二六頁）と述べている。

以下、キケロの政治思想を、共和主義、自然法思想、コスモポリタニズムの順に見ていくことにする。

Ⅲ　キケロの政治思想

(1)　共和主義

キケロの共和主義についての見解を、彼がキリキアの属州総督として、現実の政治に復帰する直前に書かれた『国家論』から見ておくことにしよう。この著作は、前一二九年にローマ近郊の小スキピオの邸宅で新旧両世代の識者八人が一同に会して、理想的な国政について意見を交わすところから始まっている。全体は六巻（第三―六巻は失われた部分が多い）によって構成されている。

本書において、大スキピオ（養祖父）が小スキピオに「国家に奉仕した者には、天下の永遠の至福の世界が用意され、私利私欲をすてて公けの福利のために身を捧げることが選ばれて高貴な心を持つものの義務である」と語りかけ、政治や祖国への義務を説いている。ポリスが崩壊した後のヘレニズム思想では考えられない新展開である。キケロの共和制に対する熱情は、以下の言葉に如実に示されている。

お前が res publica を守ることにいっそう熱心となるために、このように心得るがよい。祖国を守り、助け、興隆させた者すべてのために、天界において特定の場所が定められており、そこで彼らは至福の者として永遠の生を享受できると。というのは、全世界を支配する最高の神にとって、少なくとも地上で行われることで、法によって結ばれた、res publica と呼ばれる人間の結合と集合よりも気に入るものはないからである。（『国家論』、VI-13）

res publica 概念

ところで、キケロが命をかけて守ろうとした res publica とは一体何であろうか。ローマ時代では、ラテン語のレス・プブリカ（res publica）やソシエタス・キウィリス（societas civilis）が国家を意味する言葉として用いられた。civitas は、ポリスのラテン語訳であり、市民の団体を意味し、res publica は、公共のものを意味した。societas civilis という言葉は、最初は、キケロによって用いられたが、ポリティケ・コイノニアのラテン語訳である。レス・プブリカやキヴィタスは、支配と被支配との関係を示す言葉ではなく、自由で平等な人々によって構成される政治共同体であった。キケロの『国家論』の原題は、res publica であり、彼はスキピオの言葉を借りて、「res publica は、国民のもの（res populi）である。しかし国民とは、なんらかの方法で集められた人間のあらゆる集合ではなく、法についての合意と共通の利益によって結合された多数の人間の集団のことである」（同、I-25-39）と定義している。キケロの場合、法についての合意は、また正義についての合意であり、正義のない res publica は考えられないものであった。

彼は、ユリウス・カエサルを念頭において、「一人の者の残虐な行為によって、すべての者が抑圧され、国民を作り上げる一本の法の絆、集合体の合意と結合が失われた時、その時だれがそれを国民のもの、すなわち res publica と呼ぶことができようか。……だから僭主が存在する所では、およそいかなる res publica も存在しないというべきである」（同、III-31-43）と述べている。また彼は、同じ『国家論』の第一章において、自由で平等な政治共同体である res publica について、「自由は、国民の権限が最大である国を除いて、いかなる定住地をもたない。自由より甘美なものは何一つありえない」（同、I-31-47）と述べている。このように、キケロにとって、res publica は「国家」という訳語では言い尽くせない豊かな内容を有しており、それは、「政治共同体」であると同時に、自由な国制でもある。以下、キケロの res publica 概念の特徴である専制政治批判、混合体制、パトリオティズムに分けて検討してみよう。

専制政治批判

キケロは、カエサルの暗殺後の前四四年に『義務論』を書き、「カエサルは、あらゆる神と人間の法を覆したが、それは彼が自らの妄想のうちに思い描いたあの元首の地位を獲得するためであった」(『義務論』、I-8-26) と批判した。ローマ共和制にとって、法律とは市民の自由を守る砦であった。そして「市民による都市国家の本来的意義は、各人による財産保全の自由と不可侵を守ること」(同、II-22-79) にあった。僭主は、法を踏みにじり、自由を侵害しようとする。キケロは法律を踏みにじるカエサルについて、「いまここに、ローマ国民の王にして、あらゆる民族の君主となる欲望を抱き、それを成し遂げた男がいる。……それは、法律と自由の死を意味する」と批判している (同、III-21-83)。キケロは、『国家』において、暴君に対して市民仲間の自由のために戦う義務が、個々の市民すべてにあると書いた。彼は、市民による「暴君征伐」を容認するのである。

混合政体

キケロにとって、共和制の具体的な形態は、ローマの歴史家ポリビオス (B.C.203-120) が主張したと同様に、執政官、元老院、民会によって構成された「混合政体」であった。彼は、『国家』において、王政、貴族制、民主制を批判して次のように述べている。

しかし王政においては、ほかの人々は、共同の法および審議からまったく除かれている。また貴族の専制においては、民衆は共同の審議や権限のいっさいから締め出されているゆえに、自由にあずかることはほとんどできない。またすべてが国民によって運営されるとき、たとえその国民が正しく穏健であるにしても、平等そのものは身分の

段階を持たないゆえに不公平である。（『国家』、I-27-43）

彼は、民主制が専制を生み出すことをプラトンに倣って主張し、「あまりにも大きな自由は、国民にとっても私人にとってもあまりにも大きな隷属となり…… この最大の自由から僭主と、あのもっとも不公正でもっとも厳しい隷属が生じる」（同、I-44-68）と警告した。「混合政体」は、王制から「至上権」（imperium）を、貴族政から「権威」（autoritas）を、民主制から自由（libertas）を導入して、相互に組み合わせる。「混合政体」の構築によって、体制循環という運命をストップし、長く続く安定した政治体制を実現したいというキケロの悲願がここに如実に示されている。

パトリオティズム

共和制の第三の特徴は、祖国愛つまりパトリオティズムである。彼は『国家』の中で「あらゆる社会的連帯の中で最も重要で、もっとも大切なものは、国家とわれわれ一人一人の間の関係である。……あらゆる人々が大切に思うそのすべての関係を祖国はただ一つで包括している。祖国のためならば、良識ある人物の誰が死地に赴くのを躊躇するだろうか。それによって祖国の役に立とうとしないだろうか」（同、I-57-8）と書き、熱烈な「祖国愛」を吐露している。また彼は『法律』においても、「何にもまして、愛情を注がなければならないのは、――そのために私達がいのちを捨て、そこに自己のいっさいを捧げ、そこに私達の所有物のすべてを供えいわば奉納しなければならない祖国である」（『法律』、II-2-5）と断言してはばからない。祖国のために命を捨てる、これほどの市民としての美徳はないのである。

（2）自然法思想

ストア派の自然法思想はキケロにも大きな影響を及ぼし、またキケロを通して後世に伝えられた。キケロの自然法思想は、『法律について』（De Legibus）の中で展開されている。この著作の現在ある写本は、第一巻から第三巻の途中までを含んでいる。キケロと弟のクウィントスが彼らの友人であるティクスと一緒に兄弟の生地であるピーウムにある別荘で一日を過ごし、三人が国々の法律と制度について討論するという筋書きである。第一巻は「法の起源とその自然本性」、第二巻は「宗教に関する法律など」、第三巻は「執政官、法務官、監察官の法など」である。ここでは、第一巻の紹介を通して、キケロの自然法思想に触れることとする。

キケロにとって、法律とは実定法ではなくて「理性の命令」であり、超実定的なものである。「法律とは、自然本性に内在する理性であり、なすべきことを命令し、その反対のものを禁止する」（同、I-6-18）ものであり、永遠に存続し、何が正しいか、誤りか、何をなすべきかを定め、正しく行動するように人間に呼びかける。

世界は神の理性によって形成され、その摂理によって定められている普遍的秩序であり、人間は神の理性を分有するものとして、理性＝自然に従って生きることを義務づけられている。理性と法によって人間は神と結び付けられている。キケロにとって「自然法」は、理性の命令であるので普遍妥当性を有し、時代と国を超えて妥当する。彼は、この点に関して、『国家』において次のように述べている。

> 真の法とは、自然と一致した正しい理性である。それはすべての人に妥当し、永久不変である。……この法を変更することは正当ではなく、その一部を無効にすることは赦されず、またそのすべてを廃止することはできない。……ローマとアテナイにおいて異なる法が存在するものではなく、一つの永久不変の法がすべての国民をあらゆる時代を通して、結びつけるであろう。そしていわば、各人共同の支配者、万人の指揮者たる一人の神が存在するであろうし、その神こそこの法の作者であり、裁定者であり、提案者である。（『国家』、III-22-33、傍点引用者）

国家が「自然法」に反した法を制定した場合、国家は「正義」の名に値しない。また国家によって制定された実定法、つまり「市民法」（ius civile）は、「自然法」に合致した時にこそ、妥当性を有するのである。

（3）コスモポリタニズム

ストア派の影響を受けたキケロは、「自然法」によって秩序づけられたコスモポリタニズム（世界市民主義）の側に立つ。人間は、理性を共有するものとして平等とみなされ、宇宙を支配する自然の法則にしたがって生きる「世界市民」なのである。

法律（lex）を共有する者は法（ius）をも共有する。そしてこれらのものを共有する者は、同じ国家に属するとみなされるべきである。もし彼らが同じ命令権と権限に従うなら、なおのこと次のように考えなければならない。実際、彼らはこのような天の秩序、神聖な意志、巨大な神に服従する。したがって、私たちはこの全宇宙を、神々と人間が共有する一つの国家（civitas）とみなさなければならない。（『法律』、I-7-23、傍点引用者）

私達がすでに見たように、古代ギリシャにおいては、ポリスが市民の活動の場であり、生活全体を包括する単位であった。ポリスを越えたアイデンティティを求めることは考えられなかった。ポリスの市民であることが、最大で唯一の存在形態であった。しかし、ローマ時代においては、ポリスを超えた世界が広がっていく。それこそコスモポリスであった。人々は、「自分はまわりを城壁で閉ざされて暮らすある限られた場所の住人では決してなく、ひとつの都市ともいえる「全宇宙の市民」であることを知る」（同、I-23-61）。すべての人は、自然によって理性を与えられているので、同じ法が与えられており、法によって一つに結びつけられている。そのことが狭隘で排他的なパトリオティズムを超える原動力となるのである。

我々は、みな自然という同じ一つの法律の上に存立している。そしてそのこともその通りであるとするならば、自然の掟が我々に他人の権利の侵害を禁じていることは、疑いえない。……同胞市民に対しては配慮すべきであるが、他国人についてはその必要がないという人々は、全人類に共通の社会を破壊している。（『義務論』、第三巻八）

こう述べるキケロにとってパトリオティズムとコスモポリタニズムは矛盾するものではなかったが、前者が後者を脅かす危険性は鋭く認識されていた。

ちなみに「世界市民」という言葉が最初に使われたのは、キニコス学派のディオゲネス（B.C.412-323）が、自分の出自を問われた時に「私は『世界市民』（コスモポリテース）である」といったことに由来する。それは、自分がどのギリシャのポリスにも所属していないことを示すものであった。また彼は、「唯一の正しい国家は宇宙におけるそれである」と述べている。「世界市民」の概念が本格的に発達するのはゼノンに始まる初期ストア学派からであり、キケロ、そして後期ストア派のセネカ、マルクス・アウレリウスを経て、定着していった。

キケロやマルクス・アウレリウスの「コスモポリタニズム」が、初期ストア派のそれよりもはるかにリアリティを持っているとするならば、それはローマ帝国という政治的実体が存在したからであり、単なる哲学的な規範理論の帰結ではなかった。ローマは、前二九五年にイタリアを統一してから地中海世界を支配し、最終的に北はブリタニアから南はアフリカ北部まで、東は中東から、西はイスパニアまでを支配する大帝国を建設し、「ローマの平和」（Pax Romana）を実現する。そして征服した他国民にローマの「市民権」を付与することによって、様々な民族や習慣を超えた「世界市民」を形成していった。

〔参考文献〕
・『キケロー選集』（全一四巻、岩波書店）のうち『国家について／法律について』（第八巻）、『義務について』（第九巻）、『神々の本性について』（第一一巻）、『トゥスクルム荘対談集』（第一二巻、魂の先在と不滅を主張）
・キケロ『アカデミカ前書第二巻』（ルクルス）http://www.geocities.jp/hgonzaemon/academica2_1.html
・――――『アカデミカ後書第一巻』（中川純男訳、http://phil.flet.keio.ac.jp/person/nakagawa/acpost_i.html。キケロの『アカデミカ』は前書と後書の二巻から構成されているが、現存しているのは前書第二巻と後書第一巻だけである。
・P・グリマル『キケロ』（高田康成訳、白水社、1944）
・角田幸彦『キケロー』（清水書院、2001）

・D・ヒューム『宗教の自然史』（福鎌忠恕・斎藤繁雄訳、法政大学出版局、1972）
・モンテスキュー「宗教におけるローマ人の政策」（白石正樹訳『創価法学』一九八七年一二月）

第二節　セネカ（Lucius Annaeus Seneca）

Ⅰ　プロフィール

セネカ（B.C.1-A.D.65）は、前一年にスペインのコルドバに生まれた。彼は法律を勉強し、後にティベリウス帝の治世末期に財務官、かつ元老院議員となった。四一年ティベリウスの次の皇帝カリグラが暗殺され、彼の叔父のクラウディウスが皇帝となるが、セネカは皇帝の后メッサリーナの陰謀によってコルシカに追放された。四九年に皇帝の次の后であるアグリッピナによってローマに呼び戻され、五〇年にネロの家庭教師となる。五四年にアグリッピナがネロを帝位に就かせるためにクラウディスを毒殺した時に、セネカはネロに加担した。その後ネロは母のアグリッピナを殺害したが、セネカは元老院に宛てて、アグリッピナを糾弾する演説を書いている。六二年親友ヴッルスの死去を契機に、セネカは引退を申し出て、著述に専念した。六四年にローマが大火に見舞われ、六五年にネロへの反逆の陰謀に加担したという嫌疑を受け、ネロから自殺させられている。まさに権力闘争に巻き込まれた波乱の生涯であったが、そうした中でセネカは「魂の平静」を追求し続けたのである。

セネカの著作には、「生の短さについて」、「心の平静について」、「幸福な生について」、「摂理について」など、ラテン語で書いたものがある。セネカの思想は後にフランスのモンテーニュに多大な影響を及ぼした。以下、「摂理について」を中心に、セネカの思想を見てみよう。

II　セネカと摂理、運命

セネカの問いは、なぜ善き人に苦難が生じるのを神は許しておられるのかという人類普遍のテーマである「神義論」から始まっている。セネカの答えは、それは神の訓練ということにある。教師が少年たちを厳しく育て、立派な人物にするように、神は善き人を苦難を通して訓練する。彼は「摂理について」で次のように述べている。

神々が、善きものたちに対してとっている方針は、教師が自分たちの生徒に対する場合と同じく、見込みが確かな者に多くの労苦を課すというものだ。……神が高貴な精神を過酷に試みたとして、どこが不可思議なのだ。徳の証書はやわなものではない。運命がわれらに鞭をふるい、ずたずたに引き裂く。受けようではないか。残酷などない。試合だ。頻繁に出るほど強くなる。(「摂理について」(『怒りについて』所収)、二八―二九頁)

善き賢者は逆境の攻撃を鍛錬とみなし、「平静に穏やかに襲い掛かる者に抗して立ち」、運命を受け入れる。受け入れるだけでなく、その試練を克服しようとする。人間が外的環境に屈しない内面的な強靭な精神をもつことが求められる。

お前たちは外面で輝くことはしない。お前たちの善は内面に向けられている。……わたしは、一切の善を内に置いた。お前たちの幸せは、幸せが要らないことだ。(同、三八頁)

セネカにとって自由とは、心の中に「自由の砦」を築くことであり、できるだけ、外部から自らを引き離すことである。彼にとって、生を生き抜く模範を示したのは、アテナイで毒杯を仰いだソクラテスであった。

セネカは、逆境にあったキケロが過去の歳月を嘆き、現在に不満を述べ、将来に絶望し、「半ば自由を失った者」であると親友に書いた書簡を酷評して次のように述べている。

賢者は決してこんな卑屈な言葉を用いるものではない。半ば自由を失うことなど決してなく、完全にして安定した自由を常にもち、束縛を受けずにこれ自らを支配し、しかも他にぬきんでるであろう。なぜならば運命を乗り越えている者を、乗り越えられるものは何もないからである。（『人生の短さについて』、一九頁）

セネカの死を詳細に紹介しているのは、ローマの歴史家コルネリウス・タキトゥス（55-120）の『年代記』である。セネカは、ネロに命じられて自決をしたが、「摂理について」の中で、死について以下のように述べている。

死は間近にある。……死と呼ばれる出来事、魂の身体からの退去そのものが、束の間のこと、その速さは、感じることもできない。咽喉を縄目が絞める。水が気道を塞ぐ。真っ逆さまに墜落し、真下の硬い地面が微塵に砕く。飲み込まれた炎が息の戻りを妨げる。だれであろうと、たちまちのこと。いったいお前は恥ずかしくないのか。かくも速やかに終わることに長く戦いて。（同、三九頁）

しかし、セネカは神からの苦難を積極的にうけとめ、人からの批判、侮蔑、賞賛を意に介せず、心に「平和の砦」を築くことができたのであろうか。セネカ自身の生涯が、実は野心と恐れと怒りの連続だったのではないだろうか。だからこそ彼は、そうした情念からの解放を説いたといえないだろうか。ピエール・グリマルは『セネカ』の中で、ラ・ロシュフコー（1613-1680）が著書『格言集』の扉に、仮面の下には深いしわが刻まれ、しかめた表情をしているが、仮面は喜びにあふれ、晴れ晴れとして凛としているセネカの姿を描いている。パスカルと同じジャンセニストのラ・ロシュフコーにとって、人間は神の恩寵と助けがなければ徳を達成することはできないのであり、セネカの仮面は引き剝がされなければならなかった。またアウグスティヌスは、異教の神々への崇拝を迷信として非難しつつも、それを実践するセネカの二重道徳を批判して、「セネカは、哲学者たちによって自由になったにもかかわらず、ローマ人の有名な元老院議員であったから、その非難するところを崇拝し、否認する所を実行し、叱責するところを礼拝していた。……そして彼の態度は、その偽ってなすところのものを、人民が心からしているような仕方でしたのであるから、なおさら呪われるべきであった」（『神の国』、VI-10）と一刀両断に切り捨てている。

私たちは、次に後期ストア派を代表するローマ皇帝マルクス・アウレリウスのストア主義を検討することにしよう。

〔参考文献〕

・セネカ『怒りについて』（兼利琢也訳、岩波文庫、2008）。本書には「摂理について」、「賢者の恒心について」、「怒りについて」が収載されている。
・――――『人生の短さについて』（茂手木元蔵訳、岩波文庫、1994）。本書は、「人生の短さについて」、「心の平静について」、「幸福な人生について」を収載している。
・P・グリマル『セネカ』（白水社、文庫クセジュ、2001）（原題 Pierre Grimal, *Sénèque*, 1981）
・J・ロム『セネカ――哲学する政治家』（志内一興訳、白水社、2016）（原題 James Romm, *Dying Every Day*, 2014）
・アウグスティヌス『神の国』（二）（服部栄次郎訳、岩波文庫、1998）

第三節　マルクス・アウレリウス（Marcus Aurelius Antoninus）

I　プロフィール

マルクス・アウレリウス・アントニヌス（121-180）は一二一年に父アントニウス・ウエルスと母トミティア・ルキッラの間に生まれた。父は執政官であったが、アウレリウスが九歳の時死去したため、やはり元老院議員や執政官の経験のある母方の祖父に引き取られ、育てられた。そしてハドリアヌス帝（在位117-138）の養子とされた。彼は、家庭教師たちからストア派の教えを受けた。特に彼の哲学の師は、ストア派のユニウス・ルスティクスであり、彼から教えられたエピクテトスの『語録』に影響を受けた。一四五年にファウスティナと結婚し、一三人の子供をもうけている。ハドリアヌスの死後、マルクスはアントニヌス・ピウス帝（在位 138-161）の養子となり、一六一年に皇帝になった。彼は、「哲学者が支配するか、支配者が哲学者となるなら、国家は栄える」というプラトンの言葉を口癖にしていたという。アウレリウスは、一八〇年ペストにかかり現在のウィーンで死去し、当時一九歳の息子コンモドゥズが皇帝となった。彼の著書『自省録』は、一七〇―一八〇年の間に書かれている。

マルクス・アウレリウスは、生涯の多くを戦場で送り、死もドナウ川近くの野営で迎えた。彼の生涯は戦いの連続であったが、最後まで「魂の平静」を求め続けた。

Ⅱ　「自然に従う」

人間は様々な外的困難によって動揺する。しかし、マルクス・アウレリウスにとって、「魂の平静」のためには、理性と自然に従うことが重要であった。彼の自然観は汎神論的であり、自然は神霊によって満たされている。人間の理性は、神や宇宙の理性の一部であり、その理性によって欲求や衝動を支配することが「魂の平静」にとっては重要であった。その自然＝理性から離れる時に、不正や放縦、悲嘆、恐怖が生まれてくる。彼は、アレクサンドロス、ガイウス、ポンペイウスといった政治家とディオゲネス、ヘラクレイトス、ソクラテスといった哲学者たちを対比させて、後者の人々の理性は自律的であったが、前者の人々のそれは隷属的であったと評している。

そしてこの理性＝自然は、マルクス・アウレリウスにとって、また摂理ないし運命でもあった。その意味において、そこから生じてくるものを神の摂理ないし運命として把握する諦観が生まれてくる。彼は「……生起することのすべてを、必然のこと既知のこと、つまりそのような性質の始原と源泉より流れ出たものと観じ、悦んで受け入れる心の在り態、それである。おまえ自身をクロト［運命の紡ぎ手］に悦んで捧げよ、御神の欲するがままのことどもで［おまえの運命の糸を］紡ぐようにお任せして」（『自省録』、Ⅳ-33, 34）と、運命にすべてをゆだねることを説く。アウレリウスは、ニーチェの「運命愛」を想起させるほどに、「わが身に生起し運命の手によってわがために紡ぎ合わされたものを専ら愛すること」（同、VII-57）の必要性を指摘している。まさに、マルクス・アウレリウスの『自省録』の中には、永劫回帰の思想が存在するのである。「万物は、永遠の昔より同一不変の相のものにして永劫回帰するものであり、人がそれらのものを百年、二百年、いや、未来永劫にわたって見ようが、何の違いもない」（同、II-14）。

III　アウレリウスの死生観

マルクス・アウレリウスにとっても肉体と魂の区別、また魂の肉体に対する優越というギリシャ的思惟構造は顕著である。しかし彼にとって魂はプラトンが説くように不滅なのではなく、肉体とともに消滅するものであり、死はすべての終わりであった。彼は、『自省録』の中で、ストア主義者としての死の受容について、「すでに自分の魂が肉体から解かれて、あるいは消滅、あるいは霧散、あるいは永生すべきといったさい、覚悟のほどもできている魂の、なんとすばらしいことか」（同、XI-3、傍点引用者）と述べ、死に際して動揺せず、死を受容することが賢者の徳であると考える。

ここでマルクス・アウレリウスは、死後魂がどうなるのかについては断言していないが、一般にストア派は、魂も肉体も消滅すると考えていた。別の箇所でアウレリウスは、「死は出生と同じようなものであり、その同じ元素への分解である。これを要するに死は、人の恥ずべきものではない」（同、IV-5）と述べている。つまりアウレリウスにとって死を恐れたり、死に際して動揺するのではなく、諦観によって死を受容することが大事であった。

IV　コスモポリタニズム

アウレリウスにとっても、キケロと同様、自然法が貫徹している世界の市民という世界市民主義（Kosmopolis）の思想が生まれてくる。しかし、アウレリウスはローマ皇帝として愛国主義者であった。彼は、この二つの帰属について「アントニウスとしては、私の祖国はローマであり、一人の人間としては私の祖国は世界である」（VI-44）と述べている。そして、彼は、理性と自然の法という共通の法に服するコスモポリスについて以下のように述べている。

もし、精神がわれわれすべてに共通するなら、われわれは理性的な存在としてくれる理性もまた我々に共通している。もしそうなら、なすべきこと、なすべきでないことを教えてくれる理性もまた我々に共通している。もしそうなら我々は共通の法を持つということになる。もしそうなら我々は「同胞市民」ということになる。もしそうなら我々は一つの体制の一員となる。もしそうなら世界はいわば一つの国家（politeia）である。（同、IV-4）

しかし、この「世界市民主義」も実際にはあくまでもローマ帝国という境界線を持っており、その境界外にある人々に対しては、排他的なのである。

V　ローマの神々とマルクス・アウレリウス

マルクス・アウレリウスは、ローマの神々に対する敬虔な信仰をもっており、神々にいけにえを捧げる儀式を大事にしていた。彼は言う。

もし神々が存在しないならば、もしくはもし彼らが人間どものことなどかまわないならば、神々の存在しない宇宙、摂理のない宇宙に生きていくことは私にとって何になろう。いや神々は存在する。そして人間どものことを心にかけているのだ。そして人間が真に悪いことの中へ落ち込むことのないように、彼にすべての力を与えたもうのだ。（同、II-11）

彼は、神々が人間のことを配慮し、助けることを心底信じていた。神々への信仰と「自然に即して生きる」ことは、どのような関係にあるのだろうか。彼は、「神々のうちにあって、その配剤、神助、霊気によってなるものは、この我が自然に即して生きることに、何の妨げにもならない」と述べており、これは神々の存在を「平静に生きる」ことの妨げになると考えるエピクロス派と対照的である。アウレリウスは、神霊（ダイモーン）を、理性と同一視さえする。またアウレリウスは、「神々と人間とに共通する理性」という表現を用いている。この自然において、「完全にして正しきよきもの」は、神々から来るのである。

ギボンは、『ローマ帝国衰亡史』の中で、「その全治世を通じてアウレリウス帝は、哲学者としてはキリスト教徒を蔑視し、また皇帝としては、彼らを処罰し続けた」（ギボン、四二一頁）と述べている。当時のローマでは、市民たちは、ローマの神々であるユピテル神やアポロ神に香をたき、いけにえを捧げる習慣があったが、キリスト者はそれをしなかったので、神々を信じない「無神論者」とみなされていたのである。

〔参考文献〕

・マルクス・アウレリウス『自省録』。なお訳は（鈴木照雄訳、講談社学術文庫、2006）と（神谷美恵子訳、岩波文庫、2007）を用いた。
・E・ギボン『ローマ帝国衰亡史』（2）（中野好夫訳、ちくま学芸文庫、2008）

第六章　キリスト教の政治思想

第一節　キリスト教の発生、迫害、国教化

Ⅰ　イエス・キリスト

ユダヤは、すでに前六三年にローマの属国になっていた。イエスは最初の皇帝アウグストゥス（B.C.27-A.D.14）の治世にエルサレム近郊のベツレヘムで誕生し、ガリラヤのナザレで成長し、「神の国」の教えを宣教した。しかしユダヤ人、特にパリサイ人やサドカイ人といったユダヤの宗教的指導者は群集を扇動してイエスを迫害し、十字架につけようとした。当時死刑にする権限を持っていたのは、後二六年にシリアの属州の総督となっていたポンティオ・ピラトである。聖書によれば、イエスは神に反逆する人間の罪のために十字架にかかり、三日後に墓を打ち破って復活する。ティベリウス皇帝（在位14-37）の時である。ちなみにイエス・キリストとは、イエスが旧約聖書で預言されていたキリスト（ヘブル語でメシア）、つまり「救い主」であるという意味である。十字架と復活こそ、キリスト教の「福音」の中心的メッセージである。「福音」とは、good news つまり良き訪れの意味である。

イエスの死と復活の後、キリストの十字架と復活の「福音」を宣べ伝えていった代表的な人物こそパウロである。

Ⅱ　パウロ

パウロは、ユダヤ教に熱心でキリスト者を迫害していたが、ダマスコに向かう途中で、「なぜわたしを迫害するのか」というイエスの声を聞き、回心し、キリスト者となった。彼は、イエス・キリストの十字架が自分の罪のためであることを知り、同時に復活したイエスに出会って、「福音」を異邦人に伝える使徒となった。ローマ帝国という普遍的世界やギリシャ語やラテン語といった国際言語が存在したことが、キリスト教の発展にとって有利な環境を形成したことは明らかである。パウロは小アジアのタルソ（現在のトルコ）に生まれた「離散」のユダヤ人であったが、ギリシャ語を話し、ローマの市民権を有していた点で、ヘレニズム化したローマ帝国にキリスト教を伝える上で適材の人物であった。また、彼は「律法による義」ではなく、イエス・キリストを信じる「信仰による義」を説き、律法を守り、割礼を受けることが救いにとって必要不可欠な条件ではないと説くことによって、ユダヤ教の一派とみなされていたキリスト教を狭い「民族宗教」の枠から解き放ち、「世界宗教」へと発展させる役割を果たした。異邦人はもはやユダヤの宗教的儀式や慣習に惑わされることなく、イエスを「救い主」（キリスト）として信じる信仰だけで救われ、教会に受け容れられたのである。

パウロは、イエスが旧約聖書で預言されていた来たるべき「メシア」であることを立証し、イエス・キリストの到来を旧約聖書のメシア預言の成就とみなしたのである。

パウロの三回にわたる伝道旅行（48-56）は、ルカが書いた「使徒行伝」に詳しい。このパウロの宣教活動によって「福音」が、パレスチナのアンティオキアから小アジア、ギリシャ、ローマといった地中海世界に広がっていった。しかし、その後キリスト教会は、ローマ帝国による迫害を繰り返し経験するようになる。キリスト者迫害の主たる理由は、キリスト教徒がローマ皇帝やローマの神々に供え物をささげて礼拝するローマ式の祭儀を拒否したからである。

Ⅲ　寛容令とキリスト教の国教化

こうした迫害の後に、コンスタンティヌス帝（在位312-324〔西方〕、324-337〔全ローマ〕）は、三一三年にミラノ勅令を発し、キリスト教徒に信仰の自由を認めた。ミラノの勅令には、以下のように記されている。

今後は、国家既存の法秩序および統治に対し、しかるべき敬意を失わせざるかぎり、各自その信仰を自由に表明し、また安全平穏裡に会堂内における礼拝集会を持つことを許す。――願わくは、汝らキリスト教徒もわれらがこの寛容の趣意を理解し、なんじらが尊拝する神の前に、我らが安全と繁栄、およびまた汝ら自身の安全と繁栄、さらにまた国家の安全、繁栄をも併せ祈願せんことを。

十字架は、皇帝コンスタンティヌスの彫像の右手にかかげられ、「皇帝の軍隊に勝利をもたらし、ローマの救いを全うした力と勇気の象徴」であった。コンスタンティヌス帝の大軍旗は十字架であつた。

ミラノの勅令は単なる「寛容」ではなかった。コンスタンティヌス帝はキリスト教徒に好意的であり、キリスト信者の未亡人には年金が支給され、イエスの復活の日曜日は祭日とされ、聖職者には国家的義務が免除された。そして、コンスタンティヌス帝は自ら宗教会議を開催して、宗教的決定に関与するようになる。すでにこの時点で、権力が教会の決定に影響を及ぼし始めるようになるのである。

そして、三九二年にテオドシウス帝（在位379-395）は、ローマの古代の神々への礼拝を禁止し、キリスト教をローマ帝国の国教に定めた。彼は、三八〇年にキリスト教に帰依している。彼は、三九四年にゼウスを主神とするオリンポス一二神の祭礼がおこなわれると、神殿の財産を没収し、異教禁圧への断固とした姿勢を示したのである。ここに、キリスト教の立場は一転し、迫害される立場から、権力と一体化し、迫害する立場へと変わっていった。

Ⅳ　キリスト教の精神的インパクト

キリスト教は、古代世界に全く新しい人生観や世界観をもたらした。それは、ポリス崩壊後の「精神的虚無」の時代において、エピクロス主義やストア派が開拓した「内面性」を超越的な神信仰に対する信仰で満たし、古典古代が知らなかった人間観、終末論、道徳をもたらした。キリスト教が主張する「愛」（アガペー）は、古典古代のギリシャ語には見出されない言語である。「自尊心」を最大の徳としていたローマ人にとって、「友のために命を捨てる」というアガペーの愛は、存在しえなかったのである。

またストア派やエピクロス派の思想が、主に知識人や富裕層に浸透していったのに対して、キリスト教は、イエス・キリストを信じる信仰による新しい生まれ変わり、魂の救いを告げ報せ、主に下層階級に反響を見出していった。そしてそこから貴族層、軍人、宮廷に爆発的な勢いで広がっていくことになる。

伝統的なローマ宗教との対立

キリスト者にとって、神は「唯一神」で「創造者」であり、この神以外を礼拝することは偶像崇拝の罪であった。当時のローマ帝国は、ギリシャのポリスと同様に「祭祀共同体」であり、神々に香をたき、犠牲をささげることが、市民の最大の義務とされていた。キリスト者はそれをしなかったので、神々を信じない「無神論者」として迫害されたのである。パウロやペテロもネロの時代のキリスト教迫害によって、殉教した。超越的な唯一神の信仰を説くキリスト教は、必然的にローマの国家宗教と衝突せざるをえなかったのである。

キリスト者は、イエス・キリストは「主」（キュリオス）であると告白する義務がある。単に心の中で信じるだけではなく、公に告白することが求められる。それによってキリスト教は、ローマ帝国下で生じた「皇帝礼拝」と衝突せざるをえなかった。キリスト者は、イエス・キリストを「主」（キュリオス）として告白するか、皇帝を「主」と告白するかの二者択一を迫られたのである。彼らは、キリストの権威は、皇帝の権威の上にあると信じていた。

終末論

古典古代の「循環」的時間概念に対して、ユダヤ教‐キリスト教の伝統は、歴史に初めがあり、終わりがあるという考えを持ち込んだ。これによって、時間と歴史を自然現象の類比のもとに永遠に循環すると考える古典古代の「循環的」な歴史観が克服され、この世は滅び、その後に神の国が到来するという「終末論」が生まれたのである。初代教会のキリスト者は、イエス・キリストの「再臨」（パルーシア）と神の審判、その後の「神の国」の到来を熱心に待ち望んでいた。「世の終り」とキリストの「再臨」に対する期待と緊張感こそ、彼らの信仰と行動の源泉であった。再度、キリスト教が大嫌いなギボンの『ローマ帝国衰亡史』に語らせることにしよう。

この世はやがて終り、天国は近しとの考えが、すべての信徒によって信じられたのだ。驚くべきこの事態の近いことは、確かに使徒たちも預言していたし、またその伝統は初期の弟子たちによっても固く信じられていただけに、キリスト自身の言葉をすべて文字通り受け取っていた信徒たちは、やがて雲に駕した輝かしい『人の子』の再臨がそれも遠い将来ではなく、はるかにもっと早い時期に——必ず実現するもの、といやでも期待しないわけにはいかなかった。——彼らは、この世界そのもの、およびそこに住む全人類が、神の審判者たるキリストの「再臨」を前におののく怖るべき瞬間を、怯えながらもひそかに期待して生きるようになったからだ。（ギボン、二九二頁）

人間観

キリスト教は、ギリシャ－ローマ哲学とは根本的に異なった人間観をもたらした。ギリシャ－ローマの哲学の人間観は、「知恵」を求める理性的人間観である。理性によって真理を認識することが最高の至福とされていた。しかしキリスト教は、人間は「神の似姿」（Imago Dei）によって創造されたが、堕落によって、人間の理性、感情、意志が腐敗してしまったとして、「原罪」のもたらす悲惨さを主張する。もはや人間の「自然的理性」によって真理を知ることは不可能なので、代りに神の啓示と恩寵によって神の真理に至ることができる。また、人間は自分の力によって自らを救うことはできず、ただ神の恩寵により、イエス・キリストを信じる信仰によって救われるのである。

魂と肉体

プラトンは「魂の不死」を説いた。そして肉体は「魂の牢獄」であった。死において、魂と肉体は分離されるが、それこそ最高の至福の時であった。キリスト者は、たしかに死んだ後に魂が「天国」へ行くことを信じ、待ち望んだ。彼らはデモクリトスやエピクロスが言うように死ですべてが終わるのではなく、永遠のいのちがあることを確信していた。しかし、ユダヤ‐キリスト教の伝統は、「魂の不死」以上に、肉体の「復活」を強調した。キリスト者は、イエスの「再臨」の時に、キリスト者のからだが復活して、栄光のからだに変えられると信じ、その時を期待したのである。パウロは次のように述べている。

けれども、私たちの国籍は天にあります。そこから主イエス・キリストが救い主としておいでになるのを、私たちは待ち望んでいます。キリストは、万物をご自身に従わせることのできる御力によって、私たちの卑しいからだを、御自身の栄光のからだと同じ姿に変えて下さるのです。（ピリピ書 3: 21）

V　正典の成立とカトリック教会

正典の成立

キリスト教がギリシャ哲学と結びつくプロセスの中で、キリスト教の教理がゆがめられ、「異端」が侵入し、教会の内部が危険にさらされる事態が生じてきた。特に肉体を蔑視する考え方が入ってくると、イエス・キリストの受肉や復活を否定したり、肉体を鞭打つ過度の禁欲主義が生まれることになる。「正統」と「異端」を正しく識別し、教会の純粋性と正統性を保持するためにも、すでに諸教会で読みあげられたり、信じられていた福音書や使徒の手紙を編纂し、「正典」（canon）を作成することが目下の急務となった。そして最終的に三九七年のカルタゴ会議において、新約聖書正典二七巻が成立した。

カトリック教会の成立

初代教会においては、平信徒と聖職者という区別は存在せず、複数の長老（監督と同義語）が牧会の役割をになった。またそれぞれの地域にある諸教会は、中央集権的に組織化されておらず、独立していた。しかし、異端との戦いの中で、一六〇年から一九〇年の間に特定の聖職者が権限を持つヒエラルヒー的な「司教制度」（episcopos）が誕生するようになり、「カトリック教会」と称するようになった。もともと「カトリック」とは普遍的という意味であり、異端との戦いの中で正統な教会を標榜して登場したのである。カルタゴの司教キプリアヌス（200/210-258）は、「教会の外に救いはなし」と書き、教会の一致は、一つの司教職にすべての教会の司教が服することにあると説いた。そして帝国の首都にあるローマ教会が他のアジアやアフリカの諸教会を指導する優越的地位を確立した。ローマの司教はすべての司教に対する「首位権」（primatus）を主張するようになり、「教皇」として、教会制度の頂点に君臨するようになった。こうした教皇制を正当化する役割を果たしたのが「使徒承継」（successio apostolica）の理論であり、神が天国の鍵をペテロに渡して以降、その「使徒権」が代々のローマ教皇を通じて継承されてきたとする説である。

しかし、教皇庁やカトリック教会が堕落、腐敗していく中で、異端を宣告されたにもかかわらずワルド派、カタリ派、ウィクリフのように初代教会に戻ろうという運動が強くなり、それが間接的に宗教改革に繋がっていく。

次に私たちは、古代末期の思想家、アウグスティヌスの『告白』と『神の国』を検討し、彼が、政治と宗教との関係をどのように理解したかを考察することにする。

〔参考文献〕
・エウセビオス『教会史』（Ⅰ—Ⅲ）（秦剛平訳、山本書店、1986・1987）
・E・ギボン『ローマ帝国滅亡史』（2）（中野好夫訳、ちくま学芸文庫、2008）

・M・シモン『原始キリスト教』（白水社、2000）

第二節　アウグスティヌス（Aurelius Augustinus）

Ⅰ　プロフィール

アウグスティヌス（354-430）は、三五四年に母モニカと父（異教徒）の間に北アフリカのタガステ（現アルジェリア）に生まれた。三七〇年にカルタゴ（現チュニジア）で修辞学を学ぶ一方、放縦な生活を送り、放蕩に身を持ち崩し、女性と同棲し、息子も生まれた。三七三年に彼は、善悪二元論を説くマニ教に入信したが、三八六年に悪は善の欠如と主張する新プラトン主義の書物を読み、マニ教の教義から解放された。

アウグスティヌスは、アンブロシウス（339-397）の説教を聞き、罪との戦いの後回心を経験する。三二歳の時である。三八七年、ミラノ司教のアンブロシウスから洗礼を受け、キリスト者になる。また彼は、三九一年にアフリカのヒッポ・レギウス（現チュニジア）で司祭となった。翌三九二年はテオドシウス帝がキリスト教を国教とした年であり、また三九五年はローマ帝国が東西に分裂した年でもある。この年アウグスティヌスは、ヒッポ・レギウスの司教に就任した。その後彼は、マニ教徒、ドナティスト、新アカデメイア派、ペラギウス派と論争し、キリスト教の神学的基礎を築いた。

アウグスティヌスは、ペラギウス（360-420）やその一派と実に二〇年にもわたって「自由意志」をめぐる論争をおこない、『自由意志論』（395）を発表した。人間の「自由意志」と自律的な道徳的責任を信じるペラギウス派は、理性と道徳を重んじるストア派の影響を受けていたが、アウグスティヌスは自らの経験を通して、また聖書に親しむにつれて、「原罪」や罪の影響力を軽んじるペラギウスの教説と対決せざるをえなかった。恩寵を強調する点においてアウグスティヌスはパウロの弟子であり、後のルターの師でもあった。

更に彼は、キリストへの回心の自叙伝である『告白』全一三巻（397-400）を書いた。四一〇年にローマ帝国へ西ゴート族が侵入したが、異教徒はこの時、ローマの陥落をローマの古来の神々を捨てたせいにして、キリスト教を攻撃した。こうしたローマ帝国の末期状況の中で、アウグスティヌスは、『神の国』（*De Civitate Dei*）全二二巻（413-427）を書いた。四三〇年にヴァンダル族がヒッポを包囲したが、アウグスティヌスはヴァンダル族の叫びを聞きつつ、七六歳の生涯を閉じた。アウグスティヌスが四〇年かけて築いた教会も、フェニキア時代から港町として栄えたヒッポも崩壊したのである。以下、『告白』を通して、アウグスティヌスがいかに神と出会ったか、その内的軌跡を追跡し、また『神の国』を通して、彼が国家をどのように理解し、また国家と教会との関係をどのように位置づけたか、さらには異端に対してどのような態度をとったかを検討することにする。彼が国家との関係でどの程度まで教会の純粋性や自律性を守ろうとしたのかもあわせて検討することにする。

Ⅱ　『告白』

アウグスティヌスが『告白』に着手したのは三九七年、ヒッポの司教になってから三年目である。『告白』は三つの部分から構成されている。第一は第一―九巻で、彼の回心の軌跡であり、第二は、第一〇巻の「記憶論」であり、第三は、第一一―一三巻であり、彼の創世記講義である。一見無関係に思われるこの三つの部分は、後に述べるように有機的に結びついている。

回心へ魂の軌跡

『告白』に描かれたアウグスティヌスの生涯は、彼が生まれた北アフリカのヌミディア州のタガステ（354-366）から始まり、マダラウの中等学校時代（366-370）、タガステ（370-371）の時期、カルタゴにおける修辞学の勉強時代（371-374）、タガステ（374-376）、カルタゴ（376-383）、ローマ（383-384）、ミラノ（384-386）、カッシキアクム（386-387）、ミラノ（387）、ローマ（387-388）、タガステ（388-390）、そしてヒッポの司教時代までをカヴァーしている。

アウグスティヌスは、母モニカが信じていたキリスト教の教えにあきたらず、神が創造者であるならば、なぜ悪が存在するのかという「神義論」に悩み、カルタゴ時代にマニ教の信者になった。マニ教は、ペルシャのマニ（215-275）が創始した宗教で、光と闇、霊と物質の二元論を説き、世の終わりに光が闇を征服すると説く。救済は、まず聖者が禁欲生活をして、即身救済に導かれ、その聖者が行う秘儀によって一般の信者は救済されると説いた。

このマニ教を知的に克服する役割を果たしたのが、ミラノ時代に触れた新プラトン主義であった。

新プラトン主義の創始者プロチノス（205-275）の思想は、彼の弟子ポルフュリオス（234-305）が編集した『エンネアデス』に示されている。それによれば、中心的な観念は、すべての存在と価値の根源である「一者」（神）であり、この「一者」（神）から魂が流れ出し、また魂はその根源である「一者」（神）に戻り、この「一者」と合一するという。彼の哲学は、超越的で根源的な「一者」から、知性、魂、物質という段階的な構造をなしており、一者に近づけば近づくほど、また一者と一体化することによって、善なるものとなる。悪とは実体ではなく、善の欠如体にすぎない。そして、「一者」に帰る道は、内なる魂の中に一者を見出すことであった。すべてのものは「一者」（神）から発し、「一者」に帰るのである。この「一者」は永遠で、不変で、完全なものである。この一元論の思想に接することによって、アウグスティヌスはマニ教の二元論から解放されたのである。

彼は『告白』の中で、一者である神に帰る必要性に関して、「あなたは（神は）私たちを、ご自身にむけてお造りになりました。ですから私たちの心は、あなたのうちに憩うまで、安らぎを得ることはできないのです」（『告白』、I-1-1）と書き記している。

また彼は新プラトン主義によって、心の内奥に入っていき、沈潜することを教えられた。

そこで私は、それらの書物から自分自身に立ち返るようにすすめられ、あなたに導かれながら、心の内奥に入っていきました。……私はそこに入っていき、何かしら魂の目のようなものによって、まさに魂の目を超えた所、すなわち精神を超えた所に、不変の光を見ました。（『告白』、VII-10-16）

彼は、「外に出ていくな。あなた自身の中に帰れ。真理は内的人間に住んでいる。そしてあなたの本性が可変的であることを見出すなら、あなた自身をも超えなさい」と書き記している。

しかし彼は、自らの魂の内奥において神と出会い合一することを主張する神秘主義者ではない。アウグスティヌスは自分の内奥に「転倒した意思」――神に背く意思があることを見出し、自分が罪の奴隷であることに目覚めることになる。この罪の問題が解決されなければ、神のもとに帰り、真の平安を得ることはできない。彼は、回心する以前の自分の状態について、以下の様に述べている。

敵（悪魔）は、私の意思の働きを抑え、それによって鎖をつくりがんじがらめにしてしまいました。実際、転倒した意思から情欲が生じ、情欲に仕えているうちに習慣ができ、習慣にさからわずにいるうちにそれは必然となってしまったのです。これらのものは、いわば小さな輪のように互いにつながりあって、――だから鎖と呼んだのです。――私をとらえ、拘束してつらい奴隷の状態にしてしまいました。（VIII-5-10）

新プラトン主義は、アウグスティヌスに知的に神に帰る道を指し示したが、神に帰る障壁となっている「転倒した意思」つまり罪の奴隷状態から彼を解放することはできなかった。

彼は、罪との激しい戦いの中でミラノの大司教アンブロシウスの説教を聞いたり、エジプトの隠修士聖アントニウス（251-356）の徹底的に神に献身する生涯に感激したりした。そして最終的に、彼は新約聖書のローマ書の次の一節を読んで、放蕩生活から決別し、キリストへと自分の人生を方向転換することを決断したのである。

夜はふけて、昼が近づきました。ですから私たちは、やみのわざを打ち捨てて、光の武具を着けようではありませんか。遊興、酩酊、淫乱、好色、争い、ねたみの生活ではなく、昼間らしい、正しい生き方をしようではありませ

んか。主イエス・キリストを着なさい。肉の欲のために心を持ちいてはなりません。（ローマ書 13: 12 ～ 14）

記憶論

『告白』の第一〇巻は、彼の記憶論（memoria）にあたる。アウグスティヌスにとって神を探求することは、自らの内面深くに入ることであったが、それは「記憶」を媒介として可能であった。

それゆえ、私は自己の本性にそなわるこれらの力をも超えて、段階的に、自分を造ってくださった方のもとまでのぼってゆきましょう。すると私は、記憶という野原、広大な広間に入るのです。（X-8-12）

記憶には、過去、現在、そして未来が刻印されている。記憶において、過去、現在、未来が出会うのである。記憶においては、意識の持続が保たれている。しかし、アウグスティヌスにとって「記憶」は自己目的ではなかった。彼は、「記憶」を通して神の摂理と恩寵を想起するのである。

私はこの記憶と呼ばれる自分の力をも超えてゆかなければなりません。甘美な光にてましますあなたに至るために、記憶をも超えてゆかなければなりません。何をあなたは私に向かっておっしゃるのでしょうか。そうだ、私はわが上に留まりたもうあなたを目指し、わが心を通して上昇し、記憶とよばれるこの力をも超えてゆこう。（X-17-26）

つまり記憶は神の経験の記憶であり、神経験が記憶の中にずっしりつまっており、その引き出しから一つひとつ神の思い出を取り出し、神を賛美するのである。それは、物体的な事物や場所、人の顔といった記憶や悲しみ、苦しみといった感情の記憶、はたまた心の記憶ではなく、神によっていかに導かれ、恩寵を与えられたかの記憶である（X-25-36）。

それゆえあなたを知るようになってこのかた、あなたは私の記憶のうちに留まりたまい、あなたを想起し、あなたにおいて喜ぶ時、あなたをそこに見出します。……まことにあなたこそは、心の主なる神にましまして、これらすべてのものを動かしながら、ご自身は万物を超えて不変に留まり、しかもあなたを知るようになってから、かたじけなくも私の記憶のうちに住みたもう。（X-24, 25-35, 36）

時間論

次に、第一一―一三章の「創世記注解」を通して、彼の時間論を検討することにしよう。この時間論も記憶論を媒介として論じられている。

私は、子供のころ、三つの時があると習いました。すなわち過去、現在、未来です。またそのように子供たちに教えました。しかし、そのような三つの時などというものはない。あるのは現在だけだ。なぜなら過去と未来もあるにはあるが、未来から現在が生じてくる時には、何か隠れたところから出てくるのであり、現在から過去になる時には、何か隠れた所に引っ込むのでしょうか。（XI-17-22）

アウグスティヌスにとって「過去」とは過ぎ去ってしまったことではなく、心の中に刻み込まれている心象であり、それは現在である。彼は、三つの時があるとし、過去についての現在、現在についての現在、未来についての現在を挙げる。過去についての現在とは「記憶」であり、現在についての現在とは「直観」（contuitus）であり、未来についての現在とは「期待」である。人は三つの時間によって精神が分散されてしまうが、それを統一するのは現在の「直観」であり、それは神を観想することにあった。

> 古い日々のうちに分散された自分が一つに集められ、一なる方に従うためです。私は過去のことを忘れ、来たり、また去り行く未来のことに注意を分散させずに、まのあたり見るものにひたする精神を集中し、分散ではなく、緊張によって追求し、天上に召して下さる神の賞与をわがものとする日まで続けます。（XI-29-39）

そしてこの神に対する「直観」ないし「観想」は、まさに神の御座で神に仕える天使たちの姿であった。神への観想こそが、人間にとっても最高の至福であった。

> ある崇高な被造物が存在する。それは、きわめて純粋な愛によって永遠のまことの神に結びついているから、神と等しく永遠でないにしても、神から離れて時間的変化のうちに流れ落ち込むことなく、きわめて真実な神の観想のうちに安らいでいる。（XII-11-12、傍点引用者）

人は天使と同様、神を直観することによって時間的変化の世界から永遠の世界に入り、心が神と一つにされるのである。

上述したアウグスティヌスの記憶論や時間論は、ベルクソン（1859-1941）やフッサール（1895-1938）といった現代哲学者にも大きな影響を及ぼした。フッサールは『内的時間意識の現象学』序論で、「時間の問題に取り組む人ならば誰でも『告白』第二巻一四―二八章は今日においてもなお徹底的に研究すべきものである」（フッサール、二五頁）と述べている。

Ⅲ　『神の国』の成立の歴史的背景と構成

アウグスティヌスが死の床にあったときに、ヒッポの町はバンダル族に包囲されていた。『神の国』は、この挑戦に応じた書物であり、「国家および人類社会一般のキリスト教的諸原理に対する関係を公然と主張したキリスト教古代唯一の大著」である。本書は、ローマ帝国の崩壊の原因は、先祖の神を捨て国教をキリスト教にしたことにあるとするキリスト教批判に対する弁護の書である。テオドシウス帝は三八四年に勅令を発し、ローマの古代の神々への礼拝を禁止し、キリスト教を国教と定めた。ローマ帝国は永遠であると思っていたにもかかわらず、ローマの崩壊の兆候を感じ取った非キリスト教徒は、その原因をキリスト教を採用したことに対するローマの神々の裁きと主張した。しかし、アウグスティヌスは、キリストの誕生以前においてもローマは多くの災害をこうむっていたが、ローマの神々はそのような災害からローマを守ることはできなかったと皮肉っている。

ローマの異教徒は、ローマ帝国の滅亡の原因を、ローマが伝統的な神々を捨てキリスト教を採用したことにあると主張したが、アウグスティヌスは逆に、ローマが生ける唯一神に背を向けて、罪を犯し続けたからであると訴えた。

> ローマの道徳心は次第に衰退し、ついには全く崩壊するに至った。家屋や城壁は、そのまま残ったが、国家そのものは完全に滅亡してしまった。多くの代表的作家がその時に国がまったく滅び去ったと断言してはばからない。
>
> （『神の国』㈠ II-22、傍点引用者）

しかし、アウグスティヌスはこれに加えて、伝統的なローマの神々はこのようなローマの堕落を防止するいかなる手立ても行わなかったと批判している。つまりローマの神々の存在は、国家の道徳的秩序の基盤たりえないという批判である。

もし神々がローマに良き生活と正義に関する規範を与え、その上でローマがそれらを無視していたのであれば、すべての神々はローマが滅びるのにまかせて当然であったであろう。しかしあえて私は問う。もし神々にしてその礼拝者たちの生活が邪悪であることに気付きながらも、正しい生き方を教えず、彼等とともに留まることを欲しないとしたら、それはいったいどのような種類の神々であろうか。（『神の国』、II-22）

彼は、四一〇年の西ゴート族の侵入によってローマ帝国の危機を目撃した。永遠の都ローマが異民族によって侵入され破壊される様は、同時代人にとって驚愕すべき出来事であった。新旧約聖書のラテン語訳である「ウルガータ聖書」を完成し、当時ベツレヘムの修道院で『エゼキエル書注解』を執筆中であったヒエロニムス（340/350-419）は、その序文においてこの衝撃を次のように述べている。

希望と絶望との間をさまよい、私は人々の不幸によって苦しみを受けている。全世界のもっとも輝かしい光がかき消され、ローマ帝国がその首をはねられたとき、もっと正確に言えば、全世界がこの一つの都市のうちに滅亡した時、私は黙して物言わず、むなしく沈黙を守った。しかし私の悩みはさらにひどくなり、私の心は私のうちに熱し、思い続けるほどに火が燃えたので、私は舌をもって語った。

こうした状況の中でアウグスティヌスは、『神の国』（*De Civitas Dei*, 412-426）を書き、「神の国」と「地の国」（civitas terrera）の対立を説き、たとえ「地の国」は滅びても、キリストの到来によって始まった「神の国」は歴史の終わりに実現するとする「終末論」を展開した。『神の国』は、第一部「異教徒に対して」と第二部「二つの国」によって構成されている。まさに第二部は、神の創造から始まり、最後の審判までの神の摂理が荘大に展開されるドラマである。旧約聖書と新約聖書の全体が読む者の心にパノラマのように迫ってくる。まず第一部を検討してみよう。

ローマの神々に対する批判

私たちは、『神の国』を読むと、アウグスティヌスがローマの伝統的な宗教や神話に対して該博な知識を持っていることに驚かざるをえない。キリスト教の弁明のために、アウグスティヌスがローマの神々への信仰にどのように論駁したかを、第一―一〇巻を中心に簡単に見ておこう。

すでに述べたように、アウグスティヌスにとってローマの崩壊は、ローマの道徳的腐敗に対する神の警告であった。そして、道徳的腐敗は神々に対する礼拝と密接な関係があった。彼は言う。

かの異教徒の神々は、彼らを崇拝する諸国と諸国民の生活や習俗を心に留めずに、あの身の毛をよだつほど恐ろしく、忌むべき悪をもって、彼らの生活や習俗を乱し、自らこの上なく悪くなるがままにして、自ら恐ろしい禁止の手を下すことがない。(『神の国』、II-6)

哲学者たちの教えも、神々を模倣する人間の堕落を食い止めることができない。神々の中で最も不道徳なのは、ローマの最高神ユピテルの姦淫である。演劇においても神々の前で卑猥なことが国家公認で行われるのが常であった。神々の間でも姦通が頻繁に行われており、人間にその模範を示していたのである。そしてアウグスティヌスは、ローマが被っている惨禍の原因をなぜローマの神々に帰さないで、キリスト教に帰そうとするのかと抗議している。

彼らは、贅沢と貪欲によって、また残酷とけがらわしい習俗とによって、すでにキリストの降誕前に、ローマの国家が最悪で最も恥ずべき状態になっていたことを、彼らの神々に帰せずに、彼らが近頃、その傲慢と放埓のためにこうむったすべての苦難を、キリスト教に帰しては、激しく非難するのである。(同、II-19)

すでに、国家を法と正義によって定義したキケロは、『国家』において、「ローマという名称ばかりを保持しているが、すでに久しく国家そのものを失ってしまっていることは、私たち自身の悪徳のしからしむるものであって、何らの偶発的な出来事によるものではない」（『国家』、I-25-39）と述べていた。プラトンも『国家』においてホメロスの描く神々の非道徳的行為を批判し、詩人の追放を要請していた。実はアウグスティヌスにとって、こうしたローマの道徳的堕落、また神々の不道徳の背後には、「デーモン」（Demon）の策略があった。「デーモン」＝悪霊という言葉が第一―一〇章まで繰り返しでてくるが、偶像崇拝とデーモンは、密接不可分の関係にあった。ローマは最初にヌマが招き入れた神々に加えて、多くの神々を加え、犠牲を捧げる祭壇や多くの神官を設けたが、神々はローマを真に助けるどころか、害悪を与えた悪霊というのである。

アウグスティヌスは、ローマの異教の神学者ヴァロ（B.C.116-27）が、神話の神学（ギリシャやローマの神話）、自然神学（哲学者たちの神学）、政治神学（伝統的な公共祭儀に関するもの）の三つを挙げて、その中で、彼が神話の神学と政治神学を斥け、自然神学を推奨していることに対して、一定の評価を与えている。

ヴァロの区分に従って、都市の神学［政治神学］も劇場の神学［神話の神学］も唯一の国家の神学に属するということを十分に示したと私は考える。それゆえ、両者は同じように汚辱と不条理と虚偽に満ちているのであるから、真に敬虔なものらがそのいずれからも永遠のいのちを期待するようなことは決してあってはならない。（『神の国』、VI-9）

もちろんアウグスティヌスは、世界自体が神であると説くヴァロの汎神論的自然神学にも批判的であった。

円環的時間概念批判――古代の時間概念からの決別

アウグスティヌスが『神の国』において展開しているのは、古典古代の「円環的な」時間概念とは異なる「直線的な」時間概念であり、永遠に続く秩序ではなく、終りがある「終末論的な」歴史観である。アウグスティヌスは、『神の国』第一二巻で、古代の「循環的」世界観や「円環的」時間概念を鋭く批判した。「円環的な」時間概念においては、人間の罪の救済に対する神の摂理は存在しないし、一回限りのキリストの十字架の救いも意味を持たない。歴史の「目的」(telos)と「完成」(finis)も存在しなくなる。ユダヤ‐キリスト教的なヘブライズムの時間、歴史概念は、終末に向かって「直線的に」進み、神の救済史が展開するのである。彼は、循環論を批判して言う。

このような状態の中にさまよい歩く者たちが、入口も出口も見いだせないとしても、何の不思議があるだろうか。それというのは、彼らは、人類と私たちのこの死すべき状態とが、いかなる始まりを以て始まり、いかなる終わりをもって終結するのかを知らないからである。彼らが神の深遠を見通すことなどできるはずはないのである。(『神の国』、XII-15)

そして彼は、プラトンの魂の不死と輪廻を「循環論」の焼き直しとして、聖書の「永遠のいのち」という観点から批判している。プラトン派の輪廻説を否定するものは、聖徒が「永遠のいのち」を受ける事実である。輪廻説によれば、神を見るに至っても、周期的回転とともに失われて、初めの呪われた魂に巻き込まれてしまうが、永遠のいのちは失われることがなく、循環することもない。(同、XII-20)

「神の国」と「地の国」

アウグスティヌスは、世界史を「神の国」と「地の国」の闘いとして描いている。「神の国」とは、神への愛に生きる集団であり、「地の国」とは、自己愛に生きる集団、つまり欲望に従って生きる集団であり、そこには不和、闘争、戦争が必然的に生じることとなる。

聖書にしたがって二つの国と呼ぶことのできる二つの人間社会しか存在しない。一つは肉に従って生きる人々からなる国であり、もう一つは霊に従って生きる人々からなる国である。(『神の国』、XIV-1)

聖書においては「肉」が肉体という意味と肉の欲望という二つの意味で用いられているが、ここでは後者の意味である。「霊」にしたがって生きるとは聖霊の導きに従って生きる人々を意味する。まさに肉と聖霊は対立するのである。アウグスティヌスは、肉と霊との対立をまた「自己愛」と「神への愛」に置き換えている。

わたしたちが問題にしている二つの国を区別する大きな差異が存在する。一方は信仰深い人々の交わりであり、他方は不信心な人々の交わりであって、それぞれの天使がこれに奉仕している。一方においては「神への愛」が支配し、他方においては「自己愛」が支配する。（同、XIV-13）

「肉」に従って生きるとは欲望にしたがって生きることであり、それは互いの間に不和・闘争・戦争を引き起こす。霊に従い、神への愛によって生きる人々は、自分の肉の欲ではなく、神の愛と隣人愛に従う人々である。「地の国」と「神の国」は、互いに対立する原理によって展開する。「地の国」には、国家が属し、「神の国」には、神を愛する人々の群れが属する。ただし、「神の国」も、神を礼拝し、信仰生活を送るために「地上の平和」を必要としているので、国家の法秩序や強制秩序を尊重する。

Ⅳ　教会と国家

ところで、「神の国」と「地の国」は、教会と国家との関係にどのように接続しているのだろうか。

もちろんアウグスティヌスにとって、「神の国」と「地の国」は直接的に「教会」と「国家」との関係に結びつかない。「神の国」の概念は時間と空間を越えており、天使たち、すでに死んで天国にいる聖徒、地上に生きている聖徒を包括した「不可視的な」共同体であり、地上の「可視的な」教会ではない。また「地の国」もサタンや悪霊、すでに死んで地獄にいる人々、今救われていない人々を包括する概念である。「可視的な」教会はそのまま「神の国」ではない。「可視的な」教会に属している多くの人々が「自己愛」に生きる「地の国」のメンバーであることもありうる。また今

「地の国」に生きている人も将来「神の国」に移されることもありうる。「最後の審判」までは、この「現世」(saeculum)においては、「神の国」と「地の国」は交じり合って進むのである。

神の国はこの世に寄留している限り、その所属する民の数の中にはサクラメントの交わりに与りながらも、聖徒たちの受ける永遠の嗣業を招来共にすることのない者たちが含まれているのである。——最後の審判が分けるまでは、これら二つの国は、この世の中にあっては互に絡み合い、混合している。(同、I-35)

しかし同時に「可視的な」教会は、「神の国」を不完全な形で表している共同体でもあった。

今でも教会は、キリストの王国、また天国である。聖徒は今でもすでにキリストと共に世を治めているが、まだ終わりの時のようではない。(同、XX-9)

「神の国」とは「神の支配」という意味であり、それは不完全であるが部分的に「すでに」実現されているものであり、かつ「将来」、完全な形で実現されるものであった。

アウグスティヌスにとって、教会(exklesia)は「神の国」の完全な現れではなかったにもかかわらず、それには、古典古代の人々が polis や civitas という言葉によって表現していた以上の「共同体」であり、神を愛する人々の集まりであった。

この二つの「神の国」と「地の国」、「教会」と「国家」との対立は、終末論の中に位置づけられて展開し、ローマの陥落も、「神の国」の完全な到来にむかって進展する壮大な救済史の中に位置づけられている。当時の人々が「永遠のローマ」に囚われて、ローマの崩壊を嘆き悲しんでいたのに対して、彼は終末論的な「神の国」のヴィジョンの中で、ローマに対する神の摂理を見ていたのである。アウグスティヌスにとって「神の国」の住民は、この地上では、「寄留者」であり、旅人である。聖書には「私たちの国籍は天にあります」（ピリピ書 3: 20）、「彼らはさらにすぐれた故郷、すなわち天の故郷にあこがれていた」（ヘブル書 11: 16）と記されている。キリスト者は、ローマ帝国の盛衰という「地の国」の出来事をこえて、来たるべき「神の国」を待ち望む群れである。

V　強制秩序としての国家

アウグスティヌスにおいては、「神の国」の優越が説かれ、「地の国」が人間の罪が支配する所とみなされることによって、古典古代の伝統的な civitas 概念が有する「自由と自治」、「共通善」の要素が失われてしまう。アウグスティヌスにとって、国家はもはや古典古代のような「徳の共同体」ではなく、罪の結果として要請される強制的秩序であった。アウグスティヌスは、civitas と imperium の区別をしないで、ローマ、エジプト、バビロン、ギリシャの国家は「正義」を欠如しているが、それにもかかわらず国家であったといっている。その場合の civitas は、もはや「自由と自治」の意味の civitas ではなく、人間の罪の処罰ないし矯正として必要とされる「矯正秩序」であった。したがってギリシャや共和制ローマが保持していた帝政や専制に反対する civitas 概念は消失してしまうことになる。この点において彼の国家観は、近代の国家観を先取りしていたといえなくもない。それは、マキャヴェリやウェーバーに通じる、政治的リアリズムの表明であり、国家は、もろもろの悪から人間の集団生活を守る防波堤であり、「必要悪」としての支配機構である。こうした強制的機構としての国家や「支配」（dominatio）は後にトマスが述べるように「創造の秩序」ではなく、「罪の所産」であった。「創造の秩序」においては、人間が家畜を支配することはあっても、人間が人間を支配することはないからである。アウグスティヌスは、『神の国』（XIX-15）の中で、「神が最初に人間を創造したときの本性によっては、誰も人間の奴隷ではなく、また罪の奴隷ではない」と述べている。もし堕落がなかったならば、国家、また国家と関連する刑罰、抑圧、強制の装置は存在しえなかった。アウグスティヌスが「罪の所産」として考えているのは国家の他に、戦争、私有財産制度、奴隷制度などである。これは、後に触れるトマス・アクィナスと比較すると興味深い。アウグスティヌスによれば、人間は本性上「社交的」ではあるが、「政治的」ではないのである。人間が本来平等で、神以外の支配を受けないことが創造本来の人間の姿であった。堕落した人間は、人を支配したいという欲求（libido dominandi）に取り付かれてしまったのである。こうした支配衝動が国家や戦争の推進力であった。国家はアリストテレスが言うように、人間本性の「自然的な」所産や、人間の資質の自然的な表現ではない。それは罪によってもたらされた「反自然的な」産物なのである。

古典古代の civitas 概念において存在していた自由、平等、正義、友愛は、「神の国」に移され、そこにおいてはじめて実現される。まさに「神の国」とは、「神を享受するものによって成り立ち、神にあって相互に楽しみ合うところの、完全な仕方で秩序づけられ、和合一致せられた共同体」なのである。

とはいえ、すでに述べたように、国家が矯正の秩序として、キリスト者が平和のうちに過ごす環境を創出することも事実である。国家がなければ、この世界は無秩序と化してしまう。「天の国すら地上において寄留している間は地上の平和を用いる」（同、XIX-17）のである。

信仰の強制

しかし、アウグスティヌスは単に政治権力を「罪の矯正」として位置づけるのみならず、より積極的に信仰を奨励するものとして位置づけた。

アウグスティヌスは、良き皇帝の例としてテオドシウス帝の名前を挙げ、「彼は、その統治の初めからきわめて正しくかつあわれみに富んだ法律によって、不敬虔な者たちに対して苦労している教会を助けて止まなかった」（同 V-26）と述べている。周知のようにテオドシウス帝（在位 379-395）はキリスト教を国教とし、異教礼拝を全面的に禁止した皇帝であった。このようにアウグスティヌスは、国家が単に平和を樹立するのみならず、キリスト教を奨励し、教会を助ける役割を期待したのである。彼は「異端」を国家権力を用いて弾圧することさえ最終的に承認した。彼は四一一年六月のカルタゴ公会議において、カトリック教会が唯一の正統的な教会であり、その秘蹟に異議を唱え続けるドナトゥス派は異端として処罰すべきと宣言したのである。彼は話し合いと説得を重視したが、それが不可能な場合、物理的権力を用いても、愛を動機として「異端」であるドナティストを正しい信仰に戻すことをためらわなかった。ペテロ以来の使徒の権威を継承しているカトリック教会の「普遍性」、「使徒性」、「一体性」を破壊するドナティストの分派は、「寛容」の対象外であった。翌四一二年ドナティスト鎮圧勅令が出され、ドナティスト教会はカトリック教会に併合された。

アウグスティヌスにおいては、国家と教会はそれぞれの役割を与えながらも、協力してキリスト教を奨励するように位置づけられている。それ故に、国家権力を用いたドナティストの排除も可能であった。彼の「異端者に対する力の強制」はドナティストのウィンケンティウスへの手紙（『アウグスティヌス著作集別巻1、書簡集(1)』、書簡九三）に詳しい。教会は、異端と宣言する勢力に対して、国家の世俗的権力を期待できるのである。ここに、中世に続く、両者の緊密な関係が打ち立てられた。しかし、アウグスティヌスは、教会が国家の世俗的権力なくして存立しえないと考えたのであろうか。ローマ帝国の崩壊という危機的状況の中で、『神の国』をものしたアウグスティヌスは、たとえ国家が崩壊し、世俗的権力の助けを借りなかったとしても、霊的な恩寵の制度である教会は、混乱の中でもこの地上を旅人として前進し続けると考えていたといえよう。

しかし、その後の歴史は異なった展開を示した。ローマ帝国が崩壊することにより、教会は一時的に世俗的権力との関係を失うにいたったが、ゲルマン民族の首長たちが続々とキリスト教に改宗するに及んで、再び、教会と国家は強く結ばれるに至るのである。

〔参考文献〕

・アウグスティヌス『告白』（『世界の名著16　アウグスティヌス』、山田晶訳、中央公論社、1992）
・アウグスティヌス『告白』の英語とラテン語の対訳は、Augustine, *Confessions* Books I-XIII, 1, 2 volume, translated by William Watsis, 2006, Harvard University Press, 2006.
・―――『神の国』（全五巻）（服部英次他訳、岩波文庫、2006）、『アウグスティヌス著作集別巻1、書簡集(1)』、教文館、2013）
・出村和彦『アウグスティヌス――「心」の哲学者』（岩波新書、2017）

・フッサール『内的時間意識の現象学』(ちくま学芸文庫、2016)

第三節　中世のキリスト教共同体

Ⅰ　権威と権力の二元論

ローマ帝国が東と西に分裂するに伴い、東では東方正教会、西では西方カトリック教会がそれぞれの道を歩んでいくようになる。双方の教会が正式に分離するのは一〇五四年であるが、それ以前に東方正教会においては、国家が教会に優越する皇帝教皇主義を採用しており、皇帝は、王であり祭司という考えに立って、政治権力のみならず、教会に対する支配権を獲得し、公会議の召集、総大司教の選出、教義の決定を行った。

それに対して、西方教会においては、皇帝権力と教皇権力という二つの中心が楕円形のキリスト教共同体(Respublica Christiana)を形成していった。

ここでは、西方カトリック教会に焦点を合わせ、特に本書の問題意識を中心にして、第一に、皇帝ないし国王権力と教皇権力、国家と教会との対立、第二に、異端に対する迫害、第三に十字軍に見られるような異教徒に対する戦争について考察することとする。

すでに私たちは、古代イスラエルや古代ギリシャやローマにおける政教一致体制を考察した。古代イスラエルにおいては、基本的に政治と宗教は合体していたが、預言者は世俗的権力を批判し、信仰の純粋性を回復する役割を果たした。政教一致体制が腐敗、堕落すると、預言者が神によっておこされ、神の掟に帰る復元力が働いた。しかし預言者はバックに教会組織や教団を有せず、また世俗的権力の助けを借りずに、更には世論を味方につけず、単独者として、神の栄光のために戦わなければならなかった。古典古代のアテナイやローマは、祭祀集団が存在したといえ、基本的に統治者が祭祀として、祭儀の一切をとりおこなった。そこには政治と宗教、国家と祭祀集団との対立の可能性は全く存在しなかった。神々は国を守り、国に勝利をもたらす、いわば「鎮護国家」の思想が中心を占めていた。中世の西方キリスト社会においても、前者の二つの形態と同様に信教の自由は存在せず、政治と宗教は一体であったが、霊的権力と世俗的権力の対立構造が存在した。時には皇帝権力ないし国王権力が優位し、また時には教皇権力、教会権力が優越するというシーソーゲームが展開されたのである。しかし、「キリスト教共同体」という枠組みは変わらなかった。

Ⅱ　内に対する「異端」迫害と外に対する「十字軍」

中世キリスト教社会では、正統と異端という二分法に基づいて、教会権力と世俗的権力は一体となって、異端を迫害した。四、五世紀に北アフリカで栄えたドナティスト、一二世紀に異端宣告されたワルド派（その創始者でリヨンの聖者と呼ばれるピーター・ワルド（1140-1218）は、托鉢を行いながら、初代教会を模範としつつ、清貧の生活をして、福音を説教していった）、南仏のカタリ派（一二〇八年インノケンティウス三世（在位一一九八―一二一六）の時、アルビジュア十字軍が派遣された）、またウィクリフ（1320-1384）やウィクリフの影響を受けたヤン・フス（1369-1415）がそうである。フスは、コンスタンツの公会議（1414-1418）で異端を宣言され、焚刑に処せられた。

私たちは、中世において異端として迫害された人々が、実は信仰や教会の腐敗を憂え、清貧に徹してキリストに従うことを選んだ人々であり、多少の教義上の逸脱があったとしても、後の宗教改革を準備したことを忘れてはならない。また中世の「キリスト教共同体」は、イスラムに対して、自らの宗教的基盤を守ろうとした。十字軍はキリスト教の聖地であるエルサレムをイスラム勢力から奪還するために、一一世紀から一三世紀にまで八回にわたって行われた。十字軍は、キリスト教世界がイスラム勢力の進出に対して危機感を抱き、外敵に対して「キリスト教共同体」を防衛しようとする典型的な事件であった。

このように中世の「キリスト教共同体」は、皇帝と教皇の対立ないし協調の支配構造の中で、内に対する「異端」、外に対する「異教」との闘いを不断に行ったのである。

古代末期から中世にかけて生きたアウグスティヌスの死からトマス・アクィナスの誕生までは、約八〇〇年の年月が経過している。中世は、西ローマ帝国の滅亡（476）によって五〇〇年前後に始まり、ゲルマン諸民族が政治・社会の担い手となり、約一〇〇〇年続く。もはや地中海世界ではなく、ゲルマン世界が歴史の表舞台として登場することになる。中世においてもアウグスティヌスの思想は、神学者や哲学者に多大な影響を及ぼし続けた。それは、新プラトン主義の「照明説」に依拠した神の恩寵や啓示を強調する立場であった。初期スコラ哲学の創始者となったカンタベリーのアンセルムス（1033-1109）、サン・ヴィクトル修道院の学者たち、クレールヴォーのベルナール（1091-1153）などがアウグスティヌスの立場を継承した。例えば、アンセルムスは、アウグスティヌスの「汝が知解するために信ぜよ」（credo ut intellegas）という言葉に導かれて、「知解せんがために我信ず」（credo ut intelligam）という立場を確立した。この場合の「知解」とは、信仰において認知され肯定された真理を心において読み取ることを意味していた。ここにおいては「自然的理性」が「信仰」や「恩寵」とは別に働く余地は存在しない。しかし、一三世紀になると、アリストテレスがキリスト教神学の中に組み込まれ、「自然」と「恩寵」を調和的に理解するトマス・アクィナスの神学が一世を風靡するに至る。しかしその中でも、ボナヴェントゥーラ（1221-1274）やロジャー・ベーコン（1214-1292）は、トマスに対抗し、アウグスティヌス主義の立場に立った。一四世紀に入ってもドゥンス・スコトゥス（1206-1308）やオッカムのウィリアム（1285-1349）は、アウグスティヌス主義をその思想の根底に持ち続けたのである。宗教改革を行い、アリストテレスを糾弾したマルティン・ルターも、アウグスティヌス修道会の修道士であった。

以下、中世盛期におけるトマス・アクィナス、中世後期におけるジョン・ウィクリフの思想を検討することにする。

第四節　トマス・アクィナス（Thomas Aquinas）

Ⅰ　プロフィール

トマス（1225-1274）は、一二二四年にナポリとローマの中間のアクィノという大貴族の家の三男に生まれた。

一二三〇年にモンテカッシーノのベネディクト修道院に送られ、一二三九年にナポリ大学に入学し、アリストテレスを学ぶ。当時ナポリ大学は、アリストテレス研究の中心地であった。またこの時期、ドミニコ会と接触、一二四四年にナポリで家族の強い反対を押し切って、ドミニコ会に入会した。ドミニコ会は、スペイン出身の聖ドミニコ（1171-1221）によって創設された「説教者修道会」で、アッシジの聖フランシスコ（1182-1226）を指導者とする「小さき兄弟修道会」（フランシスコ会）と並んで一三世紀における福音的運動の主要な推進力であった。彼が福音の清貧に生きる修道会に加わったことは、彼の真理探究が彼の生活実践と分かちがたく結びついていることを示している。彼は、一二四五年パリ大学で、アルベルトゥス・マグヌス（1200-1280）の下で学んだ。一二四八年にマグヌスに従ってケルンに移り、一二五〇年に司祭になり、一二五二年にパリに移り、『命題論集講解』の著作を書き始める。一二五六年にパリ大学神学部の教授となる。フランシスコ会に属するボナヴェントゥーラも一二五三年に教授に就任していた。彼は一三世紀の神学においてトマスと双璧をなす神学者であった。彼はアウグスティヌス神学に忠実に、アリストテレスの受容をめぐってトマスと対立した。トマスは、パリ大学神学教授時代は、パリ大学から托鉢修道会に属する教授を追放しようとする勢力、また反アリストテレス主義者、そしてアヴェロイズムといった異端的アリストテレス主義と戦わざるをえなかった。

彼は、一二五九年に異教徒に対してキリストの福音を弁証した『対異教徒大全』（*Summa contra Gentiles*, 1259-1264）を書き始める（全四巻。第一巻は「神」について、第二巻は「創造」、第三巻は「摂理」、そして第四巻が「救い」）。この年彼は、パリ大学を辞めてナポリに帰る。翌年の一二六〇年にアリストテレスの『政治学』のラテン語訳が出版されている。一二六五年に『神学大全』（*Summa theologae*）を書き始めて、第一部（1265-1268）、第二部（1268-1272）と書きあげたが、第三部は未完に終わっている。一二六七年には『君主の統治について――謹んでキプロス王に捧げる』（*De Regmine Principum*）が公刊される。一二六九年に再び、パリ大学神学教授に就任し、アリストテレスの『形而上学』、『政治学』や『ニコマコス倫理学』などの注解書を書いた。一二七二年にパリ大学教授を辞し、ナポリに帰り、ドミニコ会の神学大学を創設した。一二七四年にリヨンの公会議出席のための旅の途中で死去した。四九歳の若さであった。

彼の死後の一二七七年にトマスの学説が断罪されるが、その後名誉回復されて、一三二三年にトマスは、聖人の列に加えられている。彼は死の直前に次のように語ったと伝えられている。

わが魂の贖いの価にしてわが旅路の糧であるキリストよ、いま私はあなたを受けたてまつる。わたしが学び、夜を徹して目覚め、労苦したのは、すべてあなたの愛のためであった。（稲垣、八頁）

この言葉は、トマスの神学的試みの原動力、そしてトマスの生涯の目的を言い当てて余りある。

Ⅱ　アリストテレス復興

トマスの生きた一三世紀は、アリストテレスの著作の発見と同時期である。アリストテレスは、アヴェロエス（1126-1198）のようなイスラム哲学者を通して、西欧中世に導入された。アリストテレスはアラビア世界においていちはやく研究されていたのである。ナポリ大学でトマスにアリストテレスを教えた教授たちは、アヴェロエスを知っていた。アヴェロエスの注解は、アリストテレスの原文を逐語的に説明し、重要な用語、概念、問題点について説明を加えるものであった。トマスの師アルベルトゥス・マグヌスは、アリストテレス復興の中心的人物であった。カトリック教会は、一二一〇年以来、アリストテレスの研究や教授を禁止していた。教会に危険な学説と判断したからである。それは、アリストテレスが世界の「永遠説」（創造の否定）、神の「超越」ではなく神の「内在」、人間の自由意思の否定、霊魂の単一論を主張しているので、キリスト教の教義と相容れないと判断したからである。しかし一二三一年に教皇グレゴリウス九世（在位 1227-1241）は、アリストテレス研究をパリ大学教授に依頼し、アリストテレス主義とキリスト教の調和を見出そうとした。アリストテレスの論理学に関する著作は、すでにボエティウス（480-525）のラテン語翻訳があったが、『自然学』、『形而上学』、『ニコマコス倫理学』、『政治学』が翻訳され、学ばれるようになったのは一三世紀になってからであった。トマスは、アリストテレスの著作の注解書を書いたのみならず、アリストテレスを導入して彼独自の神学体系を築き上げた。つまりアリストテレスと西欧キリスト教を総合しようと試みたのである。

Ⅲ　『神学大全』の構成

ここで本書で主にとりあげる『神学大全』について紹介しておく。『神学大全』は、中世スコラ哲学の集大成であり、カテドラルに譬えられる学問的な建築物である。それは、五一二の問いに対する回答で構成されている。それは三部から成り、第一部は「神」について、第二部は「人間」の神へ向かう動きについて、第三部は神と人とを架橋する「キリスト」についてであり、それぞれ一一九、三〇三、九〇の問いから成る。第一部においてトマスは、神の認識は万人の精神のうちに刻みこまれていると考えていた。トマスにとっての神は、「哲学者の神」ではなく、「アブラハム、イサク、ヤコブの神」そして「イエス・キリストの神」である。したがって、トマスにとっての神は、人間理性の光によってのみならず、神の啓示によって示された神である。特に神の「三位一体」は、啓示なくして理解不可能である。第二部においては、人間本性に基づいて確定される人間の生の究極目標・幸福が展開されている。この人間の究極的目的である幸福は、「自然的本性」だけでは達成されえないものであり、「恩寵」が加わることによって達成可能であった。彼は、「人間の自然本性は自らを無限に超え出て、神性を分有することによってのみ、まさしく人間本性として完成される」と述べているが、それは神の「恩寵」なくしては不可能であった。「自己超越」による「人間本性」の実現こそ、トマスの人間論の特徴である。この第二部の「人間論」においては、トマスがアリストテレスの『ニコマコス倫理学』をどのように継承し、彼の倫理学ないし法・政治学を構築したかが示されている。第三部は「キリスト論」であり、キリストの「受肉」から始まって、生涯、受難、復活、昇天、そして最後の審判で終わっており、また洗礼、堅信、聖餐、改悛、終油、徐階、婚姻の七つの「秘蹟」について論じられている。総じて、神から発出し、神に「帰還」する運動、そしてその道としてのキリストという新プラトン主義の図式が『神学大全』のバックグラウンドとして存在する。

Ⅳ　恩寵と自然

アウグスティヌスは「神の国」と「地の国」を対決させたが、トマスはこの二つのものを階層的秩序として位置づけた。つまりキリスト教の「超自然的な啓示」と「自然的理性」は相互に区別され、また調和するものとみなされ、「自然的理性」の領域の自律性が承認される。トマスの有名な命題である「恩寵は自然を破壊せず、これを完成する」が双方の関係を見事に言いあてている。

恩寵と自然との対置は、彼の徳論においても貫かれている。トマスは、アリストテレスの『ニコマコス倫理学』を継承・発展させて、キリスト教倫理学を展開した。アリストテレスが、「徳」を「知性的徳」と「倫理的徳」とに区分したように、アクィナスは「知性的徳」(virtus intellecutualis)、「倫理的徳」(virtus moralis)、そして「神学的徳」(virtus theological)の三つに区分している。アリストテレスの場合には、「知慮」の働きによって、正義、寛容、勇気、節制といった「倫理的徳」を形成することが課題であったが、トマスの場合には、「倫理的徳」に「神学的徳」が接ぎ木している。人間は自らの力で獲得する「倫理的徳」では十分ではなく、神から「恩寵」として与えられる「神学的徳」によって完全な至福を実現するのである。「神学的徳」とは、「信仰」(fides)、「希望」(spes)、「愛」(caritas)である。この「愛」は、神への愛と同時に隣人愛を含むものである。神が「恩寵」として付与する「愛」(caritas)によって、超自然的な「至福」が可能であった

稲垣良典氏は、『トマス・アクィナス』の中で、「自然的理性」の「自己超越」を強調し、「信仰と理性との結びつきは、単なる共存ではなく、理性が恩寵へと高められ、同化することにある」と述べている。トマスが信仰と理性をどのように統合しようとしたかを正しく理解することが大事である。というのも、トマスはアウグスティヌスの「照明説」の立場にも立たず、ラテン・アヴェロエス派(その代表的存在はパリ大学人文学部教授のブラバンのシゲルス(1235-1282))の「二重真理説」をも批判したからである。「二重真理説」とは、啓示された真理と理性的・哲学的真理の二種の真理があり、これら二つの真理は矛盾することもありえるという説である。この説を徹底させると、理性と信仰、哲学と神学は区別されるだけではなく、分離され、相互の関係性を失ってしまう。

V　法思想

トマスはアリストテレスに倣って、目的論的な自然観を提唱する。神の「創造の秩序」は、植物↓動物↓人間↓天使↓神というように「階層的秩序」を構成している。この自然観は、あらゆる存在はその本性に内在する目的の実現を志向するという目的論と、他方ではあらゆる存在はそれ固有の役割を果たすことによって全体の統一と完成に寄与し、それによって存在理由を獲得するという有機体論によって構成されている。このような「創造の秩序」を貫いているのが、「永久法」(lex aeterna)、「自然法」(lex naturalis)、「神法」(lex divina) である。トマスは、「永久法」についてはQu. 93において、「自然法」に関してはQu. 94において、人定法に関してはQu. 95-97において、「神法」に関してはQu. 98-114で詳しく触れている。「永久法」は神の摂理、世界統治の理念である。神はその智慧によって万物を支配し、すべての働きと運動を統治する。「自然法」は、理性的被造物が「永久法」に参加する時に成立し、自然の光、理性によって把握可能な規範である。それは、自然本性的に認識されるような仕方で人々の心に植えつけられている。自然法は、「われわれのうちなる神的光の刻印」(II-1, Qu. 91, Art. 2) である。

人間の「自然的性向」に対応しつつ、人間を「共通善」へと導く道徳的規範が「自然法」である。「自然法」はキリスト者であるかないかを問わず万人の人間に適用可能なものである。が、トマスはその「自然法」の上に「神法」を位置づける。

ところでトマスは、「自然法」の立場から奴隷制、私有財産制度、女性の地位、妊娠中絶、一夫多妻制などをどのように理解したのだろうか。奴隷制は「自然法」が命じるものではなく、罪の所産である。これは、奴隷制を自然の所産と見るアリストテレスとの相違である (Qu. 52)。また高利貸し、つまりお金を貸して利子をとることは「自然法」にかなったものではない (Qu. 78)。私有財産制に関しては、アリストテレスの私有財産制の評価を基本的に継承しており、「自然法」に合致したものとみなしている。またトマスは一夫一婦制のみを認め、一夫多妻制は退け、妊娠中絶は殺人であるとして認めない。また奴隷制とは異なり、政治的共同体における支配－服従の関係と同様に、女性が男性に仕えることも自然にかなったことであるとトマスは言う。それは、男が女より理性的であるからである (Qu. 92)。何が「創造の秩序」であり、何が「罪の所産」であるかは、アウグスティヌスと比較すると明瞭である。

ところで、制定法つまり「人定法」(lex humana) は、「自然法」を具体化、適用したものであって、「自然法」に反して効力を持つことはできない。「人定法」には、「万民法」(jus gentium) と「市民法」(jus civile) があり、前者は国家間を規律する法律であり、後者は国内秩序を規律する法律である。

トマスにとって、法は「永久法」→「自然法」→「人定法」で終わるわけではない。もう一つ「神法」がある。「神法」は、啓示によって示されたもので、聖書に記されており、何が「神法」であるかは、教会が解釈するのである。啓示が理性や「自然法」より優越するように、永遠の至福に関する「神法」は地上の生活の幸福を規定する「自然法」より優越する。「従属的な生活目的にかかわるものは、至高の目的に従事するものに服従し、その命令によって導かれなければならない。「神法」は、人間を超自然的で神的なる目的へと秩序づける」(Qu. 91, Art. 4)。

Ⅵ　国家観

トマスはアウグスティヌスと異なり、国家を罪に対する「矯正の秩序」として理解せず、「創造の秩序」として理解した。トマスは、国家が人間の本性から生まれてくるとするアリストテレスの見解を受け入れ、アリストテレスのゾーン・ポリティコンを「政治的・社会的動物」と訳する。人間の本性と相互の物質的・精神的必要性が政治的な共同体を創設するのである。トマスが、アリストテレスの「政治的動物」を、「政治的・社会的動物」と言い換えているのは、人間が「自然本性的」に他の人間との交わりにおいて生きる存在であるからに他ならない。トマスは、古代ローマの喜劇作家プラウトゥス (B.C.254-184) が「人は人にとって狼である」(homo homini lupus) であると述べたのに対して、「人は人にとって友である」(homo homini amicus) であると語っている。支配と被支配、権威と服従の関係は、トマスによれば、堕落以前から存在するものである。したがって、政治的な義務や服従は人間の「自然本性」にとって固有なものであり、「罪の所産」ではない。彼は『神学大全』で、「無垢 (status innocentia) の状態において人間は人間を支配したか」と問い、「人間は社会的動物なのであり、だから無垢の状態における人々もまた社会的な仕方で生きたであろう。然るに、多数者の生活は、共通善を意図する何者かがこれを統括するのでない限り、存在しえないだろう」(1-97, Qu. 96, Art. 4) と述べている。

トマスにとって、「罪の所産」と呼ばれるものは、奴隷制である。また犯罪者に対して課す刑罰や不正な支配者の存在などであり、国家そのものではない。このように、罪の所産がアウグスティヌスが考えるより狭い領域に限定されていることが特徴である。トマスは、堕落以前の状態＝無垢の状態にアリステトレスの「政治家的支配」、堕落以後の状態に「主人的支配」を適用している。支配は堕落以前の状態においても必要であるが、「主人的支配」つまり主人による奴隷支配という一方的な支配‐服従関係は堕落以後というのである。

共通善

人の生活は国家なくしては不可能であり、ただ国家を通してのみ人々は「善き生活」を営み、「共通善」(bonum commune) を達成できる。国家は、家族や他の団体と比べて、すべての必要に答える自足性を有する「完全な共同体」(communitas perfecta) である。「完全共同体」としての国家の特徴は、第一に法の強制力を有し、第二に生活すべてに必要なものを充足する共同体であることにある。国家は、「善き生活」を送るために国内において平和を確立し、衣服、住居、食物といった外的・物質的条件を保障する責任がある。しかし、国家の国家たる所以は、人々に地上的な幸福をもたらし、「共通善」を保証し、徳に従った「善き生活」を送るようにすることにある。トマスは、アウグスティヌスが異教国家を罪の所産とみなしたのと反対に、国家に積極的な価値を付与し、国家を倫理的共同体とみなした。そして彼は、人々は国家において有徳な生活を送り、この世の「至福」(beatitudo) を享受することで終わるのではなく、この世の「至福」は、最終的で完全な天上的「至福」である「神との交わり」に開かれていなければならないと主張する。

Ⅶ　教会と国家との関係

トマスの『君主制論』においては、「人間の王国」の不完全さと「神の王国」の完全さが対比されている。当然「この世の王国」は高次の秩序である「神の王国」、そしてそれを地上において具現した教会に服従する。
それゆえこの王国の職務は、……地上の王に委ねられるのではなく、聖職者に、とりわけ最高の司祭、ペトロの後継者、キリストの代理者、ローマ教皇に委ねられている。そして彼に対して、キリスト教徒人民のすべての王は、あたかも主イエス・キリストその人に対するように、服従しなければならない。（『君主の統治について』、I-14-110）

この立場は、聖書の「カエサルのものはカエサルに、神のものは神のものに」（マタイ 22: 21）というイエスの言葉に立脚したゲラシウス一世（在位 492-496）の「両剣論」からの大きな逸脱である。「両剣論」とは、神は皇帝に「世俗的な剣」を、教皇に「精神的な剣」を与えたので、人々は霊的な事柄においては教会の指導に従い、世俗的な事柄においては世俗的権力の指導に従うべきであるとするものである。トマスには、一見この「両剣論」に従っているように思われる。彼は、次のように述べている。

霊的権力も世俗的権力も神的権力に由来する。したがって、世俗的権力は、神によって秩序づけられている程度において、霊的権力に服従する。魂の救いに関する事柄においては、霊的権力が世俗的権力より優越する。しかし、公的な安寧に関する事柄においては、世俗的権力が霊的権力に優越する。これがマタイによって「カエサルのものはカエサルに」といわれたことが示していることである。（『命題論集』第二巻、第四四区分、第三問、四項）

ところが、それに続けてトマスは、一定の留保をつけている。それは、「永遠に王にして祭司なるもの（キリスト）の命令に従って、教皇が聖俗両剣を所有している」という留保である。一体、トマスの真意はどこにあったのであろうか。彼が『君主の統治について』において、教皇が「キリストの代理人」（vicarius Christi）であると述べていることから判断すると、教皇が霊的権力と世俗的権力の双方を持ち、その世俗的権力を皇帝や君主に委託していると彼が考えていたと思われる。というのも、「キリストの代理人」としての教皇という考えは、インノケンティウス三世（在位1198-1216）によって教皇が世俗的権力をも継承するという理論に結びつけられていたからである。トマスが念頭に置いていたのも、教皇絶対主義者のインノケンティウス三世であっただろう。教皇権力は一三世紀の前半に絶頂に達し、中世ヨーロッパの枠組みを構成していた「両剣論」を大きく踏み出してしまった。インノケンティウス三世は、教皇が皇帝や国王を破門し、皇帝や国王への臣下の忠誠義務を解除することを主張したが、トマスは、『神学大全』において、「君主は信仰からの背教のゆえに臣下に対する支配権を喪失し、後者は服従の責務から解放されるか」（II-II, Qu. 12, Art. 2）と問い、それに「然り」と答えている。

Ⅷ　信仰の強制

アウグスティヌスは、ドナティストに対する強制的なカトリックへの「改宗」を承認した。この点に関して、トマスはどのような見解を持っていたのであろうか。彼は、異教徒やユダヤ人のように、一度も信仰を受け入れたことがない者に対する信仰の強制は否定したが、異端者や背教者のように一度信仰告白をしたことのある不信仰者に対しては、肉体的な強制を用いることも容認している。彼は、「異端者たちは信仰を保持するように強制されるべきである」（II-II, Qu. 10, Art. 8）と述べると同時に、異端者たちが破門されるだけではなく、「正義にかなった仕方で処刑されることが可能である」と主張する（II-II, Qu. 11, Art. 3）。彼は、異端の宣告を受けたアリウスがすぐに処刑されなかったがゆえに、「全世界がその焔によって荒廃させられた」と述べるヒエロニムスの言葉を引用している。トマスにとって、「異端者が死によって完全に抹殺されたとしても、主キリストの命令に背くことにはならない」（II-II, Qu. 11, Art. 3）のである。私たちは、「異端」に対するトマスの妥協なき姿勢を見る思いがする。南フランスの異端「カタリ派」に対してアルビジュア十字軍が動員されたのもインノケンティウス三世の治世の時であった。異端審問制度は一二三一年に導入されたが、審問を担ったのはトマスが所属するドミニコ修道会であった。

Ⅸ　トマスとアウグスティヌス

最後に、トマスの国家概念に関して、その歴史的意義を要約しておくこととする。トマスの師アルベルトゥス・マグヌスとトマスは、アリストテレスの「継受」を通して古典古代の国家観を復活した。国家はアウグスティヌスのように単なる支配機構ではなく、「共通善」達成を使命とする徳の共同体であった。トマスにおいては、「恩寵は自然を廃棄せず、それを完成する」という言葉に示されているように、国家の上に教会が階層的秩序を形成しており、「神の国」と「地の国」は、アウグスティヌスのように二元論的に対立しておらず、目的論的な「階層的秩序」をなしていた。

アウグスティヌスにとって、この世は「罪の所産」であり、神の審判の後に来る完全な「神の国」を待ち望む「終末論」が顕著であった。そしてペラギウスとの論争に見られるように彼は人間の徹底した罪性と神の「恩寵」を強調した。彼の眼は絶えず神の「恩寵」に注がれていた。しかし、トマスにとってまさしく創造の世界、「自然法」に従った世界がこの世において可能となり、クリスチャンの眼は「終末」ではなく、神が創造された「永遠の秩序」に向けられるようになった。トマスにおいては、初代教会のキリスト者が有していたキリストの「再臨」に対する期待と「終末論」は消失し、世界秩序は「永遠に続く」とみなされるようになった。これは、「円環的」な時間概念を特徴とするヘレニズム哲学の「終末論的な」時間概念を特徴とするヘブライズムに対する勝利である。これはまさしく、アリストテレス復興の結果というべきものであった。

しかし、キリスト教をアリストテレス哲学によって架橋しようとする試みに反対する神学者もいた。すでに述べたボナヴェントゥーラがそうである。彼は、『十戒講話』において、「私が学生であった時、アリストテレスについて、彼が世界を永遠なるものと考えていると聞き、またこれをめぐっておこなわれている理拠と論証を聞いた時、私の心は攪乱され、どうしてかかることがあるかと思ったものである」と述べている。

ボナヴェントゥーラは、晩年には、歴史神学、「終末論」の立場からアリストテレスの「世界永遠説」や「自然的理性」の自律性を攻撃した。理性は神によって与えられたものであり、認識の一手段である。しかし、「自然的理性」は「原罪」によって汚されており、「恩寵の光」に照らされ、きよめられない限り、正しく使用することはできない。彼は、アウグスティヌスの「照明説」の忠実な継承者であった。ボナヴェントゥーラにとって、アリストテレスの哲学を組み入れたトマスの体系は、この世の哲学に譲歩しすぎたものであった。

しかしトマス自身はひとりの修道士として、神の栄光のために生きた人物であった。『神学大全』の完成が間際に迫っていた一二七三年一二月六日の宗教的経験について、彼は友人のレギナルドゥスに次のように書いている。

> レギナルドゥスよ。私にはできない。私が見、私に示されたことに比べると、私が書いたすべてのことはわらくずのように見えるのだ。（山本、三九頁）

これ以降、トマスはすべての著作活動を放棄し、『神学大全』は未完に終わった。トマスにとって『神学大全』は神の栄光に比べれば、「わらくず」のように思えたのである。

〔参考文献〕

・トマス・アクィナス『君主の統治について――謹んでキプロス王に捧げる』（柴田平三郎訳、岩波文庫、2009）

・――――『神学大全』（全四三巻）（創文社）。特に、本書との関係で重要な巻は以下の通りである。永久法や自然法に関する巻：第一三巻、第Ⅱ－Ⅰ部（第九〇問題―第一〇五問題）、異端や背教に関する取り扱い：第一五巻、第Ⅱ－Ⅱ部（第一問題―第一六問題）、戦争や反乱に関する巻：第一七巻、第Ⅱ－Ⅱ部（第三四問題―第五六問題）、正義に関する巻：第一八巻、第Ⅱ－Ⅱ部（第五七問題―第七九問題）

・稲垣良典『トマス・アクィナス『神学大全』』（講談社選書メチエ、2009）

・――――『トマス・アクィナス』（勁草書房、1979）

・――――『トマス・アクィナス』（講談社学術文庫、1999）

・山本芳久『トマス・アクィナス――理性と神秘』（岩波新書、2017）

第五節　ウィクリフ (John Wycliffe)

I　プロフィール

ウィクリフ (1324-1384) は、一三二四年にイングランドのヨークシャーに生まれ、オックスフォード大学、パリ大学で神学を学んだ後、オックスフォード大学のベイリオール・カレッジでラテン語で講義、研究を行った。ウィクリフの前の世代では、ドゥンス・スコトゥス (1266-1308) やすでに述べたオッカムのウィリアム (1285-1347) がオックスフォード大学に学んでいる。彼らは、二人とも使徒的清貧を実践するフランシスコ会士でもあった。ウィクリフも、初代教会のような清貧と服従の生活を模範とし、福音を伝え、カトリック教会の腐敗を批判した。ウィクリフは、叙任された聖職者の存在を不必要とし、真の教会員の構成員であれば、あらゆる人が聖職者たりうると主張した。また彼は、聖書がキリスト教の教義や信仰生活の源泉であると主張した。したがって、彼は、修道院、聖人や聖遺物の礼拝、巡礼、贖宥状、煉獄、死者への祈禱を否定した。また彼は、聖餐の「化体説」(パンとぶどう主は聖職者の執行によってキリストの肉と血に変化する) を否定した。彼は、一三七五年に、『世俗の支配権について』(*De civili dominio*) を書いている。聖職者批判のこの書物のゆえに、一三七七年にウィクリフは、ロンドンの司教ウィリアム・コートニーによって召喚され、異端と疑われた教えに弁明を求められたが、イングランド政界の有力な貴族、特にランカスター公のゴーントのジョン (1340-1399) の庇護を受けて、異端として断罪はされなかった。また同年アヴィニオンの教皇グレゴリウス一一世は、ウィクリフの一九項目の誤謬を指摘した教書を出し、彼の逮捕と異端審問を要求したが、うやむやに終わっている。一三七八年にウィクリフの裁判は決着がつかずに終わった。この年彼は、『聖書の真理について』、『教会について』を書いている。ここに彼の霊感を受けた聖書の権威と霊的で不可視的な教会観があますところなく現れている。この年はまたローマとアヴィニオンで異なったローマ教皇が立つ大分裂 (シスマ) が始まった年であり、この事件がウィクリフの教皇制批判に決定的な影響を及ぼした。このシスマは、一四一七年まで続く。

一三七九年に彼は『国王の職務について』、『教皇の権能について』、『聖餐について』を執筆した。一三八一年にカンタベリー大司教がロンドンで教会会議を開催し、ウィクリフの主張する二四の教説、特に化体説批判を異端として宣言したので、彼はオックスフォードの講義を禁止された。ウィクリフはオックスフォードを離れ、レスターシャ州ラタワースの主任司祭として赴任した。彼は一三八四年に死去するが、死後彼は、公式に神聖ローマ帝国皇帝ジギスムントが一四一五年招集したコンスタンツでの教会会議で異端宣言をされ、一四二八年に彼の遺体は掘り崩されて、焼かれている。ウィクリフの死後にウィクリフの影響を受けた人々が、ロラード運動を展開していくが、ヘンリー四世の即位(1399)によって、「異端者焚殺令」が出され、ロラード運動は弾圧される。

Ⅱ　聖書主義

彼は、『聖書の真理について』(*De veritate sacrae schripturae*, 1378)において、聖書の権威と無謬性を擁護した。彼はトマスの以下の言葉を引用している。

> 福音書あるいは正典的著作の中に、何か誤った主張が存在すると信じることは不当なことであるし、著者たちが誤った主張をしているなどということもない。そうすることは、信仰の豊かさの滅びることもありうると主張するのと同じだからである。信仰の確かさは、聖書の権威の上に存在しているものである。(ケニー、一〇二頁)

聖書は神のことばであるが、問題は誰がそれを解釈するかである。彼は、教皇は正しい解釈の独占権を持っていないと主張する。したがって、ウィクリフは聖職者のみならず、信徒も、民衆も聖書を学ぶべきだと教えた。

聖書は神の霊感を受けて書かれているので、聖書だけが神の啓示を伝えるものであり、教会の伝統や教皇の勅令なども聖書の基準に照らして判定されるべきであった。そのためにも聖書の英語訳が必要とされ、ウィクリフは「神のことばの種子を忠実に撒く」ことを目指して、その翻訳作業を進めていき、一三八二年から一三八四年にかけてラテン語聖書のウルガータ訳から英語訳を完成した。それから約一〇〇年後に、ウィリアム・ティンダル（1493-1536）が、ヘブライ語とギリシャ語から聖書を訳し、その後その影響を受けて、一六一一年に欽定訳聖書（*King James Version*）が出版された。ウィクリフは、福音を宣べ伝えるために、「貧しい説教者」と呼ぶ伝道者を様々な地域に派遣した。彼らは街々を巡って聖書のことばを語り、「使徒的清貧」を実践し、裸足で長衣を纏い、手には杖を持ち、二人ずつ組みになり、ウィクリフが書いた小雑誌を配布した。これらウィクリフの信奉者たちが、「ロラード」（おしゃべり）と呼ばれるようになった。

Ⅲ　教会論

ウィクリフは、『教会について』や『教皇の権能について』で、彼の教会論を展開した。ウィクリフがいまだ教皇制を支持していた時でさえも、教会が世俗的な財産を放棄して清貧に甘んじるべきことを、一三七八年ウルバヌウス六世に対して書いている。

> 私は、何人に対しても、私の信仰を喜んで表明いたします。特にローマ司教に対しては、そうであります。……地上におけるキリストの至高なる代理人たるローマ司教は、この世における巡礼者すべてのうちで最も福音の法に拘束されている方であります。……キリストは地上における巡礼の間、この世の所有をすべて放棄されました。……このことから私は教皇が世俗的力に対し、この世的なあらゆる所有を離れることが理想的であり、また聖職者たちにそのようにすべく勧告されることこそ有効であろうかと推断いたすものであります。（ケニー、九三―九四頁）

ウィクリフは、この手紙を、神が「我らの教皇ウルバヌス六世を奮起せしめ、教皇が聖職者たちと共に、生活と行動において主イエス・キリストに従うものとなりますように」という祈りで結んでいる。

しかし、同年の教会大分裂（Shisma, ローマとアヴィニヨンに別々の教皇が支配する）によって、ウィクリフの教皇制への態度が変化していった。聖書に照らした時に、教会のかしらは、教皇や枢機卿ではなく、ただキリストであった。また教会はキリストの花嫁で、キリストの神秘的な体であり、永遠の至福に予定されている人々の集まりであった。

教会の信者は、神の前に平等であり、聖職者と平信徒の区別は存在しない。各信者は、聖書の権威にのみ基づいて、行動すべきである。また彼は、一三八一年以降、教会を支配していた化体説を否定し、聖餐式のパンと葡萄酒がキリストの体と血に変わることを認めない立場に立つに至った。このことは、パンと葡萄酒を聖別し、これをキリストの体と血に変える聖職者の権威をも否定するものであり、カトリック教会のよって立つ土台を根底から掘り崩すものであった。ウィクリフは、聖餐のパンがキリストの身体に変化し、パンも消滅してしまうという全実体変化説は「偶像崇拝」だと非難し、それが初代教会の教父や聖書の教えではないと主張した。また彼は、教皇が免罪符を発行して、罪を赦す権威をもっていることを否定した。こうした聖書から見て誤りである教皇制度は、廃止すべきであると大胆に宣言した。また教会が巨万の富を浪費して豪華さを誇ることは、清貧であることをモットーとする使徒的精神からの逸脱であった。ウィクリフは、『世俗的支配権について』、『教会について』、『国王の職務について』の中で、聖職者は何ものをも所有すべきではなく、コンスタンティヌスがシルヴェステル一世（在位三一四―三三五）に与えたといわれる偽の「コンスタンティヌス寄進状」が諸悪の根源であると主張した。寄進が教皇たちを異端へと導き、この世的な争いに執着させたのである。アッシジの聖フランシスコ（1182-1226）が、使徒的貧困をすべての聖職者に義務的なものとして要求したように、聖職者は清貧であるべきであった。教会はこの世のことに関与してはならず、説教、祈りによって信者を導かなければならないのである。彼は、晩年ウルバヌス六世に対して、次のように書き送っている。

キリストの弟子たちの偉大さは、この世の権威や名誉に存するのではなく、キリストの生涯とその生き方に正しく従うことにあるからです。信仰の厚い人は、教皇に従うべきでなく、弟子と同じようにイエス・キリストに従うべきです。教皇はすべてのこの世の統治や支配を世俗の権力に委ねるべきです。（ロバートソン、八四頁）

詰まるところ、ローマ・カトリック教会はサタンの会堂である。ウィクリフは、教皇に対して際限のない攻撃を繰り返した。彼は特にグレゴリウス一一世を名指しして、「彼は永遠の異端者であって、母なる教会の首長などではないどころか、そのメンバーですらないことは誰にも疑いえないことである。……このようにうわべだけのローマ司教が悪魔集団の頭目であることは可能」であると批判している。

Ⅳ　世俗的権力論

上述した教皇制度に対する原理的批判と反比例するように、彼の国王の権威に対する評価は高い。彼は『国王の職務について』において、国王至上権を主張し、国王が地上の「代理人」として、教皇にかわって、教会領を没収し、教会の無所有化を推進し、教会を本来の姿に回復させる権能を、神から直接に与えられていると論じた。彼の教会財産没収の主張は、世俗的な貴族や過重な税負担に悩む納税者にアピールした。教会が腐敗し、自己変革ができない以上、国家が代わって教会改革を行うことしか選択肢は存在しなかった。彼は、結果的に後のルターと同様、主権国家への道を準備していたのである。彼も教皇権力との闘いの中で危険に晒された身体の保護を国王権力に求めざるを得なかったのである。

Ｖ　ウィクリフの影響

ここで、ウィクリフの及ぼした影響について検討してみよう。ウィクリフの言動は、ロラード派の人々によって受け継がれていった。彼らは、聖職者の独身主義、パンと葡萄酒の実態変化（化体説）、死者のための祈り、聖像への捧げもの、司祭への秘密の告解などは、「魔術に付随するもので、神学には関係がない」と断じたのである。カトリックの不純な要素が迷信として斥けられ、イギリスの宗教改革に至る道が準備されていった。ウィクリフないしロラード派の運動は、純粋に宗教的領域においておこなわれたが、教会の富や財産を攻撃し、神の前における平等を説く彼の思想は、農奴からの解放を主張する農民一揆にインスピレーションを与えた。一三八一年以降にウィクリフの影響を受けたイングランド北部で司祭をしていたジョン・ボール、ワット・タイラーに率いられた農民は団結し、一揆をおこした。この運動には、彼の信奉者であったロラード派の人々も関係していたのである。

コンスタンツ教会会議において異端を宣言されたウィクリフはボヘミアの宗教改革者フスに影響を及ぼした。ところで、ウィクリフやフスの宗教改革は、中世において異端を宣告され、迫害されたカタリ派やワルド派とどのように異なるのだろうか。福音書の教えにしたがって、清貧な生活を送る点で同じではないか。こうした問いに出村彰氏は、以下のように述べている。

カタリ派やワルド派は、中世教会の禁欲の実践や敬虔の表出を、極限にまで推し進めたために、正統教会の許容範囲を逸脱してしまったのとは対照的に、ウィクリフやフスは、禁欲や敬虔、教会や教皇の教導権そのものの妥当性までも問い直し、従来とは異なる規範を持ち込もうとした点で、そしてその限りで、福音主義宗教改革に門戸を開く結果となったという意味において、……宗教改革の「先駆者」と呼ばれる所以である。（『宗教改革著作集1』、二四六頁）

とはいえ、ウィクリフやフスから一直線にルターやカルヴァンに通じているのであろうか。ウィクリフやフスにおいては、ルターにみられる「信仰義認」やただ恵みによる信仰は福音の中心的命題として説かれていたであろうか。この点に関してE・ロバートソンは、『ウィクリフ宗教改革の暁の星』において、「キリストを通して恩寵を受けたものは、最終的には滅びることはない。彼はいつものように聖書に基づき、信仰による義認を教えた。救いは、イエス・キリストへの信仰で十分であると。したがって、キリストのみに信頼するように、キリストの義以外によって義とされることを望んではならないと、彼は人々に説いた」（ロバートソン、一三三頁）と述べている。しかしそのような教説がウィクリフにあることを否定する意見も少なくない。ウィクリフとルターとの間には連続線と同様不連続線も存在するのである。

〔参考文献〕

・『宗教改革著作集1　宗教改革の先駆者たち』（教文館、2001）。ここに、ウィクリフの『祭壇の秘跡について』と『教会論』の抄訳が収められている。

・A・ケニー『ウィクリフ』（木ノ脇悦郎訳、教文館、1996）。原題 A. Kenny, *Wyclif*, Oxford University Press. 2001）。

・E・ロバートソン『ウィクリフ宗教改革の暁の星』（土屋澄男訳、新教出版社、2004）。原題 Edwin Robertson, Wycliffe: *Morning Star of the Reformation*, Marschall Morgen & Scott, 1984.

第二部

近現代

近代においては、信教の自由、政教分離の原則が確立され、それぞれの国の成文憲法に明記されている。しかし、政教分離の具体的形態は、それぞれの国の文化的・歴史的伝統を反映して、多様性が認められうる。フランスや日本のように政教分離をできるだけ徹底し、両者の間を厳格に区分しようとする国もあれば、イギリスやドイツのように、国教会、ないし公認教会制度を採用している国もある。各国の歴史を遡って、政教分離の多様な形態を明らかにしていきたい。

まず、ドイツ、フランス、イギリス、アメリカの政教分離形態を過去に遡って究明し、そのあと、思想家を中心として、彼ら自身の宗教観や信教の自由に対する態度、そして彼らが政治と宗教、国家と教会との関係をどのように考えていたのかについて考察することにする。

第一章　ドイツにおける政治と宗教

第一節　ドイツにおける政教分離の展開

一五一七年のルターの宗教改革以降、ドイツではプロテスタントを信奉する諸侯とカトリックを信奉する諸侯との間に、一五四六年シュマルカンデン戦争が勃発した。その結果一五五五年のアウグスブルク宗教和議において、領主が宗教を決定する（cujus regio, ejus religio）とする領邦教会（Landeskirche）が成立した。

領主が領内の教会の首長を兼ねる国教制の成立である。当初は信者個人の信仰の自由は存在しなかった。しかし、領邦教会時代が進むと、フランスの人権宣言の影響を受けて、政教一致は維持しつつも、信仰の自由を認める諸邦が、増加するようになる。特にフランス近隣の諸邦の憲法は、一八一九年九月のヴュルテンベルク王国憲法第三章第二七条第一項のように、「何人も宗教の区別なく、王国において妨げられることのない良心の自由を享受する」と、信教の自由を規定するようになった。また第二七条第二項には、「三つのキリスト教宗派は、公民権の完全な享有を認められる。その他のキリスト教宗派および非キリスト教宗派は、その宗派の教義によって市民たる義務に背かざる場合において、市民権に与ることができる」と、カトリック、ルター派、改革派に平等な市民的・政治的権利が付与されている。同じような規定は、一八一八年五月のバイエルン王国憲法、一八一八年八月のバーデン大王国憲法、一八三一年一月のヘッセン国憲法にも認められる。一八五〇年のプロイセン憲法にも、こうした規定は盛り込まれた。しかし、信教の自由、政教分離が明確に認められるようになるのは、一九一九年に制定されたワイマール憲法制定以降である。

ワイマール憲法では、第二編「ドイツ人の基本権および基本義務」、第三章「宗教および宗教団体」の表題の下に、第一三五条で「信仰、良心の自由の保障」、第一三六条で「市民の権利、義務、公職への就任は宗教による制限なし、宗教的行事の強制の禁止」、そして第一三七条で「国の教会は存在しない」が規定された。これによって、領邦君主の教会支配の構造が形式的には終わりを告げた。ただ、「宗教団体は、従来公法の社団であった限りにおいて、今後も公法上の社団とする」として、特にカトリック、ルター派、改革派教会が公法上の制度として認められ、租税を徴収する権利、公立学校における宗教教育の権利（第一四九条）、大学の神学部の設置が認められた。

ワイマール憲法における国家と教会の関係について、ウーリッヒ・ストゥッツは、「国家と教会の不完全な分離」、ないし教会条約（国家とプロテスタント教会との条約）もしくは、政教条約（国家とカトリック教会との条約）によって保障された自治的な分離教会の制度」と特徴づけている（塩津『現代ドイツ憲法史』、二〇二頁）。

ナチス時代には、ナチ国家が新旧教会を完全にコントロールする「強制的一元化政策」（Gleichschaltung）を進めたが、バルトの「教会闘争」における「告白教会」の存在のように、国家から自由であろうとする教会闘争が発生した。

戦後は、ボン基本法が制定され、ワイマール憲法に倣って、第四条第一項における「信教の自由」とともに、公認教会制度、教会税の徴収（第一三七条第六項）ないし「公立学校における宗教教育」（第七条第三項）が容認された。その背景には、キリスト教的価値がドイツ国家の精神的基盤であるという信念があった。例えば、バーデン・ブルテンブルク州憲法においては、公立学校は「根幹において、キリスト教的であり（第一六条第三項）、「キリスト教的－西洋的な教育的・文化的価値に基づいて」子供を教育する」（第一六条第二項）と規定している。ボン基本法下においては、ワイマール憲法のように大学の神学部の設置に関する規定はないが、事実上継続されている。例えば、バイエルン州憲法は、第一四条で「国の教会は存在しない」と規定しつつも、第一五〇条においては、「教会はその聖職者を固有の教会立大学において養成し、これに研修を施す権利」が記されてある。

上述したことから、ドイツ的政教分離の特徴として、①公認教会制、②教会税の容認、③公立学校における宗教教育の容認、④公共施設における礼拝の容認、⑤国立大学における神学部が挙げられる。いわば、フランスと異なり、「穏健な政教分離体制」である。

現代においては、公認教会として、カトリック、ルター派教会、改革派教会の他に、プロテスタント系諸派、ロシア正教会、ユダヤ教会も認められるようになっている。これからは、イスラム教を「公認教会」として認めるかどうかが論争の焦点になる。塩津は、「伝統的な国家と教会との関係は変わりつつあり、そのこともドイツ社会の多元的価値観、多元主義社会への変化をしめすものである」（塩津、二一〇頁）と述べている。

なおルター派が強いのは、ドイツ以外では北欧の国教会である。例えばスウェーデンでは、国王はルター派教会の首長であり、主教は教会会議が推薦し国王が任命する。そして人口の九八％が国教会に籍を置き、教会税を払っている。またデンマークは、一九五三年制定の憲法第四条において、ルター派教会を「国民教会」と認めている。礼拝の自由はすべての人に保障されている（第六七―七〇条）が、人口の九五％がルター派教会の会員である。また国王はルター派教会の信者でなければならない（第六条）。国が教会税を徴収することもドイツと同様である。

ノールウエーは、一八一四年憲法第二条で、「福音主義ルター派教が国教である」と明記しており、第四条では「国王は国教徒であり、国教を護持する」と記されている。国教会の会員数は、人口の九六％で、国教会の財政は大部分を国が負担している。

〔参考文献〕
・塩津徹『現代ドイツ憲法史』（成文堂、2003）
・――――『ドイツにおける宗教と政治』（成文堂、2010）
・清水望『国家と宗教――ドイツ国家教会法の再構成とその展開』（早稲田大学出版会、1991）

・高田敏・初宿正典『ドイツ憲法集』（第七版、信山社、2016）

これより思想家編に入るが、対象とする思想家の選択に関して、簡単に説明しておくことにする。最初に第二節でルターの宗教改革と彼の「二王国論」について触れる。第三節と第四節ではカントとヘーゲルが、一八世紀の啓蒙時代において、啓示宗教にかわって超越的な神を道徳化・概念化していった経緯と政教分離について考察する。第五節では、カントやヘーゲルの啓蒙主義的な合理主義的プロテスタンティズムに反抗し、「単独者」として超越的な神と向き合い、デンマークの国教会制度を攻撃し、キリスト教の真理を守ろうとしたキルケゴールの思想を取り扱う。第六節では、ビスマルク帝国時代、そしてワイマール共和国初期にルター派の国教会の神学者として活躍したトレルチが、アングロサクソンのピューリタニズムの影響を受け、国教会のドイツ・ナショナリズムとどのように対決し、政教分離の道を模索したかを跡づける。最後の第七節では、一八世紀プロテスタンティズムをトータルに批判し、聖書神学や教会教義学に依拠して、ナチズムの政教一致体制と戦ったK・バルトの教会闘争を、ナチズムに加担したナチの神学者との対比で触れることにしたい。

第二節　ルター（Martin Luther）

マルティン・ルター（1483-1546）が一五一七年にウィッテンベルクの城教会に九五箇条の命題を書きつけ宗教改革を始める前に、すでに典礼の改革、教皇権力の批判、教会と国家の関係などについて深刻な論争が進行中であった。そのことはすでにジョン・ウィクリフの教説を通して検討したことである。私たちは、ルターやカルヴァンの宗教改革をその前史から切り離して考えるべきではない。しかし宗教改革の前史とルターとの間には連続性と不連続性があり、とりわけルターにとって根本的であり、かつ宗教改革の原動力となったのは、オッカムやウィクリフの「清貧の思想」ではなく、「信仰義認」の真理であった。

Ⅰ　プロフィール

ルターは、一四八三年にドイツのアイスレーベンに、父ハンス、母マルガレータの子供として生まれた。ルターの父は、ルターが将来有能な法律家として活躍することを望んだので、彼は一五〇一年にエアフルト大学に入学し、法学を専攻した。しかし一五〇五年に彼は落雷に会い、神の裁きを感じ、死の恐怖におののき、修道士になることを決意し、エアフルトのアウグスティヌス修道院に入って、修行した。しかし彼が修道士としての禁欲的生活を行えば行うほど、自分の中にある邪悪さを見出し、絶望した。彼は、この頃を回想して以下のように述べている。

私が、敬虔な修道僧であり、修道院の規則を厳格に守ったことは真実である。修道院の生活によって、天国に入れる僧があるなら、私も天国に行けると思う。私を知っている修道僧の兄弟たちは、誰もこのことを証言してくれるであろう。私の修道院生活がもっと長く続いていたならば、不眠と祈り、読書と労働、その他あらゆる責務のために死んだであろう。（ペイントン、九三頁）

彼は修道士としての務めに励めば励むほど、自己の内面に邪悪さを見出し、自己に絶望した。この頃のルターにとって神は、「愛の神」ではなく、「裁きの神」であった。

一五一二年ルターは神学博士となり、ウィッテンベルク大学の神学部教授として聖書講義を開始した。一五一三年から一五一四年にかけての詩篇講義、一五一五年から一五一六年にかけてのローマ書講義、そして一五一六年から一五一七年までガラテヤ書講義を行った。

彼が、「行いによる義」ではなく、「信仰による義」の立場に至り、救いを獲得するのが、「塔の体験」においてであった。彼は詩篇二二篇のことば「わが神、わが神、なにゆえ私を見捨てられるのですか。なにゆえ遠く離れて私を助けず、私の嘆きの言葉を聞かれないのですか?」に接して、驚愕を感じざるをえなかった。メシア預言として理解されているこの二二篇において、ルターは、なぜ罪のないキリストが十字架で苦悩し、神から完全に捨てられたかについて思いをめぐらした。そして彼は、イエスが人間の罪悪をすべて引き受け、神に裁かれたことを信じるようになり、ルターの神観は、一八〇度転換するに至った。さらに彼は、「神の義は福音の中に啓示され」というローマ書第一章第一七節の言葉を通して、「神の義」とは「神の裁き」ではなく、神があわれみによって、人間を義とされたことであることを知るようになった。ルター訳聖書においては、神の義は、「神の前に通じる義」(die Gerechtigkeit, die vor Gott gilt) と訳されている。ルターは、この転換について、次のように述べている。

日夜、私は思索し、遂に私は、「神の義」と「信仰による義人は生きる」という言葉の連関を見つけた。それから私は、「神の義」が、それによって恩恵とあわれみから神が信仰を通してわれらを義としたもう所の正しさであるということを理解した。そこで私は、自分が生まれ変わって、開いている戸口からパラダイスへはいったのを感じたのである。聖書全体が新しい意味を持つに至った。以前には、「神の義」が私を憎悪でいっぱいにしていたのに、今ではそれが私には、いっそう大きな愛のうちに、言いようもない快いものとなった。このパウロの一句は、私には天国の扉となったのである。(ペイントン、五九―六〇頁)

ここにルターは「ただ信仰によって」(sola fide) 救われるという立場を確立したのである。そしてこのルターの内面的な新生の経験がヨーロッパを変革する宗教改革につながっていった。

当時マインツの司教アルブレヒトは、教皇の許可を得て、ローマの聖ペテロ大聖堂建設のために、ドミニコ会派修道士テッツェルに免罪符をドイツで販売させた。教皇の発する免罪符によって罪が赦されるというカトリック教会の堕落に対して、ルターは一五一七年、ウィッテンベルクの城教会の扉に「九五カ条の提題」を書きつけた。その第三六条には、「真に悔い改めるならば、キリスト教信者は完全に罪と罰から救われており、それは免罪符なしに彼に与えられる」

と記されている。こうした行為は当然、教皇権の侵害を恐れるカトリック教会の反発を引き起こした。

一五一八年八月ルターは、ローマより召喚状を受け取り、一〇月にアウグスブルクで枢機卿カエタヌスの尋問を受けた。また一五一九年夏、ルターはインゴルシュタット大学のエック教授と教会の「首位権」について論争した。有名な「ライプチヒ論争」である。彼はこの論争を契機として、教皇制が聖書と矛盾すると考えるようになった。一五二〇年六月、当時の教皇レオ一〇世（在位 1513-1521）は、ルターに破門威嚇の大教書を発行したのに対して、ルターは破門威嚇書や教会法令集を火に投じている。ルターは、一五二〇年に宗教改革三部作を発表した。『ドイツ国民のキリスト教貴族に与う』、『バビロン捕囚』そして『キリスト者の自由』である。

一五二一年一月に教皇レオ一〇世はルターを破門し、ルターは一五二一年四月に神聖ローマ帝国カール五世（在位 1519-1556）によってヴォルムスの帝国議会に召喚され、トリールの大司教から「あなたは、著書の内容のすべてを取り消すか、一部を否認するか」という問いに対して、「私は、聖書と明白な理性に基づいて説得されない限り、自説を取り消すことはできないし、また取り消そうとも思いません。なぜなら私が良心にそむいて行動することは危険ですし、また正しくないからです。――ここに私は立つ（Hier stehe Ich）。私はこの他何もできません。神よ、我を助けたまえ」と答えたことは有名である。

カール五世は「ヴォルムスの勅令」を発し、ルターを「自由意志を否定する異教徒であり、彼の教義は騒乱、戦争、殺人、キリスト教会の崩壊などをもたらす」と断じ、帝国追放刑に処した。ルターはウィッテンベルクへの帰途に着いたが、その処刑を恐れたザクセン選帝侯フリードリヒ三世（在位 1486-1525）は、ルターをヴァルトブルク城に連れ去り、そこに匿った。ここでルターは、一五二二年に新約聖書のドイツ語訳を完成した。カール五世も選帝侯フリードリヒ三世の領地に介入することはできなかったのである。当時の神聖ローマ帝国の多元的な重層的政治構造が、ルターの命を救ったといえる。ルターはヴァルトブルクで一五二三年に『現世の主権について』（*Von weltlicher Obrigkeit, wie weit von ihr Gehorsam schuldig sei*）を出版した。これは信仰の自由や良心の自由を主張した歴史的文書である。

ルターが、改革者ではなく抑圧者として登場するのが、一五二四年五月の農民戦争である。ルターは一九二五年五月に農奴からの解放などを要求する「シュワーベンの農民の一二カ条に対して平和を勧告す」を書き、農民の要求を斥けた。しかし彼は、トーマス・ミュンツァーに率いられるテューリンゲンの農民戦争に対してははるかに激烈な態度をもって臨み、「盗み殺す農民暴徒に対して」や「農民に対する過酷な小著についての手紙」を書き、農民一揆を徹底的に弾圧するように訴えた。宗教改革者として登場したルターは、農民戦争では、反動の抑圧者として振る舞った。

この年におけるルターの仕事として看過してはならないのが、彼がエラスムスの『評論自由意思論』に対抗して、『奴隷意思論』（*De servo arbitrio*）を書いたことである。

彼はこの後もカトリックとプロテスタントの闘争の中で、プロテスタント陣営の理論的指導者として活躍し、一五四六年に六二歳の生涯を生まれ故郷アイスレーベンで閉じた。ルターの遺体はウィッテンベルクに運ばれ、城教会の床に埋葬された。

Ⅱ　二王国論——信教の自由と政教分離

ルターは、一五二三年『世俗的権威について——人はどの程度までこれに対して服従の義務があるのか』を公刊した。本書でルターは、「カエサルのものはカエサルに返しなさい。神のものは神に返しなさい」（マタイ 22: 21）に依拠しつつ、神の国とこの世の国、霊的統治と世俗的統治を区別し、一方の権力が他の権力の領域を侵さないことを主張した。それぞれの権力は、自らに与えられた分を超えてはならないのである。世俗的権力は霊的領域に介入しえないし、教会権力は、世俗的領域に介入できない。

神は、二つの統治を定めたもうた。キリストのもとで聖霊によってキリスト者、すなわち信仰深い人々をつくる霊的統治と、キリスト者でない者や悪人を抑制して、……外的に平和を保ち、平穏であるようにすることの統治である。……この統治を熱心に区別して、両者とも存続させねばならない。一つは義たらしめるものであり、一つは外的に平和をつくりだし、悪事を阻止するものであって、この世ではどちらを欠いても十分ではない。（『ルター著作

集』第一集第五巻、一四八―一四九頁）

しかしルターにおいてこの二つの王国は、アウグスティヌスの「神の国」と「地の国」と同じように、「霊的統治」においてはバラ色に描かれているのに対して、この世的統治においては罪の結果として生じるアナーキーに対する「抜き身の剣」が前面に登場する。

（1）教会権力に対する信教の自由

ルターによれば、教会権力が世俗的権力に優越するというカトリック教会の主張は誤謬である。教会はあくまでも神の言葉によって異端者を説得すべきであり、世俗的権力と結託して、信仰を強制してはならない。ルター自身、教皇レオ一〇世が皇帝カール五世の世俗的権力を用いて迫害されたという経験を持っていたので、彼は徹底して、教会権力が世俗的権力と結びつくことを批判した。彼は、「司教が神の言葉を放置して、神の言葉によって魂を治めようとせず、かえってこの世の君侯に命じて剣をもって魂を治めさせようとする」（『ルター著作集』第一集第五巻、一七九頁）と、教皇庁を批判している。

（2）世俗的権力に対する信仰の自由

ルターは、個々人の信仰の自由を主張するために、単に教皇権力による信仰の強制を批判しただけではなかった。彼は、世俗的権力が魂の内面に介入して、個人の信教の自由を侵害することをも痛烈に批判した。彼は、『現世の主権について』で世俗的権力の目的と限界について論じ、信教の自由を主張する。彼は、この書物の第二部「この世の権威はどこまで及ぶのか」の冒頭で、「この世の権威が伸びすぎて、神の国と統治とを侵すことのないよう」にしなければならないと述べ、世俗的権力に対する信教の自由の必要性とその意義について、以下のように述べている。

魂の考え、思いは神のほか、誰にも明らかになることはない。それゆえ、あれこれ信ぜよと誰かに命令したり、権力をもって強制したりすることは、無駄なことであるし、不可能なことである。――更に誰でもどのように信じているかについては自分で責任をとるのであり、自分が正しく信じていることを自分で見なければならないのである。なぜなら私に代わって他人が地獄や天に行くことができないのと同じく、他人が私に代わって信じたり、信じなかったりすることもできない。また私のために、天や地獄を開いたり、閉じたりできないと同じく、私を信仰や不信仰に駆り立てることもできない。信じたり、信じなかったりすることは、各人の良心にかかわることであり、――信仰を誰も強制できないし、強制すべきではない。（『ルター著作集』第一集第二巻、二〇四頁）

人間の内面は神との交わりや聖霊が働かれる領域で「不可侵」であるので、世俗的権力は、魂の領域に介入しえない。したがって、世俗的権力が本来の領域、つまり秩序維持機能から超え出て、礼拝や信仰の領域に介入してくる場合、そこでは、「人間より神に従いなさい」という聖書の言葉が妥当するようになる。しかし、それはあくまでも、世俗的権力に対する「不服従」であって、積極的な「暴力的抵抗」は許されていない。

ルターは、シュワーベンの農民の要求に反対して書いた「シュワーベンの農民の一二カ条に対する平和勧告」においても、「当局は人が説き、また信じようとするものを妨げてはならない。当局は、暴動と不穏とを説くのを取り締まるだけで十分だ」と述べている。また彼は、一五二七年に再洗礼派の人々が、彼らの信仰の故に処刑されるのに反対して、「貧しい人々が不憫にも処刑され、焼かれ、虐殺されていることは、正しくないし、私は深く悩んでいる。だれにでも、好むものを信じさせるがよい。もし彼が間違っているならば、よみの火の中で十分刑罰を受けるであろう。不穏な行動があるのでなければ、人は彼らに聖書と神のことばで対抗すべきである」（ペイントン、五〇四頁）と述べている。

近代自由主義の原点が、信仰の自由、ないし良心の自由にあることを考えると、ルターが「内面性の不可侵性」を主張したことは、画期的であった。この信仰の自由や良心の自由が突破口となって、その後もろもろの諸権利が獲得されていったのである。

(3) カトリック教会批判――聖職者支配から万人祭司へ

ルターにとって、実は政治的権力を用いなかったとしても、カトリック教会の体質や教義の中に、信教の自由を否定する要素が含まれていた。ルターはカトリック教会や教皇が罪の赦しや救いの権限を独占し、悪しき聖職者主義に陥っている実態に憤激した。彼は、教義の面においてもカトリック教会に対する抵抗の烽火をあげたのである。

第一点は、教皇以外の誰も聖書を解釈する権限を持たないという主張である。そのような主張の背後にある考えは、「教皇無誤謬説」である。この説が認められるとすると、教皇に対する絶対服従が帰結することとなる。したがってルターは聖書の解釈権を個々人に委ねた。そのために万人が聖書を読めるように、聖書のドイツ語訳を行ったのである。

第二点は、教皇を頂点とするヒエラルヒーに対する戦いである。ルターは職務としての祭司制度は認めたものの、聖職者の平信徒に対する支配や抑圧を打ち砕こうとした。

すべてのキリスト者は真に霊的階級に属し、ただ職務以外には、彼らの間には何の差別も存在しない。それゆえに、私たちは一つの洗礼、一つの福音、一つの信仰を持ち、かくして私たちは同じキリスト者であるということが、一番大事なことである。(『ルター著作集』第一集第二巻、二〇〇―二〇一頁)

平信徒も聖職者もキリスト者という点においては同等であり、優劣があるわけではなく、万人が「祭司」なのである。ただ職務において違いがあるにすぎない。

第三点は、聖職者制度と結びついて、カトリック教会の専制的支配を支えている秘跡に対する戦いである。ルターは『教会のバビロン捕囚について』(1520)において、教会の聖職者の執行する秘跡を通して、神の恩寵が信者に伝達されるという考えを徹底的に攻撃した。「バビロン捕囚」とは、前六世紀にユダヤ人がバビロン帝国の暴君によって、異教の地バビロンに連行された事件を指す。ルターはあえて「バビロン捕囚」という言葉を用いることによって、教会が聖書の真理から引き離されて、異教的なローマ教皇に捕囚されていた当時の教会の実情を告発したのである。

カトリック教会は、秘跡によって、信徒たちを、まさにゆりかごから墓場に至るまで支配したので、ルターは、カトリック教会の秘跡（サクラメント）を攻撃し、カトリック教会の聖職者支配の根幹を揺るがすに至った。七つの秘跡である洗礼、堅信、聖餐、告解、終油、叙階、結婚は聖職者が執行する時に有効となり、聖職者は、恩寵を媒介する特別の権限を有した。彼は、聖職者が執行する聖餐式においてパンと葡萄酒がキリストの血と肉体に変化するという「化体説」を否定したし、また叙階（聖職者の任命の儀式の秘跡）が聖職者支配の元凶になっていることを批判した。

実に叙階の秘跡から、聖職者の信徒に対する恐るべき横暴が始まり、彼らは聖霊によって油そそがれた他のキリスト者の信徒よりも、自分がまさっているとするばかりではなく、……信徒たちを教会において犬のように扱うのである。したがって彼らは、なんでも大胆に命令し、強要し、脅迫し、圧迫し、軽蔑する。（『ルター著作集』第一集第三巻、三二八―三二九頁）

ルターはこのようにカトリック教会の聖職者支配を攻撃し、「可視的教会」に対して、神の前で自由で平等な「不可視的教会」を対置したのである。万人祭司制こそ教会の理想であった。

Ⅲ　ルターの二王国論の意義と問題点

ルターは、霊的権力と世俗的権力、教会と国家の分離という政教分離の理論的先駆者となった。宗教と政治の分離は、ルターにおいて、一方において政治の宗教化や宗教の政治化の道を断ち切ったが、他方において、政治権力に対する教会的・宗教的権力の拘束を撤廃することによって、「政治の自律化」を促進し、世俗的権力の飛躍的拡大をもたらした。この点についてシェルドン・S・ウォーリンは、「政治的なものに対する排他的な権利を現世的な統治者に割り当て、また教会の政治的性格と教会政治上の権力とを極小化することによって、あらゆる種類の権力を、現世的なものが独占する道を開いたのである」（ウォーリン、一二一頁）と述べている。ルターの二王国論は、かくして、近代の主権国家への道を切り開いたといえよう。現世の政治的権力に対する服従と忠誠と説くルター主義の保守的な思想は、ドイツの精神史に著しい影響を及ぼすことになる。

ところでルターの宗教改革は、信仰の自由、政教分離をドイツの政治にもたらしたのだろうか。そうならなかった。すでに見たように、ドイツはカトリックを奉じる諸侯とルター派、改革派を奉じる諸侯との宗教戦争に突入し、その結果「アウグスブルクの和議」において、領邦君主が宗教を決定し、聖職者の任命権を持ち、礼拝様式を定める「領邦教会」の発展を許すに至り、信仰の自由、政教分離の主張は実現できなかったのである。それは、カントやヘーゲルのドイツ啓蒙主義時代を経てルター没後約三七〇年後の、ワイマール憲法の制定においてはじめて実現するに至る。

〔参考文献〕

・M・ルター『現世の主権について』（吉村善夫訳、岩波文庫、2014）
・『ルター著作集』（全一〇巻）（聖文舎、1963）。第二巻に「現世の主権」、第三巻に「教会のバビロン捕囚について」所載。
・『世界の名著23　ルター』（松田智雄責任編集、1979）。『キリスト者の自由』と『ドイツ国民のキリスト教貴族に与う』など所載。
・S・S・ウォーリン『西欧政治思想史Ⅱ――キリスト教と政治思想』（尾形典男・福田歓一・有賀弘訳、福村出版、1983）
・R・ペイントン『我ここに立つ』（青山一浪・岸千年訳、聖文舎、1954）
・徳善義和『マルティン・ルター』（岩波新書、2012）

第三節　カント（Immanuel Kant）

Ⅰ　プロフィール

カント（1724-1804）は、一七二四年プロイセン領ケーニヒスベルク（現在はロシア領のカリングラード）で、敬虔主義の信仰を持つ父母の下で生まれた。敬虔主義は、ルター派内部における宗教運動で、一八世紀では、ハレの神学部のアウグスト・ヘルマン・フランケ（1663-1727）が指導者であった。この内面性を重視する敬虔主義の信仰が、カントの倫理学に影響を及ぼしたと思われる。

彼のケーニヒスベルグ大学の教授資格請求論文は、一七五五年の『形而上学的認識の第一原理の新しい解釈』である。彼は、一七六四年に『美と崇高の感情に関する観察』を出版した。一七七〇年にカントは四六歳の時に、ケーニヒスベルク大学の哲学教授に招聘されている。

カントは彼の啓蒙主義者としての立場を示した『啓蒙とは何か』（*Beantwortung der Frage:Was ist Aufkläung*, 1784）を出版した。また彼は『純粋理性批判』（*Kritik der reinen Vernunft*, 1787）、『実践理性批判』（*Kritik der praktischen Vernunft*, 1790）、『判断力批判』（*Kritik der Urteilskraft*, 1790）という三批判書を発表した。彼が影響を受けた同時代人はヒュームであり、またJ・J・ルソーであった。カントはヒュームの懐疑主義によって「独断の眠りから覚まされ」、純粋理性批判のインスピレーションを当てられ、ルソーからは人間に対する尊敬を学び、『実践理性批判』に結実した。ルソーからの影響に関して、カントは、「何も知らない俗衆を軽蔑していた時代があったが、ルソーが私を正道に戻してくれた。この優越さの欺きは消え、私は人間を尊敬することを学んだ」と述べている（『美と崇高』、一八六頁）。

またカントは、一七九七年に社会契約論を展開した『人倫の形而上学』（*DieMetaphysik der Sitten*）を公刊している。カントの宗教論は、『単なる理性の限界内における宗教』（*Die Religion innerhalb der Grenzen der bloßen Vernunft*, 1793）に結実した。彼の政治論には、『永遠の平和のために』（*Zum ewigen Frieden*, 1795）がある。またカントの終末論理解を知るためには、『万物の終焉』（*Das Ende aller Dinge*, 1794）が重要である。

彼は、一八〇四年に生涯ほとんどその地を離れなかったケーニヒスベルクにおいて永眠した。彼は、ケーニヒスベルグ大聖堂のそばの墓地に葬られたが、その墓碑銘には、『実践理性批判』の末尾にある「我が上なる星空と、我が内なる道徳法則、我はこの二つに畏敬の念を抱いてやまない」が刻まれている。

カントの政治と宗教の関係についての思想を知る上でカントの生きた時代の背景を知ることが重要である。カントの時代は、「フリードリヒ大王の世紀」と呼ばれる「啓蒙の世紀」であった。フリードリヒ二世、別名フリードリヒ大王

（在位1740-1786）は即位後、宗教寛容令や検閲の廃止を実行した。彼はフランスから迫害でプロイセンにやってきたユグノーを受け入れたので、プロイセンは経済的に活力ある国家になった。しかし、啓蒙主義者のフリードリヒ大王の後継者となったフリードリヒ・ヴィルヘルム二世（在位1786-1797）は、反啓蒙主義者で神秘主義に傾倒し、一七八八年に「宗教令」と「検閲令」を出して正統のルター派教会の教義に反するものを厳しく取り締まった。カントの『単なる理性の限界内における宗教』も検閲を免れることはできなかった。まさに、カントの生涯は、ほぼフリードリヒ大王とフリードリヒ・ヴィルヘルム二世の治世に当たっている。

Ⅱ　三つの問い

カントは理性には三つの問いが示されるとして、第一に「私は何を知ることが出来るか」（Was kann ich wissen?）という理論理性の問題、第二に「私は何をなすべきか」（Was soll ich tun?）という実践理性の問題、第三に「私は何を希望していいのか」（Was darf ich hoffen?）という神や来世に対する信仰上の問題があると主張する。

彼は一七八一年、人間は「何を知ることができるか」という問いに対して『純粋理性批判』を著し、純粋理性は現象によって制約され、「物自体」を認識できないと主張することによって、伝統的な神学・形而上学と決別した。また彼は「人間は何をなすべきか」について、一七八九年『実践理性批判』を出版し、人間の内なる道徳律を遵守することの上に、人間の自由と自律性を基礎づけた。カントはこの道徳律の定言命題を、主観的な意思が普遍的法則に合致するよう行動すべしとし、その普遍的法則を、「他者を手段として扱わず目的として扱うこと」と定義する。そこに人間の「尊厳」（Würde）があり、国家といえども介入できない自由な領域があるのである。カントの倫理学は、人間の尊厳、人間の自由や権利を導いたといっても過言ではない。しかし、人間は内なる道徳律に反抗する衝動や快苦の感情によって絶えず悩まされ、後にカントが「根源悪」と定義する人間の悪しき選択によって引き裂かれるようになる。そこで第三の問い「人間は何を希望していいのか」という問いが生じるが、カントが要請するのが「魂の不死」であり、「神の存在」であった。カントは「魂の不死」や「神の存在」を、彼の道徳神学の延長線上に位置づけている。カントは

『単なる理性の限界内における宗教』において、「道徳が宗教に至るのは避けられず、道徳は宗教により人間以外の力をもった道徳的立法者という理念にまで拡大される。人間の究極目的でありえて、それであるべきものが、この道徳的立法者という意志においても、同時に（世界創造の）究極的目的なのである」（『単なる理性の限界内における宗教』一一頁、以下『理性の限界内』と表示）と述べている。しかし彼にとって「神の存在」、「魂の不死」は、純粋実践理性の「要請」である以上に、「前提」（Voraus-setzung）であった。私たちは、カントに於いて宗教と道徳は区別されているが、分離されていないと考えるべきである。しかし伝統的な啓示宗教の恩寵による人間の救いは、完全に否定されていないにしろ、否定的にしか評価されていない。パウロやルターそしてパスカルが経験したような罪との壮絶な闘いによる絶望、そしてそこから反転して、神の恩寵と聖霊の導きによる新生と聖化とは全く異質であるといえよう。彼は啓示宗教をどのように考えていたのか、道徳的神学との関係はどのようなものかについて彼が一七九三年に発表した『単なる理性の限界内における宗教』から見ておくことにする。

Ⅲ　『単なる理性の限界内における宗教』

この著書は四部で構成されており、第一論文は「人間の本性における根本悪について」、第二論文は「善の原理と悪の原理との、人間の支配を目指しての戦い」、第三論文は、「善の原理の勝利と神の国の地上での建設」、第四論文は「善の原理の支配下における真の礼拝と偽の礼拝」である。『単なる理性の限界内における宗教』は、フリードリヒ・ヴィルヘルム二世から問責状を受け、カントが今後宗教と神学に関して講義も執筆もしないと約束したいわくつきの書であり、カントとプロイセン政府との衝突のきっかけとなった著作である。カントの『単なる理性の限界内における宗教』は、自然宗教、ないし道徳的宗教を説いたものである。それが啓示宗教の批判を意図したものであるか、見解の分かれる所である。

カント自身はこの著作について「私がこの論文で意図したのは、啓示されたものと信じられている宗教のテキスト、すなわち聖書の中で単なる理性によっても認識できるものだけを、一つの連関をもった形で呈示することであった」と後に弁明している（『学部の争い』、一〇四頁）。

またカントは、『理性の限界内』の第二版序文において、理性宗教と啓示宗教双方の関係について、両者を「二つの互いに離れて存在する円ではなく、同心円」と理解し、「啓示を信仰のより狭い領域としての理性宗教を含んだ、より広い信仰領域」（『理性の限界内』、一九頁）と述べている。

いわば啓示宗教と理性宗教は、同心円の外側と内側の関係にあり、相互に排他的で矛盾するものではないのであり、カント自身は、内側の円である理性宗教を扱ったのであり、外側の円である啓示宗教を批判するものではないという弁明である。

しかしながら、本書をよく読めば、カントが啓示宗教よりも道徳的宗教を優先していると理解することが可能である。イエス・キリストも人間の罪を贖う救い主であるというよりは、道徳的に完全な人物として、またその教えは純粋な道徳律の遵守を命じるものとして解釈されている。またカントは、キリストの代理による贖罪信仰を事実上否定し、努力を積み重ねる者が、神の恩寵を受けるに値すると主張するのである。ルターの「信仰のみ」ないし「信仰義認」から遠い所にカントは立っているのである。

能力の及ぶ限りでの生き方の改善が先立つのでなければ、かかる高次の功績（キリストによる贖い）が助けてくれるという希望は露ほども与えられず、……この功績についての歴史的認識は、教会信仰に属し、しかし制約としての生き方の法は純粋道徳信仰に属するのだから、純粋道徳信仰の方が教会信仰に先立たならなくてはならないことになろう。（同、一五六頁）

カントにとって道徳律の遵守は他律でなく自律であるべきであり、神の恩寵に依存することも「他律」なので受け入れられるものではなかった。

しかしカントは、ルソーと異なり、「根源悪」（ein radikales Böse）から出発した。彼は、「根源悪」について、「自ら責めを負う、人間本性の内なる根源悪で、この腐敗した性癖が人間のうちに根を張っているのである」（同、四三頁）と述べている。この根源悪は、「人間本性の脆さ」（furagilitas）――善を欲するが、できない――、「人間の心情の不純さ（impuritas）」――道徳的動機以外の自己愛などの別の動機で行う――、「人間の心情の邪悪さ（vitositas）ないし腐敗（corruptio）」――道徳的秩序の転倒――を特徴とし、いわば生得的なもので、いわゆる「原罪」（peccatum originarium）である。カントは、ルソーやヴォルテールなど原罪を否定する啓蒙主義者が多い中で、原罪を主張する稀有な思想家であった。

ただ、カントは、原罪をアダムとエバの堕落以降の遺伝的なものとする見解を明確に斥けた。というのも、遺伝的な原罪説をとると人間の責任が問われなくなるからである。

カントは、「根源悪」の立場に立ちながらも、アウグスティヌスや後のルターのように神の恩寵を強調するのではなく、人間の努力によって「根源悪」を克服し、人間の道徳的完成を目指す道を選択する。というのも人間には、「根源善」もまた備わっているので、「恩寵」によってではなく自律＝自分の力で、人間の悪徳と戦うことが可能だからである。彼は、「人間は、根本から腐敗しているわけではなく、いまなお改善の見込みがあり、かくして心情が腐敗しているとしても、依然として善意思を持っているので、人間には自ら背いた善に帰還する希望が残されている」（同、五八頁）と考えた。それは、「ゆがんだ材木からまっすぐなものを建てようとする」果てしなき努力である。この点においてマーク・リラは、『神と国家の政治哲学』において、「ルソーは完璧に近代のペラギウス主義者であるが、カントはもっぱら半ペラギウス主義者であるに留まる」（マーク・リラ、一四六頁）と述べている。

カントは、純粋理性宗教（道徳宗教）と歴史的信仰ないし教会的信仰を区別し、前者を強調し、後者が果たしてきた負の遺産を批判する。

ところでよく起こることであるが、ある教会が我こそは唯一の普遍的教会なりと自称する場合、その特殊的な教会信仰を全く承認しないと、誤信者と呼ばれ、伝染の恐れがあるとして、少なくとも敬遠される。最後に、その教会が信じていることを告白しても、教会信仰の本質点な点で、教会と見解が異なると、とりわけ誤信を広める場合には、異端者と呼ばれ、まるで謀反人のように外敵よりももっと罰せられるべき罪だとみなされるべき輩だと見做されて、教会はその人を破門によって追放し、地獄のあらゆる神々に引き渡してしまうのである。（『理性の限界内』、一四三―一四四頁）

ところで、なぜカントは啓示宗教のみならず、教会信仰、歴史信仰をも批判するのだろうか。これには、カントの時代の教会の実態を考慮する必要がある。

カントが教会信仰を批判する第一の点は、それが、信者の信仰を抑圧する聖職者支配を正当化し、信者の自由を制限してきたからである。第二点は、歴史的な教会信仰においては、迷信、妄想、魔術、狂信の類が行われ、純粋理性宗教の批判にたえることができないからである。カントは、第一編においては、自分を改善しようとしない人が、恩寵請願宗教を奉じ、恩寵の作用を招き寄せる「狂信」、外的な奇跡を求める「迷信」、超自然的な啓示による照明を説く「妄想」、超自然的なものに向けて働きかける「魔術」に走ることを挙げている。これらはいずれも、自らの限界を超え出ていく理性が道を踏み外すことである（同、七〇頁）。

カントの教会信仰批判は、第一編においてはいまだおだやかであるが、第四編では一層過激となり、教会における「宗教的狂信」と「迷信的妄想」を批判する。

祭祀という宗教的行為により神の前で義とされることに関して何かを成し遂げるという妄想は、宗教的狂信である。良き人間でなくても、どんな人間でもなしうる行為により、（例えば、法規的な信仰命題の告白なり、教会の厳律や教訓の遵守なりによって）神に嘉されるようになるというのは、迷信的妄想である。（同、二三四頁）

そして「狂信的妄想」は、確実に理性の道徳的死を意味する。教会の祭祀や信仰告白までも、迷信や狂信ときめつけるカントの批判は激烈なものであり、だれが見ても当時のキリスト教会の歴史と現実に対する根源的批判であった。それは教会信仰を問題としているので、ルソーよりも危険なものであった。入信し、教会に集い、聖餐式に与かることは、神の恩寵に与かろうとする行為であるが、聖職者が恩寵を与える権限を独占しているので、聖職者支配、支配と隷属の関係が生じることとなる。

このようにカントは、純粋理性宗教である道徳宗教の立場にたち、絶えず道徳律の遵守と実現を目指すことが真の宗教であると主張するので、国家宗教であるルター主義の教えから遠く離れた点に到着したと言わざるをえない。たとえカントが教会信仰や啓示信仰を容認するとしても、それは道徳律の遵守を推進する限りであって、目的を達成したならば不必要となるばかりか、足かせとなるのである。

経験的規定根拠や法規は、歴史に基づいており、教会信仰を介して善の促進へと暫定的に人間たちを統合していくにしても、最終的には宗教はそうした規定根拠や法規のすべてから徐々に解放されて、かくしてついには、純粋理性信仰が一切を支配するようになるのである。……胎児は、まずは被膜に包まれて人になったとしても、しかし、被膜は胎児が日の目を見るときに脱ぎ捨てられなければならない。聖なる伝承という幼児期の手引きひもは、法規や厳律といった付録とともに、その時は十分役立ったにせよ、しかし次第に不要になるばかりか、青年期に入ろうとする頃にはついには足枷ともなるのである。（同、一六二頁）

このようにカントは、啓蒙主義者としてルター主義国教会にある迷信、妄想、魔術、狂信、とりわけ聖職者支配を攻撃した。それは宗教改革者も行ってきた事である。しかし彼は、それを越えて啓示宗教や可視的な教会そのものを批判するに至ったのである。この点においてカントはルソーと同じ方向に進んだのである。

こうした、カントの教会信仰に対する徹底した批判を受けて、プロイセン政府が本書を禁書にしたことは、当時としてはある意味において当然なことであった。プロイセン当局による『理性の限界内における宗教』に関するカント個人に対する一七九四年一〇月一日の勅令には、「われわれの至尊の王はすでに長きにわたり、大いなる不快の念をもって、汝が汝の哲学を濫用して聖書及びキリスト教の主要にして根本の教説の多くを歪曲しおとしめるのを、とりわけ汝がその著『たんなる理性の限界内の宗教』において、またその他の小さな論文において、そうした所業に及んだのを見守って来た」と記されている。ここでは、当局によってカントの著作活動が警戒の目をもって監視されていたことが示されている。カントは、この勅令に対して、「私は、自然宗教であろうと啓示宗教であろうと、宗教に関する公の講述を大学の講義においても著作においても、今後一切控えます」と返答している。

ちなみにカントの尊厳概念が、アウグスティヌスなどのキリスト教的な尊厳概念と異なる点は、後者が人間と神との特別な関係を強調したのに対して、カントにおいては神との関係が事実上切り離され、道徳法則にしたがうことが「尊厳」の根拠とみなされたことである。そこに神中心から人間中心の「コペルニクス的転回」が生じているのである。

Ⅳ　信教の自由

カントは『啓蒙とは何か』において、信教の自由に触れている。カントは良く知られているように、啓蒙を定義して、「人間が未成年の状態から抜け出ることである」と定義し、「自分自身の悟性を使用する勇気を持て！」と叱咤激励している。実は、カントにとって、自らの頭で思索し、行動する最も重要な分野が宗教の分野であった。私たちは、カントの『啓蒙とは何か』を単なる一般的な啓蒙の書としてだけ読むのではなく、当時の文脈の中で、信教の自由と政教分離を求めるカントの思想の発露としても読むべきであろう。

カント自身、「啓蒙とは、人間が自ら招き、従ってまた自分がその責めを負うべき未成年状態から脱出することであるが、啓蒙の重点を主として宗教に関する事柄に置いた」と述べている。当時のルター派の国教体制下において、国民は、教会の教義や慣習を一律に強制され、自ら考え、選ぶ自由な思考と実践を放棄していたが、「現代は、まさに啓蒙の時代、フリードリヒの世紀」なのである。彼は、この書物の中で、国民の自由な選択の範囲、君主権力の及ぶ範囲、また教会権力の個人の信仰に及ぶ範囲について議論している。

まず、宗教は基本的に個人が選ぶべきものであった。そのため、信教の自由が認められる必要がある。そして信教の自由を行使する国民が、自由に思考し、選択する成熟した判断力を養う必要がある。彼は、そうした自由な選択を妨げる君主権力を批判し、その限界を指摘する。彼は、救いに関する宗教的事項は、国民自身に任せるべきだとして以下のように述べている。

君主が宗教のことに干渉して、国民が彼らの見解を表明するために公表した著述を政府の監視下におくべきものとみなしたり、……国家において有力な若干の圧政的政治家の宗教的専制主義の後押しをして、意見をことにする国民に圧迫を加えるようなことをするならば、彼は君主の威厳を自ら傷つけることになるのである。（『啓蒙とは何か』、一六頁）

ただし、君主は社会において宗教的な対立や相互の不寛容が生じた場合は、その世俗的権力を行使して、外的な秩序を守る必要がある。カントにとって、信教の自由は「寛容」の賜物ではなく、人間の自然的な権利であった。カントは「寛容」という言葉を「おもいあがり」と表現している。彼はフリードリヒ大王を念頭において、君主のあるべき姿として、「宗教上の事柄に関しては、何一つ国民に指図することなく、むしろこれらのことについては、彼らに完全な自由を与えることを義務と見なし、しかもそのような言明を彼自身の尊厳にふさわしからぬものと認めないような君主、従ってまた寛容という思いあがった言葉を用いることを自らに拒否するような君主」（同、一七頁）と述べている。

また彼は聖職者の「理性の私的使用」と「公的使用」を区別し、教会の教義を信者に牧師として語る「理性の私的使用」は制限されて然るべきであるが、個人として、著作や論文を通して公的に発表する「理性の公的使用」は制限されてはならないと主張する。ここには、ルター派の国教会の教義に反するとされた一連の言論や出版の自由に対する禁止が念頭に置かれている。カントが書いた『単なる理性の限界内における宗教』も当局によって禁止されざるをえなかった。カントは、「所属の一人一人を絶えず監督し」、教会制度の永久化をはかるために、特定の教義を恒常不変なものとして宣誓させる抑圧的な国教会体制を、出版の自由や対話という「理性の公的使用」によって徐々に内側から変革していくことを期待したのである。

そして、カントは、啓蒙を軸とする国民の信教の自由、言論の自由は、統治の原則にも影響を及ぼし、人間の品位や尊厳にふさわしい体制（カントにとっては共和制）を可能ならしめると述べている。

V　国家と教会

カントの『啓蒙とは何か』では、信教の自由の重要性が「啓蒙」との関係において論じられていたが、『人倫の形而上学』（*Metaphysik der Sitten*, 1797）において、信教の自由のみならず、政教分離の必要性についても論じられている。

こうして国家は、（教会に関する）権利を持つのであるが、ただしそれは、（教会の）内部的な基本構造を制定する、すなわち国家が自分の考えに従って、自分の利益になると思われるように教会制度を設立するとか、信仰や礼拝形式を国民に命令・禁止するといった類の権利ではない。そうではなくて、それは単なる消極的権利、すなわち可視的な政治共同体に対して公的説教者が公安を乱すよう影響を与えないようにし、したがってまた、教会内部もしくは教会相互間の抗争によって公民的融和が危険にさらされないようにする権利であるにすぎない。だから、それは一つの警察権なのである。その種類が何であれ、教会がある特定の信仰をもつべきこと、あるいは、その信仰を変更することなく維持し、自ら改革すべからざることを（国家が決める）ことは、公権力の尊厳を汚すものである。

（『人倫の形而上学』、四六八頁）

教会と国家の分離をカントがいかなる立場から提唱しているかは、興味深い点であるが、「公権力の尊厳を汚す」という表現は、国家権力にとっても制限を守ることが、国家の尊厳にとって必要であるという認識であろう。

更にカントは各教会に対する国家の財政的援助を認めなかった、それぞれの信者によって自律的に教会が形成されていく必要があるからである。「教会制度を維持する費用に関しては、……国費の負担となすことはできず、それぞれの信仰を告白している所の国民の部分、つまり各教団だけの負担としなくてはならない」(同、四六九頁)。

私たちは、後に述べるようにヴォルテールなどのフランス啓蒙主義者が、信教の自由を主張するにもかかわらず、完全な政教分離にまでは進んでおらず、特定の宗教と国家の結びつきを許容していたのに対して、カントが「政教分離」に至っていることに注目したい。

Ⅵ　カントの政治思想

すでに述べたように、カントの「人間の尊厳」概念は、道徳的領域に留まることなく、政治的・法的に多大な影響力を持つに至った。人間を手段としてではなく、目的そのものとして扱わなければならないとするカントの見解は、信教の自由や言論・出版の自由といった人権や、政治的自律を意味する政治参加の要求をもたらした。カントは、『啓蒙とは何か』の終わりで、「理性の公的使用の」ための言論の自由を訴え、「機械以上の存在であるところの人間を、その尊厳にふさわしく処遇すること」(『啓蒙とは何か』、一九頁)が政府の統治原則になると述べている。

カントにとって基本的人権が抑圧されるだけではなく、自らが同意していない法律を強制されることは、人間の尊厳を踏みにじり、人間を権力に隷属化することに他ならなかった。カントは、『人倫の形而上学』において根源的契約によって「自然状態」から「市民状態」への移行を設定し、「市民状態」における「市民」の権利について以下のように述べている。

> 市民の本質と不可分な法的属性は次の通りである。法律上の自由、つまり自分が同意を与えた法律以外のどんな法律にも服従しないこと、市民としての平等、……第三に市民としての自立という属性、つまり自分の生存と維持を、人民の中のある他の人の選択意思によってではなく、公共体の成員としての自分に固有の権利と力によって営むことができること、したがって市民としての人格が様々な法的な事柄において他の誰によっても代行できないこ

とである。（『人倫の形而上学』、一五六頁）

こうした市民の権利を保障するのが、「共和政体」であった。共和政であることは、市民が自由かつ平等であることを保障する体制であり、かつ執行権が立法権から分離されている権力の分立を有し、かつ市民の意見が国制に反映されていく代表制を有している体制である。カントの言う「共和政」は必ずしも君主制に対して批判的なものではない。

更にカントの人間の尊厳の主張は、国境を越えてグローバルに広がっていく。「国際法」においても、戦争に敗れた国の市民は、奴隷にされたり、財産を略奪されることはできないし、「世界市民法」においては、外国を自由に訪問する「訪問権」が認められている。このように、市民法、国際法、世界市民法のそれぞれの領域において、市民は「人間の尊厳」に裏打ちされた権利を有しているのである。とはいえカントは、専制化した政府に対する抵抗権を明確に否定した。この点が、後に述べるイギリスの自然権思想から生み出される抵抗権思想と明確に区別される点である。

〔参考文献〕

・I・カント『判断力批判』（上・下）（篠田英雄訳、岩波文庫、1964）
・――――『純粋理性批判』（上・中・下）（篠田英雄訳、岩波文庫、1973）
・――――『啓蒙とは何か』（篠田英雄訳、岩波文庫、1974）
・――――『永遠平和のために』（宇都宮芳明訳、岩波文庫、2007）
・――――『実践理性批判』（波多野精一・宮本和吉・篠田英雄訳、岩波文庫、2015）
・――――『単なる理性の限界内の宗教』（『カント全集』10、岩波書店、2000）
・――――『人倫の形而上学』（『カント全集』11、岩波書店、2002）
・――――『諸学部の争い』（『カント全集』18、岩波書店、2002）
・――――「『美と崇高の感情に関する観察』への覚書」（『カント全集』18、岩波書店、2002）
・M・リラ『神と国家の政治哲学』（鈴木佳秀訳、NTT出版、2011）

第四節　ヘーゲル（Georg Wilhelm Friedrich Hegel）

Ⅰ　プロフィール

ヘーゲル（1770-1831）は、一七七〇年にヴュルテンベルク公国のシュツットガルトに生まれた。彼はギムナジウムにおいてギリシャ悲劇に興味を持ち、ギリシャの精神世界に開眼した。一七八八年テューービンゲン大学に入学して、哲学、神学を学び、シェリング（1775-1854）やヘルダーリン（1770-1840）と親交を結んだ。彼らは、フランス革命を歓迎し、「自由の樹」を植え、革命歌を歌いながら、踊りまわった。その後紆余曲折を経て一八〇一年にヘーゲルはイエナ大学私講師になり、ナポレオンがイエナに入場するのを見て、「世界精神が馬に乗って通る」と表現している。一八〇八年からニュルンベルクのギムナジウムの校長となり、一八一六年にハイデルベルク大学教授、一八一八年にはベルリン大学の正教授を務めた。一八三一年彼はコレラに感染し、六一歳の生涯を閉じている。

ヘーゲルの生涯は大別して、テューービンゲン時代（1788-1793）、ベルン時代（1793-1796）、フランクフルト時代（1797-1800）、イエナ時代（1801-1807）、ニュルンベルク時代（1808-1815）、ハイデルベルク時代（1816-1817）、ベルリン時代（1818-1831）に区分することができる。宗教と政治という視点から見たヘーゲルの主要な著作は、テューービンゲン時代の『民族宗教とキリスト教』、フランクフルト時代の『キリスト教の精神とその運命』（1996-1998）、『ドイツ憲法論』（*Die Verfassung Deutschlands*, 1799）、イエナ時代の『精神現象学』（*Die Phänomenologie des Geistes*, 1807）、ベルリン時代の『法哲学綱要』（*Grundlinien der Philosophie des Rechts*, 1821）であり、死後に『歴史哲学講義』（*Vorlesungen über die Philosophie der Geschichte*）や『宗教哲学』（*Die Philosophie der Religion*）が出版されている。

ちなみにベルリン時代のプロイセン王は、フリードリヒ・ヴィルヘルム三世（在位 1797-1840）であった。イエナ時代の『精神現象学』においてヘーゲル哲学の土台が築かれた。『精神現象学』は、意識→自己意識→理性→精神で構成され、意識は、対象意識で、感覚、知覚、悟性を含み、客体的方向性を示すのに対して、自己意識は「自己確信の真理性」を内容とし、主体的方向を示す。そして理性は、「理性の確信と真理」、精神、宗教、絶対知を含み、主客統一の方向性を取る。したがって、『精神現象学』は、対象の意識が自己意識を経て、主客統一の理性に至る意識の現象学である。こうした意識の現象学が国家において展開されるのが『法哲学綱要』であり、歴史において展開されるのが『歴史哲学講義』である。

Ⅱ　ヘーゲルの宗教観

ヘーゲルは、テュービンゲン時代に『民族宗教とキリスト教』を発表し、民族宗教としてのギリシャの宗教を称賛し、キリスト教を私人の宗教として批判した。ここに彼の宗教に対する出発点があった。そこでは、ギリシャのポリスに典型的な政治と宗教の密接な結びつきが自明の理とされていた。しかし、彼にとって、民族宗教は、ギリシャのように良心の自由、信仰の自由を侵害してはならなかった。彼は、「民族教説は、その教説を人に押し付けてはいけない。だれの良心も強制してはならない。それが、われわれの見るところでは、民族宗教の必須条件である」（『初期神学論集Ⅰ』、八四頁）と述べている。

しかし、ヘーゲルは、カントの『単なる理性の限界内における宗教』を読み、カントに共鳴してベルン時代に『イエスの生涯』を書いた。そこで彼は、カントに倣って奇跡や預言などの非合理的なものを廃し、イエスのうちに道徳的・理性的宗教を理解したのである。彼は、こうした立場に依拠して、当時のキリスト教を、外的な権威に支えられた抑圧的な宗教として批判した。彼は、イエスの人格や教えとキリスト教を区別し、前者を受け入れ、後者を自由を束縛するものとして批判するのである。

フランクフルト時代には、ヘーゲルの宗教観に再度の転機が訪れる。つまり彼は、カントの理性宗教・道徳宗教に批判的となり、『キリスト教の精神とその運命』を書くに至った。彼は、カントの道徳主義から離れて、キリストの愛によって運命と宥和する道を選択するのである。カントの道徳主義はユダヤ教の律法主義と同様に、存在と当為、主体と客体の断絶をもたらすとして、ヘーゲルはイエス・キリストの受肉に着目して愛による和解を主張する。彼は、「イエスが、永遠の生命を自分の中に持っているように、彼を信仰する人々も無限の生命に到着すべきものである。イエスとの生ける合一は、ヨハネによって記された彼の最後の談話の中に最も明瞭に描かれている。すなわち彼らは彼の中に、そして彼は彼らの中にあり、彼らは合一して一体となる」（『初期神学論集Ⅱ』、二一八頁）と、イエス・キリストと信者との愛によるいのちの共同体を描いている。かくして律法主義や道徳主義は破棄されることになる。

しかし、イエス・キリスト自身も、またイエス・キリストの復活によって形成された教会も国家によって迫害され、外的な権力の犠牲となった。ここに至って、「神の国」と国家の対立が鮮明となる。したがって、ヘーゲルは、こうした国家と教会、神の国と地の国の対立を乗り越え、国家が宗教を体現する民族宗教、つまり地上における「神の国」の実現の理論化を試みるのである。それこそが、『法哲学』への道である。

Ⅲ　『ドイツ憲法論』

ヘーゲルは、『ドイツ憲法論』において、「ドイツはもはや国家ではない」と述べ、ドイツの国家的統一を達成することを急務とみなした。その際、宗教的対立や宗教戦争は分裂を拡大する元凶に他ならなかった。また伝統的な「領邦教会性」がドイツ統一の足かせになっていた。彼は、「アウグスブルクの和議」の限界とその克服の必要性に触れて、以下の様に述べている。

ドイツを成り立たせている特殊的な国家においては、すでに市民権でさえも宗教に結びつけられている。この不寛容には、新旧いずれの宗教も同様に参加していたので、いずれにも他を批判するいわれはない。しかるに、オーストリアとブランデンブルクの諸侯は、帝国憲法上不寛容が定めてあるにも拘わらず、この野蛮な法律よりも宗教的良心の自由をより高きものとして尊重した。（『政治論文集』（上）、一一八頁）

ここでヘーゲルは、一五五五年の「領邦教会制」を批判し、宗教的良心の自由を評価している。オーストリアとブランデンブルクにおいて宗教的自由を認めたのは、それぞれ、ヨーゼフ二世とフリードリヒ大王であった。当時、「領邦教会制」により、プロテスタントの地域ではカトリック教徒に、カトリックの地域ではプロテスタントに、市民権が拒否されていた。ヘーゲルは、「宗教の分裂とともに、人間最深の紐帯がひきさかれるのみならず、ドイツではこれによりいわばほとんど唯一の紐帯さえ引き裂かれる」（同、一一九頁）と批判している。ヘーゲルは、ヨーゼフ二世とフリードリヒ大王を称賛して、信教の自由を擁護している。

フリードリヒ大王とヨーゼフ二世とがなしたこと、前者がカトリックに、後者がプロテスタントになしたことは、プラーグ条約及びウエストフェリア条約で認められた権利には反するものとして恩寵ではあったが、この恩寵は、良心が自由であり、市民的権利が信仰から独立であるという、より高次の「自然権」にも一致するものである。（同、一二〇頁）

神聖ローマ帝国皇帝で、オーストリア大公、そしてマリア・テレジアの長男、マリー・アントワネットの兄たるヨーゼフ二世（在位 1765-1790）は、フリードリヒ大王と同じ啓蒙専制君主であり、一七八一年に「宗教寛容令」を発し、ルター派、カルヴァン派、東方正教会の住民に公民権上の平等を認め、またユダヤ人の解放を行った人物である。

Ⅳ　『法哲学』（1）――『法哲学』の構成

『法哲学』におけるヘーゲルの信教の自由、国家と教会の関係を検討する前に、『法哲学』の構成に触れておくこととする。

ヘーゲル哲学の体系は、大別すれば「論理学」、「自然哲学」そして「精神哲学」に区別されるが、「精神哲学」は主観的精神、客観的精神、絶対的精神によって構成され、この『法哲学』は、客観的精神に該当する。『法哲学』の構成は、家族・市民社会・国家という三層構造であり、家族が即自的段階（an sich）、市民社会が対自的段階（für sich）、そして国家がその弁証的統一としての即自かつ対自的存在（an sich und für sich）である。これは、『精神現象学』における「意識」、「自己意識」、「精神」の区分に対応している。『法哲学』において政治と宗教、国家と教会がどのように位置づけられているかを見る前に、『法哲学』の構成に関して説明をしておく。

『法哲学』は、客観的精神の弁証法的展開であり、自由な意思の実現過程である。第一段階は「抽象法」の段階で、人格、所有、契約の保障の段階である。第二段階は「道徳」（Moralität）の段階であり、主観的な自由、対自的な自由な意識の段階である。第三段階が「人倫」（Sittlichkeit）で、個と普遍、即自と対自の弁証法的展開によって、「家族」、「市民社会」（bürgerliche Gesellschaft）を経由して「国家」に至る。ヘーゲルの法哲学の特徴は、家族と国家の中間にある「市民社会」を設定したことにある。市民社会は、「欲求の体系」であり、自己利益を求めて相互に競争しあうが、そこからは欠乏と窮乏、不平等、経済的な格差が生まれる。「人間はおのれの欲望を表象と反省によって拡大し、これを悪無限的に追い続ける。ところが他方欠乏や窮乏も同じく限度のないもの」（『法哲学』、§185）であり、「諸個人の資産と技能との不平等を必然的結果として生み出す」（同、§200）のである。

そして「市民社会」の特殊利益の分裂は、職業団体（Korporation）と福祉行政（Polizei）を媒介として、普遍的利益を旨とする国家に編入される。ヘーゲルにとって国家こそ人倫の最高形態であり、個人の自由と国家主権が見事に調和した共同体であった。しかし、『法哲学』の国家は、社会契約説の主張のように国家が個人の自由、生命、財産の保障のための手段ではなく、それ自体が目的であるので、国家の主権と個人の自由の予定調和は脆弱であるといわざるをえない。またロックのように「市民社会」が、政府を生み出すと同時にその権力行使を監視し、専制化した政府への抵抗を容認するのに対して、ヘーゲルの「市民社会」は、完全に「国家」に飲み込まれてしまう。

またヘーゲルの国家は、「立憲君主制」の構成をとっており、有機的な国家構成を示している。彼は「立法権」、「統治権」、「君主権」を区別し、「統治権」は、君主が行使し、「立法権」は、君主と議会が共同で行使する。議会は世襲貴族から構成される上院と、同業組合や地方自治体を基盤とし、市民社会を代表する商工業身分から構成される下院があり、政府と諸個人を結ぶ媒介的役割を果たしている。特にヘーゲルは議会の議事の公開が市民にもたらす啓蒙的役割を重視し、「公開された議会は、市民を統治するのに、とりわけ効果的な大演劇であって、国民はこれに接してこそ、自分たちの利益の本当の面を最も多く知るようになる」（同、§315）と述べると同時に、「手本になりうる徳、才能、技能は、議会ではじめて伸ばされるのである」と指導者を形成する議会の役割にも言及している。

ただ、立憲君主制の体裁をとっているが、総じて君主権力の巨大さと議会の権限の弱体化からして、ロックやモンテスキューの権力分立論から大きく後退している。「抑制と均衡」のメカニズムを国家組織にインプットし、君主権力を制限するという視点はヘーゲルにおいては欠落しているか、重視されてはいない。彼は権力の分離を主張するものの、それより一体性を一層強調したのである。

Ｖ　『法哲学』（２）——信教の自由、国家と教会

ヘーゲルにとってキリスト教の歴史的意義は、ギリシャには見られなかった主体的自由の原理を獲得したことであった。

> 個々人のおのれのうちでの無限な自立的人格性という原理、すなわち主体的自由の原理は、内面的には、キリスト教において出現し、外面的にはしたがって抽象的普遍性と結びついた形では、ローマ世界において出現した。この原理は、歴史的にはギリシャ世界より後のものであり、この原理の奥底まで降りてゆく哲学的反省も、ギリシャ哲学の実体的理念よりも後のものである。（同、§185）

ここでは、キリスト教の到来によって、個人の自由な人格の領域が形成されたことが正しく認識されている。この点においてヘーゲルは、キリスト教が自由を抑圧すると考える類の啓蒙主義者とは異なっている。しかし、ヘーゲルにとって主体性の原理は、十分ではなかった。この点に関して、ヘーゲルは、「キリスト教においては、とりわけ主体性

の権利が対自的存在の無限性と同じように芽を出した。しかし主体性の権利が芽を出した場合には、全体性はそれと同時に、特殊性を倫理的一体性と調和させる強さを手にいれなくてはならない」と述べている。「キリスト教は自由の宗教」と述べるヘーゲルにとって、キリスト教によってもたらされた「主体性の原理」を解放することは重要であるが、その特殊性は、倫理的一体性と調和させられなければならなかった。そして倫理的一体性を体現しているのが国家であるとするならば、特殊性の原理が国家の人倫の中に編入され、そこに位置づけられる必要がある。その際にどこまで信教の自由や他の諸々の自由が容認されるのか、疑問である。大日本帝国憲法や教育勅語下の日本において、「臣民の義務」に背かざる限り信教の自由が認められていたように、ヘーゲルの人倫国家においても、信教の自由や教会の自律性は脅かされざるをえない。

具体的にヘーゲルはどのように国家と教会との関係を考えているのだろうか。『法哲学』においてヘーゲルが国家と教会、政治と宗教の関係について詳述している所が、§270である。ヘーゲルは教会が国家に対して批判的、論争的姿勢をとることを牽制して、双方の積極的な関係に言及し、国家が宗教を保護し、奨励する義務を承認する。

> 宗教は、真実の宗教であれば、国家に対してこのような否定的論争的方向をとらないで、むしろ国家を承認し、是認するものであり、その限りにおいて宗教は、さらにそれ自身おのれの地位と外へと現れ出た面を持つのである。宗教的崇拝の仕事は、行事と教義にある。そのために宗教は、所有地と所有物を必要とするとともに、教団への奉仕に献身する諸個人を必要とする。こうして国家と教会との関係が生じる。この関係の規定は簡単である。というのは、国家が、教団の宗教的目的のために、教団にあらゆる義務を行い、保護を加えるという義務を果たし、そればかりか、宗教は心術（Gesinnung）の最も深いところで国家を一個の全体に統合する契機であるからには、国家の全所属員に対してどれか一つの教会の信徒団に身を寄せるように要求するという義務を果たすのは、当然のことである。（同、§270）

この短い言葉に三つの重要な指摘がなされている。第一点は、宗教が「心術の最も深いところで国家を一個の全体に統合する契機」であると表現されているように、宗教つまりキリスト教が国家統合の土台であるという認識である。第二点は、国家は「教団の宗教的目的のために、教団にあらゆる義務を行い、保護を加える」義務があるので、教会が必要とする土地・建物、また牧師の養成は、国家の財政的援助によるものと考えている点である。ヘーゲルは、国家が個人や教会の信仰的内容に干渉できないと考えたが、財政的援助は積極的に是認した。第三点は、ヘーゲルが「国家の全所属員に対してどれか一つの教会の信徒団に身をよせるように要求する」と書いていることである。ここには二つの重要な意味がある。一つは、特定の一つの教団の信徒団ではなく、「どれか一つの教会の信徒団」とあるので、国民はルター派教会だけに属する必要がなく、カトリックあるいは改革派、あるいはそれ以外の教会に属することが可能であるという結論が引き出される。これは、プロイセンとルター派との当時の結びつきを考えれば、寛容な意見といわざるをえない。問題は、この許容される教会がどの範囲に及ぶのかという問題である。例えば、後の「領邦教会制」の展開においてルター派、改革派、そしてカトリックの公認教会制が発展してくることになるが、そこまでか、それともより広範囲に及ぶのかという問題である。この点に関し、ヘーゲルは、それは、国家のキャパシティによると考える。例えば強力な国家は、「国家に対する直接的な義務までも宗教上承認しないような教団でさえ、自国のうちにかかえていても、耐えることができるのである」と述べている。国家に対する直接的な義務を承認しない教団とは、公職に就くことを禁じたり、戦場で戦うことを認めない再洗礼派やクエーカーといった教団である。ヘーゲルは、「良心的兵役拒否」を念頭に置いて、「国家に対する直接的義務を受動的に……例えば他の義務と代替交換させることを介して……履行させることで満足する」と主張する。ちなみにプロイセンでは、再洗礼派の一派であるメノナイト派は、一八六八年まで兵役を免除されていた。更にヘーゲルは、反ユダヤ主義運動を批判し、プロイセンでは一八一二年来のハルデンベルクのユダヤ人解放令以降、ユダヤ人に市民権が付与されていたので、ユダヤ教に対しても寛容がなされるべきであると考える。ここからヘーゲルがかなり広範囲にわたって、信教の自由を認めていたことがわかる。ただ、「どれか一つの教会」であったとしても、国家に教会所属が要求されていた点を考えると、無神論者が寛容の対象外とされていたといえる。

ところで教会は、土地、建物、聖職者制度、外的活動を行うので、内面的世界から世俗的世界に入り、国家の法律の支配下に入る。当然、教会は国家の法律を遵守する必要があるが、法律も倫理的なものなので、国家と教会の衝突の危険性がある。この点に関してヘーゲルは、国家を目的のための手段とする自由主義的な「外的国家」（äußern Staat）、「悟性国家」（Verstandesstaat）観を批判し、教会が真理を独占しているという思い上がりを指摘している。ヘーゲルは、教会の側からもたらされる教会と国家の衝突の事例を指摘する。長くなるが、重要な箇所なので、引用しておく。

> 教会は、おのれのうちに宗教の絶対的内容が含まれているとするところから、精神的なもの一般を、したがって倫理の活動舞台をも、おのれに属する部分とみなし、これに対して国家を、非精神的で外面的な諸目的のための機械的舞台と解し、おのれを神の国、ないしは少なくともそれに至る道および入口と解するのに対して、国家を世俗の国、すなわち無常かつ有限なものと解し、こうしておのれを自己目的と解するのに対して、国家を単なる手段にすぎないと解する、という対立である。……すなわち、国家は他人の生命、所有、恣意を侵害しない限りにおいて、各人の生命、所有、恣意を保護し安全にすることを使命とするにすぎず、したがって国家は強制機関とみなされるにすぎない、とする考え方である。これでは、高次の精神的なものの活動舞台、即自かつ対自的に真なるものの活動舞台は、主観的宗教心ないしは理論的学問として、国家の彼岸に置かれており、そして国家は元来非宗教的で非学問的な俗人であるから、ただこれらのものを尊重せよと要求されるわけであって、こうして本来の倫理的なものは、国家においては、全然おこなわれないのである。（同、§270、傍点引用者）

アウグスティヌスの「地の国」と「神の国」の二元論、そしてルターの二王国論において、国家を強制機構とみなす見解は、ヘーゲルにおいては明確に否定される。ヘーゲルにおいては国家が倫理を体現しているが故に、教会が国家に優越することはありえない。国家は、「神的意志」（göttlicher Wille）を体現しているのである。

ヘーゲルは、「高次の精神的なものがすべて教会に座を持ち、国家は暴力や恣意や激情の世俗的支配」にすぎないとする考えを否定して、過去における教会の誤りを指摘する。ヘーゲルは、過去にカトリック教会が誤った天動説の立場に立ってジョルダーノ・ブルーノ（1548-1600）を火刑にし、ガリレイ（1564-1642）やコペルニクス（1473-1543）を迫害したことを批判し、「学問は国家の側でこそおのれのところを得る」と説く。つまり教会が信仰や礼拝の教義のみならず、誤った学問に基づいて教義を説く時に、国家は介入し、それを正すことができるというのがヘーゲルの確信であった。ヘーゲルは他にも教会の「狂信」の事例をいくつか挙げ、批判した。

このようにヘーゲルにおける国家と教会、政治と宗教との関係は複雑であるが、一方においてヘーゲルが基本的に国家と教会の分離を説いていることは、重要である。彼はF・シュレーゲル（1772-1829）やA・ミュラー（1779-1829）のようなロマン主義者がカトリック教会を理想化し、国家と教会の一体性を主張したことについて、以下のように批判し、双方の分離を説いた。それは国家にとっては国家が教会の特殊性を超えて普遍的な倫理的現実体になるためには、どうしても必要であり、教会の側も教会の自由の獲得にとって必要なのである。

国家にとって教会の分離は、不幸ではなかろうかとか、不幸だったのではなかろうかと考えるのは、とんでもないことであって、国家は教会の分離によってのみ、おのれの使命であるところのもの、すなわち自覚的な理性状態と倫理体になりえたのである。またこの分離は、教会にとっては教会自身の自由と理性的状態とのために生じ得たところの、そして思想にとっては思想の自由と理性的状態のために生じえたところの、最大の幸福なのである。（同、§270）

また彼は、「宗教の分野は内面性であるから、国家が宗教的な仕方で要求するとすれば、国家は内面性の権利を傷つけることになるだろう。それと同じように、教会が国家のようにふるまって刑罰を科するときは、教会は専制的宗教に堕落するのである」（同、§270）と述べている。

ここには、ルターの「霊的統治」と「世俗的統治」の二王国論の考えが認められる。しかし、ロマン主義の言う宗教と国家の一体性ではないにしろ、ヘーゲルにおいては、分離を認めつつも、教会は倫理的実現体である国家の拘束をうけざるをえなかった。特に戦争において国家の倫理性が余すところなく示され、すべてが国家の戦争行為に投入される。戦争に際して市民は、「おのれの所有や生命までをも、危険に晒し犠牲に供することによって、この実体的個体性を、すなわち国家の自立と主権を維持する義務」（同、§324）を有する。そしてその場合、教会も国家の戦争遂行に全面的に協力することを余儀なくされるのである。「独立こそ一国民の第一の自由であり、最高の名誉である」と考えるヘーゲルにとって、「国家が単に市民社会とみなされ、そして国家の究極目的がただ諸個人の生命と所有を保障することだけであるとみなされるならば、そこにはひどい計算違いがあるのである」（同、§324）。

ヘーゲルの国家と教会の分離の主張にもかかわらず、人倫の実現体としてのヘーゲルの「理性的国家」（der vernünftiger Staat）観に立つ限りにおいて、国家と教会の分離を維持することはできないであろう。通常は、信教の自由や教会の自律性が保証されていたとしても、戦争という「例外状態」においては、国家と教会が一体化し、教会が国家の戦争協力の担い手となることは、第一次大戦におけるドイツの教会や神学者の戦争への積極的支持の中に余すところなく現わされたのである。それだけではなく、通常の状態においても、国家と教会の対立の可能性は想定されていないのである。

ローゼンツヴァイクは、『ヘーゲルと国家』において、「ヘーゲルは、国家と教会の分離というカントの要求をかつてベルン時代においては共有していたが、一七九八年にはそうした分離が本質的に不可能であると明言するようになった」と述べ、「ヘーゲルがベルンにおいて、そして一七九八年夏にもなお、教会の内外での宗教的良心の保護を国家の義務とした時に想定していたような、一方を他方に対して、つまり教会、もっと適切には個人の宗教を国家に対して精神的優越に置くことも、今では新しい国家感情にとっては許されなかった」（ローゼンツヴァイク、一八四頁）と述べているが、適切な指摘である。

そこには、『法哲学』に見られるように、国家を「人倫の実現体」とするヘーゲルの認識があった。教会でさえも、国家の前に相対化されることになる。

以上、信教の自由、国家と教会の関係を中心にヘーゲルの思想を検討してきた。つまる所、ヘーゲルはどのような宗教観をもっていたのであろうか。

カントの道徳主義的宗教から出発したヘーゲルは、ロマン主義の影響を受けて、愛の宗教を打ち出したが、最終的に彼の神＝絶対者の概念は、有限なものを包み込む「真無限」（神の超越を説く「悪無限」に対抗して）を主張することによって神を内在化し、かつ概念化していった。この点に関してレーヴィットは、『ヘーゲルからニーチェへ』において、「哲学への宗教の止揚・解消の帰結は、ヘーゲルの宗教哲学である。彼の宗教哲学講義において、宗教と哲学ははっきりと一体化する。真の哲学はそれ自身が『神への礼拝』となるというのだ」（『ヘーゲルからニーチェへ』（下）、二一九頁）と述べている。客観的精神の最高の段階である「人倫」（Sittlichkeit）を国家が体現すると定式化したことによって、結果的に国家を神聖化するに至ったといえよう。国家が神聖化され、倫理を体現していると主張する体系においては、ヘーゲルの意図にかかわらず、政教分離はもちろん、信教の自由も脅かされざるをえないであろう。

宗教を道徳化したカント、また神という絶対者を概念化、内在化させたヘーゲルを批判して、イエス・キリストの精神への復帰、初代教会への復帰を目指したのが、次に述べるキルケゴールであった。

〔参考文献〕

・『ヘーゲル初期神学論集』（Ⅰ、Ⅱ）（ヘルマン・ノール編、久野昭・水野建雄訳、以文社、1973）。ここに「民族宗教とキリスト教」、「イエスの生涯」、「キリスト教の精神とその運命」が収載されている。

・G・W・F・ヘーゲル『政治論文集』（上・下）（上：金子武蔵訳、下：上妻精訳、岩波文庫、1979）。『政治論文集』（上）に、『ドイツ憲法論』が収載されている。

・――――『法哲学』（『世界の名著44』、中央公論社、1992）

・――――『歴史哲学講義』（上・下）（長谷川宏訳、岩波文庫、2016）

・F・ローゼンツヴァイク『ヘーゲルと国家』（村岡晋一・橋本由美子訳、作品社、1915）

・K・レーヴィット『ヘーゲルからニーチェへ』（上）（下）（三島憲一訳、岩波文庫、2016）

・権左武志『ヘーゲルとその時代』（岩波新書、2013）

第五節　キルケゴール（Søren Aabye Kierkegaard）

Ⅰ　プロフィール

キルケゴール（1813-1923）は、一八一三年にコペンハーゲンで生まれ、敬虔な父の厳格な宗教教育を受けて育った。彼は一八三〇年コペンハーゲン大学神学部に入学、四〇年に牧師試験に合格した。この頃キルケゴールは、レギーネ・オルセンに結婚を申し込み、婚約まで行ったが、一八四一年八月には婚約を破棄している。このレギーネ・オルセン問題は、生涯彼を苦しめることになる。彼の回心前の著作は、『あれかこれか――人生の一断面』（1843）、『おそれとおののき――弁証的抒情詩』（1843）、『反復――実験心理学の試み』（1843）、『哲学的断片、あるいは一断片の哲学』（1844）、『不安の概念――原罪の教義的問題への手引きのための単純な心理学的考察』（1844）、『人生行路の諸段階――さまざまな筆者による研究』（1845）である。キルケゴールは、一八四八年に回心を経験した。彼はその体験を一八四八年四月一九日の日記に、「私の存在全体は変革された。……私は語らねばならぬ。大いなる神よ。恵みを与えたまえ！」と記している。

彼は回心後の一八四九年、彼の主著となる『死に至る病――教化と覚醒のためのキリスト教的・心理学的論述』、次いで『キリスト者の修練』（1850）を出版した。キルケゴールのほとんどの著作が、キリスト教会からの攻撃を想定して、匿名で出版されている。

キルケゴールの国教会への攻撃は、『キリスト者の修練』においても散見されたが、その批判が本格化するのが、一八五四年にマルテンセンがデンマーク国教会のミュンスター監督の追悼演説で、ミュンスターを「真理の証人」と称えたことにキルケゴールが反発してからである。彼は、一八五五年の一月から五月まで『祖国』誌上で、五月から九月まで『瞬間』誌（一―九月号）で、国教会攻撃と「キリストとの同時性を生きる」ことを主張し続けた。

彼は、一八五五年一一月に召天した。享年四二歳であった。彼の最後についてキルケゴールの良き理解者であったペーセン牧師は、彼が最後まで牧師によって聖餐式を受けて、祝福されて死ぬことを拒否したとして、次のようなキルケゴールの言葉を伝えている。

牧師たちは、国家の官吏だ。国家の官吏はキリスト教に関係がない。……神が主権者なのだ。ところが自分の都合のよいようにととのえようとするこれらの人間がいて、キリスト教を自分のものとするのだ。そしてそこに千人もの牧師がいて、したがって国中の誰もそれらの牧師に属することなしには、祝福されて死ぬことができないことになるのだ。こうして牧師たちが主権者となり、そして神の主権は失われている。だが人はすべてのことにおいて神にしたがうべきである。（工藤、八七―八八頁）

こう述べて、キルケゴールは、罪の赦しを神に祈り、ハレルヤ、ハレルヤ、ハレルヤと言って、天国に導かれていく希望を語った。最後まで、「単独者」としてのキリスト者の立場を貫き通した一生であった。

Ⅱ　国教会攻撃

キルケゴールの生きた時代のデンマークは、福音主義的ルター派教会が国教会として認められていた。国王が教会の最高の権威者であり、国家は教会であり、デンマーク国民は生まれながらにしてキリスト者であると考えられていた。キルケゴールは、自らの信仰的立場から、国教会が聖書の精神を踏みにじり、腐敗の極みにあるとして、国教会を攻撃した。彼は、国教会制度が、いかに人々の純粋な信仰を踏みにじり、キリストに自らのすべてを捧げて、従っていくことの妨げになっているかを明らかにした。国教会制度は、「単独者」として一人神に向き合うことを不可能にするものであった。キルケゴールにとって、超越的な神を理性の限界内に押しとどめようとするカントや、神を絶対精神の自己展開として内在化しようとするヘーゲルなどの啓蒙主義的な試みは、唾棄すべきものに他ならなかった。特にキルケゴールはヘーゲルの「媒介」の哲学を批判し、ヘーゲルが結びつけた神と世界の無限の質的対立を「神は無限に高くいまし、人間は無限に低くある」と強調するのである。レーヴィットは、「キルケゴールは、教会と国家へと俗化したキリスト教神学と哲学へと俗化したキリスト教のあり方を批判したが、それは「実定的」になったキリスト教、つまり教会というかたちに制度化されたキリスト教、それゆえに本来のあり方から疎外されたキリスト教に対する内面性を基準とする立場からの批判であった。つまり実存する主体によってキリストを自己のものとするべき内面性を基準にしての批判である」（『ヘーゲルからニーチェへ』（下、二八九頁）と述べている。壮大な哲学体系を作りながら、そこに住もうとしないヘーゲルに対し、キルケゴールは単独者として神への信仰の飛躍を試みるのである。

「単独者」の実存的なキルケゴールの戦いは、『人生行路の諸段階』の美的段階、倫理的段階、宗教的段階の最後の段階にあたり、それはヘーゲル弁証法の「あれもこれも」に対して、「あれか、これか」の二者択一の選択であり、神への「飛躍」の段階である。

彼の信仰は、彼の主著『死に至る病――教化と覚醒のためのキリスト教的・心理学的論述』（1849）に表わされている。キルケゴールの最も円熟した思想の集大成である『死に至る病』は、罪の自覚を扱ったものであり、翌年の『キリスト者の修練』は、罪からの救済を扱ったものである。この両書は、アンティ・クリマコスという匿名で出版されている。彼は、『死に至る病』の中で、絶望について触れ、「特定の人が絶望しているわけではなく、神を離れた人生の本質はすべて絶望である」と主張した。彼にとって罪とは絶望＝神からの離反であり、絶望の中で最も大きな絶望は、自分が神から離れていることを意識していないことであった。

彼は『キリスト者の修練』の中で、神でありながら、この世に受肉し、苦しみの生涯を生きたキリストとともに、生きることを訴えた。それは一八〇〇年の時間があたかも存在しなかったかのように、原初キリスト教と「内面的に同時的になることであり、「キリストとの同時性を生きる」ことであった。その生は、キリストに徹底して従う使徒的な生であり、彼にとってキリスト者の模範的な姿は、『殉教者』であった。こうしたキルケゴールの立場からするならば、

「国教会」のあり方は、対蹠的であった。国教会は、信仰の権威と世俗的権威を混同して、宗教の純粋性を喪失し、堕落・腐敗してしまっていたので、そこにおいて真の宗教改革が遂行されなければならなかった。キルケゴールの国教会に対する闘いは、集中的な精神的エネルギーを必要としたが、それはニーチェのように無神論のための戦いではなく、霊的な信仰の回復のための戦いであった。宗教改革者のルターが当時のカトリック教会を異教的なものが支配する「バビロン捕囚」の教会として攻撃したように、キルケゴールにとっても当時の国教会の腐敗・堕落は、まさに「バビロン捕囚」状態にあった。

彼の国教会批判は、すでに彼の回心前の一八四六年に出版された『哲学的断片への結びとしての非学問的あとがき』で間接的に吐露されている。この中で自分が本当に救われ、キリスト者になっているかに煩悶する夫に対して次のように夫をたしなめる妻はまさに国教会特有の思考法にとりつかれているのであり、「キリスト者になる」ことよりも、「キリスト者であること」を自明の前提としているのである。

　まああなた、どうしてそんな妙なことをお考えになりますの、あなたがキリスト者でないなんて。あなたはまぎれもないデンマーク人ですわ。ここデンマークでは、ルター派のキリスト教が主な宗教だってことは、地理の教科書にも書いてあるのじゃございません？　ユダヤ教徒でもなし、ましてイスラム教徒でもないあなたが、キリスト教徒でないなら、なんとおっしゃるの？　異教が追い払わってしまってから、もう一〇〇〇年にもなりますよ。だからあなたが異教徒でないことぐらい、私にはっきりしていてよ。あなたは会社で立派な役職についていらっしゃらなくて？　またキリスト教の、ええルター派キリスト教のお国の立派な臣民でいらっしゃらなくて？　ね、そうでしょう。――だったらあなたは確かにキリスト教徒だわ。（『キルケゴール著作集7』、九六頁）

国教会においては、キリスト者であることが、迫害を受けることではなく、出世や自己栄達のための手段に堕していた。教会は、地上の権威となった結果として、「戦闘の教会」であることをやめてしまっていた。したがって、単独者としての信仰者の共同体としての教会の在り方を再興する必要があった。彼は一八四八年の日記において、キリスト教の大変革を説き、「キリストとの同時性」を訴え、「なすべきことは、キリスト教の変革をおいて他にない。一八〇〇年という年月を、全く存在しなかったように取り除くことである」と初代教会への復帰を主張している。また彼は「歴史を遠ざけよ。同時性の状況に立つのだ、これが基準である」と述べ、ルターの誤りを、「彼が途中までしか戻らなかったこと、人々をしてキリストとの同時性に立たしめるのに十分でなかったこと」と指摘する。

キルケゴールにとって、ルター主義は恩寵に依存し、安心するあまり、キリストと共に生き、キリストとの「同時性」を生きることを強調しなかった所に問題があった。キルケゴールの批判は、カント、ヘーゲルのみならず、ルターにまで及んでいる。

キルケゴールが公然と国教会を批判するようになるのは、すでに述べた様に一八五四年にキルケゴールを神に導いたミュンスター監督が死去してからである。彼は、次の監督のマルテンセンがミュンスター監督を一八五四年一月三〇日の葬儀で「殉教者、真理の証人」と称したことに鋭く反発した。ミュンスター監督が代表してきたものは、「キリスト教」そのものではなく、それを緩和したものにすぎないというのがキルケゴールの診断であった。キルケゴールは、一八五四年一二月一八日から一八五五年五月二六日までに二〇の論文を『祖国』誌に載せ、国教会の監督マルテンセンを攻撃し、それ以降、『瞬間』という小雑誌を発行して、国教会批判を続行した。また彼は一八五五年六月に、『公認のキリスト教をキリストはいかに判断すべきか』を出版している。まさの彼の晩年は、国教会批判で埋め尽くされたといっても過言ではない。それは彼自身の「単独者」としての教会闘争でもあった。

Ⅲ　『瞬間』

「キリストとの同時性」の観点から国教会をラディカルに批判することが、キルケゴールの晩年の使命であった。この彼の批判を『瞬間』から再構成しておくことにする。

彼は『瞬間』第三号において、国家によって俸給を支払われる一〇〇〇人の牧師を批判して言う。

デンマークに、キリスト教の教師のために、千の公職がある限り、キリスト教を妨害する最上のことがなされている。……大多数の者は、キリスト教を伝道するという使命を、ひとつも持ち合わせていない。むしろ、それをただパンの獲得の手段とみなしているにすぎない。このようにして、国家は国全体を堕落したキリスト教で満たすことに成功する。それは、真のキリスト教を伝えるには最大の障害であり、完全な異教そのものにおけるよりも、もっとひどいのである。（『キルケゴール著作集』第一九巻、六三―六四頁）

それはいわば、「キリスト教の仮面をかぶって、異教の中に生きている」ようなものであった。また彼は、『瞬間』第四号において、国家が、異端に対する闘いを行うことを批判している。

さて、イエス・キリストが貧しい人々の間に生き、われに従えと教え給うたことを、ビロード服をつけた牧者によって宣伝させるために国家が最近雇った人物、マルテンセン監督は、全力を傾けて公的なもののために――分派や異端などに対して、戦いをいどもうと決意したらしい。……私を信じて欲しい。公的なものほど神にさからうものはなく、いかなる異端、いかなる罪にもまして、これほど神に逆らうものはないのである。（同、八六頁）

彼は、『瞬間』第八号（1855.9.11）において、死の二カ月前に「キリストとの同時性」の重要性について、次のように述べている。

これこそ決定的なのである！　この思想［「キリストとの同時性」］は、私の一生を貫く思想である。私はこの思想を明るみにだすために、苦闘するのを誉としてきた、と心底から言うことができる。それゆえ、私が、この思想に注目し、また人々にも注目させる機会を与え給うた神の摂理を無限に感謝しつつ、私は喜んで死ぬだろう。（同、一九七頁）

Ⅳ　キルケゴールの後世への影響

工藤康夫『キルケゴール』によれば、当時のデンマークのキリスト教会の状況においては、国教会を批判する二つの潮流があった。一つは、ドイツのカントやシュライエルマッハー（1768-1834）の影響を受けた合理主義神学者からの攻撃で、国家と教会の分離を主張する自由主義者の立場を継承して、国教会の改革を迫る流れであった。もう一つは、デンマークの国民大衆を代表する農民階級による初代教会の信仰に復帰しようとする運動であって、国教会から分離して、初代教会の福音を直接信じ、自分たちの集会を結成していこうとした。その指導者がグルントヴィであった。キルケゴールは、このいずれにも与することはなかった。

キルケゴールは、国教会は批判するものの、聖書にかなった自由な教会の形成に向かわなかった。彼は「単独者」を強調するあまり、エクレシア形成には至らなかった。とはいえ、キルケゴールは、キリストの教えに忠実であろうとするあまり、世俗的権力と結びついた国教会がいかに信仰の妨げになるかを心血を注いで説いた。私たちは、キルケゴールの中に、信仰の純粋性と真の教会形成の道しるべを見出すことができるのではないだろうか。そして何よりもキルケゴールの著作は、キリスト者としての実存的な生き方を指し示すものであった。また彼は一方において、礼拝される神と礼拝する人間との間には越えがたい質的断絶があることを指摘した点において、一八世紀の文化的プロテスタンティズムを批判し、神と人との質的差異を説くカール・バルトに多大な影響を与えたのである。

ドイツの神学者P・ティリッヒ（1886-1965）は、キルケゴールが二〇世紀神学に多大な影響をおよぼしたとして、以下のように述べている。

> 我々は全リッチュル学派におけるような道徳主義的歪曲と無神秘主義的空虚さに悩んでいた。……我々は、この道徳主義によって捉えられなかった。我々は、その中に古典的神学者が常に持っていた罪責意識の深みを見出さなかった。かくてわれわれは、キルケゴールに会った時非常にうれしかった。人間実存の深みに入っていく深い敬

虔と、彼がヘーゲルとの対決を通じて得た哲学的偉大さとのこの結合こそ、彼を我々にとって重要な人物とした。（ティリッヒ、三二三頁）

〔参考文献〕

・『キルケゴール著作集』（白水社）。第七巻『哲学的断片への結びとして非学問的あとがき』、第一一巻『死に至る病』、第一二―一四巻『人生行路の諸段階』、第一五、一六巻『愛のわざ』、第一七巻『キリスト教の修練』、第一九巻『瞬間』
・S・キルケゴール『キルケゴールの日記――哲学と信仰の間』（鈴木祐丞編訳、講談社、2015）
・大谷愛人『キルケゴール教会闘争の研究』（勁草書房、2007）
・工藤綏夫『キルケゴール』（清水書院、1997）
・鈴木祐丞『キルケゴールの信仰と哲学』（ミネルヴァ書房、2014）
・P・ティリッヒ「基督教の歴史」（『ティリッヒ著作集』別巻三、佐藤敏夫訳、1980）
・K・レーヴィット『ヘーゲルからニーチェへ』（上）（下）（三島憲一訳、岩波文庫、2016）

第六節　トレルチ（Ernst Troeltsch）

I　プロフィール

トレルチ（1865-1923）は、一八六五年ドイツのアウクスブルク近郊に生まれた。父は医師、母は外科医の娘であった。一八八四年一〇月にトレルチは、保守派のルター主義の牙城であるエアランゲンで、プロテスタント神学を学び始める。その後、ベルリン大学を経て、ゲッティンゲン大学に移り、アルブレヒト・リッチュル（1822-1889）のもとで研鑽を積んだ。彼はゲッティンゲン大学で一八九一年に「ヨハン・メランヒトンとフィリップ・メランヒトンにおける理性と啓示――プロテスタンティズムにおける歴史についての研究」で教授資格を取得し、「宗教史学派」の主導者となった。彼は一八九二年ボン大学神学部で組織神学講座の定員外教授となり、一八九四年ハイデルベルク大学で組織神学の正教授となり、一九〇九年からは、哲学部の文化哲学と宗教哲学の嘱託教授になっている。一九〇五年にトレルチはマックス・ウェーバーと一緒にアメリカにでかけ、アメリカの宗教や教会の状況を視察し、Sekte（ゼクテ、自由教会）の宗教的伝統に着目した。一九〇九年にハイデルベルクの神学部教授となり、一九一五年四月にベルリン大学哲学部の「宗教、社会、歴史哲学及びキリスト教宗教史」の講座を引き受けている。また彼はハルナックの紹介で、帝国首相ベートマン・ホルヴェークと会い、国内・国際諸問題に関して助言をしている。彼の主著は、宗教社会学の『キリスト教の教会とその諸集団の社会教説』（1912）である。彼はここで、キリスト教の社会組織として Kirche（国家教会ないし国民教会）、Sekte、神秘主義の三つの形態を挙げて、その文化的意義を考察している。彼は、プロイセンの国教会の聖職者主義、また封建的な保守層と教会が一体化していることを攻撃し、国教会ではなく、「柔軟な国民教会」を提唱する。「国民教会」は、様々な教派に対して開かれている必要があった。しかし、彼の立場は、ドイツの「領邦教会制」に組み込まれており、英米のピューリタニズムのゼクテの伝統を評価したにもかかわらず、「自由教会の設立ではなく、ドイツ・ルター派教会内部で、良心の自由、信教の自由を拡大させるという穏健な路線」であった（近藤『デモクラシーの神学思想』、二二三頁）。彼が一方においてピューリタニズムの自由、人権、デモクラシーの伝統に引かれつつも、他方においてドイツの文化的・歴史的伝統にいかに呪縛されていたかは、彼が第一次大戦勃発とともに書いた『ドイツ精神と西欧』に見事に表現されている。彼は、アングロサクソンの個人主義に対して、ドイツ独自の自由概念を対置したのである。彼は、「ドイツ文化の形而上学的宗教的精神」の中で、「我々は昔から全体と個人との関係について別個の考えを抱き、権利の中に義務をみている。同時に従属と自発性へ自ら進んで自己を組み入れ献身すること、これこそ、この点で我々の自由思想の核心である」（『ドイツ精神と西欧』、八一頁）と述べている。彼がこうした二項対立から解放され、この二つの伝統を調和させようとしたのが、一九二二年一〇月に講演した「世界政治における自然法と人間性（Humanität）」であった。彼の死の前年の講演である。この講演においてトレルチは、「ドイツ精神と西欧」の二項対立を超えるものとして、ストア派的‐キリスト教的遺産である「自然法と人間性」の価値を主張するものの、実際には西欧の啓蒙主義や個人主義と、ドイツ精神のロマン主義と歴史主義の折衷にすぎない。

彼が革命期ないし再建期に書いた『観察者の手記——一九一八—二二年のドイツ革命及び世界政策に関する論説』は、当時の政治的分析として極めて貴重である。彼は、戦後にプロイセンの文部芸術省次官となり、文化・教会政策を担当し、国家と教会との間の法的関係の改正に貢献した。トレルチは、『歴主主義とその問題』第一巻を出版して五週間後、ベルリンで一九二三年に息を引き取った。

以下、本書の問題意識にそって、トレルチの思想をルター派国教会に対する彼の批判と国家と教会の関係に限定して、考察することにする。

Ⅱ　ルター派の政治と宗教

彼の主著は、『キリスト教の教会とその諸集団の社会教説』(1912) である。トレルチは、プロテスタンティズムを「古プロテスタンティズム」と「新プロテスタンティズム」に区別する。「古プロテスタンティズム」は、ルター派やカルヴァン派の教会であり、「教会制度の客観性、聖書の確かさ、社会あるいは統一されたキリスト教共同体を志向する。「古プロテスタンティズム」の中でもルター派とカルヴァン派は異なっていた。ルター派の場合には、この世の権威に対する保守的態度が特徴であるに対して、カルヴィニズムは暴君に対する抵抗権を容認する。またルター派とカルヴァン派は、カトリックの「世俗外的禁欲」と比べれば「世俗内的禁欲」を実践するが、ルター派の禁欲が苦難を耐え忍ぶ受動的な従順であるのに対して、カルヴァン派のそれは、この世を神の栄光のために造り変えるための積極的な世俗内的な「禁欲」である。

ここで注目したいのは、トレルチが、良心の自由や政教分離を説く「新プロテスタンティズム」に示す共感である。「新プロテスタンティズム」は一七世紀末以来成立したもので、国家が宗教的宗派に対して平等かつ不干渉であることを前提としている。古プロテスタンティズムにおいては、国家と教会は、「キリスト教共同体」内部における二つの異なった機能にすぎず、不信仰者や異端者の除名、市民権の剥奪、不寛容、不可謬性は、自明のことであったの対して、新プロテスタンティズムでは、国家から自由な教会の結成や信教や良心の自由が保障されている。それはゼクテの伝統である。トレルチは、『社会教説』の中で、ルター主義を「プロイセンの支配階級の宗教」と呼び、その社会的・政治的役割について以下のように批判している。

この種のタイプのルター主義は、権力についてのリアリスティックな感覚、そしてプロイセンの軍国主義に不可欠な服従、崇敬そして権威に対する尊敬という倫理的価値を神聖化した。かくしてキリスト教と保守的な政治的態度が相互に一体化するようになった。それは、敬虔と権力の愛、教義の純粋性が戦争の神聖化と貴族主義的立場と一体化するようになった。かくして教会改革へのあらゆる努力は自由主義思想の世界と同様に抑圧されたのである。

(*Social Teaching* II、p.575)

にもかかわらず、自由主義神学者アドルフ・ハルナック（1851-1930）、ヴィルヘルム・ヘルマン（1846-1922）がドイツの戦争を擁護する九三人の知識人宣言に署名した時に、トレルチもドイツ・ナショナリズムのうねりから自由ではなかった。トレルチは、第一次大戦の勃発を最初は熱狂的に支持し、『ドイツ対西欧』など、ドイツの戦争目的を文化的・思想的に正当化するような著作を書き、かつ演説した。彼は一九一四年ハイデルベルクの会合で、次のように述べている。

今日、そして特にこの数時間のうちに、皇帝とドイツ国家だけでなく、生ける神の息吹をわれわれが感じそれを持つ時、崇敬と希望、気づかいと信仰とがまじりあった所から、神の全能なる感覚がわれわれを通って流れ出る。この数時間のうちに、神と皇帝とドイツ国家に、この深く、生真面目で、熱烈な、堅固な誓いを、われわれは祈りささげる。

彼は後にこの戦争がドイツ精神のための戦いではないことを知り、戦争の早期終結を訴えるようになる。彼は、国内においても議会開設やプロイセンの三級選挙法の廃止にむけて尽力した。また彼は、ハルナックの紹介で、ベートマン＝ホルヴェークの政策顧問官となった。そして彼は、ワイマール共和国の中で、共和制を支持する立場に立ったが、ドイツ・ルター派はその保守的な体質のゆえに反ワイマール共和国の立場を崩すことなく、領邦教会制の伝統である官憲国家や君主政への共感を持ち続けたのである。そこに国教会の神学者としてのトレルチの深い葛藤があった。

トレルチは、第二帝政の神学者で教会史家のアドルフ・ハルナック宛の手紙でルター派国教会の倫理的欠如を嘆いた手紙を書いている。

私は、ルター派は、その歴史的相貌において、私にとって最も恐ろしい戦慄するものであるということを否定できません。……その理念的形態及び将来に関する希望においてさえ、私はそれがどの程度の活力をドイツ人に提供できるのか、ということに関しては全く定かではありません。主観的なことですが、それは、困難な、また悲劇的な状況です。ドイツ人は誰もゼクテ主義者に、つまりクエーカーやバプティストになることはできません。私たちはみな、……非倫理的で非宗教的な諸価値にのっとって、制度的教会中心主義の優越性を直截に認めるに違いないのです。私たちの民族がいかなる形態においても激しいアスケーゼ（禁欲）を経験しなかったという事実は、私が私たちの民族および私自身に関していまいましく思うすべてのことの源泉です。（グラーフ、七六頁）

Ⅲ　良心の自由、政教分離

トレルチによれば、良心の自由、政教分離が確立されてくるのは、ルター派やカルヴァン派の「神権政治」(Theocracy) からではなく、「新プロテスタンティズム」つまりバプティスト、クエーカーといった sekte からであった。

特に彼は、一九〇六年の講演においてロジャー・ウィリアムズを評価して、次のように述べている。

カルヴィニズム的な北アメリカのピューリタンというのは、確かにデモクラティックであったが、しかし良心の自由ということについては知らなかったし、それは神への信仰のない者たちを懐疑主義として批判したのである。良心の自由はただロードアイランドにおいてのみ存在していたのだが、この州はバプティストであって、それ故に、他の周辺の諸州からは、無政府主義の温床とみなされていた。そしてこの州の偉大な指導者であるロジャー・ウィリアムズは、まさに洗礼主義に改宗し、それによって彼は教派に依存しない心霊主義者（Sprituralisten）となった。北アメリカのにおける良心の自由の第二の故郷であるペンシルヴァニアのクエーカーたちの州は、元来洗礼主義、あるいは心霊主義者に由来する州である。……つまり人権の父は、本来的な意味での教会的プロテスタンティズムではなく、そのようなプロテスタンティズムの主流派に嫌われ、新世界へ追い出されてしまったゼクテ主義や心霊主義であった。（『プロテスタンティズムの意義』、一一五―一一六頁）

また彼は、英国内部においては独立派に依拠するクロムウェルのピューリタン革命が信教の自由、政教分離を実現したと評価している。

この圧倒的な出来事から、偉大なる、教会と国家の分離、様々に異なった教会共同体相互の共存、教会共同体の形成における自発性の原理、あらゆる世界観や宗教的な事柄における確信や見解の自由という理念が生み出され、残されたのである。そこには、個人的で内面的な生については、国家は不可侵であるという古いリベラリズムの理念が根づいており、さらにそれは、その後、内的なものだけではなく、外的なものへと拡大された。（『プロテスタンティズムの意義』、一一八頁）

トレルチは、第一次大戦までは、「柔軟な国民教会」内部において信教の自由を拡大させるという立場を採っていたが、第一次大戦後に「国家と教会の分離」を支持するようになっていく。彼は、「国の教会は存在しない」と規定したワイマール憲法が一九一一年八月に制定される前の一月に「宗教教育並びに国家と教会の分離」をものしている。この論稿でトレルチは、ドイツの教会が「戦争神学」の旗を振り、ドイツ・ナショナリズムや軍国主義に糾合されていった反省に立脚し、「教会と国家の分離」は、不可避と主張する。ただ教会を私的な結社に解消することには反対であり（Die Trennung von Staat und Kirche, p.314）また公立学校が宗教教育を行う権限を主張した。八月に制定されたワイマール憲法においては、公認教会制と宗教教育の義務が明記されているが、どこまでトレルチの主張が影響を及ぼしたのか、定かではない。

総じてトレルチは、戦後になってもルター派の牧師として、ルター派教会の地盤であるドイツ文化やナショナリズムを完全には克服することができず、結局ルター派国教会の伝統と、彼が理想とする自由教会の間を揺れ動いてしまったのである。この点に関してグラーフは、「トレルチは、西ヨーロッパのカルヴィニズム的なものの歴史的背景には、個人の自由にとっての偉大なる可能性が宿されていることを認めているが、それだけではなく、ドイツとスカンジナビアのルター派の中に、社会的責任と連帯のためのより大きな可能性を見てもいた」（グラーフ、七四―七五頁）と指摘している。例えば、トレルチは『宗教教育並びに国家と教会の分離』において、一方において人格や人間の尊厳がキリスト教によって価値づけられると主張する一方、他方において信仰や倫理に依拠して社会が結びつけられる「強力な保守的、精神的、倫理的な諸力」に対する関心を披露している。これはいわば、アングロサクソンの自由の伝統とドイツの保守的伝統の混合であった。

Ⅳ　キリスト教とデモクラシー

トレルチは、デモクラシーとキリスト教を結びつけようとした。彼は、フランスの反キリスト教的デモクラシーには反対し、英米的なキリスト教デモクラシーの可能性を模索した。彼は一九〇四年出版の『政治倫理とキリスト教』で、「宗教に敵対的で、フランスの自然主義から由来しているドイツ的デモクラシーの教条主義は、公然たる牧師嫌悪をもっており、デモクラシーの真の本質について思い違いをしている」と述べ、「それに対して、アングロサクソンの場合には、すべての政治倫理の形而上学的基盤は、キリスト教との関連をはるかに強力に保持している。この点に関して近藤氏は、トレルチのデモクラシー政策は、「ドイツ的デモクラシーをフランス的教条主義から解放して、アングロサクソン化すること、その意味での西欧化をはかることであった」（近藤『デモクラシーの神学思想』、一八五頁）と結論づけている。トレルチは、教会と国家の分離は不可避であるとするものの、フランス的な政教分離を念頭において、「民主主義の概念において、国家と教会の間の対立や敵意の意味における分離は存在しないのである」（Die Trennung, p.304）と述べている。その意味において、トレルチの「政教分離」は、教会と国家が分離しつつも、国家が宗教的伝統や精神によって育まれているアメリカ型の「政教分離」に近かった。トレルチは、宗教が道徳や政治秩序の形成において果たすべき役割について、以下のように述べている。

> 教会の方でも、その内面性と自立性のために、また同時に社会に対して精神的並びに倫理的な力において、今や二倍、つまりこれまで国家に対してその構造を堅持する点で果たしてきた役割の二倍を果たす意味を持って、自らその分離を願い、主張することができるし、そうすべきである。（Die Trennung, p.313）

トレルチが内側から変革しようとしてできなかったルター派教会の権威主義的、保守的体質を鋭く批判したのが、後に述べるK・バルトであった。K・バルトの戦いは、ナチに対する政治闘争であると同時に、真の教会をめぐる教会闘争でもあった。

〔参考文献〕

・E. Troeltsch, Die Religionsunterricht und die Trennung von Staat und Kirche, in: *Revolution und Kirche. Zur Neuordnung des Kirchenwesens im deutschen Volksstaat,* (hrsg.) F. Thimme und E. Rolffs, Berlin, 1919, S. 301-325.
・――――, *The Social Teaching of the Christian Churches, Volume I, II,* The University of Chicago Press, 1981. 訳出は『社会教説』

とする。第一巻は古代・中世の巻で、高野晃兆・帆苅猛訳『古代キリスト教の社会教説』（教文館、1999）、高野晃兆訳『中世キリスト教の社会教説』（教文館、2014）の翻訳がある。

・――『近代世界にとってのプロテスタンティズムの意義』（深井智朗訳、新教出版社、2015）。なお本文中では『プロテスタンティズムの意義』と表記。

・――『ドイツ精神と西欧』（西村貞二訳、筑摩書房、1970）

・F・W・グラーフ／深井智朗編著『ヴェーバー・トレルチ・イェリネック――ハイデルベルクにおけるアングロサクソン研究の伝統』（聖学院大学出版会、2002）

・近藤勝彦『トレルチ研究』（上）（下）（教文館、1996）

・――『デモクラシーの神学思想――自由の伝統とプロテスタンティズム』（教文館、2000）

・柳父圀近『ウェーバーとトレルチ』（みすず書房、1983）

第七節　バルト（Karl Barth）

I　プロフィール

カール・バルト（1886-1968）は、一八八六年にバーゼルで生まれた。彼の父は改革派の牧師のフリッツ・バルトで、当時バーゼルの伝道者養成神学校の教師であった。バルトは一九〇四年ベルン大学の神学部に入学し、その後ベルリン大学、テュービンゲン大学、マールブルク大学で神学を学んだ。ベルリン大学では、ハルナックから教会史を学び、マールブルク大学では、リッチュルの弟子ヘルマン（1846-1922）から教えを受けている。

その後スイスのザーフェンヴィルで一九一一年から一九二一年まで改革派教会の牧師を務めた。バルトに衝撃を与えたのは、一九一四年第一次大戦の勃発時に、神学者たちを含め九三人の知識人が戦争を支持する声明を出したことである。バルトは、次のように言っている。

私自身にとって、あの年の八月初めの一日は、暗い日として心に焼き付けられている。あの日、九三人の知識人が、皇帝ヴィルヘルム二世と彼の助言者たちの戦争政策を支持する信仰告白を公表したのである。その中には、私の驚いたことに、それまで私が信頼し尊敬していた神学上の師たちのほとんどすべての名前を見出さなければならなかった。彼らのエートスが信じられなくなり、私は、彼らの倫理学や教義学、聖書解釈や歴史観に、もはやついていくことができないのを認めた。（クーピッシュ、八頁）

バルトが、当時の領邦教会が国家と結びつき、いかに国家の戦争イデオロギーを神学的に正当化していたかを知り、驚愕を示した表現である。

一九一九年に『ローマ書』第一版を刊行したが、一世を風靡したのは『ローマ書』第二版であった。この成功が幸いして、バルトは一九二二年ゲッティンゲン大学に招聘され、一九二七年ミュンスター大学、そして一九三〇年にボン大学の神学教授を歴任した。また一九三二年から『教会教義学』を出版し始めた。

バルトは一九三三年一月のナチス政権成立に対抗して、一九三三年六月に『神学的実存』を発表し、教会闘争に関与し、一九三四年「バルメン宣言」を起草し、五月の第一回告白教会会議で採択された。彼は一九三五年ヒトラーへの忠誠宣誓を拒否して退職処分を受け、スイスのバーゼル大学の神学教授に就任したが、そこからも「告白教会」を支援し続けた。彼は国家と教会の問題に関しても、『義認と法』（*Rechtfertigung und Recht*, 1938）、『キリスト者共同体と市民共同体』（*Christengemeinde und Bürgergemeinde*, 1946）などをものしている。

彼の最大の業績は、九〇〇〇頁を超える大著である『教会教義学』（*Kirchen Dogmatik*, 1932-1968）であったが、完成をまたずして一九六八年に死去した。『教会教義学』は、第一巻「神のことば論」、第二巻「神論」、第三巻「創造論」、第四巻「和解論」によって構成されている。

Ⅱ　バルトのキルケゴール評価

バルトは、『一九世紀のプロテスタント神学』(1947)において、カントの道徳的・自然主義的宗教概念に留保をしめしつつ、カント以降の神学の展開を三つの方向に見出している。第一はカント的な地盤に依拠して神学を展開する一八、一九世紀の合理論的神学であり、これはA・リッチュルやW・ヘルマンの系譜である。第二は、「絶対的依存の感情」に神学を基礎づけようとするF・シュライエルマッハーなどロマン主義の流れである。

バルトの神学は第三の可能性であり、それは、カントのように人間から見た宗教ではなく、決定的に神の啓示から出発する「聖書的神学」である。まさにバルトは『ローマ書』によってこの立場を明確にした。バルトの『ローマ書』第二版は、キルケゴールの影響を受けているといわれている。彼は、「神と人間との無限な質的差異」をキルケゴールから学んだ。彼は言う。

私たちが、彼に特に魅力を感じ、喜びを見出し、教えられたことは、その鋭さにおいて仮借のない批判でありました。その批判をもって神と人間との無限の質的な差異を抹消するすべての思弁に、……福音の絶対的要求と、自分自身の決断において福音に従う必要を美的に忘れてしまうあらゆる態度に、一言でいえば聖書の使信のあらゆる無害化に……彼が肉迫するのを私たちは見たのであります。……私の『ローマ書』第二版は、いわゆる「キルケゴール・ルネッサンス」に対する私の参与を雄弁に物語る記録であります。……ヘーゲルや、ミュンスター監督へ帰る道は、その時以来もはや私にはなかったのであります。(『キルケゴール研究』、四七四頁)

しかしながら、バルトは『ローマ書』以来、キルケゴールに言及することがなくなった。彼は次第に人間に対する神の「否」よりも、「然り」を、人間の側の努力よりも「恩寵」を、「単独者」よりも「教会」を強調するようになっていったからである。彼は言う。

キルケゴールにおいてほとんどすべてのことが、あの単独者についての事情は、それではどうだったでしょうか。彼の教説において、神の民、教団、教会はどこにあるのでしょうか。その奉仕と宣教の任務はどこにあるのでしょうか。その政治的・社会的課題はどこにあるでしょうか。(『キルケゴール研究』、四七四頁)

注目すべきは、バルトがキルケゴールを一九世紀の自由主義的な神学からの決別ではなく、その系譜の中に位置づけていることである。キルケゴールの神学は、それ自身真理であると考えられている主体性の実験、つまり「自己自身において基礎づけられ、自己自身において動かされ、それゆえに基礎づけのない、対象のない実験」であり、人間中心主義的なキリスト教的思考であるというのである。またそれは一八世紀の「敬虔主義」の最高の、最も徹底した完成である。それはまた「律法」の車輪に落ち込み、神の自由な恵みの福音を忘れることであった。こう批判して、バルトは「私はキルケゴールを、すべての神学者が一度はその学校を経なければならない教師であると思います。その学校を終えることを怠けてしまうというすべての人はわざわいであります! ただその学校に留まってはいけないのであります。より適切に申しますと、その学校に逆戻りしてはならないのであります」(『キルケゴール研究』、四七六頁)と述べている。

そしてバルトは、正統な神学の課題となる「使信」は、人間に対する神の然りについての喜ばしい使信で、教会が全世界に語るべき使信であると結論づけている。

Ⅲ 『ローマ書』第二版

バルトの『ローマ書』第二版はドイツの神学界に甚大な影響を及ぼした。それは一九世紀以来の自由主義神学に対する決別の宣言であった。キルケゴールの「神と人間の無限な質的差異」を背景に、人間の文化や文明の成果に「否」をつきつける「危機神学」であった。バルトは第二版序言において、この危機神学の特徴を以下のように述べている。

もし私が「方式」なるものを持っているとすれば、それは、私がキルケゴールのいわゆる時間と永遠との「無限の質的差異」なるものの否定的および肯定的意味をあくまで固守した、ということである。「神は天にいまし、汝は地に在り」。私にとっては、この神とこの人間との関係、ないしはこの人間とこの神との関係が聖書の主題であり、同時に哲学の要旨である。哲学者たちは、人間の認識を脅かすこの危機を根源と呼ぶ。聖書はこの十字路にイエス・キリストを見る。(『ローマ書』、一三頁)

カール・クーピッシュは『カール・バルト』において、『ローマ書』の意義を次のように述べている。

決定的に重要なのは、キリスト教私信の本来の内容を、根本的に捉えなおすこと、神の神性とキリスト教の現実性を真剣に受け取ること、さらに世俗的なものであれ、宗教的なものであれ、一切の被造物神化に断固として反対することであった。この被造物神化は、腐食性の毒物のように、神学的＝プロテスタント的文化享受と体験的さらに経験的な信仰的経験性とを伴う現在のキリスト教世界に浸透してきたのである。(クーピッシュ、六一頁)

同時にバルトの『ローマ書』は、政治的観点から見れば、当時の主要な神学者が、第一次大戦を支持したことを考えると、キリスト教と愛国主義が密接に関係していた政治と宗教の一体化に対する根源的批判であった。民族や国家を実体化し、それをキリスト教によって神聖化しようとする後の「ドイツ的キリスト教」に対する批判の萌芽が、すでにこの時点においても認められる。実際、バルトは『ローマ書』初版において、今求められているのは、「国家の市民としてのイニシアティヴと服従であって、決して王冠と祭壇との結合、キリスト教的愛国主義ではない」と記していた。第二版においても、「人間と人間を基礎づける究極者との間のある質的な距離が看過され無視される」被造物崇拝の事例として、「人間の精神的かつ物理的な創造物や建造物や表現物（家族や民族や国家や教会や祖国等々）の中に、神を体験する」ことを挙げ、そのような行為が「あらゆる現世的事物の彼岸に住みたもう神を見捨てる」のであり、「神ならぬ

神、偶像神」を打ち立てるのであると警告している。(『ローマ書』、六二頁)

Ⅳ　教会闘争

ドイツでは一九三三年一月にヒトラーが首相に任命され、あらゆる領域において指導者原理と「強制的一元化」が行われた。ドイツ福音主義教会にも帝国教会として監督がたてられ、ルートヴィヒ・ミラーが任命された。同時に反ユダヤ主義を掲げる「ドイツ的キリスト者」が教会からユダヤ人を排除する動きを展開するようになる。一九三三年一一月一三日に「ルターの民族主義的使命」というテーマで開催されたベルリン体育館の大衆集会において、ナチ的精神に従って教会改革を行うこと、アーリア条項を厳格に適用し、ユダヤ人教会は独自の教会を建てること、旧約聖書をユダヤ的なものから純化することが「ドイツ的キリスト者」のマニフェストとして、決議された。この動きに対決するために、九月に「牧師緊急同盟」が結成され、マルティン・ニーメラー(1892-1984)が指導者となった。また一九三四年一月四日にドイツ福音主義改革派に所属する一六七の教会が参加した。更にルター派や改革派を含む一八の州教会の一二九名の代表による告白教会の教会会議が五月にバルメンで開催され、バルトが起草した「バルメン宣言」が採択された。その第一条は、以下のよう記されてある。

> 聖書においてわれわれに証しされているイエス・キリストは、われわれが聞くべき、またわれわれが生と死とにおいて信頼し服従すべき神の唯一の御言葉である。教会がその宣教の源として、またそれと並んで、さらに他の出来事や力、現象や真理を、神の啓示として承認しうるとか、承認しなければならないとかいう、誤った教えを、われわれは退ける。(クーピッシュ、一一九頁)

こうしたバルトの「キリスト論的集中」は、ナチズムの歴史神学や自然神学を否定する確固とした神学的土台を提供した。バルトや「告白教会」に結集した人々がそうした体質から免れていたとするならば、それは彼らが聖書の神の言葉に拘束されていたからである。

バルメンやダーレム（一〇月一九、二〇日）での教会会議で一致団結していた告白教会は、ルター派のバイエルン州の監督ハンス・マイザーとヴルテンベルク州の監督テオフィール・ヴルムがヒトラーと妥協した後に、分裂の道をたどっていくようになり、もはや公の抵抗は不可能となる。バルト自身、一九三四年一一月にヒトラーに対する無制限の宣誓義務を拒んだために、ボン大学教授を罷免され、一九三八年以来バルトの著作はドイツでは禁書となった。

バルトは一九三三年六月に、ナチズムの教会政策に対抗して、『今日の神学的実存』（*Theologische Existenz heute*）を書き、教会闘争の火ぶたを切った。彼にとって教会闘争とは政治的闘争ではなく、神のことばを守る神学的闘争、信仰の戦いであった。彼は、神学的実存という言葉を、「われわれが神の言葉に拘束され、また神の言葉に奉仕するために、われわれが特別に召されている状態」、「教会の、召しを受けた説教者および召しを受けた教師としての実存」と理解したのである。神の言葉に拘束され、国家に対して神の言葉を語る教会は、決して国家によってコントロールされたり、窒息死させられたりしてはならない。この点に関してバルトは次のように述べている。

> 教会は、そして神学は、全体国家においても冬眠に入ることはできないし、モラトリアムを受けたり、強制的一元化されたりすることはできないのである。教会は、いづれの国家にとっても、それゆえ全体国家にとっても当然の限界である。なぜなら、国民は、全体国家においても、「罪の赦し、体の甦り、永遠のいのち」を内容とする神のことばによって生きているのだから。教会と神学とは、国民のために、この神の言葉に仕えるのである。それゆえに、教会と神学とは国家を限界づけるものなのである。（『教会と国家I』、天野訳、四一八頁）

バルトが教会闘争の争点として、『今日の神学的実存』で挙げているのは、第一に帝国の「監督問題」、第二に「ドイツ的キリスト者信仰運動」の問題であった。バルトにとって帝国教会の監督は、ナチスの指導者原理の適用であり、各ラントの諸教会を一元化する指導者の権威ある指導に服するという意味をもっており、福音主義教会の在り方を根本から変えるものであった。そしてそれは、カトリックの司教制度に似たものをもたらし、教会における正しい聖書解釈、教義や異端の決定、聖職者の任命などを行う強大な権限を監督に付与するものであった。まさにそれは、ローマ教皇制度であり、権力との癒着によって教会の世俗化や腐敗が生じたのである。バルトにとって、カトリック教会の司教制度は、ローマ帝国の政治構造をモデルとして形成され、「世俗化」の最たるものであった。教会の主はキリスト自身であるにもかかわらず、神の言葉に仕えようとしない指導者への服従はまさに偶像崇拝に他ならないのである。

神学的実存のないところ、かの教会指導者を呼び求める所、そこではかの指導者を呼び求める声一切は、あのバアル［偶像］の祭司どもの叫びのごとくむなしい。（同、三七九頁）

第二の争点は、「ドイツ・キリスト者の信仰運動」である。彼らの信仰告白は、「我は、ドイツ民族の神を信ず。神は自然と高貴なる人間精神の中に、また民族の中に働いて戦いたもう」というものであった。「ドイツ・キリスト者」の運動は、神のことばに奉仕せず、ドイツ民族の栄華を目的とし、「アーリア人条項」によって、ユダヤ人を教会から追放するような排他的な運動であり、それは「背教した教会」の姿であった。バルトは言う。

教会は、そもそも人間に仕えるべきではなく、それゆえまたドイツ民族に仕えるべきではない。……ドイツ福音主義教会は、ただ神の言葉にのみ仕える。……教会に属する者たちの交わりは、血によって、それゆえ人種によっても規定されるものではなく、聖霊と洗礼とによって規定されるのである。もしもドイツ福音主義教会がユダヤ人キリスト者を排除するとか、第二級のキリスト者として扱うとかいうことをするならば、それは、キリスト教会であることをやめてしまうことになるのである。（同、三八四—三八五頁）

より長期的な視野で考えれば、一八、一九世紀のプロテスタンティズムが、神の言葉に依拠せず世俗化の嵐の中に巻き込まれたことが、今日の事態をもたらしたといえる。バルトにとって、ドイツ的キリスト者の侵入そのものは、神の言葉の自由が、ドイツ福音主義教会において、すでに長期にわたり、あまねく危険に晒されていたことの、最後にして最も明白な兆候であった。したがって、教会闘争とは「教会の信仰告白を反復し、かつ堅固なものにする戦い」であり、第一義的に教会の信仰的、神学的闘いであった。しかし神学的戦いは、必然的に政治的闘争を引き起こす。

V　ナチスの神学者たち

E・P・エリクセンは、『第三帝国と宗教――ヒトラーを支持した神学者たち』に於いて、三人の当時の卓越したルター派の神学者、すなわち新約学者のG・キッテル（1888-1948. テュービンゲン大学神学教授）、組織神学者のP・アルトハウス（1888-1966. エアランゲン大学神学教授で「ルター・ルネッサンスの泰斗」）、そして教会史家のE・ヒルシュ（1888-1972. ゲッティンゲン大学神学教授）のナチスへのコミットメントを明らかにした。彼らは、民族を「創造の秩序」として神聖化したり、ナチ革命を「神の偉大な瞬間」として摂理的に正当化したのである。そこには、ドイツの「領邦教会」に巣くっている民族主義的、ナショナリズム的体質が継承され、刻印されている。

三人のルター派神学者は、なぜナチズムにコミットしたのだろうか。第一には、ビスマルク体制以来のドイツの国家と密接に結びついたナショナリズム的体質をあげることができる。これは、バルトが指摘しているように、第一次大戦の勃発をハルナックに代表されるドイツ神学者がもろ手を挙げて歓迎したことに示されている。第二に、ルター派の「二王国論」の影響が考えられる。「神の国」と「地の国」、「教会」と「国家」の関係を二元論的に分離し、政治の固有法則性や権威に対する服従を説いたことである。第三は、民族や国家を「創造の秩序」として理解し、神聖化する自然神学の影響である。第四は、歴史の事象、例えばヒトラーの出現を神の時（カイロス）や「救済史的出来事」と摂理的に理解する歴史神学である。そして第五に、これこそエリクセンが強調する点であるが、一八、一九世紀の自由主義神学の功罪である。自由主義神学の聖書に対する批判的作業によって教義や信仰が脅かされ、その間隙を縫って、神学の中に人種や民族が侵入し、大きなウェイトを占めるようになった事実である。この点こそ、すでに述べたように、バルトが『今日の神学的実存』で強調した点であった。

Ⅵ　国家と教会

バルトが、国家と教会について考察した書物が、『義認と法』(1938)である。ここでの中心的問いは、教会での「神奉仕」(Gottesdienst)とは別の「政治的神奉仕」は存在するのかというものである。バルトは、教会が国家化したり、国家が教会化することを共に斥け、双方の役割を区別する。教会は神のことばが自由に語られる領域であり、国家は、人間の法や平和が保持される領域である。その上でバルトは、教会が国家に対して何をなすべきかを主に論じている。その際バルトは、ローマ書第一三章第一節「人はみな上に立つ権威に従うべきです」というルター主義の保守的な受動的服従を批判して、服従とは、神の定めに基づいて、「一定の秩序によって規定され、限界づけられた服従」であると主張する。したがって、ナチズムのように国家が悪魔化し、不法な国家に逸脱した時に、教会は国家に対して、預言者的に警告し、その非を宣言する必要がある。ここにヘブライズムの「預言者」の伝統が復活するのである。そして国家は、この教会の声に耳を傾ける責任がある。バルトはこの点に関して、「天における都から地上の教会へと降りつつ射し込む光そのものは、地上の教会から地上の国家に向かって射し込む一つの光のうちに反射している」(『教会と国家』、天野訳、一八〇頁)と述べている。

それでは、具体的に教会は、いついかなる時に、国家に対して「政治的神奉仕」をなすことができるのか。まずナチズムのように国家が人種的イデオロギーを個人や教会にたいして強制してくる時に、教会は立ち上がらなければならない。バルトは、国家が権力増強のために何らかの世界観を強制し、内面的に拘束しようする場合、教会は不法国家に対して、服従を断固拒否しなければならないと主張する。のみならず、教会は国家秩序の形成に関して、神の言葉の宣教に依拠して、人権、法治国家、民主主義を指し示すことが可能である。彼は、教会に対応する特定の国家形態を必然的なものとして論証しているわけではないが、神の言葉は「自由の法」として、一定の線と方向性を指し示している。この「自由の法」が実践される時、法や人権は回復され、「専制政治は地に墜ち、無政府状態はここかしこで地に墜ち、ファシズムもボルシェヴィズムも地に墜ちる。そこでは、人間的事柄の秩序、そしてこの秩序のために必要な正義・知恵・平和・公正・扶助が立ち現れる。……これこそが、教会が国家に対して提供すべきものである」（同、二〇七頁）。

バルトは、『義認と法』」で述べた国家と教会との関係を、第二次大戦後「キリスト者共同体と市民的共同体」(1946)の中で、発展させた。バルトにとって「キリスト者共同体」は教会であり、「市民的共同体」は国家である。バルトは、この著書において、政治の分野で実現されるものを、教会からの「方向」と「線」として位置づけている。彼は、自然法がその「方向」と「線」を決定することを批判し、「唯一の信ずべく、権威ある霊的基準」である神の言葉が決定すべきと主張する。そして、その方向と線の具体的内容として、基本権としての自由、政治的自由、法の前の平等、権力の分立、公開性、平和の維持、民主主義の確立、社会正義を挙げている。最後にバルトは、国家と教会のそれぞれの使命としてバルメン宣言の第五条の遵守を主張する。第五条は以下の通りである。

聖書は、我々に告げる。国家は神の配剤に従い、（教会も同じくそこに立っている）いまだ救われざる世界にあって、人間的洞察と人間的能力の使用の下に、正義と平和を守るべき課題を担っている。教会は神への感謝と畏敬とから、この神の配剤の恩恵を承認する。教会は神の国と神の命令とを想起させる。またそのことによって、統治者と被統治者との責任を想起させる。教会はよろずのものを支えたもう、神の言葉の力を信じて、それに服従する。

（『バルト著作集』第七巻、二三五―二三六頁）

ここにあるように、教会はきたるべき「神の国」を想起させることによって、国家に対する見張り人の役割を果たすのである。

このようにバルトは、国家と教会の分離を主張しつつも、宗教が国家に対して果たすべき「政治的神奉仕」という積極的役割を重視したのである。それは、旧約における「預言者」の役割であった。

〔参考文献〕

・『カール・バルト著作集』（新教出版社）。第六巻『政治・社会問題論文集（上）』に「今日の神学的実存」、「義認と法」収載。第七巻『政治・社会問題論文集（下）』に「キリスト者共同体と市民共同体」収載。第一一巻『一九世紀のプロテスタント神学』（中）にバルトのルソー、カント、ヘーゲル評がある。第一四巻に『ローマ書』（第二版）が収載されている。なお原文は、Karl Barth, *Der Römerbrief*, 2. Arfl. TVZ, 1940 を使用した。
・K・バルト『教会と国家』（Ⅰ）（Ⅱ）（天野有訳、新教出版社、2014）。ここに収載されている天野訳の『今日の神学的実存』と『義認の法』を参照した。
・K・クーピッシュ『カール・バルト』（宮田光雄・村松恵二訳、新教出版社、1994）
・松浪信三郎・飯島宗享編『キルケゴール研究』（『キルケゴール著作集』別巻、白水社、1968）。カール・バルトの「キルケゴールと私」（1963）および「キルケゴールと神学者」（1963）収載。
・宮田光雄『カール・バルト』（岩波書店、2015）
・R・P・エリクセン『第三帝国と宗教――ヒトラーを支持した神学者たち』（古賀敬太他訳、風行社、2000）

第二章　フランスにおける政治と宗教

第一節　フランスにおける政教分離の展開

フランスでは、カルヴァンの影響を受けた新教徒（ユグノー）とカトリックとの戦いが発生し、そこに封建諸侯の権力闘争が絡んで、内戦が発生した。一五六二年、日曜集会に集まったヴァーシーの新教徒をギーズ公の一隊が教会内で虐殺したことがきっかけとなって、ユグノー戦争が始まった。一五七二年には、ユグノーに対する「サン＝バルテルミーの虐殺」が行われ、カトリックのギーズ公アンリ一世の兵によって、パリだけで三〇〇〇―四〇〇〇人が殺害されたという。この虐殺をきっかけとして、一五七三年にテオドール・ド・ベーズ（1519-1605）は、『臣民に対する為政者の権利』、ユグノー派の法律家フランソワ・オトマンは、『フランコ＝ガリア』、そしてステファヌス・ユリウス・ブルートゥスは『暴君に対する反抗の権利』（ラテン語版 1579、フランス語版 1581）を書き、武力による抵抗を訴えた。いわゆる「モナルコマキ」（暴君征伐論）の主張である。また一五七六年にポリティーク派のJ・ボダン（1529-1596）が、『国家論』を刊行、内戦を阻止するためにも主権を確立することの必要性を説き、抵抗権を否定した。ボダンは、君主権力の中に平和と秩序を維持する主体を見出し、一つの国家において幾つかの宗教の存在を寛容することによって、宗教の統一ではなく、フランス国民としての統一を主張した。逆に「一つの信仰」を掲げるカトリックの強硬派が「リーグ」を結成し、ユグノーに対する弾圧を主張した。

一五八九年に新教の信奉者であったアンリ・ド・ナヴァルがカトリックに改宗してアンリ四世（在位1589-1610）として即位し、一五九八年ユグノーに信教の自由を認めたナントの勅令を発した。しかし、アンリ四世の後継者ルイ一三世（在位1610-1643）が即位すると、ユグノーに対する迫害が再開し、一六八五年ルイ一四世はナントの勅令を廃止し、新たにユグノーの礼拝を禁止するフォンテンヌブローの勅令を発した。一六七〇年頃のユグノーの数は八五万人で、アルザスには七万人のルター派信者が存在するといわれている。この勅令によってユグノーは、オランダ、イギリス、プロイセン、スイスに、二〇―三〇万の規模で追放される一方、フランス国内では地下教会の建設がすすめられた。また一七〇二年にはカミザール戦争（～1704）が勃発した。一七一五年ルイ一四世の死去により、ルイ一五世（在位1715-1774）が即位したが、この時代は、啓蒙思想がフランスを席巻し、ヴォルテール、モンテスキュー、ルソーがフランスのサロンで活躍した。一七七四年、ルイ一六世が即位したが、一七八九年七月バスティーユ刑務所襲撃を突破口に、フランス革命が勃発した。

革命以降のフランスの宗教政策の特徴は、信教の自由は認めつつも、基本的に反教会的（教会財産の国有化、修道院の廃止）で、国家が教会をコントロールする体制を目指した。その典型が、一七九〇年の「聖職者民事基本法」（Constitution civile du clergé）であった。ここでは、「国家がカトリック教会を完全にコントロール」する目的で、教会の特権の廃止、聖職者を国家の管理下におくこと、司祭、司教に国家から手当を支給（聖職者の公務員化）すること、聖職者の憲法への誓約義務、戸籍抄本の民間移譲、司教、司祭は、教区の住民によって選ばれることなどが決定され、教皇の聖職者に対する権限が失われることになった。一七九二年九月には婚姻は単なる民事契約になり、離婚も承認され、出生証明、婚姻証明、死亡証明の発行も教区の教会から地方自治体に移され、「世俗化」が進行した。

その後、体制の転換（共和制➡ナポレオン独裁➡王政復古➡一八三〇年の七月革命による立憲君主制➡一八四八年の二月革命による第二共和政➡ナポレオン三世による統治➡一八七五年の第三共和政）を経て、政教分離（ライシテ）が実現されていく。

一八八一—一八八二年にジュール・フェリー法（初等教育の無償、義務、ライシテに基づく教育を確立した根本的な法律）が制定され、一八八五年にはカトリック神学部が廃止され、一八八六年一〇月に初等教育から聖職者を排除する「コブレ法」が制定された。これは教師のライシテと呼ばれ、「公立校では、すべて教育は非聖職者に委ねられる」と明記されている。一九〇四年七月には修道士、修道僧にあらゆる種類の教育が禁じられた。そして、政教分離を定めた「諸教会と国家の分離に関する法律」（Loi de séparation des Églises et de l'État、六部四四カ条）が一九〇五年に制定された。この法律では「国家が信教の自由を認めると同時に、いかなる宗教も国家が特別に公認・優遇・支援することはなく、また国家は公共秩序のためにその宗教活動を制限することができる」ことが明記された。第一条には「共和国は、良心の自由を保障する。共和国は、公の秩序のために以下に定める制限を除くほか、自由な礼拝を保障する」とあり、第二条には「共和国は、いかなる礼拝に対しても、公認せず、給与を支払わず、補助金を交付しない」と記されてある。ただ、施設付き司祭職、リセ、コレージュ、病院、学校、収容施設、刑務所などの公共施設における礼拝の支出は、例外とされている。

また一九四六年第四共和制憲法においても信教の自由が承認され、「ライックで、民主的で社会的な共和制」という言葉が用いられている。一九五八年の第五共和制憲法の第一条には、「フランスは、不可分の、非宗教的、民主的かつ社会的な共和国である」と記されている。ここではライシテ原則が定められているが、ライシテ（Laïcité/ Laïcisme）が、世俗主義や政教分離を意味する言葉として用いられている。

現代のライシテの問題点は、イスラム教との関係で議論されている。特に公立学校でのイスラム教徒のスカーフの着用問題である。公立学校において、宗教的表象の象徴であるスカーフ着用を禁止する法律が、二〇〇四年三月に成立した。同時にユダヤ人のキッパ、キリスト教徒の標章（大十字架章）も禁止された。公的領域において宗教を完全に追放しようとする試みが「ライシテ」として推進されていくのである。

〔参考文献〕

・伊達聖伸『ライシテ、道徳、宗教学――もう一つの19世紀フランス宗教史』（勁草書房、2010）
・J・ボベロ『フランスにおける脱宗教性の歴史』（三浦信孝・伊達聖伸訳、白水社、2009）
・R・レモン『政教分離を問いなおす』（工藤庸子・伊達聖伸訳、青土社、2010）。原題『ライシテの創造――一七八九年から未来に向けて』。本書は、ライシテに関する様々な歴史的文書が掲載されているので、重要。

ここから、フランスの政治と宗教、国家と教会の歴史的文脈の中で、フランスの思想家がどのようにこの問題と向き合い、いかなる政教関係を展開したかを検討する。まず第二節で、フランスのユグノーに圧倒的な影響力を及ぼしたJ・カルヴァンの宗教改革、及び教会・国家論を検討する。その後ユグノー戦争勃発前後における二つの政治思想の潮流を考察する。つまり第三節で、カルヴァンの弟子で、武力による抵抗権を提唱したド・ベーズ、第四節でポリティーク派の巨匠で、寛容を説き、宗教に依拠しない主権国家の概念を提唱したJ・ボダン、第五節で懐疑主義者ピュロンの系譜に立つ人文主義者で、「寛容論」を説き、主著『エセー』を書いたモンテーニュを取り扱う。

第六節では、当時の教皇によるジャンセニスムの異端宣言の文脈の中で、ジャンセニスムに立脚しつつ、聖書の真理を語ると同時に、良心の自由を貫こうとしたパスカルの思想を取り扱う。第七節から第九節までは、一八世紀のフランスの啓蒙主義者たちが、フランスの不寛容な宗教政策に対して寛容を説くと同時に、彼ら自身がどのような宗教観を確立していったのかをヴォルテール、モンテスキュー、J・J・ルソーの順で考察する。こうした啓蒙主義者の宗教と政治の見解は、フランス革命にも多大な影響を及ぼしたので注目に値する。彼らの主著は発禁処分を免れなかったが、彼らは国家権力と対峙し、切り結び、自らの思想を練り上げていった。一言で言えば、啓示宗教批判と自然宗教の提唱である。

第一〇節では、一八三〇年の七月革命に始まる七月王政で活動し、良心の自由と政教分離を説き、教皇から破門されたラムネーの思想と行動に迫る。通常、政教分離は反宗教、反カトリックの側から提唱されてきたが、カトリックの中にもラムネー、ラコルデール、モンタランベールといった自由主義的カトリックが、良心の自由や政教分離を説き、宗教の再生を説いていたことを忘れてはならない。第一一節で取り上げるA・トクヴィルもアメリカの政教関係に着目し、フランスの旧体制の王座と祭壇の結合を批判し、信教の自由と政教分離を主張した思想家である。

第一二節と第一三節では、第三共和政下、晩年にカトリシズムに接近し、『道徳と宗教の二源泉』を書いたアンリ・ベルクソンとネオ・トミストの代表者ジャック・マリタンの思想を取りあげ、政教分離を前提とした上で、宗教が、市民社会や政治に対していかなる貢献が可能かという視点で考察する。その際、キリスト教が、人権、デモクラシー、友愛の形成に及ぼす影響力に注目する。

フランスの政教分離の思想的展開を描く本章の構成に、疑問を覚える人もいるであろう。特に一九世紀以降のライシテの思想的な系譜をたどる時に言及されるサン・シモン（1706-1825）、オーギュスト・コント（1798-1857）、エルンスト・ルナン（1823-1892）、エミール・デュルケーム（1858-1917）といった実証主義的思想家や社会学者には言及せず、ベルクソンやマリタンといったカトリックに近い、ないしカトリックの思想家を扱っていることは、意外に思われるかもしれない。しかし本書では、宗教に批判的な「ライシテ」ではなく、「宗教に親和的」な政教分離の思想を描こうとした。本書において不足している部分に関しては、すでに参考文献として挙げたライシテの研究家伊達聖伸氏の著作『ライシテ、道徳、宗教学――もう一つの一九世紀フランス宗教史』を参照されたい。

第二節　カルヴァン（Jean Calvin）

カルヴァン（1509-1564）は、フランスではなく、スイスのジュネーヴで宗教改革を行ったが、フランスのユグノーに及ぼした影響が絶大なので、フランスの項目で扱うことにする。

I　プロフィール

カルヴァンは、一五〇九年北フランスのピカルディ地方の中心地で司教座があるレワヨンで生まれた。彼の父ジェラールは、レワヨンに法律事務所を持った地方の有力者であり、母は敬虔なクリスチャンであった。彼は一五二三年にパリに勉強に行き、福音主義の信仰に接した。彼は一五二八年にオルレアン大学に入学したが、メルヒオール・ヴォルマールは、ルター派の信者でカルヴァンにドイツで行われている宗教改革を紹介し、新約聖書をギリシャ語で学ぶように手ほどきをした。また彼は、一五二九年ブルージュ大学に移り、セネカやキケロなどのストア派の哲学に親しんだ。一五三二年四月に彼は、フランソワ一世にプロテスタントの迫害を中止するように要請するために、『セネカの寛容論注解』をラテン語で書いた。まだこの段階では、カルヴァンは人文主義者である。

彼は一五三三年回心し、明確にプロテスタントの側に立った。彼は自らの回心に触れて、「神は突然の回心によって、年齢のわりにはあまりにもかたくなっていたわたしの心を、屈服させて従順にならせたもうた」と述べている。彼は同年秋に友人のニコラ・コップがパリ大学学長に就任する時の演説を起草したと言われる。ニコラ・コップはこの演説を「キリスト教哲学」というテーマで行ったが、それは宗教改革を強く打ち出していたために、彼に対して異端弾圧の勅令が出され、コップとカルヴァンはパリを離れざるをえなかった。カルヴァンは避難所を転々とした後に、バーゼルで一五三六年に『キリスト教綱要』(第一版、*Institutio Christianae religionis*)を出版した。また彼は、マルティン・ブーツァー(1490-1551)やヴォルフガング・カピトー(1487-1541)のいるシュトラスブルクに行く途中にジュネーヴに立ち寄り、ファレル(1489-1565)からジュネーヴでの宗教改革を助けてくれるように懇願された。ファレルの次の言葉は、カルヴァンの魂を揺り動かした。

> 君は自分の静かな生活だけを考えているのか。それならば私は、全能の神の名によって宣言する。君の研究生活は口実にすぎない。もし君が我々と一緒にこの事業に身を捧げるのを拒むならば、神はきっと君をのろいたもうであろう。君は自分自身のことを思って、キリストのためを思っていないのであるから。(渡辺、五四—五五頁)

カルヴァンは一時、ジュネーヴでの宗教改革に尽力を尽くすが反発を受け、一時的にジュネーヴを離れてプーツァーのシュトラスブルクでの宗教改革を助けたが、一五四一年に再度ジュネーヴに戻り、亡くなる一五六四年までジュネーヴの宗教改革と教会建設に尽力をした。

カルヴァンは、ジュネーヴの宗教改革のために精力を費やしただけではなく、母国フランスの宗教改革のためにも祈りを欠かさず、フランスでのユグノーの迫害を注視続けた。彼は、「教皇派の中にいる信者は何をなすべきか」(1543)や「ニコデモの徒への弁明」(1544)を書き、フランスのユグノーが妥協することなく、福音的信仰を守り通すように説得した。カルヴァンは、一五六四年五月二七日に五五歳で天に召された。カルヴァンの墓石は、その遺言により設けられなかった。彼は彼の名が永遠に残るよりは、神の栄光が現わされることを願ったのである。

Ⅱ　国家と教会

基本的にカルヴァンは、霊的統治と世俗的統治、教会と国家を区別するルターの二王国論を継承した。しかし、彼はこの二つの統治を区別した上で、一つに結びつけようとした。カルヴァンは、地上においても神の「栄光」を現わしていくことを自らの使命と考え、この世の国を福音によって変革しようとしたのである。彼は神の国と地の国を区別した後で、両者の関係について『キリスト教綱要』で以下のように述べている。

「霊的な統治」は、ここ地上の現在においてさえ、我々のうちになんらかの天上の国の前奏曲をかなで始め、この朽ちていく、つかの間の人生において、我々に不死で不朽の祝福の幾分かを味あわせてくれるのである。しかし、この地上の統治制度の目的は、表に現れた神の礼拝と純粋な教義と信仰生活を育て維持すること、教会という構築物をその全体性において守ること、我々の態度を公的正義に適応させること、我々の間に調和を創り出すこと、そして共通の平和と平静さを維持し、保ち続けることである。(『綱要』IV-20-1、二三一―二三二頁)

ここでカルヴァンは、世俗的統治の目的を、ルターの様に単に「平和と平静さ」の維持という外面的な秩序維持のみならず、「神の礼拝と純粋な教義と信仰生活の育成」、更には「教会を守ること」そして、「公的正義」に合致するように市民教育を行うことに求めている。彼は、宗教的教育や教会の訓練にとって文字通り公共心を持った有徳な市民を創出しようとしたのである。この三つの目的の達成は、教会との密接な協力なしに不可能であった。何が正統な教義で何が異端であるかを決め、教理問答書や教会訓練を決定するのも教会の権限であった。国家は、教会の決定に従って、権力を行使するのである。国家と教会は、それぞれの組織の自律性、またそれぞれの役割範囲を厳守しながら、地上における「神の国」の建設のために、協力するのである。

ルター主義のドイツでは、すでに述べたように「領邦教会制」が発展し、国家の権力が教会をコントロールする形で進展したが、カルヴァンは、逆に教会が国家に優越する体制（神権政治、theocracy）を築き上げた。彼は一五五五年に「破門権」を「長老会」の権限として認めさせることに成功したが、これはヨーロッパのプロテスタント諸国では、どこまでも世俗権力の特権であった。教会が国家に従属することを何よりも嫌ったのはカルヴァン自身であり、だからこそ彼はルターと対照的に「可視的教会」を重視し、「ジュネーヴ教会規則」を二度も制定し、教会の組織化に全精力を費やしたのである。

モンターは、カルヴァンがジュネーヴの市民＝教会員に宗教教育や教会訓練を施し、彼らの放縦や欲望を制し、「規律」をもたらそうと努力したことについて、以下のように述べている。

カルヴァンの一番重要な業績は、……教理問答書と教会訓練の仕組みを通じて、ジュネーヴの一世代全体を徹底的かつ体系的に教育したということであった。カルヴァンが死ぬまで、ジュネーヴほどよく教化され、厳格な「規律」に慣らされたヨーロッパの都市は他にはほとんどなかった。独立したばかりの騒乱のたえない都市で、カルヴァンは、神の法と人間の法の尊重を押し付けようと試みたのであり、相当苦労した後、それに成功したのである。（モンター、一六七頁）

回心した信者が自発的に結成するゼクテ（Sekte）型の教会ではなく、そこで生まれたすべての人を教会員として包括するキルシェ（Kirche）型の教会においては、教会の訓練や教育による「規律」の形成や人格の陶冶は、困難を極めざるをえない。ジュネーヴにおけるカルヴァンの宗教改革においては、「リベルタン」（自由至上主義者で、規律に反対して自由を唱える人々）の抵抗が熾烈であった。

カルヴァンのジュネーヴにおける宗教改革は、一期（1536.8-1538.4）と二期（1541-1564）に区別される。一期は、リベルタンとの闘いの敗北の時期である。彼は、一五三七年一月に「ジュネーヴ教会規則」、「信仰の手引き」、「ジュネーヴ教会信仰告白」を制定し、教会の規律を強く打ち出し、教会が神の栄光を現わすように努力したが、リベルタンたちはそれを「宗教的束縛」とみなし、信仰告白の宣誓を拒否した。カルヴァンは、「リベルタン」たちを市から追放するように市当局に要請したが、逆にカルヴァンやファレルの追放が決議されたのである。カルヴァンがジュネーヴに戻って宗教改革を行った第二期においても、「リベルタン」の抵抗は熾烈をきわめたが、彼はこの戦いに勝利したのである。

Ⅲ　信教の自由、寛容の否定

カルヴァンは、ジュネーヴでの宗教改革の第二期に「リベルタン」との闘いに直面したが、その理論的指導者がセバスチャン・カステリオン（1515-1563）であった。彼はシュトラスブルク時代のカルヴァンの学生で、カルヴァンに心酔していたが、後に反旗を翻すようになった。両者の衝突を取りあげ、カステリオンに共鳴した作品にシュテファン・ツヴァイク（1881-1942）の『権力と良心』がある。カステリオンはヒューマニストで、神の絶対的救いというカルヴァンの予定説に賛同することができなかったし、政治権力が信仰や教義の問題に介入することを拒否した。この点において彼は、健全な信仰や教義の保護、そして異端の排除を国家の使命と考えるカルヴァンと対立したのである。

二人の対決は、スペインの自由思想家で三位一体を批判したセルベトゥス（1511-1553）の火刑をめぐって絶頂に達した。カステリオンは、一五五三年に「異端者について――彼らは迫害されるべきかどうか」を著し、政治権力によって異端を排斥することの誤りを指摘し、寛容の必要性を説いたのである。カステリオンを筆頭にカルヴァンの異端狩りに対する批判が続出したため、カルヴァンは、「セルベトゥスの誤謬を駁す」や「三位一体についての正統信仰の擁護」を著し、批判に答えた。このセルベトゥスの処刑が後の時代にカルヴァンの「神権政治」を悪名高いものにしたことは間違いがない。少なくともカルヴァンの考えからは、異なる信仰を持つ者に寛容をもって臨むという考えが生まれてくる余地は存在しない。自発的にキリストに従う群れではなく、ジュネーヴ市民全部を教会の構成員として受け入れ、そこに厳しい「訓練」と「規律」を課し、ジュネーヴを「神の国」として建設しようとするカルヴァンにとって、寛容の余地は存在しなかった。

後のカルヴィニスト、例えば一六三〇年にマサチューセッツ湾植民地を形成したカルヴィニスト達も、マサチューセッツにおいて神聖政治を行い、「寛容」を認めなかったのである。

ところで、なぜカルヴァンは、ルターの「二王国論」から離れ、教会の要請を受けてという留保つきであれ、国家の宗教への介入を許し、信仰や良心の自由を弾圧することを求めたのであろうか。三点考えてみたい。

第一点は、ジュネーヴのカルヴァンのみならず、当時のスイスの宗教改革者、例えばチューリッヒのツヴィングリ（1484-1531）や、シュトラスブルクのブーツァーやカピトー、そしてバーゼルのエコランパディウス（1482-1531）などは例外なく、宗教改革を実現し、正統な教義や礼拝を守るために、政治的支配者に対して異端の迫害を要請したという事実である。

第二点は、カルヴァンが国家や政治のことを論じる際に、「神のものは神に、カエサルのものはカエサルに」という二元論を説く新約聖書ではなく、政治と宗教が密接に結び合わされており、為政者の職務も単に外的秩序を守ることではなく、神の「栄光」の現わされる宗教的・道徳的秩序を形成することにあると考える旧約聖書を手本にしていることである。彼が『キリスト教綱要』やポレミックな著作において証拠として引き合いに出すのは、旧約聖書からであった。すでに見たように旧約聖書の古代イスラエルの政治共同体は、政教一致の体制であった。

第三点は、彼が継承した「古典的な共和主義」の伝統が、カルヴァンに国家が宗教の領域に関与する根拠を提出したことである。私たちがすでに見たように、古代ギリシャであれローマであれ、古典古代の共和国は「祭祀共同体」であり、国家が神々を祀ることが最大の義務とされていた。カルヴァンは、キケロの『法律について』を引き合いに出して、『キリスト教綱要』の中で、以下のように述べている。

官憲の義務、すなわち法律の制定や、社会秩序の維持について論じる時、世俗の著作家のうちにも、唯一人として、宗教や神への祭儀から論を起こさぬ人はいなかったからである。そしてすべての人は、どのような政体も、敬虔を第一の関心事としない限り、幸いな確立を見ることができず、また「神をあがめるという」権利を斥けて、ただ人間のためばかりをはかる法律は、倒錯したものだということを告白したのである。(『綱要』IV-20-4、一三五頁)

宗教の公的形態を維持することが支配者の不可欠な義務であった。古典古代の国家観は、単なる外的な秩序を創出するという国家観とは、まったく対立した地点に立っていたのである。次のモンターの言葉は、神の栄光のために現世を改造しようとするカルヴァンの試みを言い当てている。それは「世俗内的禁欲」の壮大な実験である。

カルヴァンの体系の本質は、……説教とか宣伝ではなく、教会であると同時に国家でもあるべき可視的社会の日常生活の中に、道徳的理想を結晶させようとする試みであった。修道院制度を覆したわけであるが、その目的は、世俗世界を巨大な修道院に変えることであった。そしてジュネーヴは、しばらくの間は、それにほぼ完全に成功したのであった。(モンター、三四三頁)

〔参考文献〕

・J・カルヴァン『キリスト教綱要』(渡辺信夫訳、新教出版社、1984)
・E・W・モンター『カルヴァン時代のジュネーヴ』(中村賢二郎・砂原教男訳、ヨルダン社、1978)

・渡辺信夫『カルヴァン』(清水書院、1992)

第三節　ベーズ(Théodore de Bèze)

I　プロフィール

テオドール・ド・ベーズ(1519-1605)は、一五一五年にフランスのブルゴーニュ地方のヴェズレーで生まれた。ベーズはパリで教育をうけたのちに、テュービンゲン大学教授メルヒオール・ヴォルマーの指導を受けるためにオルレアンに移った。彼はその後オルレアンで法律を学び、弁護士として活動していたが、病気となり、それがきっかけとなって回心した。その後、彼はジュネーヴに生き、そこでカルヴァンと出会い、彼の弟子となり、頭角を現すようになる。一五五三年には、ミシェル・セルベトゥスの火刑に関して、反対するカステリオンを批判してカルヴァンを擁護する論文を書いた。一五六四年にカルヴァンが死去すると、カルヴァンの後継者として一五五九年に創設されたジュネーヴ大学の初代学長(1559-1563)、神学教授、また牧師会議長(1563-1564)を務め、ジュネーヴ教会の発展と神学教育に全力を注いだ。彼が書いた『為政者の臣下に対する権利』(1574)はモナルコマキ(Monarchomachi; 暴君征伐)の代表的な文献である。カルヴァンよりは、むしろベーズの方がカルヴァン派の政治的抵抗理論の真の提唱者であり、一五七二年の聖バルテルミーの虐殺の後、彼の暴君征伐論の著書が発表された。

また彼は、カルヴァンにならって、母国から多数の教職者を受け入れて、教職者として養成し、母国へ派遣した。さらにフランスのユグノーの支援のために、ドイツの新教諸侯や教会指導者、またチューリッヒやバーゼルなどの諸都市を歴訪した。彼は、一六〇五年にジュネーヴでなくなり、聖ピエール修道院に葬られた。

した。

Ⅱ『為政者の臣下に対する権利』——暴君征伐

ベーズが書いた「為政者の臣下に対する権利」は、フランソワ・オトマンの『フランコ・ガリア』（1573）やユリウス・ブルートゥスの『暴君に対する自由の擁護』（1579）と並んで、カルヴィニズムの抵抗理論の最高峰の一つを形成した。

彼が匿名で『為政者の臣下に対する権利』を発表する契機となったのは、一五七二年のフランスのプロテスタントのユグノー勢力にとって致命的打撃となった聖バルテルミーの虐殺であった。カルヴァンの死後、ヨーロッパで宗教戦争が勃発し、フランスでは一五六二年から一五九八年の間は、内戦につぐ内戦であり、その中で最も残虐極まりない事件が聖バルテルミーの虐殺であった。パリだけでも二〇〇〇人から三〇〇〇人のユグノーが殺害されたという。この虐殺の黒幕は、熱狂的なカトリックのギーズ公（1550-1588）、ないし王母カトリーヌ・ド・メディシス（1519-1589）であった。それまで国王との公然たる武力対決を回避しようとしたユグノーは、この虐殺事件を契機として、国王への忠誠を放棄して、公然たる武力闘争を呼び掛けるに至った。彼らに対しては君主に対して戦いを挑むという意味で、「モナルコマキ」(Monarchomachi) という名前がつけられた。この事件まで国王との直接的対決を避けようとしてきたユグノーは、この虐殺事件を通して、国王への忠誠を放棄して、公然たる武力闘争を呼び掛ける。

合法的最高主権者であった為政者が公然たる暴君となった場合、臣下は何をなすことができるか。またそのような事態が生じた場合、公然と暴君となった君主の権威といえども神聖かつ不可侵であるので、臣下は何ら抵抗することなく忍従すべきか、さらに抵抗を仮定した場合、武力抵抗まですることができるか。（ベーズ、一一七頁）

抵抗が許されるのは、臣下一般ではなく、「三部会」や「下級為政者」であった。「上に建てられた権威に従え」ではなく、「人にではなく神に従え」という聖書の言葉がベーズにとって重要であった、彼は、「唯一神のみが、何らの例外なく服従されるべきこと」とし、君主に従うのは、「君主たちが不敬虔あるいは、不公正を命じることがない限りである」と述べている。問題は、抵抗の手段である。ベーズは、臣下を私人、下位為政者、そして君主を制御する地位にある為政者の三つに分類し、個々の私人が、その私的権限で暴君に抵抗することは許されていないが、下級の為政者や君主を制御する地位にある為政者には、武力を用いた「抵抗権」を容認したのである。

三部会とか、帝国あるいは、王国の法律に関する最高権限を持つ者の一致した決定により、事前に暴政が公に訴えられる限りにおいて、彼ら為政者は（必要なら武力をもってしても）公然たる暴政に抵抗し、彼らの責任に委ねられている人々の安全を守る権限を有している。（ベーズ、一二一―一二二頁）

特に彼は、君主を制御する地位にあるものとして三部会（Etats généraux、僧侶、貴族、平民の身分制議会）をあげ、「三部会」がその権限内で暴君に抵抗し、暴君を処罰することができるとした。フランスにおけるユグノーの迫害のように、宗教上の理由で真の宗教が迫害される場合には、為政者は暴君とみなされ、「三部会」や下級の為政者による武力を含めた抵抗が正当化される。ベーズは、「十分に訓練が行き届いた統治が目標とするところは、異教の哲学者が考えたような地上の生における平穏ではなく、現世のすべてがそれに向けられるべき『神の栄光』である」と述べているが、ここに彼の政治思想の骨子が示されている。「神の栄光」こそ、ベーズが求めたものであった。ベーズはジュネーヴの宗教的指導者としては異端の容赦なき弾圧を説き、フランスにおける宗教的少数者であるユグノー支援の場合には、抵抗を説くという一見矛盾した考えを表明しているが、そこに共通しているのは、寛容思想の欠如であり、宗教的自由概念の欠如であるといえよう。彼にとって、寛容や宗教的自由、地上の平和といった価値は、「異教の哲学者」の価値に他ならなかった。当然のことながら、政教分離も問題外である。

〔参考文献〕

・『宗教改革著作集10　カルヴァンとその周辺Ⅱ』（教文館、1993）。ここには、ド・ベーズ「為政者の臣下に対する権利」（丸山忠孝訳、

1574)、M・セルヴェトゥス「異端は迫害されるべきか」(出村彰訳、1554)、S・カステリオ「異端は迫害さるべきか」(出村彰訳、1554) などが収載されている。

第四節　ボダン (Jean Bodin)

Ⅰ　プロフィール

ジャン・ボダン (1530-1592) は、フランスのアンジェに生まれた。彼は一四歳でカルメル修道会に入会したが、一五四八―一五四九年にカルメル会の修道士としての誓願から解かれている。そのことは、彼が一五四七年に異端（ユグノーの嫌疑）のかどで尋問を受けるが、否認することで処罰から免れていることと関係しているかもしれない。彼は一五五〇年代にはトゥールーズ大学で法学を修め、人文主義にも慣れ親しんだ。トゥールーズは新旧両勢力の対立が激しかった地域で、人文主義の法学者は、教会法学者やローマ法学者とは異なり、宗教改革に好意を持っていたと言われている。ボダンは同大学で教授職の地位につくことができなかったので、パリの高等法院で弁護士として活動した。彼の最初の著作は、一五六六年に普遍史の研究の案内のために書いた『歴史方法論』であった。一五七〇年頃にはシャルル九世の宮廷で行政職を与えられ、一五七一年以降は、ポリティーク派の首領で王の弟であるアランソン公のフランソワ公爵に仕え、イギリスやオランダで活動した。一五七二年は、聖バルテルミーの虐殺が起こっている。一五七四年にユグノー軍やコンデ公、ナヴァール王と結託して王位をねらったアランソン公が逮捕された。ボダンはこの陰謀に加わっていたと思われるが、逮捕は免れた。

一五七六年にボダンは、第三身分の代表としてブロアの三部会に選出され、一五八四年まで務めた。彼は一五七六年にはユグノー戦争を背景に主権論を展開した『国家論六巻』(*Les six livres de la République*) を出版したが、一五九二年にローマ教皇から禁書に指定された。しかし、『国家論』は宗教戦争の暗い時代において、フランスの啓蒙的な政治的エリートであるポリティーク派から歓迎され、飛躍的に彼の名声は高まった。ボダンは、その後アンリ三世（在位1574-1589）が宗教的な統一を強制するための新たな課税を要求する財政・宗教政策に三部会で反対し、なんとかして内戦を回避しようと試みた。彼は内戦に反対であったし、新税は第三身分にとっては耐え難い重荷になると考えたのである。こうした彼の立場は、君主の絶対的主権という彼の見解と矛盾するものではなかった。なお彼は一五八〇年に『魔法使いの悪魔学』、一五九三年に『崇高な事物の隠された秘密に関するヘプタプロメーレス対話』（七宗派会談）、一五九六年に『自然の劇場』などの宗教的書物を書いている。『七宗派会談』が出版されたのは、彼の死後一八五七年になってからであった。一七、一八世紀ではこの原稿のコピーは、ヨーロッパの哲学的エリートの間で回覧されていた。この書物は、ボダンの寛容論を知る上で重要である。彼は一五八四年の王弟フランソワ公の死去以来、妻の実家のあるイル・ド・フランスのランで晩年の隠遁生活を送り、一五九六年に死去した。ボダンはランでは、「ポリティーク派で疑わしいカトリック」として通っていたようである。ボダンは、フランス語版の『国家』に多くの改訂や追加をしたラテン語版『国家』を、一五八六年に出版した。

Ⅱ　ポリティーク派

当時、寛容を説いた勢力には二つの流れが存在した。一つの流れは、良心の自由という視点から「寛容」を説いたセバスチャン・カステリオン（1515-1563）である。カステリオンはフマニストとして、カルヴァンの予定説に賛同できなかったし、政治権力が信仰や教義の問題に介入することを排斥した。彼は、健全な信仰や教義の保護、そして異端の排除を国家の使命と考えるカルヴァンと対立したのである。彼はセルベトゥスの火刑に際して一五五三年に「異端者について——彼らは迫害されるべきかどうか」を著し、政治権力によって異端を排斥することの誤りを指摘し、寛容の必要性を説いた。彼にとってフランスの「内乱」の真の原因は、良心の自由の否定であった。

他方の流れは、ボダンもその後のモンテーニュも属していた「ポリティーク派」であり、政治社会の存続という観点から、「寛容」を説き、急進派カトリックの「リーグ派」と対立した。寛容を説く「ポリティーク派」の当時の代表的人物は、ミシェル・ド・ロピタル（1505-1573）であったが、ボダンはロピタルを支持していた。

　ボダンは、ユグノー戦争では、宗教よりは世俗の秩序を優先させ、寛容によって宗教内戦を終結させようとする「ポリティーク派」に属していた。政治的理由から寛容を支持していた彼らは、全国民が王権の下に結集することによって、内戦を克服することができると信じた。しかしポリティーク派といえども、表向きはカトリックを自称するのであり、無神論まで承認するわけではない。したがってポリティーク派は、脱宗派化したが、脱宗教化したわけではない。このポリティークの政治理論は、後にアンリ四世、そしてリシュリュー枢機卿（ルイ一三世の宰相）の下で支配的となっていく。

Ⅲ　ボダンの主権概念

　ボダンは、一五七六年『国家論』を発表した。ここには、宗教戦争に対する危機意識が表明されている。この書物がポレーミクとして念頭に置いているのは、一方におけるマキャヴェリズムと他方におけるモナルコマキであった。彼は、「宗教を国家にとって有害なものと非難し、国家の基盤を無信仰と不正の上に置き」、神法、自然法を破壊するマキャヴェリ（1469-1529）を批判すると同時に、自由の名のもとに叛乱を扇動し、暴政よりも悪い放縦なアナーキーを説くモナルコマキをも批判する二正面作戦を企てた。

　『国家論』は、導入部分「国家とその存在目的」、第一巻「家族・市民共同体・国家」、「主権とその限定」、第二巻「国家形態と統治形態」、第三巻「権力構造と統治形態」、第四巻「変動とその対策」、第五、六巻「統治対策」（1．宗派対立。宗教的寛容政策と宗教的寛容論、2．監察官制度の再興、3．貧民問題、4．報復と刑罰、売官制と宮廷の浪費批判、5．財政、国有地の譲渡禁止と借金、浪費批判、6．国際関係。諸主権国家体制と条約の不可侵）から構成されている。

　まずボダンは、主権を「絶対的で永続的な権力」で、ラテン語でマジェスタスと呼ばれるものであると定義する（I-VIII, p.24）。そして国家を「複数の家族とそれらに共通なものに対する、主権的権力を伴なった正しい統治」と説明している。彼は、「主権的支配者は、神によってその代理人として他の人々に命令すべく設けられた」と説く点で「王権神授説」の立場に立っており、主権者の神に対する責任を強調すると同時に、主権に対する抵抗権を否定し、主権者に対する無制限の服従を説いている。彼は、オイコスとポリスを厳格に区別したアリストテレスと異なり、国家における主権者と臣民の関係を、神の世界支配、並びに家父長とその妻子との権力関係の類比の下に理解した。

ボダンの「主権概念」は論争的な概念であり、二つの敵に向けられている。つまり、「国内主権」という観点から見れば国内の封建貴族に対する優越を意味し、「対外主権」という観点から見れば、教皇権力に対する優越を意味した。彼は、「主権」(souveraineté)を定義して「国家の絶対的で永続的な権力」、また「市民や臣民に対して最高で、法律の拘束を受けない(legibus solutus)権力」と述べ、その主権の権能として、立法権、行政権、人事権、裁判権、貨幣鋳造権を含めているが、宗教的権限を含めていない。それは、ボダンが政治と宗教が密接に絡み合い、癒着してきた伝統と決別し、国家の世俗化を要請しているからと思われる。しかしボダンが要請するのは、脱宗教化した「世俗国家」ではなく、「脱宗派化」した国家であった。

ボダンにとって、主権は無秩序を克服するための方策であり、法(loi)もまた「主権者の命令である」。主権者は臣民に法律を与え、不必要な法律を廃棄し、別の法律を作ることができる。ボダンにとって、主権者の絶対的権力に対する正当化には、無秩序よりましという認識があった。彼はまた、ホッブズの『リヴァイアサン』と同様にローマの共和制以来継承されてきた「混合政体論」をアナーキーをもたらすとして批判した。

とはいえ、主権は神と自然法に服するのであり、完全に無制約ではない(同、1-8, p.29)。特に自然法は「財産所有権」(dominium)を保証するのであり、ボダンは、「国王はすべてをインペリウム(imperium)によって所有し、個人はドミニウムによって所有する」と述べている。したがって、国家は「私的財産権」を保障し、「生命・自由・財産」を保障すべきであり、個人の財産権に介入し、簒奪する主権者は「暴君」に他ならない。ボダンにおいても、「人民の福祉が最高の法」(salus populi suprema lex esto)であるというモットーが重要であった。また主権者は「三部会」を尊重しなければならないし、国王の継承権などの「根本法」に従わなければならない。

ボダンの主権概念は、教皇権力に対する論争的意味をも有しており、彼は教皇権力に批判的であった。彼は、教皇ボニファティウス八世（在位 1294-1303）と教会課税権をめぐって激烈な闘争を展開したフィリップ四世（在位 1285-1314）をフランスの王権の確立者として高く評価し、教会による戴冠や聖別の儀式なくしても王は王たりうる（同、I-9, pp.280-282）と主張した。

Ⅳ　ボダンの寛容政策

ボダンは、ポリティーク派の一員として、様々な宗教に対する寛容を説いた。真の宗教による魂の救済は、個人の内面の問題であり、国家は現世の外面的な秩序の維持を任務とする（同、IV-7, p.206）ボダンは、信仰の自由を訴えるが、それは後にロックが主張したように個人の自然的権利としてではなく、国家の平和と秩序を維持するための政治的考慮に基づく寛容からである。ただ、国家と教会との関係においては、完全な政教分離には至っておらず、ボダンは国家が宗教を保護すべきことを説いている。しかし、国家は外的な宗教行事や典礼を統制できるが、内面の領域は不可侵である。彼は言う。

聖職者たちが、世俗的支配者の権力によって支えられているとしても、ここから宗教が国家教育の一部分であると評価すべきではない。世俗的支配者の任務は、国家において承認された典礼を厳格に維持することにある。これに対して純化された魂の神への正しい回帰に他ならない宗教それ自身は、政治学も集会をも必要とせず、一人の人間の孤独の中に存在し得る。

このようにボダンにおいては、公的宗教と、「純化された魂の神への正しい回帰」という私的、内面的宗教との分離が認められる。

ここでボダンの寛容論を『国家』の第四巻第七章の「いかに反乱は回避されるか」から、検討することにする。まず彼は、宗教が国家を維持する基盤であることを力説する。

無神論者でさえも、宗教ほど国家を守るものはないことに同意する。というのも宗教こそが、君主や支配者の権力、法律の執行、臣民の服従、為政者に対する尊敬、悪をなすことの恐れを保障し、すべての人を友愛の絆で結びつける力であるからである。このような聖なる事柄が、論争によって疑われたり、軽視されたりしないようにする配慮が必要である。なぜなら、そうしたことは、国家の滅亡をもたらすからである。（IV-7, p.144）

こう述べてボダンは、どの宗教が真の宗教かの議論を行わないと前置きしつつ、以下の様に、寛容を説いている。

もし、真の宗教の確信を有する君主が党派や分派に分断された臣民を改宗させようと欲するならば、彼らを強制的に改宗させたりしてはならない。人の意志を強制しようとすればするほど、彼らは頑固になる。しかしもし君主が自らの人格において、偽善や偽りもなく、また権力を行使したり、刑罰を課したりすることなく、真の宗教に従うならば、臣民のこころを変えることができるかもしれない。君主はそうすることによって、騒擾、困難、内戦を回避するのみならず、誤った臣民を、救いに導くのである。（同、VI-7, p.144）

ボダンは、このような寛容の君主の事例として、トルコの皇帝が、イスラム教の儀式を守りながらも、他宗教の信者を強制しようとせず、それぞれの良心の命じる所に従って生活することを認め、四つの相異なる宗教――ユダヤ教、カトリック、東方正教会、イスラム教の宗教的慣行を認めていることを紹介している。またイタリア王のテオドリック大王（在位 493-526）は、自らはアリウス派であるが、誰も自分の意志に反して信じることを強制させられないとして、宗教の事柄においては寛容を貫いた。

またボダンは、自らの良心に反して宗教を強制された人々は、無神論者になる可能性を指摘して、以下の様に述べている。

神に対する畏れを一度失えば、彼らは、法律や為政者を足で踏みつけ、ありとあらゆる不敬虔と邪悪さに自らを委ね、人間の法で規制することはできなくなる。そしてどんなに残酷な暴君であっても、アナーキーほど悲惨ではないと同様に、世界中の最も熱狂的な迷信も無神論ほど忌むべきものではない。たとえ君主が、真の宗教を樹立できないとしても、より大きな悪を避けなければならない。（同、VI-7, p.145）

ボダンの死後一五〇年経過して公刊された遺著『ヘプタプロメレスの対話』全六巻（*colloquium heptaplomeres*、七宗派会談、1593）は、彼の寛容論がどれだけの幅を有していたかを示している。本書にはボダンの様々な宗教に対する該博な知識が披露されており、後に述べるモンテーニュと異なり、彼が宗教の問題に真剣に向きあい、唯一なる神を信じていたことを示している。本書では、カトリックのコロナエウス、ルター派のフリデリクス、カルヴァン派のクルティウス、ユダヤ教のサロモン、イスラム教のオクタヴィウス、自然宗教のトラルバ、懐疑派のセナムスの七つの派の代表者が話し合うという設定である。彼は、既成宗教から共通点を選びだし、①唯一神に対する信仰　②人間の自由　③来世の存在と魂の不死を挙げている。この枠組みにおける寛容では、当然ユグノーもその存在を許され、様々な啓示宗教の共存が可能となる。ボダンにおいては、キリスト教内部のカトリック、ルター派、ユグノーの共存が可能となるのみならず、ユダヤ教、イスラム教という他の啓示宗教もキリスト教と共存することができる。それだけではない。彼は、自然宗教や懐疑論の主張者も、公的に自国の宗教に従っているものであれば、寛容の範囲内としたのである。彼が寛容の対象外としたのは、魔術師や魔女そして無神論者であった。ボダンの魔女裁判への熱心は有名であるが、無神論者に関しては、『国家』の中で、「最も強力な専制といえども君主や支配者が不在のアナーキーほどには悲惨でないのと同様、この世で最も強力な迷信といえども、無神論ほどには嫌悪すべきものではない」と述べている。ボダンは、迷信よりも無神論を嫌悪した。時代が下って一八世紀の啓蒙主義時代においても、ヴォルテール、モンテスキューといった啓蒙主義者は、ボダンほど「迷信」については寛容ではないものの、多少のニュアンスの違いはあれ、後に述べるピエール・ベール（1647-1706）とは異なり、無神論者を「寛容」の対象外としたのである。

ボダンが「七宗派会談」を書いた二年後に、一五九八年ナントの勅令によって寛容令が出された。ボダンにとっては、歓迎すべき歴史の転換点であった。しかし、この寛容令は、一六八五年ルイ一四世の時に廃止され、迫害が始まった。その結果中産階級の職人が信仰の自由を求めて国を捨て、オランダ、ドイツ、イングランド、スイスに移住していった。フランスにおいて積極的に生産活動をしていた人々や技術者が消えてしまった。フランスに真の「寛容」が達成されるのは、フランス革命以降のことである。

しかし、私たちは時を急ぎすぎた。その前にボダンと同時代人でポリティーク派に属するモンテーニュ、一七世紀のジャンセニストであるパスカル、そして一八世紀フランスの啓蒙主義者、ヴォルテール、モンテスキュー、ルソーが、寛容や政教分離についてどのように考えたか、また彼らの独自の宗教観がどのようなものであるかを見ておくことにする。

〔参考文献〕

・Jean Bodin, *Six books of the commonwealth*, abridged and translated by M. J. Tooley, Basil Blackwell Oxford（http://www/constitution.org/liberlib.htm).『国家論』の英訳は本書を使用した。
・――――, *Colloquium of the Seven about Secrets of the Sublime*, The Pennsylvania State University Press, 2008. 編集者であるMarion Leathers Kunstz の Chapter I: Religion in the Life of Jean Bodin, Chapter II: Religious Views in his Works, Chater III: The Colloquium heptaplomeres and the Sixteenth Century はボダンの宗教観を知る上で貴重である。
・清末尊大『ジャン・ボダンと危機の時代のフランス』（木鐸社、1990）
・佐々木毅『主権、抵抗権、寛容――ジャン・ボダンの国家哲学』（岩波書店、1973）

第五節　モンテーニュ（Michel Eyquem de Montaigne）

Ⅰ　プロフィール

ミシェル・ド・モンテーニュ（1533-1592）は、一五三三年ボルドーのモンターニュの城館に、父ピエール、母アントワネットの第三子として生まれた。フランスでは、「学芸の父」と言われるフランソワ一世（在位1515-1547）の時代にルネサンスの人文主義が花開いたが、モンテーニュもその時代の精神的影響を受け、ラテン語を解し、ギリシャ・ローマの古典に没頭した。ここでは、特に宗教戦争という文脈からモンテーニュの生涯を見ておくことにする。

モンテーニュの約六〇年に及ぶ生涯は、宗教戦争や内戦の時代にあたっていた。モンテーニュの思想がこの決定的な体験によって産み出されたものであることは否定できない。彼は、一五三九年からボルドーのコレージュ・ド・ギュイエンヌで七年間勉学し、その後、ボルドー大学、トゥールーズ大学で古典、法律を学んだ後、一五五七年から一二年間ほどボルドーの最高法院で評定官として働いた。個人的には、親友ラ・ボエシーの一五六三年の死は衝撃で、彼の死生観に多大な影響を及ぼした。彼は、『エセー』の中で「哲学すること、それはどのように死ぬかを学ぶことである」（I-20）と述べている。一五六九年にモンテーニュは、スペインの神学者レーモン・スボンの『自然神学』（1487）を仏訳し出版しているが、『エセー』の中では「レーモン・スボン弁護」が全体の六分の一を占めている。レーモン・スボンは、一五世紀のスペインの神学者で、彼の没後ラテン語で『自然神学』が出版された。それは、聖書や啓示によってではなく、自然的理性によってキリスト教の真実性を論証するものであった。

モンテーニュは一五七〇年にボルドーの高等法院の評定官を辞めて、約一〇年間隠遁して著述活動に専念する。その間一五七二年に聖バルテルミーの虐殺が行われ、再度ユグノー戦争が激化する。彼が公に姿を現すのは、一五八一年から一五八五年まで二期四年、ボルドー市長を務めた時である。彼はこの時にも市長としてこの宗教対立に直面するようになる。基本的に彼は、ボダンと同様に、国家の存続のために宗教的寛容を説くポリティーク派の一員であった。モンテーニュの主著は『エセー』(*Essais*)である。彼は一五八〇年に『エセー』第Ⅰ、Ⅱ巻を、一五八八年に第Ⅲ巻を書き上げた。つまり『エセー』は、ユグノー戦争(1562-1598)の期間に執筆されたのである。『エセー』の特徴としては、古典古代の哲学や詩、歴史書からの引用は大量になされているが、聖書からの引用は極めて少ない。特にストア派の思想にモンテーニュは取り組んだが、キケロには批判的で、セネカの『書簡』から多大な影響を受けている。また彼は、「レーモン・スボン」の自然神学批判に見られるように、古代の懐疑主義者ピュロンの影響を強く受けていた。

彼はカトリックを信奉すると誓約していたが、ユグノー派の総帥の後のアンリ四世(前のアンリ・ド・ナヴァール)とも親しく、ナヴァールは一五八四年と一五八七年にボルドーのモンテーニュ家を訪ねている。一五八九年に国王となったアンリ四世はモンテーニュが宮廷で仕えることを望んだが、モンテーニュは隠遁生活を好み、アンリ四世の申し出を辞退している。彼は一五九二年にボルドーで死去した。一六七六年『エセー』は、カトリック教会によって禁書とされ、ポール・ロワイヤルのジャンセニストからは無信仰的だと批判された。そのことは、後に述べるパスカルのモンテーニュ評価にも現われている。

Ⅱ　モンテーニュとユグノー戦争

モンテーニュがボルドーの高等法院の評定官として一五五七―一五七〇年まで働いている間、宗教的迫害の現実に向き合わざるをえなかった。一九五九年五月、高等法院はサン・スラン修道院の聖像の首を打ち落とした嫌疑でボルドー市の富者ピエール・フージャールを火刑に処している。これは全国に拡大したユグノーによる聖像破壊の一事件であった。特にボルドーを初めとして、フランス南西部はユグノーの勢力が強かったと言われている。

一五七〇年二月には三名のユグノーの宣教師が断罪された。また一五七〇年八月ユグノーに信教の自由を与えたサン・ジェルマンの和議までに一万二〇〇〇人近くのユグノーが死刑を宣告されていたが、和議によって処刑をかろうじて免れた。彼は、高等法院評定官の間、一貫してカトリックの側に立っていたが、血なまぐさい悲惨な現実が彼の心を乱したことも事実であり、そのことが彼を「心の平静」を説くストア派に接近させた。サン・ジェルマンの和議をだいなしにしたのが、一五七二年の聖バルテルミーの虐殺である。

一五八一年から一五八五年のボルドー市長時代においても、モンテーニュは、新旧両勢力が相争う凄惨な戦いを経験し、自らの生命や財産、家屋も絶えざる危険に晒された。彼は『エセー』の「空虚について」（III-9）の中で、「私は家にいて、今夜こそは裏切られて殺されるだろうと想像して、それがせめて恐怖もなく、苦しみもないものであるようにと運命に頼みながら、何度床についたか知れない」と述懐している。

Ⅲ　モンテーニュの寛容論

モンテーニュはボダンと同様、国家の平和と安寧を神への奉仕より優先させるポリティーク派に属していた。政治的考慮から「寛容」を説くと同時に、彼は懐疑主義に依拠しつつ、熱狂や独断を批判し、それぞれの主張の相対性を説いた。『エセー』の中から、彼がユグノー戦争をどのように見ていたか、またいかなる観点から「寛容」を説いたかを検討してみよう。

彼は、フランスの宗教戦争について、「残酷について」（II-11）においてそのすさまじさを以下の様に述べている。

> 私は今、わが国の宗教戦争の乱脈において、この残酷という悪徳の信じられないような実例に満ち満ちている時期に生きているが、我々が毎日経験していることよりももっと極端な事例は、古代の歴史にも一つとして見当たらない。……私は人を殺す快楽だけのために、人を殺そうとするような極悪非道の魂の持主がいたことが、それをこの目で見るまでは、とても信じることができなかった。

その極端な事例とは、他人の手足を切り刻んだり、拷問や、苦悶で死にかけている人の姿を見て楽しみ、快楽を覚えるという事態であった。人間がそれほどまでに残酷になりうるという事態にモンテーニュは戦慄した。

モンテーニュ自身は、ポリティーク派として、ユグノーの狂信にも、アンリ・ド・ギーズ公に代表されるカトリック同盟派（リーグ、一五七六年に成立）の狂信と殺戮にも批判的であった。彼は、ユグノー派に対しては、「市民の血と破滅をもたらし」、正義と信仰という口実のもとに、実際には野心、残虐、復讐をほしいままにし、邪悪さの上に徳の外套を着るものであると批判している。また彼は、「リーグ」を念頭に置いて、「良心の自由について」（II-19）の中で、以下の様に述べている。

> 善良な意図も、もしそれが節度なく導かれるならば、人々を悪徳極まる行為におもむかせるということは、いつも見られることである。現在、フランスを内乱におとしいれているあの紛争において、最も善良で最も健全な党派は、いうまでもなく、我が国の古来の宗教と政治を維持する党派である。けれども、この党派に従う正しい人々の間にも、情念に駆られて理性の峠を越え、時として不正で、過激で、向こう見ずな決心をする者がたくさん見られると私はいいたい。（p.668、傍点引用者）

ここで言う「最も善良で最も健全な党派」とはアンリ・ド・ギュイーズ率いる旧教同盟派であるが、ユグノーに敵対することによって、「情念に駆られて理性の峠を越える」過激な状況が生み出されていることを批判している。モンテーニュは宗教戦争の中でどちらの側にもたたず、両陣営の狂信、残酷さ、野心を暴露し続けた。モンテーニュはこのように人間に潜む悪徳に向き合い、戦慄せざるをえなかったが、そこからの救いを、パスカルやアウグスティヌスのように、神の恩寵と救いに求めようとせず、最初は、古代ローマのストア派に求めた。この点に関して、保苅瑞穂氏は『モンテーニュ』の中で、以下の様に述べている。

> モンテーニュの世界は、そのキリスト教以前の古代ローマの異教的な世界である。……人間の悲惨を神への信仰によらずに、人間の力で堪えるすべを教えた古代ローマのセネカやキケロ、あるいはプロタルコスといった先人の知

恵が、彼の現世的な精神を支えていたのである。（保苅、一三五頁）

モンテーニュは特にセネカの書物を好んだので、抗しがたい運命の嵐にもてあそばれる中で「心の平安のとりで」を築こうとしているセネカの運命を自分のこととして肌で感じたのではないだろうか。そのことは、「十分正直に告白できるかどうか判らないが、私は、祖国の崩壊の中にあって、自分の生活の平穏と静かさをほとんど乱されずに、半生以上を過ごしてきた」（II-19）という言葉に裏書されている。

ただ彼は、晩年になるにつれて、運命に対する受容と諦観を説くストア派から、現世を楽しく、充実して生きることを説くエピクロス派に接近するようになる。

Ⅳ　モンテーニュの懐疑主義と習慣

モンテーニュは、ポリティーク派として、ユグノーに対して寛容を説いたが、その思想的基盤はいかなるものであったのか。ここでは、二点指摘しておきたい。

一つは、人間の認識や理性には限界があるという彼の懐疑主義的な立場である。彼は『エセー』の中で、「汝自身を知れ」というデルフォイの神託の言葉を自らに課すと同時に、「私は何を知っているのか」「ク＝セ＝ジュ」（Que sais Je?）という言葉を何度も用いている。ピーター・バークはモンテーニュの懐疑主義について次のように述べている。

モンテーニュの書斎の梁には、『およそ確実なものが何もないということだけは確実なのである』、そして『私は判断を留保する』という文言が書き記されていた。このあとの方の文言は、古代後期の哲学者セクストゥス・エンピリクスの『ピュロン主義概説』からの引用の一つであった。（ピーター・バーク、二三頁）

ソクラテスの「無知の知」と同様に、私は無知であるという謙遜な態度で真理を追求するモンテーニュは、傲慢、偏見、独断に反対し、真理の相対性を主張する。彼は、「何という真理であろう。この山々のこちら側でだけ真理で、むこう側の世界では虚偽だなんて」（II-12）と述べている。絶対的真理は認識できず、存在するのは相対的真理であるとするならば、そこからは、人は謙虚に他者の意見に耳を傾けるべきであるという結論が生まれてくる。

モンテーニュは、『エセー』の第二巻第一二章（全体の六分の一を占める）の「レーモン・スボン弁護」において、自然理性によるキリスト教の弁証というレーモン・スボンの弁護をしているうちに、結果として理性のむなしさを結論するに至っている。彼は、人間の理性は真理に到達しえないこと、また理性は人間の善について何一つ教えないこと、信仰を理性的に考察することは無益であると主張する。古代の懐疑主義のピュロン主義が彼の思考の根底に流れていた。

しかしモンテーニュは、理性で到達し得ないからといって、キリスト教に対して否定的であったわけではない。彼は少なくとも、対外的には「キリスト教徒」として振る舞い、フランスの国家宗教であるカトリックに忠実であった。すでにふれたように彼は、キリスト教の党派の熱狂や狂信を批判こそすれ、「最も善良で最も健全な党派は、いうまでもなく、我が国の古来の宗教と政治を維持する党派である」と述べていて、自分自身はカトリック教徒であると思っていた。これは、キケロの『神々の本性』で登場する新アカデミア派の懐疑主義の立場に近い。またモンテーニュはピュロン主義者が判断の留保（エポケー epokhé）を主張し、常に無知を告白し、いずれの側にも傾かないにもかかわらず、「実際生活の行為では彼らは普通の生き方に従っており、自然の諸々の傾向、情念の衝動と圧迫、法律と慣習、学芸の伝統等に服従し順応している」（II-12）と述べている。モンテーニュは、神や神の栄光を持ち出して混乱を引き起こす宗教を批判したものの、慣習となったカトリックそのものを批判したわけではない。

しかし彼が信じるカトリックは、信仰の教義体系というより、先祖伝来の慣習となっている宗教であった。彼は、絶対的な規範や真理を否定するならば、人の思考や実践は制約を失い、無軌道に走り、収拾がつかなくなるとして、「習慣」（la coutume）に依拠するのである。「習慣」こそ、彼の人生の処世術であった。

習慣は、第二の自然であり、それは強力である。私の習慣にないものは始めからわたしに欠けているものだと思っている。……だから私は言うのである。われわれ無力な人間がこの範囲内に包まれるものをそれぞれ自分のものと考えるのは大目にみてやるべきだと。だがこの限界を超えてはただ混乱あるのみだ。ここまでがわれわれの主張する権利の最大限なのだ。（III-10）

しかし、彼は「習慣」を手放しで肯定したわけではない。モンテーニュにとって、習慣は精神の放縦や無秩序を規制できるものであると同時に、自由な判断や行動を抑圧する両刃の剣であった。モンテーニュは「習慣のこと、及びみだりに現行法規をかえないこと」（I-23）において、習慣がいかに人間の魂を呪縛しているかを描いている。

習慣の力の最も主要な結果は、習慣が我々を把握して離さないことであり、そのために習慣の把握を免れて、自己を取り戻し、自己に立ち返り、習慣の命令を理知に照らして検討することなどは、もはやほとんどできなくなっている。本当にわれわれは、母親の乳とともに、もろもろの習慣を飲み込むのであるから、そして世界の姿は、習慣という状態において初めて我々の眼に映るのであるから、いわば我々はこのような歩みに従うという条件の下に生まれてきたようなものである。（I-23）

したがって、モンテーニュのような内省的なモラリストは「習慣」を吟味しつつ、人間の思考や行動を縛る習慣と、逆に健全な「習慣」とを区別した。この点に関して保苅は、「モンテーニュが習慣というものを無反省に認めていず」、「習慣に従おうとする態度は、他方で習慣に対する批判によって裏打ちされていた」（保苅、二三一頁）と指摘している。モンテーニュがとりわけ尊重した習慣は、一国の法と秩序を遵守するという態度であり、それは、いかなる価値観を抱いていたとしても、万人が守るべき習慣であった。

モンテーニュが、寛容を主張する第二の理由はすでに述べたように、既存の秩序の維持を目標とする政治的考慮からである。宗教戦争によって秩序が破壊されることは、「習慣」――その国の伝統と法――を破壊することである。モンテーニュは、内心においては懐疑主義者であると同時に、外的な社会秩序を守るという点では保守主義者なのである。こうした私と公、内面と外面の分離は、モンテーニュのみならず、ホッブズにも見られた精神的特徴であった。次のモンテーニュの言葉は、彼のそうした特徴を余すところなく示している。

賢者は霊魂を俗衆から離して、これを自分のうちに引っ込め、これを自由にし、これに物事を自由に判断する力を持たせなければならないけれども、外観の方は、やっぱり、一般に認められている形態にそのまま従わせなければならないと思う。国家社会は、我々の思想など問題にしない。そのかわり、それ以外の物事は、例えば我々の行為、我々の勤労、我々の財貨、我々個人の生活は、すべてこれを国家社会の用に供し、一般の考え方に従わせなければならないのである。(I-23)

こう述べてモンテーニュは、『ギリシャ格言集』から「その国の法に従うことは美しい」という言葉を引用している。そして続けて、ユグノーの宗教改革ないし革命が、自らの思想や宗教を実現するために、内乱や国家体制の変革、避けがたい不幸、人心の腐敗をもたらすことをなんとも思っていないことを痛烈に批判する。そして彼はキリスト教が有益で正義にかなっていることは、それが、「国憲の尊重と国家体制の擁護を最も厳格に命令している」(I-23) ことにあると強調している。

以上、二つの理由によって、モンテーニュは「寛容」を説いたが、政教分離まで主張したわけではない。その点は、ボダンと同様であった。政教分離は、フランスの国家体制の根本的な変革であり、モンテーニュにとっては思いもよらぬことであった。

V モンテーニュの信仰

一体モンテーニュは、個人的にはどのような信仰をもっていたのだろうか。『エセー』の中には、神の恩寵や啓示、魂の不滅を主張している箇所は存在しない。彼は、「ある国では、人々が霊魂の死滅（la mortalité des ames）というきわめて稀代で野蛮な信念の下に生きている」（I-23）と述べ、モンテーニュがあたかも魂の不滅を信じているかのような印象を与えるが、「魂の永遠不滅は現在の状態によってこそ報いられ、認められるのでなければならない。そして精神が責任をもつのはただ人間の生に対してのみである」と現世主義を吐露している。また「哲学をきわめる事は死ぬことを学ぶこと」（I-20）では、「我々の誕生が、我々のあらゆる事物の誕生をもたらしたように、我々の死もまたあらゆる事物の死をもたらすであろう」と、霊魂の不滅に否定的な意見を述べている。この最後のモンテーニュの言葉に対して保苅氏は、「我々が死ねば、一切の事物もまた死ぬ。この醒めた認識の前では、存在の連鎖も、魂の永生も、肉体の復活も、議論の余地を失うのである」（保苅、二〇一頁）と説明している。モンテーニュは、万物が流転し、過ぎ去っていくように、苦痛も恐怖もなく死を「宇宙の秩序の一こま」として受容することを説いたのである。

結局、われわれの存在にも事物の存在にも、何一つ恒常なものはない。われわれの判断も、そしてすべての死すべきものも、絶えず流転する。（II-12）

驚くべきことは、モンテーニュが、レーモン・スボンの弁護の最後において、人間が自分より上にあがろうとするのは自然に反しているが、「神様が特別の思し召しで手をお貸しくださるならば、人間も高くあがれるだろう。人間は特有な手段はさっぱりと思い捨てて、ただひたすらに純粋に天から来る手段によって引き上げ押し上げていただくならば、そこで初めて高くあがれるであろう」（II-12）と述べ、最後に「この神々しい奇跡的な変身を望みうるのは、実に我々キリスト教の信仰であって、彼（セネカ）のストア的徳ではない」と述べている。この文章は、今までモンテーニュに関して述べてきたことを、モンテーニュ自身があたかも否定するかのように、神の恩寵に期待する言葉である。それは、「信仰主義」（fideism）の主張である。しかし、彼は以前、上からの恩寵を否定したのではなかったのか。彼は、キリスト者のように永遠の世界や天国にあこがれて死ぬよりは、セネカのように運命に委ねて、死を平静のうちに受容するか、エピクロスのように死を考えず、今を楽しむ死生観を抱いていたのではなかったのか。とりわけ彼は、セネカの弟子ではなかったのか。この箇所については、サント＝ブーブ（Saint-Beuve, 1804-1869）やアンドレ・ジッド（André Gide, 1869-1951）は、『エセー』のこの部分を教会からの弾圧や禁書処分から守るための便宜的なものとみなしている。モンテーニュは、恩寵と啓示に信頼し、信仰に生きたパスカルとは決定的に異なるのである。我々は彼の正体を間違えてはならない。しかし徹底した懐疑主義が反転して神への信仰に至る可能性を否定することもできない。それはパスカルへの道である。

〔参考文献〕
・モンテーニュ『エセー』全六巻（原二郎訳、岩波文庫、2016）。『エセー』の訳は、原氏の訳と保苅瑞穂『モンテーニュ』（講談社学術文庫、2015）の訳を参照した。原著は、Michel de Montaigne, *Essais*, FB Editions.
・関根秀雄『モンテーニュとその時代』（白水社、1976）
・保苅瑞穂『モンテーニュ』（講談社学術文庫、2015）
・ピーター・バーク『モンテーニュ』（小笠原弘親・宇羽野明子訳、晃洋書房、2001）

第六節　パスカル（Blaise Pascal）

Ⅰ　プロフィール

パスカル（1623-1662）は、一六二三年フランス中部のクレルモンに生まれ、後にパリに移住した。父は裁判官で科学者、母は信仰篤く、慈悲深い人であった。彼は、一六四六年にサン・シラン（1581-1643 サン・シラン修道院長）の弟子たちに会い、信仰に目覚め、ジャンセニスム（Jansénisme）に接近した。ジャンセニスムとは、ルーヴァン大学の神学者で、オランダの司教コルネリウス・ヤンセン（1585-1638）が書いた『アウグスティヌス――人間の本性の健全さについて』（1640）において示されているように、人間の罪深さと神の恩寵の絶対性を主張する立場であった。この書物は、翌年、フランス人のアントワーヌ・アルノー（1612-1694）の助けを得て、ヤンセンの友人サン・シランによって出版され、大きな霊的影響力を及ぼした。その中心が、パリ郊外の女子修道院のポール・ロワイヤル修道院で、パスカルの妹のジャクリーヌも一六五一年この修道院に入った。パスカルは、社交生活にうつつをぬかしていたが、一六五四年に決定的な回心をとげ、『メモリアル』に次のようにこの体験を書き記している。

恩寵の年　一六五四年一一月二三日
夜一〇時半頃より零時半まで
アブラハムの神、イサクの神、ヤコブの神
哲学者および学者の神ならず。
確信、確信、感激、歓喜、平和。
イエス・キリストの神。
神以外のこの世、及び一切のものの忘却。
神は福音に示されたる道によってのみ見出される。
人間の魂の偉大さ。
歓喜、歓喜、歓喜の涙――
私はイエスから離れていた。彼から逃れ、彼を捨て、彼を十字架につけた。
もう二度と、彼から離れませんように。
イエスは、福音書から教えられた道によってのみ、保持される。
全き、甘美なる放棄。

ジャン・ブランは、『パスカルの哲学』の中で、「この時以来、パスカルの生活は、なにからなにまで一変し、彼は最後の力をふりしぼって、イエスへの奉仕に捧げるのである」（ブラン、一二三頁）と述べている。

パスカルは、すでに妹のジャクリーヌが住んでいたポール・ロワイヤル修道院で生活するようになった。その後、ポール・ロワイヤルの代表的神学者アントワーヌ・アルノーの著書が、イエズス会士によって攻撃され、ローマ法王庁でも異端として断罪された。当時ジャンセニスムは、カルヴァンの教説に近いものとみなされ、危険視されていたという事情があった。パスカルは、一六五六―一六五七年にイエズス会を批判した『プロヴァンシャル』を発表した。パスカルは、ジャンセニスムの立場に立ち、当時王権と密着し、聖俗両面において強い影響力を持っていたイエズス会と対抗するために、『プロヴァンシャル』を書いたのである。

時のインノケンティウス一〇世は、回勅『クム・オッカジオーネ』(1653) で、ジャンセニスムのものと思われる五つの命題を異端と宣言した。また一六五四年に高位聖職者会議は、この五つの命題がヤンセンのものであると断定し、一六五六年に「信仰宣誓書」への強制的署名を要求したが、多くのジャンセニストが受け入れたのに対して、パスカルは最後まで拒んだ。ここでポール・ロワイヤルのジャンセニストは、分裂するようになる。当時のフランス国王ルイ一四世はジャンセニスムを弾圧し、一七一〇年にポール・ロワイヤル修道院を閉鎖した。当時、フランスの宗教界は、カトリック対ユグノーという対立軸に加え、教皇庁と結びついたイエズス会対ジャンセニスムという宗教対立を抱えていたのである。

パスカルは、一六六二年八月に病死した。最後の言葉は「神が決して見捨てたまわざんことを！」であった。彼の遺骸は、ポール・ロワイヤル出身の詩人ジャン・ラシーヌ（1639-1699）の遺骨とともに、パリの教会に埋葬されている。

Ⅱ　理性と信仰、心情

パスカルの死後、彼の残した日記やメモが整理され、『パンセ』として出版された。パスカルの議論をブランシュヴィッツ版で紹介することにする。本書で、パスカルは、デカルトの合理主義やモンテーニュの懐疑主義を批判し、キリスト教を弁証しようとした。彼はモンテーニュに対しては、「彼の死に対する異教的な気持ちは赦すことはできない」（II-63）と述べ、魂の不滅を認めないモンテーニュを批判した。デカルトについては、時計仕掛けの神を示す理神論をやり玉にあげ、全哲学の中に神なしで済ませようとしていると批判している。

私はデカルトを赦せない。彼はその全哲学の中で、できることなら神なしですませたいものだと、きっと思っただろう。しかし彼は、世界を動き出させるために、神に一つ爪弾きをさせないわけにはいかなかった。もう神に用がないからだ。（II-77）

パスカルは、理性に関して、「二つの行き過ぎ、理性を排除すること、理性しか認めないこと」（IV-253）と述べている。理性を排除し、反理性になることは、自然科学者であるパスカルにとって許されるものではなかった。彼は、『プロヴァンシャル』の第一八の手紙の中で、一六一六年にガリレイの地動説が教皇の教令によって禁止され、彼が宗教裁判所において有罪判決を受けたことにイエズス会の策謀をみてとり、「たとい人間全部が総がかりになっても、地球の回転をとめられませんし、地球と共に自分たちが回るのをどうしようもないでしょう」と述べている。パスカルにとって、信仰は超理性であっても、反理性ではないのであり、自然科学によって立証される事実を否定することは、「迷信」なのである。彼は、『パンセ』の中で、「信仰は迷信とは違う。信仰を迷信になるまで固執することは、それを破壊することである」（IV-255）と述べている。

他方において、彼は、後のカントと同様に理性の限界を指摘し、デカルトのように理性によって神を知ることを批判した。パスカルは、「理性の最後の歩みは、理性を超えるものが無限にあるということを認めることにある。それを知るところまでいかなければ、理性は弱いものでしかない」（IV-267）と、理性の逆説を指摘している。デカルト（1596-1650）やライプニッツ（1646-1716）は、一七世紀を代表する合理主義哲学者であるが、パスカルはこれら哲学者の神が、聖書の神、キリスト教の神、アブラハム、イサク、ヤコブの神とは考えなかった。この点に関して、マーク・リラは、

『神と国家の政治哲学』の中で、以下の様に述べている。

その時代の最も偉大な数学者であったパスカルですら、合理主義神学の神を、偶像、即ち機械仕掛けの神とみなした。彼の同僚であったジャンセン主義者やプロテスタント宗派の者たちと同じように、パスカルは、改めてアウグスティヌスの伝統に帰るべきだと訴えたが、彼の場合は、新しい科学を排斥しないでそれを訴えたのである。パスカルにとって、科学革命は逆に自然神学から神を解放するものとして歓迎されるものであった。(マーク・リラ、六〇頁)

次に続く一八世紀の啓蒙主義の時代は、まさに「自然神学」の時代であるが、彼は一七世紀において、正統なキリスト者としての立場から、また自然科学者としての立場からも、合理主義的神学、自然神学、道徳的神学に批判的であった。それは理性の越権行為であった。パスカルは、理性ではなく「心情」(coeur)によって神を信じることを勧める。

心情は、理性の知らない、それ自身の理性を持っている(le coeur a ses raisons,que la raison ne connait point)。人はそのことを数多くのことによって知っている。……神を信じるのは、心情であって、理性ではない。信仰とはこのようなものである。理性にではなく、心情に感じられる神。(IV-277, 288)

パスカルにとって理性と心情の相違はまた、「幾何学の精神」と「繊細の精神」の違いでもある。前者は、「ゆるやかで、堅くてたゆみがたい精神を持っているが、後者は「目をもって心にまで達し、外部の動きによって、内部に起こる事柄を知るのである。彼にとって、「理性」は推理し、証明するものであり、「心情」は感じるものであり、「直観」(sentiment)である。したがって、信仰は超理性的であるが反理性的であってはならず、心情の直観、つまり神の啓示によって与えられるものである。

ところでパスカルは、感覚、精神（理性と同じ）そして心情と関係する三つの秩序について説明している。

身体（corps）から精神（esprits）への無限の距離は、精神から愛へ（charité）の無限な距離を表徴する。なぜなら愛は超自然であるから。（XII-793）

ここには、身体↓精神↓愛という三つの秩序が記されている。この三つの秩序は、相互に無限の距離があり、独立している。精神と愛の関係は、理性と心情ないし恩寵との関係であり、後者のみが超自然的で、最高に価値あるものである。こうしたそれぞれの三つの秩序を越えて、他の秩序を支配することが「圧制」（tyramie）であり、例えば心情や愛の領域に理性が入り込み、支配しようとするのは、理性の「圧制」なのである。「圧制とは、みずからの秩序（ordre）を越えて、なんでもかんでも支配しようと望むことにある」（V-332）。理性は自らの分を守ることが大事なのである。

Ⅲ　人間とは何か？

パスカルは、モンテーニュを批判しつつも、彼の『エセー』、特に、「レーモン・スボンの弁護」に見られる懐疑主義から影響を受けていることは明らかである。パスカルもモンテーニュと同様に、「私は何を知っているか」（Que sais je?）という懐疑から出発する。しかしモンテーニュの場合、それは不可知論であり、その懐疑は解答を見出し得ないものであるが、パスカルの場合には、懐疑は、真理の光に至るプロセスであった。そしてその懐疑は単なる認識論的懐疑ではなく、いかに生きるかという実存的懐疑であった。その中で最も重要なのが、死の問題であった。

私は、だれが一体私をこの世に置いたのか、この世が何であるのか、私自身が何であるかを知らない。私はすべてのことについて、恐ろしい無知の中にある。……私の知っているすべてのことは、私がやがて死なければならないことであり、しかしどうしても避けることのできないこの死こそ、私の最も知らないことである。私は、どこか

ら来たのか知らないと同様に、どこへ行くかも知らない。(II-129)

一般の人がとる方法は、死を考えることは怖いので、考えないか、別のことに気をまぎらわせて忘れることである。人は気をまぎらわせることによって、自分が何者であり、どこから来てどこに行くのか考えようとしない。彼は死の問題についても、「我々は、絶壁が見えないようにするために、何か目をさえぎるものを前方に置いた後、安心して絶壁の方へと走っているのである」(II-183)と述べている。パスカルにとって「さえぎるものをとって」死に向き合うことが大事であった。パスカルによれば、神の存在や魂の不死について真剣に問うことができるのは、人間だけである。パスカルの「人間は考える葦である」(VI-347)という有名な文章はそのことを示している。葦のように揺れ動く、不安定な者であるけれども、考えることができるというのである。人が死について、悲惨さについて考えようとしないのは、解決がないと思うからである。パスカルは、「人間は死と不幸と無知とを癒すことができなかったので、幸福になるためにそれらのことについて考えないようにした」(II-168)と述べている。

したがって、考える際には、視点を変える必要がある。ないし優先順位の変更が必要である。それは、人間を神の視点から見ることである。パスカルは言う。

人間は明らかに、考えるために造られている。それが彼のすべての尊厳、彼のすべての価値である。そして彼のすべての義務は正しく考えることである。ところで考える順序は、自分から、また自分の創造主と自分の目的から始めることである。(II-146)

神の光に照らして自分を見た場合、そこに現出するのは人間の悲惨と栄光である。パスカルは言う。

我々が、是非ともしらなければならない重要なことは、次の点である。すなわち、我々は、悲惨であり、堕落し、神から離れているが、イエス・キリストによって贖われていること、それについて我々は、地上にすばらしい証拠を持っているということである。（VIII-560）

ここに人間存在のパラドックスに対するパスカルの優れた洞察力がある。そこには、罪によって神から離れている人間の悲惨さにもかかわらず、キリストの贖いと神の恩寵による救いの栄光がある。

パスカルが回心のとき書いた「メモリアル」にあるように、イエス・キリストが神と人間の仲保者であり、人間の罪の贖い主であった。彼はイエス・キリストが彼の人生に占める圧倒的重要性について、K・バルトの「キリスト論的集中」を想起させるような言葉で、以下のように述べている。

われわれは、イエス・キリストによってのみ神を知る。この仲保者がなければ、神との交わりはすべて取り去られる。イエス・キリストによって、われわれは神を知る。……しかし、われわれは、それと同時に、われわれの悲惨を知る。なぜならこの神はわれわれの悲惨の救済者に他ならないからである。そこでわれわれは自分の罪を知ることによってのみ、神を明らかに知ることができる。……われわれはイエス・キリストによってのみ、生と死を知る。イエス・キリストを離れて、われわれは、われわれの生、われわれの死、われわれの神、われわれ自身が何であるかを知らない。（VII-547, 548）

こうした人間の悲惨とキリストによってもたらされる栄光は、人間の「理性」によってではなく、「心情」によって感じとるものであった。それは、神の恩寵、啓示を受けた「心情」である。しかし、「心情」で感じるだけでは、行動を産み出すことはできない。信仰は、神への献身という具体的な行動を引き起こす必要があった。そこで彼は、人生を神に賭けることを提案する。

神はあるか、ないか。だが私たちはどちら側に傾いたらいいのだろう。理性はここでは何も決定できない。そこには我々を隔てる無限の混沌がある。この無限の距離の果てに賭けが行われ、表が出るか裏がでるのだ。君はどちらに賭けるのだ。理性によっては、君はどちら側にもできない。理性によっては、二つの内のどちらも退けることはできない。（III-233）

しかし理性によっては選択できないが、恩寵を受けた「心情」に基づいて神に賭け、「信仰の飛躍」を行うことができる。それは盲目的な賭けではない。

Ⅳ　寛容について

敬虔なキリスト者であるパスカルは、寛容についてどのように考えていたのであろうか。パスカルの生涯は、ユグノー戦争が終わり、ナントの勅令がだされた後であることもあり、彼が「寛容」についてまとまって書いているものは少ない。ここでは、パスカルが、「寛容」についてどのように考えていたかを『パンセ』の第一四章「論争的断章」から明らかにしてみたい。この章には、パスカルのイエズス会や教皇に対する論争が記されている。パスカルは、「力とおどし」によって信仰を強制することに反対であった。

すべてのことを円滑に処理なさる神の導きは、宗教を、精神の中へは理性によって、心情の中には恩恵によってお入れになる。ところが、それを精神と心情の中へ、力とおどしとによって入れようとするのは、そこへ宗教を入れるのではなく、恐怖を入れるものである。宗教よりも恐怖を。（III-185）

またパスカルは、『プロヴァンシャル』の第一二の手紙の中で、「暴力が真理を抑えつけようとすると、暴力がいくら頑張っても、真理を弱くすることはできないどころか、逆にもっと真理を奮い立たせます」と述べ、「暴力が真理を攻撃しても、神は最後には真理の栄光をもたらす」と結論づけている。

パスカルは、すでに述べた高位聖職者の決定による「信仰宣誓書」への署名に関しては、みせかけの「平和」をもたらし、良心の自由を侵害するものとして認めなかった。彼は、『パンセ』の中で、「教皇は、誓約して彼に服従しない学者たちを憎み、かつ恐れる」(14-873)と述べ、ジャンセニスムを告発する教皇の判断に対して、「あなたの法廷に、主イエスよ、私は上訴します」、「人間に従うよりは、神に従うべきである」(XIV-920)と主張している。そして彼は教皇の無誤謬性を否定して、「教皇。……もし一個人のうちに無謬性があったら、それは一種の奇妙な奇跡であろう」(XIV-876)と述べている。また彼は、「宗教裁判とイエズス会は、真理の二つの妨害物」(XIV-920)と述べている。こうした断章において、パスカルは、ルターほどではないが、教皇との格闘の中で良心の自由を擁護しているのである。彼は、信仰宣誓書への強制的な署名がきまった後の、『プロヴァンシャル』の第一九の手紙の断片において、「キリスト教の徳のうち最大のものである、真理への愛が攻撃されています」と述べ、「神と教皇との間に置かれて苦しんでいます」とその心の葛藤を吐露している。

V　国家と教会

パスカルは『パンセ』の第五章「正義と現象の理由」において、宗教と政治の問題に触れている。モンテーニュと同様パスカルにとっても、ユグノー戦争という内戦は大きな影を落としていた。彼は「最大の禍は、内乱(les guerres civiles)である」(V-313)と断じている。それに対して「平和」は、「至上善」(le souverain bien)と述べられている。パスカルにとって、「内乱」を避け「平和」(paix)をもたらすことが、政治の最大の課題である。しかし、内乱を惹き起こすのは、人間の悪しき欲望、支配欲、傲慢、虚栄、自己愛などである。こうした人間の利己心が無秩序をもたらす。

> 自分への偏向は、戦争、政治、経済、人間の個々の身体におけるあらゆる無秩序の始まりである。それゆえに、意志は腐敗している。(VII-477)

同時にパスカルにとって、無秩序や内戦がもたらされるのは、相対的な政治の世界において、「正義」が独善的に主張されることによってであった。だれしも自分の側が正義で相手の側が不正であると考えると、そこから対立、戦争が生じてくる。フランスのユグノー戦争も正義をめぐる戦いであった。それを回避するためには、この地上の世界における正義の相対性を知る必要がある。

パスカルは、「川ひとつで仕切られる滑稽な正義よ。ピレネー山脈のこちら側での真理が、あちら側では誤謬である」(V-294) と正義概念の相対性を指摘している。それでは、正義が統治の基準でないとしたら、一体統治への服従は何によって担保されるのであろうか。それは、モンテーニュと同様、パスカルにとっても「習慣」(moeurs) であった。

彼は、その統治しようとする世界の機構を、何の上に基礎づけようとするのか。各個人の気まぐれの上であろうか。なんという混乱。正義の上にであろうか。彼はそれを知らない。確かにもしもそれを知っていたのだったら、人間の間で最も一般的な格率、すなわち各人は自国の風習に従うべし、などというのを確立しなかったであろう。(V-294)

教会の中では、真理が支配するが、世俗的領域においては、習慣が支配する。しかし、この習慣は、民衆の想像の正義によってのみ、維持されており、その発生において正義から離れている。しかし法律を正義とみなして従っている民衆にたいしては、その間違いを暴露するのではなく、あたかもその法律が正義であるように思わせる必要がある。

国家にそむき、国々をくつがえす術は、既成の習慣をその起源までさかのぼって調べ、その権威と正義との欠如を示すことによって、それを動揺させることにある。人は言う、不正な習慣が廃止した、国家の基本的、原始的な法律まで復帰しなければならないと。それは、すべてのことを失ってしまうこと請け合いの仕掛けである。……習慣は、かつては理由なしに導入されたが、それが理にかなったものになったのである。もしもそれにすぐ終わりを告げさせたくないのだったら、それが真正で、永久的なものであるように思わせ、その始まりを隠さなければならない。（V-294）

よく知られているようにパスカルは、「力のない正義は無力であり、正義のない力は圧制的である」（La justice sans la force est impuissante : la force sans la justice est tyrannique）と書いた（V-298）。とするならば、パスカルはどちらを選んだのであろうか。彼はまず力を重視する。ただ力だけでは圧制的になるが、それを支えるのはもはや、「正義」ではなく、「習慣」なのである。

こうした、パスカルの国家観は、アウグスティヌスに近いものであろう。アウグスティヌスも国家の定義に「正義」をふくめなかった。その本質は暴力である。その意味において、極めてリアリスティックな政治観である。ただパスカルは、暴力は圧政的になり、長続きしないことを知っていたので、民衆の「想像上の正義」に媒介された「習慣」や「世論」にその正統性の基礎を求めたのである。彼は、その意味において、絶対的真理が支配する教会と、相対的な正義や習慣の支配する国家の二元論に依拠しているといえよう。パスカルは、教会においては、真理を守るための戦いを奨励した。平和よりも真理が優越するのである。彼のイエズス会に対する闘いもその一環であった。たとえ迫害されたとしても、教会の真理を守るための戦いに召されているのである。

教会の中で、真理が信仰の敵によって傷つけられる時、信徒の心から真理が奪われ、その代わりに誤りが広められようとしている時、その時平和に安住するのは、教会に仕えることであろうか、それとも裏切ることであろうか。教会を守ることであろうか、滅ぼすことであろうか。（『パンセ』（下）、塩川訳、一八八頁）

このようにパスカルは、国家と教会とを区別し、国家の役割は平和を維持することであるのに対して、教会の使命は、「ものごとの根本規則であり、最終目標」である真理の実現であると考えた。

こうしたパスカルの国家観を、国家を「共通善」の達成のための共同体とみなすネオ・トミストのマリタンは、「パスカルの政治思想」において、次のように批判した。

共同体は、神の似姿である人間性の目的の実現のために建てられているので、不正義によって共同体の福祉を保証しようと要求することは、言葉の矛盾である。混乱よりも不義を優先することは、花における混乱よりも根における混乱を優先するようなものである。(Jacques Maritain, p.37)

ところで、ポール・ロワイヤル修道院は、イエズス会の働きかけもあり、一七一〇年に破壊された。しかしそのジャンセニストを攻撃したイエズス会は、一七六二年ルイ一五世の勅令によってフランスから追放された。この事件に関して後にヴォルテールは、『寛容論』の中で、「イエズス会士は不寛容で、迫害を続けてきたが、今度は彼らが迫害される側に回ったのである」と評している。

〔参考文献〕

・B・パスカル『パンセ』(前田陽一・有木康訳、中央公論、2009)を邦訳として使用した。原著は、ブランシュヴィク版のPascal, *Pensées*, GF Flammarion, 1976. また一部、『パンセ』(上)(中)(下)(塩川徹也訳、岩波文庫、2016)を参照した。
・――――『プロヴァンシャル』に関しては『パスカル著作集』(田辺保訳、教文館)の第Ⅲ、Ⅳ巻を使用した。
・J・ブラン『パスカルの哲学』(竹田篤司訳、白水社、2004)
・Jacques Maritain, *Ransoming The Time*, Charles Schriber's Sons, 1941. この書物の中には、マリタンのパスカル論とベルクソン論が収載されている。
・M・リラ『神と国家の政治哲学――政教分離をめぐる戦いの歴史』(NTT出版、2011)

第七節　ヴォルテール（Voltaire）

Ⅰ　プロフィール

ヴォルテール（1694-1778）は、ディドロ（1713-1784）、ダランベール（1717-1783）と同様、百科全書派の一人で、一八世紀の代表的啓蒙主義者である。彼は一六九四年にパリの裕福な公証人の家に生まれた。一七一七年にフランスの政治や政府を攻撃したためバスティーユに投獄された。一七二六年イギリスに行き、フランスにはない政治、信仰、思想上の自由を見出し、特にロックやニュートンから影響を受けた。彼は英国滞在中に、宗教戦争を終わらせ、フランスに統一と平和をもたらしたアンリ四世の偉業をたたえた叙事詩『アンリヤッド』を発表した。また帰国後一七三四年にフランスやカトリック教会を批判した『哲学書簡』（*Letters Philosophiques*）を匿名で出版したが、逮捕状が出されたので、愛人シャトレ公夫人の館のあるドイツ国境に近いシレーに逃れている。その後ヴェルサイユに戻った後に、啓蒙専制君主として知られるプロイセンのフリードリヒ大王の招きに応じて一七五〇年からプロイセンのポツダムで生活するが、その後対立するようになり、一七五三年プロイセンを去った。当時プロイセンのサン・スーシ宮殿には、ヴォルテールの他に唯物主義の書物『人間機械論』を公刊して迫害されたラ・メトリ（1709-1751）などフランス人の学者や文学者が何人も仕えていた。ヴォルテールのプロイセン時代の業績は、彼が一七五一年に出版した『ルイ一四世の世紀』（*Le Siècle Louis XIV*）である。彼はこの書物の中で、専制君主であるルイ一四世の治世（1643-1715）を、理性や啓蒙が徐々に浸透し、野蛮にとってかわる「最も幸福な時代」と述べている。ただルイ一四世のナントの勅令の廃止をヴォルテールは批判した。また彼は、ディドロやダランベールの編集する『百科全書』（1751-1759）に、積極的に寄稿している。

一七五四年一二月には、ジュネーヴへ移住するものの、彼の宗教批判のゆえに、カルヴァンの改革派を国教とするジュネーヴ市政府との関係は悪化した。一七五五年にリスボン地震が発生したが、その衝撃を受けて匿名で書いたのが、ライプニッツの楽観的な予定調和論を批判した『カンディード』（*Candide, ou L'optimisme*, 1759）である。この書物は大好評になり、二万部を売り上げたが、パリとジュネーヴで禁書にされている。彼は一七六〇年にスイスとの国境に近いフェルネーに定住した。一七六二年にトゥールーズでカラス事件が発生し、カラスはトゥールーズの高等法院で死刑の判決を受けた。ヴォルテールはカラスの無罪を証明するために尽力し、最終的顧問会議高等法廷を経て最終審の「宮中訴願審査法廷」で無罪をかちとった。彼はこの事件を通して、寛容を訴えた『寛容論』（*Traité sur la tolerance*, 1763）を書いた。彼はイギリスやロシアに滞在した時に政治と宗教の事情を詳しく観察しているが、その成果も『寛容論』の中で生かされている。ヴォルテールは、一七六四年『哲学辞典』（*Dictionnaire philosophique portatif*）を書き、一七七八年にパリで死去した。死去した時にパリの大司教はヴォルテールの埋葬を拒否し、国王もカトリック教会の決定を支持したため、シャンパーニュ地方の僧院墓地に埋葬されたという。しかしフランス革命後、一七九一年国民議会はヴォルテールの遺骨を新設された国家偉人廟パルテノンに祀り、彼の名誉回復を行った。

Ⅱ　『哲学書簡』（1734）

ヴォルテールは本書で、英国滞在中に見た宗教、政治、文芸、演劇、天文学、またデカルト、ニュートン、ロック、パスカルについての随想を書いているが、背景には、フランスのアンシャン・レジームに対する批判が存在する。それが、この著書が発禁処分にされた理由である。

彼は、イングランドにおいて国教会の信者でなければ公職に就くことができないことを認めつつも、イングランドの宗教の自由を大いに評価する。

もしもイギリスに宗旨が一つしかなかったならば、その専横は怖るべきものがあろう。もしも二つしかないならば、お互いに喉笛を切り合ったであろう。しかしそこには、三〇からもの宗旨があるので、みんな仲良く安穏に暮

らしている。(『哲学書簡』、四一頁)

ヴォルテールはまた、イングランドの聖職者と比べて、フランスの聖職者の腐敗・堕落を容赦なく暴露している。

ヴォルテールの宗教観は、書簡二五の「パスカル氏の『パンセ』について」に見て取ることができる。ヴォルテールは、パスカルが原罪を強調し、人間の悲惨さを強調したことに反対し、自らは「人間性の肩を持つ」ことを表明し、「キリスト教の教えるところは、外ならぬ単純性、博愛、愛徳である」(同、二〇九頁)と述べ、人文主義に近づけて、聖書を解釈している。人間性の分析においてパスカルと啓蒙主義者ヴォルテールとの間には、根本的な相違があった。

Ⅲ『ルイ一四世の世紀』(1751)

ヒュームの『イングランド史』に匹敵するのが、ヴォルテールの『ルイ一四世の世紀』であった。特に第三五章「宗教問題、記念すべき論争」、第三六章「ルイ一四世時代のカルヴァン主義について」、第三七章「ジャンセニズムについて」が興味深い。彼は、ルイ一四世のナントの勅令の廃止を批判して、カトリックの側にもユグノーの側にも見られた不寛容や狂信を諸外国と比較し、以下のように述べている。

イギリスでは、哲学が権威を持ち出していたから、狂信のこういう行き過ぎはほとんど成功する余地がなかった。ドイツでも、ウェストファリアの諸条約で、旧教と福音主義と新教の三者が、同様に保護されるようになって以来、こういう問題は起こらぬ。オランダは、寛容な政策をとり、国民にあらゆる信仰を認めている。要するに、フランスだけが別で、この世紀の末に、理知が進歩したにもかかわらず、深刻な宗教上の確執を経験した。この理知なるものは、博識者の間にさえ浸透するのが遅く、まだようやく学者たちの頭に芽生えた程度だったので、一般市民の状態は推して知るべし。理知が、重要な地位にあるものの頭の上に、しっかり根を下ろすことが先決問題だ。(『ルイ一四世の世紀』(三)、一五三―一五四頁)

彼は、啓蒙の進展による狂信と非寛容の克服に期待したといえよう。

Ⅳ　『寛容論』(1763)

ここでヴォルテールが『寛容論』を書くきっかけとなった南仏のトゥールーズで発生したカラス事件について説明しておく。ヴォルテールは、フランスのプロテスタントが被った抑圧に関心を抱き、誤って死刑を宣告されたジャン・カラスの名誉回復に努めた。当時カトリックは、ルイ一四世が発したフォンテーヌブローの勅令(1865)を基に、ユグノーを迫害していた。

布地商人ジャン・カラスには妻アンヌ＝ローズと四人の息子、二人の娘がおり、三男ルイだけがカトリックに改宗しており、後はユグノーであった。一七六一年長男マルク＝アントワーヌの怪死事件が起きたが、「マルク＝アントワーヌは、翌日カトリックに改宗しようとしたので、これを阻止するために、父が息子を殺した」といううわさが広がった。マルク・アントワーヌ(二八歳)は、弁護士志望であったが、職につくに必要なカトリックの信仰証明書がえられないため、悩んでいたという事情があった。

一七六二年三月九日の高等法院の判決では、八対五でジャン・カラス(六三歳)に死刑が宣告された。ジャンは、最後まで無実を主張した。カラスが処刑された数日後、ヴォルテールは、彼を訪れたマルセーユの商人からカラス事件を聞き、再審運動を開始した、彼は、影響力のある人々に書簡を送り、カラスの無罪と再審を訴えた。その中には、フリードリヒ大王やロシアの女帝エテカリーナ二世も含まれていた。ルイ一五世に再審請願書が出され、審議の結果、一七六四年六月四日、国王顧問会議は原判決を破棄した。それを受け一七六五年三月、請願委員会はすべての被告人に無罪を宣告した。

ヴォルテールは、『寛容論』の第四章「寛容は危険であるか、またいかなる民族において寛容は許されているか」において、他国の「寛容」な状態と比較して、フランスの非寛容を攻撃した。

独断的精神と基督教の間違った理解に由来する行き過ぎに端を発する狂乱が、ドイツ、イギリス、さらにはオランダにさえフランス同様に流血を招き、災禍をもたらしたのである。だが今日これらの国家では、宗教の相違がいかなる紛争も呼ぶことはない。ユダヤ教徒、カトリック教徒、ギリシャ正教徒、ルーテル派、カルヴァン派、再洗礼派、ソッツィーニ派、メンノー再洗礼派、モラヴィア派、その他大勢がこれらの国土で同胞として生活し、等しく社会の幸福に貢献している。（『寛容論』、三七頁）

ヴォルテールにとって、宗教的迫害を生み出すのは、狂信、偏見であり、理性によって、狂信や偏見を克服していくことが急務であった。彼は、第五章「寛容はどうすれば許されるのか」において、「理性は緩慢ではあるが、間違いなしに人間の蒙を開いてくれる。この理性は柔和で、人間味に富み、寛容へと人を向かせ、不和を解消させ、徳をゆるぎないものにするのである」（同、四八頁）と主張する。

ここでヴォルテールは、理性の普遍性を説き、理性が寛容をもたらすことを訴えているが、啓蒙主義者ヴォルテールにとって、歴史は迷信や盲信、熱狂に対する理性の進歩を証明している。寛容を脅かす人々は、教皇権至上主義の修道士たちの盲信であるが、ヴォルテールは「イエズス会修道士たち」に対して、「私はあなたの意見には反対だ。だがあなたが、それを主張する権利は命をかけて守る」と寛容の精神について語っている。

ところで、ヴォルテールはどこまで寛容を考えているのであろうか。彼は、イギリスのカトリックの事例を引き合いに出して、信教の自由を認めても、公職につく権利を除外している。

君主と信仰を全く異にするすべての人にも、支配的宗教を奉じる人々に与えられている地位、栄誉が与えられなければならないと言っているのではない。イギリスでは、カトリック教徒は王位請求者擁立派に忠勤を励んでいるとみられているので、公職につくことはできない。（同、三九頁）

ちなみにイギリスでカトリックが公職につけるようになったのは、一九二八年に「審査法」が廃止され、翌年「カトリック教徒解放法」が制定されてからであった。

またヴォルテールにとって、様々な教派にたいする寛容は認めたとしても、無神論者は寛容の対象外であった。彼は、神がなければ社会秩序は成り立たないと考え、「もし神が存在しないならば神を創り出さなければならない」とまで主張している。

ところで啓蒙主義者たちは、ヘーゲルにしろルソーにしろ、またヒュームにしろ、古典古代の宗教と政治のありかたを考察した。ヴォルテールにとって古典古代は、啓蒙主義時代にとって、「寛容」のモデルであった。彼はキリスト教と古代の多神教とを比較して、後者が前者よりも寛容であったと主張する。第七章「不寛容はギリシャ人によって知られていたであろうか」や第八章「ローマ人は寛容であったか」がその部分である。彼は、古代ギリシャにおいて、「ギリシャ人は信心深かったが、エピクロス学派が神の恩寵と霊魂の存在を否定するのを許していた。他の諸宗派については触れないが、そのいずれもが、造物主について人が持っていなければならぬ良識ある考えに違反したとはいえ、そのすべてが黙認されていた」（同、五四頁）と述べている。古代ローマにおいては、「キケロは一切を疑い、ルクレティウスは一切を否定した。しかしそのために露ほどの非難も浴びはしなかった」（同、五七頁）。

こうしたヴォルテールの批判は事実に即しているとはいいがたい。エピクロスにせよキケロにせよ、当時のポリスの国定宗教に違反し、「不敬」のそしりをうけないように、警戒しつつ、哲学の思索を行っていたのである。

ヴォルテールは、『寛容論』の末尾で、カラス事件を教訓に寛容を訴えている。

この寛容が存在せぬ時には、狂信はこの世を荒廃させるか、さもなくば少なくともこの世を常に悲嘆の底に追いやるであろう。われわれの知る如く、今ここで取り上げられているのは、単なる一家族の事件にすぎぬが、諸宗派の熱狂がこれまでのたくさんの家族を死に追いやったのである。……それは陰惨な迷信の結果であり、この迷信こそ虚弱な精神をして、考えを同じくせぬ人々には、手あたり次第罪の烙印を押さずにはおかぬのである。（同、

一八七―一八八頁）

ヒュームは迷信と熱狂を慎重に区別したが、ヴォルテールにとって迷信と熱狂は密接不可分のもので、理性に反するものであった。

Ｖ　『哲学辞典』（1764）

彼は、「寛容」を主張するものの、国家が教会を統制するというガリカニスム、「エラストゥス主義」に賛成であった。そのことは、彼の『哲学辞典』の項目「市民法と教会法」の項目において、「いかなる教会法も政府の明白な承認を得て初めて効力を持つべきである」（『哲学辞典』、二八一頁）と述べていることからも明らかである。犬塚元氏は、ヴォルテールが「エラストゥス主義と寛容政策のパッケージこそを望ましい宗教政策と考える観点も、ヒュームに共通している」（犬塚、三九頁）と述べている。しかしながら、これは、当時の状況判断によるものであり、ヴォルテールの真意からすれば、政教分離が究極の理想だったのではないだろうか。彼は、一七六五年にエリ・ベルトランに宛てた書簡において、次のように述べている。

> カラス事件こそは、寛容が広く行き渡ることを期待させるに違いない事件のように思います。しかし、そう早くその成果を見ることはありますまい。人間たちはまだそれほど賢くはないのです。あらゆる種類の宗教をあらゆる種類の政府から分離すべきであり、また宗教が、料理の仕方と同様、国家の仕事であってはならないことを、彼らは知らないのです。法に従っている限り、胃と信仰は完全な自由を持たなければなりません。いつかはそうなる日がめぐってくるでしょう。しかし、私は、その幸福な時代を見られないことを嘆きながら死んでいきます。（保苅、二二七頁、傍点引用者）

また彼は、『哲学辞典』の中の項目「無神論者、無神論」（Athée,Athéisme）において、無神論者の社会が存立しうるかどうかというピエール・ベール（Pierre Bayle, 1647-1706）によって提起された道徳上の問題において、たとえ来世の賞罰という宗教的制裁なくしても社会秩序は存在しうると説き、無神論よりも熱狂が社会秩序の維持にとって危険であると主張した。だからといってヴォルテールが無神論を肯定しているわけではない。彼は無神論は、「為政者にとってきわめて危険な怪物であり、……狂信ほど有害ではないが、美徳にとってほとんど常に致命的である」（『哲学書簡』、四六頁）と述べている。ちなみにベールは、『歴史批評辞典』において、無神論であっても社会秩序は成立しうると説いて議論を巻き起こした人物であり、一八世紀の啓蒙主義者たちの宗教観に多大な影響を及ぼした。彼にとって、古代ローマ人の「現世の道徳と名誉」のように、宗教的規範とは異なる社会規範が存在することも可能であった。宗教を排除して、世俗的な道徳や社会規範によって教育や社会秩序を基礎づけようとするフランスの「ライシテ」の起源は、まさにベールにあるといっても過言ではないだろう。ベールに対しては宗教を国家秩序の基盤と考えるモンテスキューやルソーそしてヴォルテールが批判的だったのに対して、ヒュームは好意的であった。

またすでに述べたように、ヴォルテールは、ルソーと同様にキリスト教の「原罪」の教義を批判した。トレルチは、『ルネサンスと宗教改革』において、啓蒙主義の自然道徳や自然宗教の特徴について、「原罪」に対する攻撃を挙げている（トレルチ、一〇六頁）。原罪の教義に最も接近した啓蒙主義者は「根源悪」を主張したカントであったが、彼さえも人間の努力によって人間悪を克服できると考えたのである。

ヴォルテールは、原罪の教義のみならず、イエスの神性、三位一体、「復活」、聖書の霊感説も否定した。つまり彼は、「啓示宗教」を認めなかったのである。ただヴォルテール自身は、少なくとも彼の主観的な心情においては、神に対する信仰は持ち続けていたようである。ヴォルテールは、ジェームズ・ボズウェルに対して、自分は「至高なる存在としての神を愛し、その神に帰依している」と真剣に語っている。しかしその信仰は、啓示を否定し、キリストの贖いのない神信仰であり、ルソーの自然宗教に近いものであった。啓蒙主義者に共通しているのは、啓示宗教に対する徹底した批判である。

〔参考文献〕
・ヴォルテール『ルイ十四世の世紀』（一―四）（丸山熊雄訳、岩波文庫、1982）
・――――『寛容論』（中川信訳、中公文庫、2015）
・――――『哲学書簡』（林達夫訳、岩波文庫、2016）
・――――『哲学辞典』（高橋安光訳、法政大学出版局、1988）
・保苅瑞穂『ヴォルテールの世紀――精神の自由への軌跡』（岩波書店、2011）
・トレルチ『ルネッサンスと宗教改革』（内田芳明訳、岩波文庫、1972）
・ピエール・デ・メゾー『ピエール・ベール伝』（野沢協訳、法政大学出版局、2005）
・犬塚元編『政治哲学2　啓蒙、改革、革命』（岩波書店、2014）

第八節　モンテスキュー（Charles-Louis de Montesquieu）

Ⅰ　プロフィール

モンテスキュー（1689-1775）は、一六八九年にフランスのボルドー近郊の貴族の家で生まれた。彼はボルドー大学で一七〇五年から三年間法律を学び、一七一六年にボルドーの高等法院で評議官になった。一七一六年にアカデミーで「宗教におけるローマ人の政策」（*Dissertation Zur la politique des Romains dans la religion*）を発表した。一七二一年に匿名で『ペルシャ人の手紙』（*Lettres persanes*）を発表し、フランスの絶対王政を批判した。一七二七年にフランス・アカデミーに加えられた後、一七二八年から一七三一年までイギリスの立憲君主制や議会政治を視察した。ヴォルテールが渡英したすぐ後である。一七三四年に『ローマ人盛衰原因論』（*Considérations sur les causes de la grandeur des Romains et de leur décadance*）を匿名で発表し、ローマ史に託してフランスの絶対王政を批判した。そして一七四八年に一七年以上かかって書き上げた主著である『法の精神』(*De l'esprit des lois*) を公刊した。『法の精神』は検閲下の出版で、最初は匿名であった。公刊されると、保守派や教会勢力から批判され、一七五一年に教皇庁によって禁書目録に入れられ、翌年パリ大学神学部は『法の精神』を異端の書と宣言した。彼は一七七五年二月一〇日にパリで死去した。

Ⅱ　習俗とキリスト教

モンテスキューの生きた時代は、ルイ一四世とルイ一五世の統治の時期にあたる。ナントの勅令が廃止され、なお宗教迫害が続いていたが、他方において、啓蒙主義の進展によって、寛容の土壌が生み出されてくる過度期であった。

ここでは『ペルシャ人への手紙』と『法の精神』から彼がキリスト教をどのように評価しているかを見ておくことにする。『法の精神』第五部は、宗教を国の法律や習俗との関係で論じている箇所である。彼にとって宗教そのものの正当性が問題ではなく、宗教がその国の法律や習俗にどのような影響を及ぼしているかが、宗教を判断する基準であった。彼は、ペルシャ人への手紙四六で、「どのような宗教のもとで暮らそうとも、法の遵守、人間に対する愛情、両親に対する恭敬は、常に第一義的信条となっているからだ」(四六の手紙、一二四頁) と述べている。したがって、きわめて逆説的であるが、神よりも公正、正義という価値が重要であった。以下のモンテスキューのショッキングな発言は、そのような認識から生まれている。

> たとえ神が存在しないにしても、われわれはやはり正義を愛すべきだろう。つまり、我々がこれほど高尚な観念を抱いている存在、そして、もし実在するとすれば、必然的に正しかるべき存在に似るように、我々は努力を払うべきであろう。たとえ宗教の軛からは自由になるにしても、我々は公正の軛からは、自由になるべきではないだろう。(八三の手紙、一六四頁、傍点引用者)

他方においてモンテスキューは『法の精神』において、キリスト教とイスラム教を比較し、福音書が柔和をすすめているので、キリスト教は制限政体に適合するのに対して、イスラム教は専制体制に適すると説く。また彼は、「心に深く刻まれた基督教の原理は、君主制の国々のあの虚妄の名誉、共和制の国々のあの人間的徳、そして専制的な国々のあの奴隷的な恐怖よりも、はるかに強い」とキリスト教の紐帯と連帯の特徴を描いている。

Ⅲ　キリスト教と寛容

モンテスキューは、『法の精神』の「宗教に関する寛容について」において、信教の自由の必要性を力説している。それは宗教が人間が生きていく上で不可欠なものであるという認識からであった。彼は、宗教が習俗に及ぼす影響に関心を抱いたが、だからといって宗教そのものの存在意義に無関心であったわけではない。

> 宗教は極め大きな威嚇とともに極めて大きな希望の種を蔵しているので、それらが我々の精神に現存している時には、宗教を棄てるように我々を強制するため為政者がいかなることをなしえようとも、宗教が奪われれば、我々には何も残らず、宗教が残されれば、我々は何も奪われないことになると思われる。（『法の精神』、V-25-9、傍点引用者）

宗教は人間の本質を形づくるので、人間から宗教を奪ったり強制することは、人間性の破壊に通じるという認識である。彼は『法の精神』の「イスパニヤおよびポルトガルの宗教裁判官に対する極めて謙虚な建言」において、リスボンにおける異端審問で一八歳のユダヤ人娘が火刑に処せられたことに関して、異端審問官が、イスラム教が改宗者を強制的に剣によって獲得したことを批判しながら、実際には同じことをしていると批判している（同、V-25-13）。

モンテスキューは、『ペルシャ人の手紙』の中で、宗教的迫害、信仰の強制、宗教戦争は「不寛容」の精神から生じているものであり、それは、「錯乱の精神であって、その蔓延は、人間理性の皆既食としか考えられない」（八六の手紙、一六八頁）と述べている。

彼は、一七一六年にアカデミーで発表した「宗教におけるローマ人の政策」において古代の異教徒の世界では「寛容」と「温和」があったとして、「人々はお互いに、迫害し合い、中傷し合う考えは毛頭なかった。あらゆる宗教、あらゆる神学は、そこで等しく善きものであった。異端や宗教上の戦争や紛争は、そこでは知られていなかった」（白石訳、一二七―一二八頁）と述べている。これは、古典古代の異教の世界を引き合いに出すことによって、一八世紀のフランスの「不寛容」を批判する、ヴォルテールの戦略と軌を一にしている。

モンテスキューは、一六八五年にルイ一四世が発した、ナントの勅令の廃止に反対であった。特にナントの勅令の廃止によって、フランスの商工業を支えていたユグノーがフランスを去って移住することを、フランスの国益の損失として慨嘆した。また彼は、他の宗教を持つ人々が迫害された結果産業が衰退し、結果的に国も滅んだ様々な歴史的事例をあげながら、結論として、「一つの国家の中にいくつかの宗教があることは、よいことではないだろうか？」と述べている（八五の手紙、一六七頁）。一七一四年の日付けがあるペルシャ人の手紙では、スペインからのユダヤ人追放（1492）と共に、フランスにおけるユグノーの迫害を指摘しつつも、その後寛容の必要性が理解されつつあると期待感を示している。

キリスト教徒の間では、今まで活発であった不寛容の精神が払拭されはじめている。スペインではユダヤ人を放逐したことを、フランスでは、君主の信仰と少しばかりの信仰を異にする新教徒を苦しめたことを悔んだ。……宗教を愛し、遵奉するためには、これを遵奉しない人々を憎んだり、迫害したりする必要のないことがわかってきたのである。（六〇の手紙、一四二頁）

同様に彼は、『法の精神』の中で、宗教的迫害が野蛮さや「偏見」の結果であることを指摘し、「異端審問官」に対して、現在は、「自然の光がかつてなかったほど輝き、哲学が精神を開明し、諸公の福音書の道徳がよりよく知られ、人間それぞれの相互的な諸権利、ある良心が他の良心に対してもつ支配力がよりよく確立された世紀」であることを指摘し、旧来の偏見を脱ぎ捨てるように要求している（『法の精神』、V-25-13）。モンテスキューもヴォルテールと同様に、自分たちが「啓蒙の時代」に生きているという期待感と楽観論があったのである。

Ⅳ　寛容の限界

ただ、モンテスキューは多くの宗教を全く平等なものとみなして政教分離を説いているのではない。彼は「支配的宗教」（カトリック）と「許容された宗教」（ユグノーやユダヤ教）を区別し、後者が前者と平等な市民権を得ているのではないことを前提としている。

また彼は、寛容の限界として、政治的な統一の観点から、幾つかの制限を課している。つまり、熱心に布教する宗教は他の宗教に不寛容な宗教なので、すでにフランスに定着しているのではなく、新しく国に受け入れる場合には、寛容すべきではないこと、また君侯が「支配的な宗教」を変更する場合は、君侯に大きな危険がもたらされると主張する。更に彼にとって「無神論」であることは、寛容の対象外であった。それも教義上の観点からではなく、政治的な統一の視点からなされている。彼は、「偶像崇拝者であるよりは、無神論者である方がましである」（『法の精神』、V-24-2）と考えて、「真のキリスト教徒は存続可能な国家を形成しない」（同、V-24-6）というベールの見解を論破し、宗教の害悪を長々と列挙するだけではなく、宗教によって生み出された善についても議論すべきだとし、宗教が為政者の情念や権力に対して持っている抑制機能を力説している。こうした抑制機能がない場合は、為政者は悲惨、残酷になりうるのである。

宗教を恐れ、憎む君公は、通行人にとびかかるのを防いでいる鎖を噛む野獣のようなものである。全く宗教をもたない君公は、引き裂いてむさぼり食う時にしか自分の自由を感じない、あの恐ろしい動物である。（『法の精神』、V-24-2）

モンテスキューは、宗教が「人間を来世の至福に導く効果はないにしても、現世における人間の幸福に貢献する」ことを期待したのである。彼は、「人を愛し合うことを命じるキリスト教は、各人民が最良の国政の法律と最良の公民の法律を持つ」（『法の精神』V-24-1）ために不可欠であると考えた。この意味においてモンテスキューは、「寛容」を前提にした上で、キリスト教の市民的徳の形成の役割に期待したのである。

ちなみに、ニューアンスの違いはあれ、ヴォルテールもモンテスキューもルソーも、宗教なくして道徳や政治秩序を形成しうるとするベールには反対であった。ベールに最も接近したのが、ヒュームである。そしてモンテスキューは、キリスト教が市民の道徳形成に役立ちうると考える点においては、ルソーと異なっていた。

V　権力の分立

モンテスキューは、イギリスの政治を視察し、そこから「権力の分立」によって専制政治を制限することを学んだ。彼は、立法権力、執行権力、司法権力の抑制と均衡について次のように述べている。

同一の人間あるいは同一の役職者団体において立法権力と執行権力が結合される時、自由は全く存在しない。……裁判権力が立法権力や執行権力と分離されていないならば、自由はやはり存在しない。もしこの権力が立法権力と結合されれば、公民の生命と自由に関する権力は恣意的となろう。……もしも同一の人間、また貴族もしくは人民の有力者の同一の団体がこれら三つの権力、すなわち法律を作る権力、公的な決定を執行する権力、犯罪や個人間の紛争を裁判する権力を行使するならば、すべてが失われるであろう。（『法の精神』、II-11-6）

彼は、『法の精神』において、政治体制を共和制（これは主権の担い手が誰であるかによって民主制と貴族制に分類される）、君主制、そして専制制に区分している。モンテスキューの眼目は、この君主制を、法律によって支配される緩和された制限政体とみなすことによって、恣意的な支配がまかりとおる専制制に対置させることであった。彼は、この制限政体について以下の様に述べている。

制限政体を作るには、もろもろの権力を結合し、それらを調整し、緩和し、活動させなければならない。いわばもう一つの権力にもう一つの権力を対抗させなければならない。（『法の精神』、I-5-14）

モンテスキューは、フランスにおいては、国王権力を制限するものとしての「高等法院」に注目し、高等法院は「公的自由の写し絵」であり、「高等法院に訴えられている苦難や涙を王座へ持ち出す」と述べている。彼にとって、「裁判所は国民の神聖な宝であり、主権者も自由にできない唯一の宝」であった。

彼は、それぞれの政体を、それを支える精神ないし情念という観点から分析し、共和政、君主政、専制政にそれぞれ徳、名誉、恐怖をあてがった。モンテスキューにとって、恐怖による専制支配は問題外であった。またイタリア旅行によってヴェネチアの腐敗堕落を目撃したことによって、市民的徳を前提とする共和政の存続は不可能と考えた。モンテスキューにとって、キリスト教の絆によって維持される立憲君主制こそ、自由と秩序を両立させうるものであった。

心に深く刻まれたキリスト教の原理は、君主制の原理のあの虚妄の名誉、共和制の国々のあの人間的な徳、そして専制的な国々のあの奴隷的な恐怖よりもはるかに強いのである。（同、V-24-6）

〔参考文献〕

・Ch.・ド・モンテスキュー「ローマ人の宗教政策」（白石正樹訳『創価法学』一九八七年一二月）
・――――『法の精神』（上・中・下）（野田良之他訳、岩波文庫、1997）
・――――『ローマ盛衰原因論』（田中治男・栗田伸子訳、岩波文庫、1989）

・『モンテスキュー』（『世界の名著34』井上幸治責任編集、中央公論社、1991）。ここには、『ペルシャ人の手紙』、『ローマ盛衰原因論』、『法の精神』の抜粋が収められている。『ペルシャ人の手紙』からの引用は、この中央公論版による。

第九節　ルソー（Jean- Jacques Rousseau）

Ⅰ　プロフィール

ルソー（1712-1778）は一七一二年にジュネーヴで生まれた。彼は一七四二年にパリに出て、ディドロ、コンディヤック（1714-1780）といった百科全書派の人々と交流した。彼がパリに出てきた時のフランスは、一七一五年にルイ一四世が亡くなり、その後一五年間、オルレアン公の摂政時代が続き、一七三〇年にルイ一五世の親政が始まっていた時代であった。彼はパリの生活の中で、フランス絶対主義の堕落、腐敗、そして専制、経済的・政治的不平等を知り、アンシャン・レジームに対する批判を強めていく。一七四九年に『学問芸術論』（*Discours zur les science et les arts*）を発表し、ディジョンのアカデミーの懸賞論文に一等で当選した。ここで彼は学問・芸術の進歩が、人間の道徳を改善するのではなく、堕落させると主張した。次に書いたのが『人間不平等起源論』（*Discours zur l'origine et les fondements de l'inégalité parmi les hommes*）である。この書物で彼は、不平等の起源を私的所有権に求め、そこから貧富の格差が生まれ、経済的な不平等の状態が法律や政治体制によって固定され、圧制や専制が正当化されたと論じた。不平等の最後の段階がフランスのアンシャン・レジームであり、「一握りの権力者と富者が偉大と富の絶頂にありながら、一方で民衆が悲惨さの中を這いまわっている」。こうした状況下では、「自然人」がもっていた「憐みの感情」（pitié）が失われ、純粋に自己保存を目指す「自己愛」（L'amour de soi-même）が虚栄心や優越感に規定された「自尊心」（L'armour proper）に変質する。一七六一年に『新エロイーズ』（*Nouvelle Héloïse*）、一七六二年には『社会契約論』（*Du contrat social*）、『エミール』（*Émile ou l'education*）を発表した。『エミール』の中の「サヴォアの助任司祭の信仰告白」の部分がキリスト教の信仰と抵触するとの理由で、高等法院によって発禁処分とされ、逮捕状も出された。パリの大司教クリストフ・ド・ボーマンは「サヴォアの助任司祭の信仰告白」を断罪する教書を発表し、無神論者ルソーの害悪を警告したのに対して、ルソーは一七六三年三月『ボーマンへの手紙』を書き、反論した。ルソーはジュネーヴに逃れたが、ジュネーヴでも『社会契約論』と『エミール』は発禁処分とされ、ルソーに逮捕状が出された。その理由は、「国家の宗教と政府の転覆をもくろむ危険な書物」というものであった。彼は自らに対する迫害について、「私は不信心なもの、無神論者、狂人、熱狂者、猛獣、狼として」迫害されたと述べている。フランス政府やジュネーヴ政府にとってルソー迫害の根本的理由は、彼の自然宗教、市民宗教がそれぞれカトリックや改革派のキリスト教と対立することにあった。一七六四年ルソーは『山からの手紙』を書き、自らの立場を明らかにしている。一七六六年彼はヒュームの助けを借りて一時ロンドンに行ったが、ヒュームと衝突してフランスに戻り、『告白』(*Confessiones*) を書いた。彼は一七七八年に、六六歳の生涯をパリから二〇マイル離れたエルムノンヴィルで終えた。

政治と宗教の関係をテーマとする本書では、「サヴォアの助任司祭の信仰告白」の自然宗教と『社会契約論』の「市民宗教」を扱い、『山からの手紙』を通して、彼の政治と宗教に関する立場を検討することにする。ただ、ルソーの政治思想の全体を概観するために、『不平等起源論』と『社会契約論』について簡単に触れておくことにする。

Ⅱ　『人間不平等起源論』と『社会契約論』——自然人と市民

フランスのアンシャン・レジームに対する批判のモデルとしてルソーが提示した人間像が、「自然人」と「市民」であり、相互に全く異なる概念であった。それは、「自然宗教」と「市民宗教」にも関連する問題でもある。

『人間不平等起源論』——自然人

ルソーは、『学問芸術論』の成功の後の一七五五年にディジョンのアカデミー懸賞論文に応募して、『人間不平等起源論』を書いた。ここで彼は、不平等な社会制度が成立する以前の「自然状態」を設定して、そこに生きる「自然人」の姿を描いたが、それは、当時の堕落した市民社会に対する痛烈なポレミックな意味を有していた。ルソーの「自然人」は、予見能力を持っておらず、相互にコミュニケーションがなく、したがって、比較、競争、虚栄のような情念も持たない。また言語も、道徳的な善悪の判断という意味での良心も存在しない。「自然人」を支配している二つの動機は、純粋に自己保存を目指す「自己愛」（L'amour de soi-même）と他者に対する「憐みの感情」（pitié）であった。彼は「憐みの感情」に触れて、「各個人において、自己愛の活動を和らげ、種全体の相互保全に協力するもの」と定義し、それが果たす役割について、ホッブズの「自尊心」の概念を批判しつつ、次のように述べている。

ホッブズが少しも気付かなかったもう一つの原理がある。それはある種の状況において、人間の自尊心（L'armour de proper）の発生以前では、自己保存の欲求を和らげるために、人間に与えられた原理であって、それによって人間は同胞が苦しむことを嫌う生得の感情から、自己の幸福に対する熱情を緩和するのである。自尊心は社会の中で生まれる相対的で人為的な感情にすぎず、それは各個人にだれよりも重んじるようにしむけ、人々に互いに行う悪を思いつかせるとともに、名誉の真の源泉なのである。（『人間不平等起源論』、七一頁）

ルソーの「自然人」の自由で平等な自然状態は、いかにして不平等で不自然な「文明社会」に変質してしまったのであろうか。それは、私有財産制の発生である。これによって、第一に貧富の差が生じ、豊かなものが貧しいものを支配し抑圧する構造が生まれた。第二に、経済的な不平等の状態が、政治体制や法律によって固定され、圧制や専制が正当化された。この不平等の最後の段階が、フランスのアンシャン・レジームであり、「一握りの権力者と富者が偉大と富の絶頂にありながら、一方で民衆が悲惨さの中をはいまわっている」状態である。しかし、こうした外側の変化と同時に看過してはならないことは、人間性の変化であり、「憐みの感情」が失われ、「自己愛」が、虚栄心や優越感に規定された「自尊心」に変質し、そこから無限の欲望の拡大と、支配と隷属の関係が生み出されてきたことである。

このように「自然状態」における「自然人」に着目しつつアンシャン・レジームを批判するルソーに対して、ヴォルテールは「あなたの作品を読むと、四つ足で歩きたくなります」と皮肉な返信をしている。しかしルソーの真意は未開への復帰ではなく、文明社会においていかに「憐みの感情」と「自己愛」を持つ「自然人」を生み出し、育てるかにあった。このテーマが『エミール』に繋がっていくのである。

Ⅲ　『社会契約論』——市民の形成

ルソーは、『社会契約論』においては、彼の祖国ジュネーヴや古代ローマの共和制をモデルとした市民の形成を試みた。彼は「市民」(Citoyen) の本来の意味が見失われ、「市民」が都市の住民やブルジョワと混同されているとして、以下のように述べている。

> 市民という語の真の意味は、近代人の間では、ほとんど見失われている。近代人の大部分は、都会を都市国家(Cité) と、また都会の住民を「市民」と取り違えている。彼らは家屋を作るが、「市民」がシテを作ることを知らない。……この名詞は、フランス人の間では徳をあらわすのであって、権利をあらわすのではない。……私の知る限りでは、他のフランスのいかなる著者といえども、「市民」という語の真の意味を理解していない。(『社会契約論』、I-6)

ルソーにとって「市民」とは公共心を持ち、積極的に政治に参加し、自国の防衛のためにいのちを捨てる覚悟をもった人々であった。彼は、愛国心を持った政治的主体であった。すでに述べたように、ルソーが「市民」について語る時、それはまさに「市民」を奴隷にし、政治的・経済的圧制を行っている当時のアンシャン・レジームに対するポレミックな意味を有していた。『社会契約論』の冒頭の言葉、「人間は自由なものとして生まれた、しかも至る所で鎖につながれている」という言葉がそのことを象徴的に現わしている。彼は、絶対的な専制政治を念頭に置いて、「公教育はもう存在しないし、存在することもできない。祖国のないところには、市民はありえないからだ。「祖国」と「市民」

という二つの言葉は、近代語から抹殺されるべきだ」(『エミール』(上)、二九頁)と述べている。隷従している人間にとって、もはや「市民」も「祖国」も存在しないのである。

社会契約

そこでルソーは自由で平等な個人が契約を結んで、政治社会を設立する「社会契約」を提唱する。契約によって「精神的で集合的な団体」が形成され、それは共同の自我を持つのである。ルソーは、この精神的人格を「都市国家」(Cité)、「共和国」(République)、「政治体」(Corps politique)と呼ぶ。それでは、市民は社会契約によって何を失い、何を得るのであろうか。ルソーの説明によれば、市民は好き勝手なことをする「自然的自由」を失い、代わりに政治に直接参加する「政治的自由」、法律による権利保障を意味する「市民的自由」、そして単なる欲望の衝動に従う奴隷的状態から、自らに課した法律に従う「道徳的自由」を獲得する。この「道徳的自由」の獲得こそ、アンシャン・レジーム体制に対する抵抗以上に、ルソーが目指したものであった。彼は『エミール』の中で、以下の様に述べている。

自由はどんな統治形態のうちにもない。それは自由な人間の心にある。自由な人間はいたるところで自由を持っている。卑しい人間は至る所で隷属している。卑しい人間は、[共和国]ジュネーヴにいても奴隷であり、自由な人間は[専制君主国の首都]パリにいても自由である。(『エミール』(下)、二五七頁)

直接民主主義

ルソーは、政治的自由の行使の形態として間接民主主義ないし代表制を認めず、直接民主主義を提唱する。彼がイギリスの議会制を攻撃した次の文章はあまりにも有名である。

人民が自ら承認したものでない法律は、すべて無効であり、断じて法律ではない。イギリス人民は、自由だと思っているが、それはおおまちがいだ。彼らが自由なのは選挙する時だけのことで、議員が選ばれるや否や、イギリス人民は奴隷となり、無に帰してしまう。（『社会契約論』、III-15）

ルソーにおいては、立法権は市民に帰属するが、執行権は市民からの委任を受けて政府が行使する。この執行権を誰が行使するかに応じて、人民が行使する「民主政」、少数者が統治する「貴族政」、君主が行使する「君主政」に区分できるが、ルソーは古代ローマ制をモデルとして、権力が集中して専制化しないように「混合政体」を推奨している。もし統治権力が堕落し、専制化し、市民の権利や自由が侵害されれば、「政治体」は死滅し、再び「自然状態」が現出して、市民は政治体に従う義務から解放される。ただルソーが、積極的な武力抵抗の権利を認めているとはいいがたい。

以上、私たちは、アンシャン・レジームに対抗する彼の「自然人」と「市民」観を簡単に検討したので、これからいよいよルソーの国家と宗教をめぐる問題に立ち入ることにする。「自然人」の形成には、「自然宗教」、「市民」の形成には「市民宗教」が大きな役割を果たすことになる。

Ⅳ　市民宗教

ルソーは、キリスト教に代わる宗教として、「市民宗教」を『社会契約論』第四編第八章において展開した。彼は、宗教を「人間の宗教」と「市民の宗教」に区分し、「人間の宗教」を福音書のキリスト教とし、「市民の宗教」を、迷信で圧政的で排他的な異教の祭祀国家に区分した。また第三の宗教としてカトリックを挙げ、カトリックが「人間に二つの立法、二つのかしら、二つの祖国を与えて、人間を矛盾した義務に服従させ、彼らが信仰を持ちながら同時に市民ではありえないようにする」と批判している。それではまず、ルソーのキリスト教批判をみよう。一言で言えば、キリスト教の教義自体に対する批判ではなく、キリスト教が「市民」の形成を妨げ、非愛国的にするという批判であった。

キリスト教批判

キリスト教批判の第一点は、内面性や彼岸性を強調するキリスト教は、人間の心の中に忠誠の相克をもたらすという批判である。彼は、この点に関して、次のように述べている。

キリスト教は、まったく精神的な、天国のことのみにひたすら専心する宗教である。キリスト教の祖国はこの世のものではない。なるほど、キリスト教徒は義務をつくす。それはそうだ。しかし、彼が義務をつくす時、自分の心づかいが成功するかどうかについては、全く無関心だ。(同、IV-8)

またそれは、市民たちの心を、祖国から切り離すのである。

第二の批判は、キリスト教が「祖国」のために戦う精神をなえさせてしまうという批判である。ルソーが理想としたギリシャの都市国家における「市民」の最大の徳は、祖国のためにいのちを捨てることであった。しかし、キリスト教は戦う精神を鼓舞することができないというのである。

もし外国との戦争がおこったら『市民』たちはいやがらずに、戦いに赴くであろう。彼らの中で、誰一人として、逃げようと思う者はあるまい。彼はその義務をつくすであろう。――キリスト教共和国がスパルタ、またはローマと対立した場合を仮定してみよう。信仰あつきキリスト教徒たちは、気をとりなおす前にうちまかされ、おしつぶされ、滅ぼされてしまうであろう。(同、IV-8)

ルソーは『エミール』の中で、スパルタの婦人のエピソードを語っている。五人の男の子を戦場に送ったスパルタの婦人が、戦闘の報せをもってきた奴隷に戦局について聞いたところ、奴隷が「五人のお子様は戦死なさいました」といったところ、この母は、「いやしい奴隷よ、そんなことをおまえに聞いたか」と叱責し、その後スパルタ軍が勝利を納めたことを聞くや否や、神殿にかけつけて感謝を捧げたという。ルソーは、これが「市民」の妻だと強調している。（『エミール』（上）、二八頁）

第三の批判は、キリスト教が盲目的な服従を説く奴隷の宗教であるという批判である。これは、フランスのアンシャン・レジームが、王座と祭壇の結合によって、圧制の手段としてキリスト教を利用したという歴史的経緯に基づくものである。

> 私がキリスト教共和国といったのは、まちがいである。これら二つの言葉は、互いに相容れない。キリスト教は服従と依存だけしか説かぬ。その精神は圧政にとても好都合なので、圧政は常にこれを利用せずにはすまない。まことのキリスト教徒は奴隷となるようにつくられている。（『社会契約論』、IV-8、傍点引用者）

ルソーは、国家と教会との対立という二元的構造を批判し、「この二重権力のために、永遠の管轄権争いが発生し、キリスト教国家においては、いかなるよい国家構造も存在できないものとなった」と主張し、ホッブズが鷲の双頭を一つにしたこと、つまり政治と宗教を一つにしたことを積極的に評価したのである。

市民宗教の呈示

次に私たちは、ルソーの市民宗教について見てみよう。彼は、この点において、マキャヴェリの『ローマ史論』の影響を受けている。ルソーは、市民宗教を定義して、「神への礼拝と法への愛とを結びつけ、祖国を市民たちの熱愛の対象として、国家に奉仕することが、とりもなおさず守護神に奉仕することだと教える」としている。ただ古典古代の「祭祀共同体」は、迷信的で排他的として退けている。この意味において、異教の宗教に基づく「市民宗教」を打ち立てようとしたマキャヴェリとは、ルソーの「市民宗教」は異なるといえよう。マキャヴェリは、『政略論——ティトス・リウィウス『ローマ史』に基づく論考』において、ローマの建国の父ロムルスの後継者でローマに神々の神話と法を導入したヌマを評価して、以下のように述べている。

人民がきわめて狂暴なのをみてとったヌマは、平和的な手立てで、彼らを従順な市民の姿にひきもどそうとして、ここに宗教に注目した。彼は宗教を、社会を維持していくためには、必要欠くべからざるものと考え、宗教を基礎として国家を築いたのであった。こうして、数世紀たつうちにこの国の神に対する尊敬は、他のどこにも見られないほどのものになった。（マキャヴェリ、二〇八頁）

マキャヴェリは続けて、「宗教をないがしろにすることが、国家滅亡のもととなる」ので、王国の主権者は、宗教の基礎をかためる必要があり、「たとえ眉唾ものだと思われるようなものでも、宗教的雰囲気をもりたてていけそうなものなら、なんでも受け入れて、強めていくようにしなければならない」（マキャヴェリ、二一四頁）と述べている。こうしたマキャヴェリの無節操な考えは、啓蒙主義者として無知や迷信を斥けるルソーにとって受け入れられないものであった。

それでは、ルソーにとって、キリスト教も、異教の宗教も市民宗教になりえないとするならば、「市民宗教」とは一体何であるのか。

この点においてルソーは、市民宗教を、「純粋に市民的な信仰告白」であり、「宗教の教理としてではなく、それなしてはよき市民、忠実な臣民たりえぬ、社交性の感情」であると定義している。それは、市民の道徳や義務に関わるものであり、彼岸に関わるものではなかった。それは、キリスト教の教義を換骨奪胎したものである。市民宗教が、市民の魂に根差すためには、最小限度のキリスト教の教義が必要とされた。つまり第一に恵み深い神の存在、第二に死後のいのち、魂の不死、第三に正しいものに与えられる幸福、第四に罪人に加えられる刑罰、第五に社会契約や法の神聖さである。

第二点の魂の不死に関しては、ルソーは、「魂は非物質的なものであるなら、それは肉体が滅びた後にも生き残ることになる。……私にとってはすべては、現世とともに終わるのではない。死によってすべては再び秩序を回復するのだ」（『エミール』（中）、二〇二頁）と述べている。この世界では善をなすものが苦しみ、悪を行うものが幸福になるという矛盾が見られ、「正義はどこにあるのか」と問う事態が存在するが、ルソーによれば、死んだあと必ず神の正しい裁きが下されるので、人は自らの良心に従って行動する義務がある。それこそが、正義が確立され、社会秩序が守られる保証でもあった。この点は、ロックもまた強調した点である。

ところで、「市民宗教」を信じないものは祖国から追放され、また受け入れた後で信じないかのように行動する者は、死をもって罰せられる。こうした内容からすれば、ルソーにとっても、ロックと同様、無神論は寛容の対象外であった。こうした市民宗教についての構想は、ルソーのヴォルテール宛の書簡にも見られる。ヴォルテールが『寛容論』を書く五年前の一七五八年八月一八日の書簡である。

私は、それぞれの国家には、一つの道徳的法典、すなわち一種の市民的信仰告白があればよいと思います。……この法典と折り合える宗教は、すべて認められるが、それと折り合いのつかない宗教は、すべて放逐されるでしょう。そして、各人はこの法典そのもの以外に、少しも宗教を持たないのは自由です。（『ルソー全集』第五巻、二九頁）

ルソーの自己認識としては、市民宗教は、様々な宗教と両立しうる「寛容な」宗教であった。それは様々な宗教の信仰告白の共通分母であった。彼にとって、信仰や、思想や出版の自由な領域に国家が介入することは、許すことのできないものであった。

私は、あなたと同様に、各人の信仰が完全な自由の状態にないことと、人間が侵すことのできない良心の内部をあえて取り締まろうとすることに憤激しています。……すべて人間の統治は、その本質からして、市民的義務に限定

されています。(同、二七頁)

ルソーは、宗教なくしても道徳や政治的秩序は形成しうると説くベールに対して、「宗教が基盤の役割を果たすことなくして、決して国家が建設されたことはない」(『社会契約論』、Ⅳ—8、一八四頁)と批判している。ルソーにとって、無神論は、ロック、モンテスキューと同様、寛容の対象外であった。またルソーは、『エミール』においても、ベールが「狂信は無神論よりも一層有害であることを見事に証明した」と述べつつも、「無宗教は、……あらゆる情念をいやしい個人的利害に、いまわしい人間の自我に集中させ、こうしてあらゆる社会の本当の基礎を、それほど大きな音を立てずに掘り崩していく」と批判している。(『エミール』(中)、四一七頁)

Ⅴ　自然宗教——『エミール』

『エミール』における「サヴォアの助任司祭の信仰告白」は、神への信仰を失い、人類に対して絶望し、道徳生活においても懐疑的な一人の青年に対して語られている。それは、「自然宗教」の擁護と「啓示宗教」の批判の二つの柱によって構成されている。まず司祭は、神がこの世界に秩序を与え、動かしていることを告白する。彼は、「宇宙を動かし、万物に秩序を与えている存在者、この存在者をわたしは神と呼ぶ」と述べ、神には、英知と力と意志と善性が備わっていると主張する。そして彼は、「私自身のうちに神を感じる。どちらをむいても私の周りには神が見える」(『エミール』(中)、一八六頁)とまで断言している。それでは神の存在は何によって認識しうるのか。ルソーにとって神の認識は感覚でもなく、理性によってでもなく、ただ心情によって認識しうるものであった。彼は、「内面の感情」に耳を傾ければ、神を認識できるという。ただその神は、世界を動かし、秩序を与える能動的存在であると同時に、世界や自然の中にも認められるという汎神論的色彩を帯びている。

道徳との関係で、ルソーの神認識にとって重要な役割を果たすのが「良心」である。彼は人を悪に導く「情念」との闘いにおいて、良心の果たす役割について以下の様に述べている。

良心は魂の声だ。情念は肉体の声だ。多くの場合、この二つの声が反対のことを言い合うとしても、それは驚くべきことであろうか。その場合、どちらの声に耳をかさなければならないのか。理性は私たちをだますことがあまりにも多い。……しかし、良心は、決してだますようなことはしない。良心こそ人間の本当の案内者だ。魂に対して良心は、肉体に対する本能と同じようなものだ、良心に従うものは自然に従い、決して道に迷う心配はない。これは大事な点だ。（『エミール』（中）、二一二―二一三頁）

人間は、様々な悪しき情念に引かれて、悪を行い、時には無秩序をもたらすが、人が「良心の声」に聴き従う限り、悪をおこなわず、善を行うことができる。肉体の情念や官能に支配されて罪を犯した時、「良心」の権威が回復されると、後悔の念がわきおこる。ルソーは、「良心」の賛美を繰り返す。

良心！　良心！　神聖な本能、滅びることのなき天上の声、無知無能ではあるが、知性を持つ自由な存在の確実な案内者、善悪の誤りなき判定者、人間を神と同じようにしてくれるもの、おんみこそ人間の本性をすぐれたものにし、その行動に道徳性を与えているのだ。（『エミール』（中）、二二四頁）

このようにルソーが、自然宗教や汎神論の枠組みにおいて、人間の「良心」を強調していることは、特筆すべきである。この「良心」の概念こそ、ホッブズが否定し、ヒュームが懐疑的であったものであったが、ルソーによって「神の座」に引き上げられ、カントの道徳哲学に多大な影響を及ぼすこととなる。

ルソーにとって良心の声こそ神の声であり、ここにおいて、人間に対する賛美が頂点に達するのである。

ところで、自然宗教を説くルソーは、啓示宗教に対してどのような立場をとっていたのか。ルソーにとって、キリスト教の教義こそが、宗派に対する迫害や宗教戦争をもたらした元凶であった。「特殊な教理は、偉大な存在者についての観念を明らかにするどころか、それを混乱させて」おり、「人間を傲慢に、不寛容に、残酷にし」、「地上に平和をもたらさない」。大事なのは、宗教的儀式や教義ではなく、「心の信仰」なのである（『エミール』（中）、二三八―二三九頁）。興味深い事実は、ルソーが「自然宗教」を擁護している時は、情念や理性に対して内面的な感情や良心を強調し、「哲学」ないし「哲学者」を批判していたのに対し、「啓示宗教」や啓示された教義に対する批判を行う段階になると、理性や悟性を持ち出し、啓示、預言、教義に対して異議を唱えていることである。この点において、啓蒙主義者ルソーの本領が発揮される。

> 私が崇拝する神は暗黒の神ではない。神は悟性を用いることを禁止するために私に悟性を与えたのではない。私の理性を服従させろと言うのは、理性をつくった者を侮辱することだ。真理に仕える者は、私の理性に圧迫を加えはしない。理性を導いてくれるのだ。（同、二五〇頁）

この後、ルソーは「霊感を受けたもの」に「理性に従うもの」を対置させ、「霊感をうけたもの」が、恩寵、超自然、預言、奇跡を語るのに対して、「理性に従うもの」は奇跡や預言を排斥するものであり、超自然的なものを信じることは、啓示、教義、預言、奇跡について語る人間の権威、特に聖職者の権威に理性の権威を服従させるものであると、聖職者批判を展開している。

総じてルソーにとって「啓示宗教」は、それが理性に反すること、そして排他的で不寛容である点において拒絶されるべきであった。また彼は、キリスト教の教義、例えば三位一体、原罪の教義を追放する。三位一体や原罪の教義は、「市民社会の紐帯」とはなりえず、「市民宗教」には不必要なものである。ただルソーは、福音書の中に記述されているイエスの言動に感嘆し、イエスが単なる人間ではなく、「イエスの生涯と死は神の生と死だ」とのべ、福音書の内容もかってきままに創作されたものではなく、信頼に値する事績であり、聖書についても「あんなに崇高でしかもあんなに素朴な書物が人間の手で書かれたということがありえようか」と述べている。

ヴォルテールは『人間不平等起源論』の「自然へ帰れ」に対する批判以来ルソーを毛嫌いしていたが、この『エミール』の「サヴォワの助任司祭の信仰告白」には純粋に感激している。キリスト教の啓示や奇跡抜きの「自然宗教」は、ヴォルテールにとっても望ましいものであった。

Ⅵ　寛容、政教分離――『山からの手紙』

『山からの手紙』は、市民宗教のゆえに『社会契約論』が、またサヴォワの助任司祭の信仰告白のゆえに『エミール』がジュネーヴで禁書になったことに関して、信仰や思想の迫害に対するルソーの異議申し立ての書である。そこに彼の寛容思想と「政教分離」の萌芽が示されている。

まずルソーは、カルヴァンの正統主義を批判して、「寛容」の重要性を力説し、「彼等（カルヴァンたち）の厳格な正統主義こそが一つの異端でした。まさにそれは、宗教改革者たちの精神ではありましたが、宗教改革の精神ではありませんでした。新教は、原理によっては寛容であり、本質的に寛容であります」（『山からの手紙』、二三一頁）と述べている。

また彼は「政教分離」の必要性について以下のように述べている。

為政者や国王は霊魂に対していかなる権限も持っていないのです。人々が現世で社会の法律に忠実でありさえすれば、来世で人々の身の上に起こることにまで口出す資格は彼らにありません。……彼等の怖ろしい異端審問のもとで、人間は所業により信仰によって裁かれ、彼らを抑圧しようとする者の思い通りにされてしまうでしょう。（『山からの手紙』、二二五頁）

こうした見解からすれば、たとえ教義的に異端を宣言され、教会から破門された人でも、市民法によって処罰されることがあってはならない。ルソーは、『山からの手紙』の第一の手紙の中で、宗教を国家と一体化させる試みを批判して、それが一方における宗教、他方における国家の堕落につながると抗議している。

キリスト教を民族的宗教に変え、立法体系の中にその構成部分として導入しようとした人々は、それによって有害な二つの誤りを犯したのです。一つは宗教に対して、もう一つは国家に対してです。……彼らは地上の利害に宗教のそれをまじえ、宗教の天上的純粋性を汚し、宗教を専制君主の武器、迫害者の道具に変えたのです。彼らは同時に政治の神聖な格率をも犯したのです。(同、二一五頁)

しかし、こうした政教分離の思想は、ルソーの『社会契約論』の「市民宗教」とどのような整合性が存在するのだろうか。彼は、ホッブズが鷲の双頭を一つにしたことにエールを送っていたのではないだろうか。すでに述べたヴォルテール、モンテスキュー、そしてルソーも寛容や信教・言論の自由を説き、「政教分離」が望ましいと思いながらも、政教分離を確立するにはいたらなかった。マチエ（1874-1932）は、啓蒙主義者たちが「宗教的寛容の断固たる信奉者」で、あらゆる礼拝の自由を擁護したが、「宗教への関心を持たない世俗的な（ライック）中立国家は思いもよらなかったのであり、あらゆる宗教の平等を説いたが、「国家を道徳と宗教を守る最後の番人」として理解したと主張している（マチエ、pp.22-23）。

このマチエの主張が正しいとするならば、ライシテ（政教分離）の思想はいったいどこからくるのであろうか。私たちはこの点に関して、一八三〇年の七月革命以降、カトリック側からなされた「政教分離」の主張に着目し、自由主義的カトリックの代表的存在であるラムネーの思想を次に検討することにしよう。フランスの「ライシテ」の特徴は、非宗教的、ないし反宗教的だと理解される場合が多いが、ラムネーに見られるように宗教の活性化や純粋化のためにも、政教分離が主張されることも理解すべきである。もちろんA・コント（1798-1857）、E・ルナン（1823-1892）、E・デュルケーム（1858-1917）といった実証主義、唯物論や宗教社会学の立場からの「政教分離」の思想史もフランスの文脈では重要であるが、ここではとり扱わなかった。

ところで、今まで私たちは、ヴォルテール、モンテスキュー、ルソーといった一八世紀のフランスの啓蒙主義者の寛容思想の主張を見てきた。彼らは、旧体制によって迫害され、監視されながらも、市民の自由や人権を彼らなりの方法で達成しようとした。ヴォルテールをはじめとする百科全書派は「啓蒙専制」という形で、上から国家の近代化や合理化を進めようとした。モンテスキューは、多元主義や「抑制と均衡」に着目し、絶対王政を制限するものとして、法服貴族の「高等法院」に着目し、ルソーは人民主権と社会契約をかかげて、既成のアンシャン・レジームを根本から破壊し、新たな体制をつくり上げようとし、フランス革命に思想的な影響を及ぼしたのである。アンシャン・レジームに対する戦い方には、啓蒙主義者の間では様々な方法があったのである。しかし、信教の自由や寛容をめぐる戦いにおいては、彼らは一致していた。

〔参考文献〕

・J・J・ルソー『エミール』（上・中・下）（今野一雄訳、岩波文庫、1970）

・――――『人間不平等起源論』（木田喜代治・平岡昇訳、岩波文庫、1973）

・――――『社会契約論』（桑原武夫・前川貞次郎訳、岩波文庫、2016）

・『ルソー全集』第五巻に「ヴォルテールへの手紙」、第八巻に川合清隆訳「山からの手紙」が収載されている。（白水社、1979）

・A・マチエ『革命宗教の起源』（杉本隆司訳、白水社、2012）

・『世界の名著21　マキャヴェリ』（中央公論社、1991）ここに君主論と『政略論』（永井三明訳）が収載されている。

第一〇節　ラムネー（Félicité-Robert de Lamenais）

I　プロフィール

ラムネー（1782-1854）は、一七八二年にフランスのブルターニュ地方のサン・マロの富裕な商人の家に第四子として生まれた。フランス革命より七年前である。フランス革命により、教会財産が国有化され、聖職者に関する「民事基本法」が制定された。ラムネーは、フランスの政教関係を注視し続け、一八〇九年ナポレオンとピウス七世との政教条約（1801）を批判的に論じた『一八世紀フランスにおける教会の状態とその現状についての考察』を兄と共同執筆で刊行した。しかしこの書物は、即座に没収された。聖職者である兄ジャン＝マレーの勧めもあって、ラムネーは、聖職につくことを決心するに至る。一八一四年に王政復古が実現したが、彼は、『司教制度に関する教会の伝統』（*Tradition de l'Eglise sur l'Instituyion des Eveques*）を出版した。翌年ナポレオンの百日天下で、ラムネーはイギリスに亡命したが、帰国して後一八一六年にヴァンヌで司祭に叙階された。一八一四年の王政復古後二年目である。この当時ラムネーは、ガリカニスムに対してウルトラモンタニズム（教皇至上主義）の立場に立っていたが、国家権力との癒着によって堕落したカトリシズムの純粋性と生命力を回復しようと試みた。彼が世に知られるようになったのは、一八一七年に出版した『宗教的無関心論』（*L'Essai sur l'indifférence en matière de religion*）第一巻であった。この本は四万部売れ、ボシュエ（1627-1704）の再来と評判になった。すでに一八〇二年に『キリスト教の精髄』で名声を博していたフランソワ＝ルネ・シャトーブリアン（Cateaubriand, 1768-1848）は、この書物を「不朽の名著」として絶賛した。ウルトラモンタニズムのもともとの意味は、絶対的な権威がアルプスの山の彼方 ultra montes、つまりローマにあるという考えであり、それに対立するのが、権威は山のこちら側 Gallia にあるというガリカニスムである。彼は、ウルトラモンタニズムの立場からフランスのガリカニスムを攻撃したが、当時のフランスの復古王政（1814-1830）は、ガリカニスムであったので、ラムネーは孤立するに至る。彼は、一八二五―一八二六年に、『政治的社会秩序との関連において考察した宗教について』（*De la religion considérée dans se rapports avec l'ordre politique et civil*）の第二巻を著し、ガリカニスムを批判し、教皇は「不可謬」であり、教皇は君主や人民に対して命令権を有すると主張した。それに対してガリカニストはラムネーに対して敵対心をあらわにし、王党派は彼から離れ、自由主義者も彼に対して激昂した。彼は、国家と教会のエラストゥス的結びつき、異端や無神論者を許容する復古体制、宗教に基づかない教育制度を痛烈に批判した。次いで彼は、一八二五年に『政治及び市民の秩序に関して考えられた宗教について』（*De la religion consideres dans ses rapports avc l'order politique et civil*）、一八二九年には、『革命の進歩と教会に対する戦いについて』（*Des progrès de la révolution et de la guerre l'Eglise*）を著した。彼は、一八三〇年の七月革命以降は、ラコルデール（1802-1861）やモンタランベール（1810-1870）といった自由主義的カトリックと『未来』（L'Avenir）（1830-1831）紙を発行し、新聞の表紙には「神と自由」という文字を掲げ、宗教的・政治的自由の確立、政教分離、言論・出版・結社の自由、地方分権、教会による宗教教育を訴えた。なお七月革命以降、サン＝シモン（Saint-Simon, 1760-1825）、フーリエ（Charles Fourier, 1772-1837）、ルイ・ブラン（Louis Blank, 1811-1882）、プルードン（Pierre Joseph Proushon, 1809-1865）といった社会主義思想が影響力を持つに至り、七月王政を揺り動かした。

ラムネーは、一八三〇年にポーランドのロシアからの独立運動に対して教皇庁がポーランドを支援しなかったことに失望する。教皇は、ラムネーの自由主義や政教分離を支持しなかったため、一八三二年三月ラムネーは、ラコルデール、モンタランベールと共にグレゴリウス一六世に会うが物別れに終わり、一八三二年八月一五日にグレゴリウス一六世は、教勅「ミラーリ・ヴォス」でラムネーを糾弾した。この教勅は、良心の自由をすべての社会的悪の源泉として批判し、言論・出版の自由をことごとく否定したのである。多くの司教たちは下位の聖職者に『未来』誌を講読することを禁じた。ラムネーも一旦は教皇の教勅を受け容れ、『未来』紙を廃刊にして恭順の意を示した。しかし、一八三四年に教勅「ミラーリ・ヴォス」に対して『一信者の言葉』（*Paroles d'un croyant*）で反論を試みたが、教皇によって破門を宣言された。破門されてからも、『民衆の書』（*Le Libre du Peuple*, 1837）、『民衆用の政治学』（*I'politique à l'usage du people*, 1838）、『国と政府』（*Le Pays et le Gouvernement*, 1840）を刊行し、キリスト教的社会主義者としての行動を続けたので、一八四一年から一年間の禁固刑を受けている。彼は、一八四八年の二月革命の後、国民議会議員に選ばれたものの、一八五一年のルイ・ナポレオンのクーデターによって追放され、一八五四年に孤独のうちにパリで死去した。高山裕二氏は同時代人に対するラムネーの影響力を以下の様に述べている。

ラムネーを訪ね『精神の父』と仰いだ若きユゴー、そしてサント＝ブーヴも多大な影響を受けた。新進気鋭の大学教授ミシュレも大きなインスピレーションを受けたし、バルザックも影響を受けた一人だった。一九世紀の思想

家でラムネーの影響を受けていない者はいないとさえ言われるほどである。（高山、一五四頁）

Ⅱ『宗教的無関心』

一八一五年にナポレオンの失脚によって、フランスに王政復古が実現し、再度王座と祭壇の結びつきが復活した。しかし、フランスではヴォルテールやルソーなどの啓蒙主義者の影響などにより、宗教に対する無関心が支配していた。こうした精神的状況の中で、ラムネーは、一八一七年に『宗教的無関心』第一巻を著し、一八二四年に全四巻として完結させた。

「宗教的無関心」の普及には、啓蒙主義の理神論の影響があった。その代表的存在は、ヴォルテール、ルソー、コンドルセなどである。また「宗教的無関心」は同時代の個人主義や利己主義の風潮と密接な関係があった。ラムネーは、人々が宗教的無関心の状態に陥っている事態を憂え、ヨーロッパ社会は急速に終末に向かっていると断じたのである。彼は、彼の時代の宗教的無関心の特徴を以下の様に描き出している。

「無神論は、最後の異端である」とライプニッツは言った。実際、無神論に続く無関心は理論ではない。なぜなら、真の無関心者は何も否定せず、何も、肯定しないからである。無関心は、疑惑でさえない。……無関心は徹底した無知であり、……魂の有意的睡眠であり、倫理的能力の普遍的昏睡状態であり、人間が最も知る必要のある事物に関する諸観念の絶対的欠乏である。（『宗教的無関心』、三一頁）

ラムネーが無関心という場合、それはあらゆる事柄に対する無関心というよりは、天国、地獄、永遠の魂、神の存在に対する無関心である。ラムネーは、正統主義の教義を押し付けようというのではなく、こうした重要な諸問題に対して、人々が探求しようとしないことを慨嘆する。無神論にはまだ神に対する抵抗という精神的エネルギーが秘められているが、無関心はそれが全くない。ラムネーは、パスカルの『パンセ』を一部引用しつつ、熱情をもって訴えかける。

魂の不滅性は、我らにとって極めて重大なものであり、我らに極めて深い関係を有するものであるから、感情をことごとく失ったものでないかぎり、そのなんたることを知ることに無関心ではありえないはずである。……人間にとって『自然性の腐敗』という状態ほど恐ろしいものはない。されば己が存在の破滅、及び永遠の悲惨に陥る危険に関して、無関心である人々が存するが、これは決して自然なことではない。（同、九六頁）

ラムネーは、信教の自由、寛容、平和を説く哲学が、実は宗教に対する憎悪によって支配されていると指摘する。これは、宗教に無関心ないし敵対的なライシテの特徴である。

ラムネーにとって、宗教戦争や無秩序をもたらした根本的元凶は、ルターに始まるプロテスタントであった。その個人的理性や個人的権利の強調が権威を否定し、精神的・社会的・政治的無秩序をもたらしたというのである。彼は言う。

これが、ドイツ、ボヘミヤ、フランス、イギリス、オランダを地に染めた激烈な戦争の原因となったのである。……世人は権威を否定した。そして従順から解放された。……最後に神を否定することによって、すべてを、法律も、社会も、人間さえも破壊した。（同、四九頁）

ラムネーはカトリックの真理を否定する勢力として、プロテスタントのみならず、異端、自然宗教、無神論を挙げている。この三つは、最終的には宗教的な絶対的無関心を生じさせるのである。

異端は、啓示宗教は認めるものの、重要な根本的教義を否定するものであり、自然宗教は、宗教の存在は認めるが、啓示宗教を拒否するもの、そして無神論とは、宗教とは人為的に作り出された政治制度であり、民衆にしか必要でないと考えることである。

ラムネーによれば、第三の無神論者の代表的存在は「哲学」であり、それはフランス革命によって実証された。彼は「無神論を宗教におき換えようと試みただけで、フランス社会は根底からくつがえされた」（同、七〇頁）と述べている。

次に第二の「自然宗教」に移ろう。ラムネーにとって、「自然宗教」は「あらゆる教義、あらゆる宗教、あらゆる道徳の破壊である」。この「自然宗教」の代表的存在が、ルソーである。彼は、「いかなる国家も宗教をその基礎としないで建てられたものはない」と説き、「立法者」によって人為的に宗教を社会を支配する基盤に据えようとした。宗教がなければ、社会は壊れるので、宗教を秩序維持のために利用しようとするのである。

ラムネーにとってキリスト教信仰の神髄は、パスカルが『パンセ』で語っているように、「自然性の腐敗」と恩寵によるイエス・キリストの贖いであった。彼は、「キリスト教生活の喜び」という項目で次のように述べている。

> 願わくは、汝のために死し、汝のために十字架につけられたまいし、イエス・キリストが、汝を苦悩と永遠の死とより救いたまわんことを。願わくはこの善良なる牧者が、その羊を見識り給いて、これを選ばれしものの群れに加え給わんことを。ねがわくは汝、汝の贖い主の御顔を、永遠に相対して眺むるを得んことを。（同、一四六頁）

ラムネーは、宗教を魂の永遠の救いという観点から考察すると同時に、社会秩序が宗教を土台としていないときに、人が自然的な本能や主観によって行動し、いかに社会が混乱し、無秩序に陥っていくかを訴えた。宗教こそ、社会の精神的絆であつた。しかしそれは、自然宗教や人為的な市民宗教ではなく、カトリック教会、そしてローマ教皇の権威に支えられている宗教であった。彼は、『政治及び市民の秩序に関して考えられた宗教について』（1825）の中で、「教皇なくしてローマ教会なく、教会なくしてキリスト教なく、キリスト教なくして宗教も社会もない。したがって、すでに述べた様にヨーロッパ諸国民の生活は、教皇権力にその唯一の源泉がある」と述べている。

Ⅲ　『未来』(L'Avenir) 紙——良心の自由、政教分離

『政治神学』(1922) において一八世紀の保守的カトリックであるドノソ・コルテス、ド・ボナール、ド・メストルに注目したカール・シュミットは、自由主義的カトリックに対しても『ローマ・カトリシズムと政治形態』において、「モンタランベール、トクヴィル、ラコルデールといった極めて重要な人物は、彼らと同じ信仰を持つ多くの人々が、いまだに自由主義を反キリスト、ないし反キリストへの道を準備するものと考えている時、すでに自由主義的カトリシズムの立場をとっていた」(Schmitt, p.7) と述べている。この立場の中心的人物がラムネーである。

ラムネーは、七月革命以前、一八二五―一八二六年に、『政治的社会秩序との関連において考察した宗教について』、『政治及び市民の秩序に関して考えられた宗教について』、一八二九年には、『革命の進歩と教会に対する戦いについて』を著したが、これらの書物において、国家が宗教や教会を統制するガリカニスムを批判していた。彼の国家と教会の分離の主張は、ガリカニスム批判とウルトラモンタニズムという枠内で展開されていくことになる。ガリカニスムは国王の専制を正当化し、人民を隷属化する元凶に他ならなかった。ガリカニスムにおいては、「正義の法」ではなく、統治者の専制的な恣意的支配が行われる。

しかしラムネーのガリカニスム批判、国家と教会の一体化の批判は、ローマ教皇や教会をラムネーが純粋の宗教の担い手であると信じていたことによって成立していた。ラムネーは、ウルトラモンタニストとして、教皇権を支持していたが、一八三〇年の七月革命の影響を受けて、ベルギーとポーランドにおける自由を求める独立運動が発生した時、教皇庁が独立運動に抑圧的になったことで、教皇庁に批判的になっていく。ラムネーにとって教皇庁は、自由ではなく、専制の味方であると認識されるようになったのである。

彼は、国内においては、七月革命以降、ラコルデールやモンタランベールといった自由主義的カトリックと、『未来』紙を発行した。『未来』の発行趣意書には、「自由を愛するすべての諸君、未来のもとに結集せよ。過去の廃墟にも現在の動揺にも落胆するな！　我々には、未来がある」という刺激的な言葉が躍っている。中谷猛氏は、「『神と自由』とは、現実のガリカン王党派の『自由なき神』と自由主義派の『神なき自由』の両派を越えて提唱されたものである。と

くに『未来』紙が『自由と秩序』を標榜しつつ、あらゆる専制支配への告発を辞さなかった点は特記に値する」（中谷、五五二頁）と述べている。

ラムネーにとって、もはや王座と祭壇の結合を回復した王政復古時代の政教一致に帰ることができないのは、明らかであった。そして彼は、この時期政治的には共和制の熱烈な擁護者となっていた。彼は、七月王政について、「一八三〇年憲章のもとでフランスは、文字通り共和制である」と『未来』誌で断じている。君主制は虚構で、実態は共和制だというのである。当然のことながら、七月王政府からもラムネーや『未来』誌は危険視されることになる。

ラムネーにとって、諸々の自由を制限し、国家権力を行使してカトリシズムを強制することは、逆にカトリシズムを堕落させることに他ならなかった。教会は外的権力を行使してではなく、完全な自由の中で、霊的権力によって人々を魅了すべきである。自由があれば、必ずや誤謬に対して勝利を納めるというのがラムネーの確信であった。彼は、「自由こそカトリシズムの発展の条件であり、またカトリシズムこそ自由存続の条件である」と考えた。このようなラムネーの自由主義的カトリシズムの主張に対して、当時のフランスにおける世俗主義による政教分離の主張は、国家と教会、政治と宗教を分離するのみならず、教会や宗教を余計なものとみなし、聖職者や教会を敵視する社会主義者や革命主義者によって唱えられていた。これに対してラムネーは、国家と教会が結びついたことによって、教会と宗教との腐敗がもたらされたと考え、教会や宗教の純粋性を取り戻すために両者の分離を強く主張したのである。また彼は、教会が真の独立を達成するためには、国家による教会への資金供与は不要であると考えた。聖職者は、国家から給与を受け取れば国家の奴隷にならざるを得ない。彼は、教会は初代教会の姿に立ち返るべきだと主張した。まさに後のキルケゴールを彷彿とさせるような激しさで、ラムネーはカトリックの聖職者に信仰と教会の「原点」に帰ることを訴えた。

秣槽の中で生まれ、十字架上で死なれた御方の祭司たちよ。そなたたちの原点に帰るがいい。苦難と貧困のうちに、再び進んで身を浸すがいい。……神のみことば以外の、何ものにも頼ることなく、かつての一二人の漁師のように、諸国民の間に降りて行き、世の教化を始めるがいい。勝利と栄光の新しい世紀は、キリスト教のために準備

されている。（ルイ・ル・ギュー、一八頁）

また彼は、『未来』誌の「教会と国家の分離について」（1830. 10. 18）において、「聖職者に投げ与える一切のパンは、これに対する圧制の証である。法律上は自由であろうが、何を行うにもせよ、その報酬によって彼は奴隷となる」と断じ、今こそ聖職者や教会は、本来の品位と独立自尊の姿に立ち返るべきであると主張して、「教会の命は、自由が教会にもたらす成果にかかっている」と訴えている（同、一九頁、傍点引用者）。

また彼は、国家が特定の教会と結びつくと、他の諸教会と対立するようになり、信仰・信条の争いが政治的対立を引き起こすと警告する。この点においては、政教分離による宗教の生きた活力を提唱したトクヴィルも基本的に同じ立場であった。またラムネーは、国家による教育の統制の撤廃、ジャーナリズムにおける検閲の廃止を唱えた。また彼は宗教団体や労働者の結社の自由をも提唱した。

更にラムネーは、ベルギー、アイルランド、ポーランドの独立運動を強く支持し、民族解放運動の旗を掲げた。しかし、『未来』誌の徹底した自由の要求に対しては、立憲君主制の七月王政も、政治的に保守・反動的な法王庁も批判的であった。グレゴリウス一六世は、教勅「ミラーリ・ヴォス」でラムネーを糾弾した。ラムネーは、『一信者の言葉』を一八三四年六月に発表し、教皇に対する反論を試みた。しかしそのことが災いして、ラムネーは教皇の回勅「シングラーリ・ノス」によって破門を宣言された。もしラムネーが、この『一信者の言葉』を書かなかったならば、ラムネーは、教会に留まることができたであろう。しかし彼は、自ら良心の自由を貫いたのである。

ラムネーの自由主義の要求は当時のカトリックの保守的な体質には到底受け入れることのできないものであった。しかしそもそも当初のラムネーのウルトラモンタニズムは、フランスのガリカニスムにおける国家と教会の結びつきを批判するあまり、あまりにも教皇庁を理想化したものであった。それは、彼の思い込みの産物であったので、ラムネーが教皇庁の実態を知るにつれて、教皇庁と決別するようになったのである。彼は、ローマですごした六カ月の間に見たことを、一八三三年一月一五日に、ヴェントーラ神父宛に義憤を抱いて書き記している。

ローマで六か月をすごした人ならだれにせよ、どんなに努力してみても、自らの目に次の悲しい事実を隠すことができようとは私には思われません。それは、カトリック教会は、事実上、あらゆる原理に無関心で、現世の利益のみを唯一の目的、唯一の規則とする人々によって支配されていることです。（ルイ・ル・ギュー、四〇頁）

ラムネーの世俗的領域と霊的領域の二元論の主張は、自由主義の撤回を求めた教皇に対するラムネーの一八三三年八月四日の反論の中に如実に示されている。

純粋に世俗的な事柄において、私は私に意見を押し付けたり、私の行動に命令する権威を認めません。私は、霊的領域と関係しないこの領域において、私の人間性と独立を決して放棄しないつもりです。そして思想と行動においても私の良心と理性のみに相談するでしょう。（Laski, p.251）

まさにパスカルと同様に、ラムネーの良心の自由は、この教皇に対する「否」によって、遂行された。それは、信教の自由、良心の自由、出版の自由を求めたラムネーの首尾一貫した行動であったが、失うものも大きかったのである。彼の聖職者としての行動のみならず、彼の生涯全体がいわば「無神論者」の烙印を押されて、宗教的世界から追放されることになった。彼は完全に孤立したのである。ラムネーの遺言は「私は貧しい人々の間に貧しい人々と同様に埋葬してほしい。私の遺骸はどこの教会の儀式も受けずに直接墓地に運んでほしい」というものであった。この遺言は、キルケゴールの遺言に近い。

しかし、ラムネーは、堕落したカトリック教会からは離れたが、真の教会と彼がみなしたものから依然として離れなかった。少なくともラムネーはそのように確信していた。それは、民衆を愛し、民衆と共に歩む道である。ルイ・ル・ギューは、『ラムネーの思想と生涯』の中で、この点に関して、以下のように述べている。

ラムネーは、もはや専制的な君主政的組織の教会ではなく、キリストと生命を共にし、キリストの精神に参加する共同体としてとらえられる教会の神秘な姿を見出していた。真の神秘体、真の教会とは、彼にとっては、信仰と愛を追求する者たち、……言うならば、不幸な者、弱きもの、抑圧されているもの、聖書のいわゆる「貧しきもの」たちのことなのである。……ラムネーにとって民衆を愛することとは、教会を愛すること、キリスト自身を愛することであり、彼にとっては、「民衆の声は神の声」なのである。（ルイ・ル・ギュー、五二頁）

しかし、ルイ・ル・ギューの好意的な解釈とは別に、教会を民衆と一つのものと理解し、民衆に神の声を聴くところにラムネーの危険性を感じ、そこに革命家の「政治神学」を保守的聖職者がかぎつけたとしても不思議ではない。しかし、その点に関してここでは触れないことにする。本書において重要なことは、世俗主義的な社会主義者や民主主義者の中からではなく、宗教の純粋性を説く自由主義的カトリックの中から信教の自由、政教分離が生み出された事実であり、国家から自由な教会に教会の純粋性やいのちをラムネーが見た事実である。

〔参考文献〕

・F・R・ラムネー『宗教的無関心』（岳野慶作訳、中央出版社 1948）。これは第一巻の抄訳である。
・――――『信者の言葉』（松下和則訳、創藝社、1948）
・――――『民衆に與ふる書――キリスト教社会主義について』（田邊貞之助譯、創元社、1949）
・Harold Laski, *Authority in the Modern State*, Yale University Press, 1919. 本書には、ボナールとラムネーについてのラスキの評伝が収められている。
・L・ル・ギュー『ラムネーの思想と生涯』（伊藤晃訳、春秋社、1989）。原題 Louis Le Guillon, *Lamennais*, *Deselée de Brouwer*, 1969.
・高山裕二『トクヴィルの憂鬱』（白水社、2012）
・中谷猛「ラムネーと自由主義的カトリシズム」（『立命館法学』一九八七年四月号、pp.533-558）。この論文では、ラムネーの自由主義的カトリシズムの立場がよく描かれている。
・C. Schmitt, *Römischer Katholizismus und politische Form*, Klett-Cotta, 1984.

第二節　トクヴィル（Alexis-charles Tocqueville）

Ⅰ　プロフィール

アレクシス・ド・トクヴィル（1805-1859）は、フランスの名門貴族の三男として一八〇五年にパリで生まれた。彼の父エルヴェ・ド・トクヴィルは、王政復古で知事となった。アレクシスはパリで法律を勉強したが、一八三〇年の七月革命が勃発、父親がブルボン王朝を支持したのに対して、彼は七月王政を容認した。一八三一年トクヴィルは、友人とアメリカの刑務所制度などを九カ月にわたって視察し、帰国してから一八三五年に『アメリカにおけるデモクラシー』（*De la démocratie en Amérique*）第一巻を刊行した。彼はこの本によって名声を博し、「一九世紀のモンテスキュー」と呼ばれた。彼は一八四〇年に『アメリカにおけるデモクラシー』第二巻を公刊している。

七月王政下の一八三九年に下院議員に当選、一八四八年の二月革命では立法議会議員となるが、ルイ・ナポレオンのクーデターに反対の態度をとったため、逮捕・投獄された。政界を引退した後、『旧体制とフランス革命』（*Ancien Régime et la Révolution*, 1856）を公刊した。彼は一八五九年四月妻と旧友にみとられて、療養先のカンヌで亡くなった。死後、一八九三年に『回想録』（*Souvenirs*, 1850-1851）が出版された。

以下、『アメリカにおけるデモクラシー』から、宗教と政治の関係について触れることとする。

Ⅱ　トクヴィルの宗教観

トクヴィルは、宗教がデモクラシーや自由に及ぼす影響について、『アメリカにおける民主主義』において、詳述しているが、彼自身は、どのような宗教観を持っていたのであろうか。彼は一八三六年一一月一〇日付けのケルゴルレー宛書簡において、毎日すこしは読んでいる作家として、パスカル、モンテスキュー、ルソーの名をあげている。

レオ・ダムロッシュは、『トクヴィルが見たアメリカ』の中で、彼は、「若かりし頃の信仰の喪失を嘆く不可知論者」で、「煩悶する懐疑論者」あると述べている（レオ、一三三頁）。トクヴィルはパスカルの『パンセ』を愛読したが、パスカルのようなキリストに対する生きた信仰を持ちえなかったようである。信仰と懐疑の間で揺れ動くトクヴィルの精神的軌跡ないしパスカルの『パンセ』の影響については、髙山裕二『トクヴィルの憂鬱』で描かれている。トクヴィルは、懐疑の中にあっても魂の不滅を求めていたというのである。髙山は『アメリカにおけるデモクラシー』第二巻の草稿の「魂の不滅」と題するメモを紹介している。そこでトクヴィルは、「無限の欲求と我々が各々の道で出会う有限の悲しい経験は、私を時々苦しめるが、深く悲しめることはない。私はそこに、来世の存在と霊魂の不滅の最大の証拠の一つを見る」（髙山、一五九頁）と述べている。また彼は、アメリカ滞在中に友人にあてた手紙の中で、「私は筆をとり、懐疑に苛まれながらも、政治的かつ精神的な真理を手にしたいと願うでしょう」と書き、そして一八三八年四月六日のドクトリネールのロワイエ＝コラール宛書簡においては、「私は、常にさいなむ別の病気があります。それは確実さへの激しい、理性では説明できない情熱です。経験が日々私に教えるところによれば、この世界は蓋然と不安定だけで満たされていますが、しかし、私の魂の奥底では、確実なものと完全なものへの好みが際限なくふくれあがっていくのを感じます」（髙山「トクヴィルの権威と自由をめぐる考察」、八七頁）と自分の内面の葛藤を吐露している。

トクヴィルは、懐疑と信仰の間を揺れ動きながら、精神的権威としての宗教を承認していたように思われる。彼は、「何が起ころうとも知性と道徳の領域には常に権威がどこかに存在しなければならなかった」（『アメリカにおけるデモクラシー』第二巻（上）、一一二頁）と述べている。なぜならこの権威が見失われる時に、人は他者の意見に流され、隷属するものとなるからである。彼は、造物主である神に対する信仰が、人生と社会の土台となっているという確信を持っていた。

人間は神について、また神と人類との関係について、あるいは人間の魂の本性や同胞に対する義務について、ごく一般的な観念を抱くが、人間の行動はどんなに個別的と思われる場合にも、ほとんどすべてそうした一般的観念に発している。これらの観念が、共通の源泉となってそこから他のすべてが出てくることは動かしがたい。人間はだから、神について、人間の魂について、また造物主と同胞に対する義務について揺るぎのない観念を持つことに大きな利益を有する。なぜなら、こうした基本的諸問題についての懐疑は、人間のあらゆる行動を偶然に委ね、人々をいわば混乱と無力に陥らせるからである。（『アメリカにおけるデモクラシー』第二巻（上）、四四頁、傍点引用者）

トクヴィルは、「啓蒙とデモクラシーの時代」においても、いやそのような時代であるがゆえに、宗教的権威を認める必要があると考えた。彼は、「ある国民の宗教が破壊されると、国民の最も知的な部分が懐疑にとりつかれ、その他の部分も懐疑のために心が半分麻痺してしまう」（第二巻（上）、四七頁）と述べているが、宗教の破壊→知的懐疑→精神的なバランスの崩壊という一連の悪の連鎖が生まれるのである。彼は、「人間は信仰をもたないならば隷属を免れず、自由であるならば、宗教を信じる必要がある」（第二巻（上）、四七―四八頁）とまで述べている。

こうした一見矛盾と思われるトクヴィルの宗教観の中に、彼の神への懐疑と信仰という精神的戦いが投影されていることを否定することはできない。

Ⅲ　習俗としてのキリスト教

トクヴィルは、パスカルやルソーに対すると同様、モンテスキューを最も尊敬していたという。二人に共通しているのは、法律や制度を支える「習俗」（モーレス）の重視である。トクヴィルは「習俗」を以下のように定義している。

ここで、習俗という表現で言うのは、古人がモーレスという言葉に結び付けた意味においてである。固有の意味での習俗は心の習慣とでも呼びうるものだが、私はこの語を、それだけでなく、人間の持つ様々な観念や人々の間で流通する諸々の意見、そして精神の習慣を形づくる諸々の考えの総体に適用する。すなわち、私がこの言葉の下に理解するのは、一国民の道徳的並びに知的状態の総体である。（『アメリカにおけるデモクラシー』第一巻（下）、

二一一頁、傍点引用者）

また彼は、『アメリカにおける民主主義』第二巻において、アメリカ社会を生んだのは宗教であるとして、「宗教はすべての国民的習慣と一体化し、祖国に触れて生まれるあらゆる感情と混然一体となっている」（第二巻（上）、二二頁）と述べている。また彼は、「同じ信仰を持つことなしに、社会は繁栄し得ず、……社会は存続しない。なぜなら共通の観念なくして共通の行動はなく、共通の行動なくしては、人間は存在しても社会はないからである」（第二巻（上）、二六頁）と述べている。

Ⅳ　政教分離

トクヴィルは、習俗としてのキリスト教を主張するにもかかわらず、政教一致を説いているわけではない。逆である。アメリカにおける「習俗」としての宗教は、政教分離を前提として発達してきたものである。トクヴィルは、同時代のラムネーと同様、キリスト教の活力は、政治と宗教が分離されることによって発揮されると考えた。彼は、「宗教が生きるために政治権力の助けはいらず、政治権力に仕えれば、宗教は死ぬかもしれない」（第一巻（上）、二三〇頁）、と述べている。そこには、フランスの旧体制における「王冠と祭壇」の結合によって、宗教の純粋性が失われ、権力のはしために堕したという歴史的認識が存在した。

ヨーロッパでは、キリスト教は地上の権力と密接に結びつくことを自らにゆるしてきた。今日そうした権力は地に落ち、キリスト教はそれら権力の残骸に埋もれているようなものである。生きながら死者に結び付けられた人なのである。その絆を断ち切れば、再びたちあがる。（第一巻（下）、二三六頁）

彼は、宗教と政治が結びついた国においては、国家が滅びると宗教も滅ぶと考え、「宗教は、つかのまの権力と結ぶと、その運命の後を追い、しばしば権力を支える一時の情念もろとも滅びる」（第一巻（下）、二三〇頁）と警告している。また彼は、宗教が自由であればあるほど、それは公的・政治的領域にも影響力を行使できると考えた。

V　キリスト教、デモクラシー、人権

それでは、キリスト教はいかなる政治原理に結び付くとトクヴィルは考えたのであろうか。彼はアメリカにおいてキリスト教が自由やデモクラシーと結びついていると考えた。彼は、アメリカの建国の精神を持ち出して、以下のように述べている。

一七世紀の初頭にアメリカに定住しようとやってきた移住者たちは、デモクラシーの原理をヨーロッパの旧社会でそれが闘ったあらゆる対抗原理からなんとか切り離し、それだけを新世界の岸辺に移植した。この地で、デモクラシーの原理は自由に成長し、習俗と相まって進み、平穏に法制にまで展開しえたのである。（第一巻（上）、二六頁）

トクヴィルは、アメリカ滞在中の出来事として、ある巡回裁判所に出廷した証人が神の存在も霊魂の不滅も信じないと宣言したところ、裁判長は、「証人は、人がその言葉に寄せうる信頼の基礎を初めからすべて破壊していると述べ、それを理由に証人の宣誓を初めから受け入れなかった」（第一巻（下）、二二二頁）と伝えている。

彼は、アメリカにおいては、フランスと異なり信仰が生きたものとなっており、それが自由の精神を生み出していることを力説した。

アメリカ人はキリスト教と自由とを頭の中でまったく一つのものと考えるので、彼らに一方を他方なしで思い浮かべさせるのはほとんど不可能である。しかも彼らの中にあって、キリスト教は過去の名残の不毛の信仰ではない。生きているというより、ただ心の底に植わっているだけのような不毛の信仰ではない。（第一巻（下）、二二二頁）

それに対してフランスにおいては、「宗教は目下デモクラシーによって覆された勢力にくみしており、自ら好む平等を時として排斥し、自由を敵と呪う仕儀に至っている。宗教は自由に手を差し伸べて、その営みを神聖なものにすることができるというのに」（第一巻（上）、二三頁）とトクヴィルは慨嘆している。

彼は、宗教が権力の縛りから解放されれば、その生命力によって、市民的自由や法の前の平等の推進力となりうると考えた。彼にとって、宗教は習俗（モーレス）を形成し、政治権力から自由であるがゆえに、逆説的に、政治という公的空間に影響を及ぼすのである。彼は言う。

宗教は、市民的自由に人間の能力の高貴な実践を見出す。政治の世界は、造物主が治世の努力に委ねた場所とみなすのである。宗教は自らの領分では、自由にして強力である。だからこそそれは、政治のたすけをかりず、宗教自身の力で人の心を支配すればするほど、その力が確立されることを知っているのである。……自由は宗教の中に、手を携えて戦い、勝利をともにした盟友を見出し、自らを育てた揺りかご、自らの権利の神聖なる源とこれをみなす。宗教こそ習俗の保護者であり、習俗が法律を裏付け、自由それ自身の永続を保障すると考えるのである。（第一巻（上）、七一頁）

Ⅵ　キリスト教と精神的絆、連帯

同時にトクヴィルにとって、習俗としての宗教は、自由のみならず、人と人の間に、絆、連帯を生み出し、共同体の形成に貢献するものであった。とりわけ人間の道徳的規範は、宗教によって形造られるものである。信仰が衰退すれば、道徳的規範もその妥当性が失われ、人は、自らの好きなように行動するようになる。

宗教が人の心を支配する力を失ったため、かつて善と悪とをなによりもはっきりと区別していた標識が崩れ去り、

> 道徳の世界ではすべてが疑わしく、不確かに見える。王の動きも人民の歩みも行き当たりばったりで、専制の本来の限界がどこにあり、放縦がどこで障壁に出会うか、誰も言うことはできない。（第一巻（下）、二五八頁）

信仰が衰退すれば、道徳基盤は掘り崩され、無秩序、そしてその反動としての専制がもたらされるのである。

> 信仰なしで済むのは、専制であって、自由ではない。宗教の必要は、彼らが攻撃する君主制以上に、彼らの称賛する共和制においてはるかに大きく、他のどんな共和制よりも民主的共和制において最も大きい。政治の絆が緩むのに対して、道徳の絆がきつくならないとすれば、どうして社会は滅亡を免れようか。神に服さぬ人民をどうしてそれ自身の主人にできるか。（第一巻（下）、二二四頁、傍点引用者）

個人主義の行きすぎは、放縦→無秩序→専制というサイクルを不可避的に引き起こすというのが、トクヴィルの主張であった。民主主義が専制に堕さないためには、キリスト教の役割は不可欠であった。

トクヴィルは、『アメリカにおけるデモクラシー』の草稿の余白で、「デモクラシーが習俗と信仰と一緒になって達成される時、自由に行きつく。それが道徳的・宗教的無秩序と一緒になって達成される時に、専制に行きつく」（レオ、一四三頁）と指摘している。

またトクヴィルによればデモクラシーは、人々が物質的利益のみを追求し、自分の狭い私的世界に閉じこもり、人々を孤立化させる危険性をはらんでいた。「個人はそれぞれ、ただ自分自身へと永久に投げ返される。彼らは、自分のこころの孤独の中に閉じ込められてしまう危険性がある」。トクヴィルは、人々をこうした孤立状態から社会的な交わりや公共的世界に連れ戻すことの必要性を感じた。その役割を果たすのが宗教であった。孤立し相互に交わりのない社会こそ専制を産み出す土壌であった。彼は、この点において以下の様に述べている。

平等は、世界にとてもよいことをもたらすが、後に示しているように、人々に極めて危険な本能を吹き込むことは認識しなければならない。それは人間を互いに孤立させ、誰もが自分のことしか考えないようにさせる。それはまた人々の心を度外れなほど物質的享楽に向かわせる。宗教の最大の利点は、これと正反対の本能を吹き込むことにある。人間の欲求の対象を現世の幸福の外、その上におかない宗教はなく、人間の魂を感覚の世界よりはるか上にある場所へ自然に高めない宗教もない。それ以上に、人間一人一人に人類に対するなんらかの義務、人類とともにあるべき義務を課さない宗教はなく、どんな宗教もそれによって各人を自分だけへの思いから時には引き離すのである。(第二巻(上)、四八頁)

トクヴィルがアメリカで経験したことは、「諸階層の平等」(l'égalité des conditions)という歴史の流れであった。こうした平等化の流れこそデモクラシーへの歴史の傾向であり、もはやその流れは食い止めることができなかった。しかし、トクヴィルは、こうした平等化＝デモクラシーへの傾向が「多数者の専制」や「多数者の全能」をもたらし、下からの集権的な専制政治をもたらす危険性に警告を発し、自由で民主的な秩序の形成を主張するのである。彼は、第一巻の第七章「合衆国における多数の全能とその帰結について」と第八章「合衆国で多数の暴政を和らげているものについて」、そして第九章「合衆国で民主的共和政の維持に役立っている主な原因について」で、「多数者の専制」の危険性と、それを矯正する方策として宗教の役割を指摘している。

トクヴィルによれば、デモクラシーは「多数者の暴政」をもたらし、少数者の意見を抹殺してしまう危険性を持っている。それは、専制政治の暴力的支配よりも、人間の魂を隷属化させようとする。彼は言う。

かつて君侯たちは、暴力をいわば物質的に行使した。今日の民主的共和政は、暴力を、それが強制しようとする人間の意思と同じ知的な力に変えてしまった。一人の絶対的支配の下で、専制は、魂をとらえようとして容赦なく肉体を打った。ところが魂は、攻撃から逃れ、肉体を超える栄光の高みに上昇したものである。だが民主的共和

政においては暴政はそのような行動をとらない。肉体を放置して魂に直進するのである。（第一巻（下）、一五四―一五五頁）

トクヴィルは、「集権制」を、「政治の集権」と「行政の集権」に区別し、中央集権的な政府の行政が社会全体を支配し、個人を隷属化する危険性を指摘した。この「行政的集権」を阻止し、個人の自由と尊厳を守る第一のものが彼にとって、宗教、特にキリスト教であった。それ以外には、第二に地方自治制、第三に結社や出版の自由、第四に陪審員制度や司法制度、第五に連邦制、そして第六に中間団体の「結社」であった。これらすべては、中央集権的な専制的支配を避けるために、すでにアメリカにおいて制度化されていたものであり、中央集権的なフランスとは全く異なるものであった。トクヴィルにとって、自由な結社としての中間団体は、国家と個人の間に介在し、諸個人の自由を守る防波堤の役割を演じる。同時にそれは、宗教の自発的な自由の精神と連動しつつ、市民の公共精神を涵養し、真の政治主体へと成長させるものであった。それは、無力化し、孤立した大衆を、公共心を持った市民へと変革する役割を果たすものであった。

〔参考文献〕

・A・ド・トクヴィル『アメリカにおけるデモクラシー』（第一巻（上・下）、第2巻（上・下）、松本礼二訳、岩波文庫、第一巻2005、第2巻2008）
・髙山裕二『トクヴィルの憂鬱』（白水社、2012）
・――――「トクヴィル権威と自由をめぐる考察」（宇野重規編『政治哲学3　近代の変容』、岩波書店、2014）
・L・ダムロッシュ『トクヴィルが見たアメリカ――現代デモクラシーの誕生』（永井大輔・髙山裕二訳、白水社、2012）

第一二節　ベルクソン（Henri-Louis Bergson）

I　プロフィール

ベルクソン（1859-1941）は一八五九年にユダヤ系ポーランド人の子としてパリで生まれた。彼は、グランゼコールの一つである国立高等師範学校において哲学を専攻した。一八八一年に教授資格国家試験に合格して後、クレルモン＝フェランのリセ・ブレーズ＝パスカルで教鞭をとった後、一八九七年コレージュ・ド・フランスの講師、一九〇〇年に教授となり、一九二一年に退官した。著作に『意識の直接与件に関する試論』（*Essai sur les données immédiates de la conscience*, 1889、別名『時間と自由』）、『物質と記憶』（*Matière et mémoire*, 1896）、『創造的進化』（*L'évolution créatrice*, 1907）、『道徳と宗教の二源泉』（Les deux sources de la morale et de la religion, 1932）がある。彼は一九二八年にノーベル文学賞を授与され、一九三〇年にはレジオン・ドヌール最高勲章の大十字章を受けた。第二次大戦中一時的に田舎に疎開したが、一九四〇年にはナチス・ドイツ占領下のパリに戻った。ナチの支配はユダヤ人であるベルクソンにとっては大いなる恐怖であっただろう。彼は、晩年はカトリシズムに接近したが、反ユダヤ主義の嵐の中で同胞ユダヤ人と連帯するために改宗を留まった。彼は、「何年も前から恐るべき反ユダヤ主義の波が高まり、激しい勢いで世界中に広まろうとしているのを目のあたりにしていなかったら、私は改宗していただろう。私は明日にも迫害されるかもしれない人たちの間に留まろうと望んだのだ」と述べている。

彼が一九三七年に書いた遺言書には、カトリシズムとの精神的結びつきが示されており、「もしパリの大司教の許可がえられたら、私の葬儀にカトリックの司祭が来てお祈りをしてほしい。もしその許可がなければ、ユダヤ教のラビに申し出ることが必要であろう。しかしその折にもカトリシズムに対する私の精神的結合と私はまずカトリックの司祭による祈りを望んだということを、そのラビにもまた他の誰にも秘めてはならない」と述べられている。彼は、一九四一年一月四日に死去した。一月九日アカデミー・フランセーズで追悼演説を行ったのは、文豪ポール・ヴァレリー（1871-1945）であった。ベルクソンが唯一評価し、親交を結んだ宗教学者は、意識の流れを強調し、名著『宗教的経験の諸相』（1901）を書いたアメリカのジェームズ・ウィリアムズ（1842-1910）であった。

Ⅱ　ベルクソン解釈

一体、ベルクソンの一連の著作は当時の知識人にとってどのように受け止められていたのであろうか。換言すればそれは、実証主義や生物学主義を深化させるものか、それとも反実証主義的な精神の形而上学であったのであろうか。この点においてマリタンの妻のライサ・マリタン（1883-1960）は、『あるカトリック女性思想家の回想録——大いなる友情』（*Les Grandes Amitiés*, 1948）において以下のように述べている。ライサ・マリタンは、コレージュ・ド・フランスで後の夫ジャック・マリタンと一緒にベルクソンの講義を聞いた感動を以下の様に述べている。少し長くなるが引用しておく。

私たちは、この哲学者を、生き生きとした光栄の輝きの中で見出した。彼はもうずっと前に、二つの大著『意識の直接与件に関する試論』、『物質と記憶』を出版していた。私たちは、少し後になってから、これらの書物を読んだ。私たちがベルクソンの哲学理論を初めて知ったのはその講義によってである。……Ch・ペギー（1873-1914）やG・ソレル（1847-1922）やエルンスト・プシカリ（1833-1914）と一緒に、私たちは席を確保するために、早くからここに来るのであった。ベルクソンが形而上学を正当に再建することによって精神に喜びを与えたのは、たしかに私たちだけにではなかったのである。……ベルクソンは、現実を真に認識することは可能であること、直観によって我々は絶対に到達することができることを確言した。また、私たちの方では、存在するものを真実に、絶対的に認識することは可能であると解釈した。諸概念を超えるのは直観によるのか、それとも概念を形成する知性によるのか、ということなどは、その頃の私たちには、どうでもかまわないことであった。重要なこと、本質的なことは、可能な帰結、すなわち絶対に到達することであった。驚くべく透徹した批判によって、ベルクソンは、偽科学主義的実証主義の反形而上学的偏見を追放し、精神をその現実の機能に、その本質的自由に呼び戻したのである。（ライサ・マリタン、一三一―一三二頁）

つまりジャック、ライサ・マリタン夫妻にとってベルクソンは、反実証主義の立場に立ち、精神の形而上学を再興しようとする哲学者と映じたのである。ベルクソンは、その試みを概念によってではなく直観によって、対象に対する認識によってではなく、意識の内省によって獲得しようと試みた。

彼は、『意識の直接与件に関する試論』において、意識とは流れであり、持続（durée）する時間であると述べ、自由の問題を持続する時間の観点から考察している。自由であるとは、内的な自我、つまり「自我を純粋持続の中へ連れ戻すことである」。また『物質と記憶』では、精神と身体の関係を「記憶」の観点から考察する。過去を現出する記憶は、脳の働きではない。彼は、「記憶は、物質の現出ではなく、霊（spirit）である」と述べている。また『思想と動くもの』（*La pensé et le mouvant*, 1934）でベルクソンは、「私たち自身の内部に降りていこう。私たちが触れた点が深ければ深いほど、私たちを表面へ押し戻す勢いは強くなる」（『思想と動くもの』、一九二頁）と述べている。彼の内的時間は、時計時間ではなく、我々を未来への創造的な働きに導くものである。彼にとって、真の経験主義とは、「できうるかぎり本物に近づき、その生命へとより深く入り込み、……魂の鼓動を感じ取ろうとするものであった」（『思想と動くもの』、一九二頁）。

また彼は、『創造的進化』において、意識の持続の考えを生命や宇宙全体に適用し、生命を発展させる根源的な力としての「生命の躍動」（élan vital）を強調した。

Ⅲ　『道徳と宗教の二源泉』

私たちは、ベルクソンの晩年の書物である『道徳と宗教の二源泉』に注目することにする。この書物は、第一章「道徳的責務」、第二章「静的宗教」、第三章「動的宗教」、第四章「結論――機械学と神秘学」によって構成されている。ベルクソンは、社会と個人との関係において、孤立した個人ではなく、個人の社会的自我、社会的責務、社会的連帯を強調した。ロビンソン・クルーソーもまた、孤独ではありながら、社会的自我を保持して、孤島で生活しているのである。彼の記憶、想像力、言語、手段は社会の中で生み出されたものだからである。もちろんベルクソンは、社会的自我に還元されえない「個人的自我」があることも承認する。社会的自我の本能は、ベルクソンによれば「閉じた社会」(société close) を目指している。そこに支配しているのは、社会的圧力である。「閉じた社会」と対照的なのは、「開かれた社会」(société ouverte) であり、そこでは別種の道徳、責務が存在し、それは「閉じた道徳」に対して「開かれた道徳」、「圧力」(pression) に対して「憧憬」(Aspiration) が特徴的である。後者の道徳を特徴づけているのは、忠誠・献身・犠牲心・慈愛といったものである。「閉じた道徳」と「開かれた道徳」に対応するのが、「閉じた魂」(l'âme close) と「開かれた魂」(l'âme ouverte) である。前者は、排他的で利己的であるのに対し、後者は人類をも包む愛に満ちている。ベルクソンによれば、「閉じた道徳」は習慣とか本能とかの自然的なものであるが、「開いた道徳」は憧憬、直観 (intuition)、情緒 (émotion、魂の感動で感覚とは異なる) であり、「知性」以上のものである。ベルクソンは、「圧力」による道徳と「憧憬」による道徳の違いを以下のように述べている。

『圧力』による責務は、「社会の諸要素が、全体の形態を維持するために相互に及ぼし合うもの」であり、「憧憬による責務」は、「憧憬または飛躍の力」であり、社会的連帯を人類的同胞愛に高めるものであり、スピノザの言葉を借りれば「所産的自然」(Nature naturée) から離脱をし、「能動的所産」(Nature naturante) に復帰することである。前者が円環的であるとするならば、後者はそれを打ち破って、新たなものを生み出していく。(『二源泉』、七一頁)

ベルクソンにとって、ソクラテスや福音書の道徳が「憧憬」の道徳であるのに対して、ストア派の哲学は魂から魂に広がっていく愛の力を持ちえないものであった。ベルクソンは、人間の平等や尊厳は、主知主義的なストア派からではなく、愛（amour）を原動力とするキリスト教の福音によって実現されると主張する。愛こそ、「閉ざされた社会」を「開いた社会」にする「生の躍動」であった。彼は、ストア派とキリスト教の違いについて触れ、ストア派の哲学は、「すべての人間は兄弟であり、賢者は、世界の市民であると宣言したが、実際に実現不可能と考えられた理想の表明」にすぎず、奴隷と自由人の垣根をなくすことはできなかったが、キリスト教の到来によって、「権利の平等と人格の不可侵性を含む普遍的同胞愛の思想」が活発となり、「愛の力が世界中に解き放たれた」と述べている。

ベルクソンにとって「飛躍」（elan）は、ギリシャ・ローマの古典哲学より生じるものではなく、ユダヤ＝キリスト教に起源を持っていた。「生命の躍動」は、最初はすぐれた人物から生み出され、そこから圧倒的なエネルギーで周囲に伝わっていく。彼は「特権的な魂を振起させていた創造的情緒は、横溢するほどの活力に他ならなかったが、そうした情緒が、彼らの周囲に拡がっていった。すなわち、自分自身が熱狂的だったそれらの魂は、決して完全には、消えたことのない、そして、その炎はいつでも再び見出されうる、熱狂を放射していた」（『二源泉』、一一七頁）と述べている。この「生命の躍動」が排他的で固定的な社会的形態を内側から変貌させ、世界を開くことのできる原動力であった。

Ⅳ　静的宗教と動的宗教

ところで、ベルクソンにとって道徳は、それ自体として独立したものではなく、宗教によって基礎づけられ、初めて意味を持ちうるものであった。この点は、きわめて重要である。というのもライシテは、宗教の代わりに、世俗的な道徳を教育の基準として構築しようとするからである。

ベルクソンの「閉じた魂」、「閉じた社会」に対応するのは、「静的宗教」（religion statique）、「開いた魂」、「開いた社会」に対応するのは、「動的宗教」（religion dynamique）である。「静的宗教」は、ギリシャ・ローマ・エジプトなどの多神教世界の宗教である。多神教は、その神話とともに、人間を取り囲む目に見えない様々な力を高め、人間をそうした力とますます緊密に関係させる。それは、祭祀と儀式によって行われるが、それは、「社会を解体させるものに対する自然の防衛的反作用である」（『二源泉』、二五〇頁）。

ベルクソンは、宗教の社会的機能を、神の刑罰に対する恐れによって善行を奨励し、かくして社会秩序を維持することに求めたのではなく、社会秩序の愛による再建に求めた。「閉じた道徳」とは、本能的・自動的・生物学的な道徳であるのに対して、「開かれた道徳」は、自分自身を乗り越えようとする自己超越、ないし自己変革的道徳である。

ベルクソンは、「動的宗教」の最高の形態として、キリスト教神秘主義の「愛」（Amour）の重要性を指摘した。繰り返して言うが、この愛の力こそ、ベルクソンのいう「生命の躍動」（élan vital）なのである。ベルクソンは、超自然的な愛を道徳の根幹に据えることによって、長期的に見て人間や社会を内側から変革する原動力を獲得した。彼にとって「閉じた社会」から「開かれた社会」への移行、家族→国家→人類への移行は自動的に行われるものではなく、内面的・道徳的な変革が必要であり、それを可能とするのが福音書に示された愛であった。彼は、家族愛、祖国愛、そして人類愛の三つの愛に触れ、家族愛ないし祖国愛と人類愛は質的な相違があることを指摘し、前二者が外にたいする排斥、闘争、憎悪を含んでいる「閉じられた道徳」であるのに対して、第三の愛は、家族、祖国を通り越して遠くまで飛躍する愛である。

ベルクソンにとってキリスト教は、宗教的教義を説く形而上学ではなく、人間や社会を内側から作り変える愛の「飛躍」であった。

それでは、「開かれた魂」、「開かれた社会」、「開かれた道徳」を可能とする動的宗教は、政治思想的にはいかなる帰結をもたらすものであろうか。

V　デモクラシー、ナショナリズム、帝国主義

「静的宗教」は、その共同体内における社会的連帯をもたらすものの、共同体の外側にある人々を敵対関係におく。「人間は人間に対して神である」（Homo homini deus）と「人間は人間に対して狼である」（Homo homini lupus）は、本来相対立する概念であるが、「閉じた社会」においては、前者は内部において、後者は外部に対して適用できる格率な

のである。

これに対して、動的宗教によって形造られる「開かれた社会」、「開かれた道徳」は、デモクラシーを可能とするものであった。この点に関してベルクソンは、「実際デモクラシーは、あらゆる政治構想のうちで、自然から最もかけ離れたものであり、「閉じた社会」の諸条件を少なくとも志向的に超越する唯一の構想である。デモクラシーは人間に不可侵な権利を付与する」（『二源泉』、三四六頁）と述べている。

ベルクソンにとって、デモクラシーの精神は福音書に特有なものであって、愛を動因としており、一七九一年のフランスの人権宣言の手本は、ピューリタニズムの影響を受けた一七七六年のアメリカ独立宣言であった。そこには、「我々は自明の真理として、すべての人は平等に造られ、造物主によって、一定の奪い難い天賦の権利を付与され……」と記されている。こうしたデモクラシーの宗教的基礎が見失われる時に、デモクラシーの理念は曖昧模糊としたものにならざるをえない。ベルクソンはデモクラシーの理論的先駆者として、「憐みの感情」（pitie）を重視するルソーと、人間の尊厳と普遍的な道徳律の遵守を説くカントを挙げ、以下の様に述べている。

デモクラシーの感情的起源はルソーの魂の中に、その哲学的原理はカントの著作の中に、その宗教的基礎はカント並びにルソーのうちに、発見されるであろう。すなわち、カントが彼の「敬虔主義」（Pietisme）に、ルソーがカトリックとプロテスタントにいかに多くを負うているかは周知の通りである。（『二源泉』、三四六頁）

第二に、ベルクソンの動的宗教、つまり神秘的なキリスト教は、「閉じた社会」や「閉じた道徳」を越えていくので、ナショナリズム、国家主義、帝国主義に反対する。すでにベルクソンは、一九一四年八月の対独戦の初頭、ドイツに対する戦争を「野蛮に対する文明の戦い」と述べていた。また彼は、第一次大戦中に渡米し、アメリカ大統領ウッドロー・ウィルソンと会い、米国が第一次大戦に参加するように要請している。

『道徳と宗教の二源泉』が出版されたのは一九三二年で、戦争やファシズムの危機が迫っていた時期であった。彼は、コスモポリタニズムの立場から、閉じた社会の道徳を克服するためにも、国家主権の濫用を批判し、「国際連盟」の仲裁活動に期待を寄せたのである。こうした彼の言動は、一九二二年に国際連盟の諮問機関として結成された「国際知的協力委員会」の議長として一九二五年まで活躍した経験に裏打ちされている。彼は、「国際的機構は、諸国の立法や恐らくはその行政にさえも容赦なく干渉することなしに、決定的平和を招来させるだろうと信じることは、危険な誤謬である」と述べ、国家主権の原則を制約されるべきであると主張した（『二源泉』、三五六―三五七頁）。

ベルクソンにとって、帝国主義や国家主義の本能は、古代のポリスの宗教や道徳の延長線上にあるが、それは、「すべての人々に互いに愛し合うことを求める」人類愛によって克服されるべきものであった。

「開かれた社会」、「開かれた道徳」、「開かれた魂」が「愛の飛躍」によってどこまで拡大しうるのか、またその途上で、「閉じた社会」、「閉じた道徳」、「閉じた魂」の反撃をどのように克服できるかに、西洋と世界の将来がかかっているとベルクソンは預言した。ベルクソンは、ジャック・シュヴァリエ（1882-1962）との一九三三年の対話の中で、国際的な危機が迫る中で、閉じられた社会道徳の限界を指摘し、「人間愛、他民族に対する愛……他国民つまり自国民のように実質的条件によって結ばれていない国民を愛するには、宗教的精神が必要です。このような愛は宗教的精神に基づいてのみ成り立ちます。宗教的精神の復興、これこそ今日の人類、特にフランスにとって最も必要です」（シュヴァリエ、二一八頁）と述べている。また一九三五年の対話の中では、当時の排他的な民族主義を憂えて、「ヒットラーの存在、これは私が『二源泉』の中で、提唱した説の輝くばかりの実証だ。つまり閉じられた道徳――その典型はヒットラーのドイツ道徳――は、世界と事物の非キリスト教概念とウォータン（ゲルマンの主神）の信仰の復活とに密接に結びついている。キリスト教のみが国境を越えてものを見、愛をすべての人間に及ぼすことができる」（シュヴァリエ、二五六頁）と述べている。

しかし、ヨーロッパは、ベルクソンの希望を裏切って、第二次大戦へと突き進んでいく。そして、ベルクソンが死去した一九四一年時のフランスは、ドイツによって占領され、親ナチのヴィシー政権が生まれていた。

ベルクソンは晩年、カトリックに近づいた。シュヴァリエは、『対話』の中で、ベルクソンの告白に基づいて、ベルクソンがいかに神を発見したかについて書き記している。ベルクソンは、『物質と記憶』以来、肉体が滅びても魂は存続するという見解に到着していた。また彼は、パスカルやカトリックの神秘主義者である十字架の聖ヨハネ（1542-1591）、聖女テレサ（1515-1582）を通して、神を発見した。彼は、「哲学者の神ではなくアブラハム、イサク、ヤコブの神」というパスカルのことばを完全に理解したと述懐している。彼は、神を信じる理由に関して、「福音書をもって突然の断絶、新しい誕生が起こったこと、そこからキリスト教が生まれ、これが文明社会に伝播して人間の魂の革新が行われたことを、納得したと信じる」（シュヴァリエ、三〇六頁）からであると述べ、恩寵によって魂の変革を経験し、神と魂が一つとされたテレサや十字架のヨハネの宗教的経験を否定しがたい事実として受け入れたのである。それは、理性の限界まで迫るものの、理性によっては証明できない「直観」ないし「信仰」ないし「啓示」の領域である。パスカルのスピリチュアリズムの伝統に立ちつつ、カントやヘーゲルのドイツ観念論の概念主義に対抗しつつ、豊かな内面の領域を発見したベルクソンは、哲学者としての立場、限界を十分意識しつつも、そこから一歩踏み出して、「絶対の領域」に向かったのである。「理性の最後の歩みは、理性を超えるものが無限にあるということを認めることにある。それを知るところまでいかなければ、理性は弱いものでしかない」といったパスカルの言葉は、確実にベルクソンにも受け継がれていた。

〔参考文献〕

・H・ベルクソン『思想と動くもの』（岩波文庫、1998）
・――『道徳と宗教の二源泉』（平山高次訳、岩波文庫、1977）。なお他に会田正人・小野浩太郎訳『道徳と宗教の二つの源泉』（ちくま学芸文庫、2015）がある。
・『ベルクソン全集』全九巻（白水社、1993）
・J・シュヴァリエ『ベルクソンとの対話』（仲沢紀雄訳、みすず書房、2008）。原題 Jacques chevalier, *Entretiens Avec Bergson*, Librairie Pion, 1959
・市川浩『ベルクソン』（講談社学術文庫、1997）

・ジャン＝ルイ・ヴィエイヤール＝バロン（上村博訳、白水社、1993）
・伊達聖伸『ライシテ、道徳、宗教学』（勁草書房、2010）
・J・エスタライヒャー『崩れゆく壁――キリストを発見した7人のユダヤの哲学者』（稲垣良典訳、春秋社、1969）。七人の中にベルクソン、フッサール、M・シェラー、E・シュタインが含まれている。
・Jacques Maritain, "The Bergsonian philsophy of morality and religion", in: *Ransoming The Time*, Charles Schribner's Sons, 1941.
・R・マリタン『あるカトリック女性思想家の回想録――大いなる友情』（水波純子訳、講談社学術文庫、2009）
・なおベルクソンと同時代のデュルケーム（1858-1917）やジャン・ジョレスのライシテ観についてはそれぞれ、伊達聖伸「デュルケムの宗教社会学とライシテの道徳」（『ライシテ、道徳、宗教学』勁草書房、2010、四〇三―四四四頁）、宇野重規・伊達聖伸・髙山裕二編『共和国か、宗教か、それとも――十九世紀フランスの光と影』（白水社、2015）所収の伊達聖伸「社会主義と宗教的なもの――ジャン・ジョレス」を参照のこと。

第一三節　マリタン（Jacques Maritain）

Ⅰ　プロフィール

ジャック・マリタン（1882-1973）は、一八八二年パリで父ポール・マリタンと母ジュタヴィエーブ・ファーヴルとの間に生まれた。彼はソルボンヌ大学に入ったがそこの実証主義的な雰囲気に満足できず、コレージュ・ド・フランスにおけるベルクソンの講義に熱中した。彼は青年時代自由思想を謳歌したものの、後にレオン・ブロアの影響を受け、一九〇六年カトリック教会で洗礼を受けた。

マリタンは、それ以降トマスの『神学大全』に没頭し、エティエンヌ・ジルソン（1884-1978）と共にネオ・トミストとして名声を博するようになる。マリタンはトミストの立場から、以前熱中していたベルクソンを概念や知性を軽視するものとして批判し、一九一四年に『ベルクソンの哲学』を出版した。またデカルト、ルター、そしてルソーといった近代思想の先駆者を攻撃した『三人の改革者』（*Trois Réformateurs : Luther, Descartes, Rousseau*, 1925）を出版した。一九二六年は、これまで思弁哲学の領域に留まっていたマリタンが、実践哲学、政治哲学の領域で活躍し始める転換点の年である。彼は、「アクシオン・フランセーズ」の不可知論的、世俗主義的要素を批判した『霊的なものの優位』（*Primatué du spiritual,* 1927）を刊行した。彼の主著は現代における『神学大全』と評される『知識の諸段階』（*Distinguer pour unir ou les degrés du savoir,* 1932）である。一九三三年以降は全体主義批判に精力を注ぎ、一九三四年にエティエンヌ・ジルソンやガブリエル・マルセルを含む五二人のカトリック知識人とともに、「共通善のために」という声明文に署名し、右と左の全体主義に反対した。また彼は、人間中心的なヒューマニズムではなく、神中心のヒューマニズムを訴えた『全きヒューマニズム』（*Humanisme Intégral,* 1936）を著し、「神中心のヒューマニズム」こそが人間の尊厳と人間の諸権利に対する生き生きとした自覚を喚起しうると主張した。一九四〇年にフランスがナチス・ドイツに占領されたのに伴い、マリタン夫妻は、妻ライサ・マリタンがユダヤ人女性であったこともあり、アメリカに亡命した。プリンストン大学（1941-1942）やコロンビア大学（1941-1944）で教鞭をとると同時に、戦争や平和に関する数多くの講演を行い、一九四三年には、『キリスト教と民主主義』（*Christianisme et Démocratie*）、を発表し、キリストの福音と啓示こそ、民主主義の精神を育成し、開花させるものであることを力説した。また同年彼は、『岐路に立つ教育』（*Education at the Crossroads*）を著し、教育の最終目的が個々人の内面的・霊的自由の獲得にあることを指摘した。

マリタンは、一九四八年にプリンストン大学の教授となり、国連の世界人権宣言の起草に携わり、一九五一年には、彼の政治哲学の集大成である『人間と国家』（*Man and State*）を刊行した。一九六〇年にフランスに帰り、妻ライサの死後一九六一年に、マリタンは、一切の名声を捨てて、トゥールーズの「イエスの小さな兄弟たち」と称する修道院に居を定め、ここで一九七三年九一歳の生涯を終えた。マリタンは、修道院時代に「一老信徒が現代について自問する」という副題をそなえた著作『ガロンヌ湖畔の農夫』（*Le paysan de la Garonne,* 1967）を発表した。

私たちは、マリタンの政治と宗教との関係を検討する前に、彼の政治哲学の中心である人間観と国家観を説明しておくことにする。

Ⅱ　人間観――人格主義

マリタンは、一方における個人主義、他方における全体主義を批判し、個人の自律を前提とした上で、なお共同の営みや「共通善」の達成を可能とするような政治哲学を展開した。その政治哲学を支えている支柱が、「個人」(individuality)と「人格」(person)との区別である。マリタンがその起草に関与した世界人権宣言には人間「人格」(human person)という言葉が現われるが、人格概念こそ、マリタンの政治哲学の礎石である。マリタンが政治社会の構成員として想定しているのは、「個人」ではなく、「人格」であるが、それこそが、彼の政治哲学が「人格主義」と呼ばれる所以である。それでは、「個人」と「人格」との間にいかなる相違点があるのだろうか。

二点ある。まず垂直的レベルにおいては、「人格」が政治社会を超越した神との関係を強調するのに対して、「個人」は、物質的・身体的側面を考慮に入れるだけで、その霊的側面を看過する。マリタンはこの点において、「人格は、絶対者との直接的な関係にあるので、絶対的な「尊厳」(dignity)を有している。人格は、絶対者の中においてのみ自らを達成する」と述べている。彼の「人格」概念の中にキリスト教の影響を見てとることができる。

しかしマリタンにとって、人格にはもう一つの側面があった。それは、アリストテレスから受け継いだ遺産であった。つまり水平的レベルにおいては、「個人」が人間を人間から、また人間を社会から切り離す原子的なものであったのに対して、人格は「閉ざされた単位」ではなく、「開かれた単位」であり、本性上、社会的な共同生活へと向かうものであった。つまり、「人間人格」は、単に物理的・経済的必要性からのみならず、知識や愛の相互交流の必要性から社会生活に向かうのである。人間の本性には、こうした相互交流を求める傾向が存在する。マリタンは、「私たちは、人格が交わりに向かう基本的な傾向を有することに注目した。……人格は、彼の尊厳や必要性のゆえに、社会の一員であることを要求する」(*The Person and Common Good*, pp.47-48)と述べている。

彼の「人格概念」の二面性――超越性と共同性ないし連帯性――は、彼の権利概念の中にも反映されている。それは、超越的な神との関係において生まれる人間の自然権であり、もう一つは共同体における市民相互の関係から派生する権利である。神との関係から生まれる人間の本源的な権利、つまり自然権は、信教や良心の自由といった自由権であり、共同体から派生してくる権利としては、参政権、社会権があげられる。マリタン自身はネオ・トミストのカトリックであったが、プロテスタントの自然権概念を擁護した。例えばマリタンは、アメリカの独立宣言が、ロックの影響によって、キリスト教的な人権概念を保持していると主張している。ロックの人権概念は、社会や国家以前に存在する不可侵の自然権である。こうした権利概念に対しては、社会的‐政治的文脈で成立するアリストテレス‐トマス的伝統の権利概念とは異なるものであるという批判がカトリック側からマリタンに対して行われた。換言すれば、ネオ・トミストのマリタンはトマスに忠実ではないという批判である。例えばウォレスは、「マリタンは、特定の権利が人格に付与されるべきであるという事を決定する前に、人格の社会的絆の範囲を考慮していないという点において、トマスから離れている」(Wallace, p. 130) とマリタンを批判している。

マリタンにとって本源的権利に属するのは、良心や信教の自由であり、それは共同体から派生する権利や義務に優先するものであった。しかし、マリタンにとって、「人格」の権利はもう一つの次元を有していた。つまり社会的・政治的文脈から生まれた権利概念である。それは、参政権、政治的平等、法の前の平等などであり、マリタンはこれらを「市民的人格」の権利と称している。マリタンにとって「人間は政治的動物である」というアリストテレスの言葉は、人間がポリスの一員として、政治的共同体の営みに積極的に関与していくことを意味したのである。

Ⅲ　国家主権批判

ここでは、マリタンの『人間と国家』に着目して、彼の国家観を検討してみよう。マリタンは、トマス・アクィナスの教説に基づいて、共同体 (community) →社会 (society) →政治社会 (political society) →国家 (state) の階層的秩序を講想した。したがってマリタンの国家観を正しく理解するためには、まずもって共同体、社会、そして政治社会の概念を理解することが必要である。

マリタンの共同体と社会の区別は、自然と理性の区別に対応している。つまり共同体が自然的・生物学的所産であるのに対して、社会は理性の所産である。換言すれば、共同体が知性や意思の決定にかかわりなく、共通の無意識の魂、する場である。

共通の感情、共通の風習を生みだす場であるのに対して、社会は人間の知性や意志に依存し、理性によって目的を追求する場である。

次に政治社会は、社会の系列の中で最高かつ完全な社会であり、正義、法意識、相互愛の意識に結ばれて、「共通善」の達成を目指しているところである。そして政治社会の一部である国家は、共通善を目的としつつも、その中で特に法の維持、公共の秩序、共同の福祉などを行う所である。

マリタンによれば国家は、政治社会の最高の部分であるが、政治社会の目的である「共通善」の達成を使命としているので、それは目的そのものではなく、手段である。また共通善は人間人格の完成を目指しているので、人間が国家のためにあるのではなく、国家が人間のためにある。国家が手段から目的そのものに転化し、人間を隷属化させる時、国家絶対主義の誤謬が生じる。

絶対的な主権概念批判

マリタンは、上述した国家絶対主義批判を主権概念批判として展開した。「主権概念ほど一九世紀の法学者や政治理論家たちを絶望的な迷路に引き入れたものはない」のであり、「政治哲学は主権という用語を捨てさらなければならない」（『人間と国家』、二九頁）のである。

マリタンは、「絶対的で恒久的な権力」と定義された古典的な主権概念を、神学的・宗教的領域において用いることを承認するものの、政治の世界に適用することを拒否する。つまり彼は、カトリシズムの立場から神が被造物世界に対する主権者であることは認めても、地上的権力は相対的であり、主権的ではありえないと主張する。地上的権力を絶対化することは、被造物神化の罪である。彼はこうした立場に依拠しつつ、「主権者なる君主は神の似姿」と説くボダン、「可死の神」として主権者を理解するホッブズ、人民主権の先駆者となったルソーを次々に批判の俎上にのせた。彼は、『全きヒューマニズム』においては、主権概念を政治の世界に転用し、国家主権の新たな再興を企てたとして、C・シュミットの「政治神学」を攻撃した。

マリタンが主権概念を批判した理由は、第一に政治社会を超越した絶対的な権力者は存在せず、為政者は、政治社会の委託を受けた人物であるべきことであった。人民から委託を受け、人民に対して責任を負わない権力は腐敗しているのである。第二にマリタンの主権概念批判は、多元主義の積極的な主張と表裏一体の関係にあった。彼は国家主権を否認すると同時に、「社会生活を漸進的に非中央集権化し、非国家化する」必要性を力説している。国家は、諸々の事業団体、労働組合、生産者、消費者組織などに自らの活動を委ねることによって、国家の権限を縮小し、個々の諸団体の自発的活動を「共通善」というより高い見地から規制することを自らの課題として引き受けるのである。これは、カトリックの「補完性の原理」の主張に対応している。第三に、国家主権は、国家の排他性を強調することにより、世界的な政治社会への道の障害となることである。

Ⅳ　政教分離

マリタンは『人間と国家』において、「神のものは神に、カエサルのものはカエサルに」というイエスの言葉に従って、政治社会と教会の相対的自律性を承認した。しかし彼にとってこの区別は、近代の歴史がたどったように、「社会生活および政治生活の領域における神や福音からの絶縁、そして最終的には、神や福音の拒否」（『人間と国家』、二二四頁）であってはならなかった。その結末は共産主義の無神論であった。ここでマリタンは政教分離のフランス的形態を批判している。彼は福音の精神や教会が自発的な活動によって、世俗的世界に影響を及ぼしていくことを期待したのである。

マリタンにとって、政治社会は、自然的秩序に属し、現世的な共通善の達成を目指すのに対して、教会は超自然的な秩序に属し、魂の永遠の救いを目指している。そこから両者は相対的な自律性を保持しつつも、教会の国家に対する優位が帰結する。しかしこの優位は、教会が国家を政治的に支配する中世的な神権政治をもたらすものではなかった。彼は、「新しいキリスト教精神に基づく文明は、決して中世に復帰するものではなく、福音をして現世的実存の深みに生命を与えさせようとする試みであると述べ、教会の優位が政治的優位ではなく、精神的優位であることを確認している。まさに「神から離れてではなく、神のうちに、かつ神を通じて……世俗的生活を聖化する」ことが重要なのである。確かに教会は、超自然的秩序に属し、永遠の救いを直接の使命として有するが、同時に生きた福音の精神を政治社会に浸透させることによって、人間の自由、平等、友愛そして正義に対する感覚を啓発し、間接的に政治社会の「共通善」の達成に寄与する。国家の役割は、礼拝や福音伝播といった教会の自由を保障することである。

マリタンは、「政教分離」という言葉の意味に関するフランスとアメリカの違いを強調し、「私は、米国大統領（フランクリン・ルーズベルト）の声をはじめてラジオで聞き、神に祈りをささげるのを耳にして、『政教分離』という表現はフランスとアメリカとでは同じ意味を持っていないことに突然気づいたのである」（『アメリカの省察』、一五八―五九頁）と述べている。

これは、重要な指摘である。アメリカ修正憲法第一条では、国教会が禁止されているにもかかわらず、両議会に専属牧師がおり、大統領は聖書に手を置いて就任の宣誓をし、硬貨にはIn God we trustと記されており、軍隊、刑務所、病院などでは専属牧師が国費で雇われている。これは、フランス型の世俗主義的な政教分離とは異なっている。それは、アメリカの政教分離が、フランスの様に宗教に敵対的な啓蒙主義や実証主義によってではなく、宗教に好意的な思想によって展開されたからである。マリタンは言う。

> 米国憲法は、ロックや一八世紀の啓蒙思想から受けた影響をはるかに超えて、私が『人間と国家』で述べたように、年功を経たキリスト教の思想と文明とに深く根ざしている。……この偉大なキリスト教文献の精神と霊感は、人間社会を、神や宗教的信仰から遠ざけようとする考えに根本的に反対する。建国の父祖たちは、形而上学者でも神学者でもなかったが、彼らの人生哲学、政治哲学・自然法および人権の観念は、キリスト教的理性で編み出され、不動の宗教心で支えられている。（『アメリカの省察』、一五九頁）

マリタンは、教会と国家との関係において、それぞれがその任務を異にしつつも、「公共善への奉仕」という一点において協力すべきと主張する。もちろんマリタンも宗教が国家と関係を結ぶことによってそれが、世俗化し、霊の息吹を失い、国家主義の手段に堕していく危険性を認識していた。

この危険とは、宗教そのものが現世化されてしまうこと、つまり、現世的機構そのものの中に、特定の文明の現世的成長の中に制度化されてしまって、遂には宗教の本質的な、超自然的・超世的・超国家的な超越性を失い、特殊な国家的・現世的利益に追従させられてしまうことである。（『アメリカの省察』、一六二頁）

こうした世俗主義が荒れ狂う時代の中にあって、マリタンもキルケゴールと同様に、キリストとの「同時性」を生きる必要性を力説した。宗教による社会の変革は、まずもって個人の新生と絶えざる自己変革がなければ、永続しないという認識である。

そこでは、宗教がその固有な分野において、それ自体現世化される傾向に反抗して打ち勝つのでなければ、言い換えれば、人間の魂の内部において、超自然的真理（神）を信奉し、神の掟に服従すること、つまり真の愛の火と神の恩寵のいのちとがたえず成長していくのでなければ、現世化された宗教的霊感は、遂には失敗すべき危険に晒されるのである。（『アメリカの省察』、一六三頁）

それではマリタンは、キリスト教の精神は、政治秩序の形成においてどのような役割を果たすべきと考えたのであろうか。

V　キリスト教と民主主義

マリタンにとって、人権や民主主義こそ、守るべき価値のある政治理念であった。しかし、それは、近代のヒューマニズムや啓蒙主義によって達成されるべきものではなかった。マリタンによれば、近代は世俗化の時代であり、「技術的合理主義」が貫徹した時代であった。また近代のヒューマニズムは、人間中心のヒューマニズムであり、その発展の帰結において、自己の胎内から非人道的な無神論的共産主義を呼び起こした。近代ヒューマニズムが約束した人間の自由や平等、歴史の進歩、人間理性の完成といった諸々の理想は、今世紀における二度の世界大戦や全体主義の台頭によって、無惨にも踏みにじられてしまったのである。

近代の合理主義やヒューマニズムが破綻する中で、マリタンは全体主義の脅威に対抗して、人間、文化、そして政治を破滅の危機から救い、再生させるために、「全きヒューマニズム」（Humanisime Intégral）の概念を提唱した。それは、近代のヒューマニズムとは異なって神中心のヒューマニズムであり、神の恩寵や啓示ないし福音が人間社会を根底において支え、かつ不断に更新する原動力であると説いた。

彼にとって新しいキリスト教世界の形成原理である「全きヒューマニズム」は、単なる中世的キリスト教の復活であってはならなかった。つまり政治と宗教、国家と教会を合体させ、神権政治を復活させるのではなく、世俗的・現世的な生活の真っ只中において、キリスト教的精神を復興させることであった。政治社会においても技術的合理化が進行し、国家、人民、民主主義といった諸概念が形式化・技術化していく中で、国家は技術的な権力機構となり、民主主義は形式的なゲームの規則になりはて、人間の霊的側面は見失われ、物質や機械同然に取り扱われることになった。こうした現象に対して、「全きヒューマニズム」は、人間人格の尊厳を回復し、国家を共通善を求める人々の共同社会とみなし、民主主義を福音の精神によって形成しようと試みるのである。

マリタンにとって、民主主義の内実を形成する人間の自由や尊厳に対する感覚を覚醒させるものは、キリスト教の福音をおいて他にはなかった。

　キリスト教的民主主義、すなわち自己の源泉を十分に自覚している民主主義は、人間の尊厳と平等ないし正義と自由についてのキリスト教的感覚を自己のうちに燃やし続けなければならない。（『人間と国家』、二四六頁）

すでに述べたように、民主主義は、形式的・技術的に理解されてはならず、倫理的合理化の最高の段階であった。人間の自由、尊厳、正義の達成をめざす民主主義は、「福音の精神を糧にしてのみ活きることができ」「福音の精神によってこそ、政治生活の倫理的合理化という大事業をなしうる」のである。

すでに戦時中にマリタンは、『キリスト教と民主主義』(1943)を発表していた。この中でマリタンは、民主主義の共同生活の理想は、神の啓示なしに存在しえないと断じ、民主主義の悲劇の原因を、人間が自由の名においてキリスト教と福音を否認した点に求めた。民主主義の再生のためには、民主主義とキリスト教の結びつきが不可欠である。

なおマリタンは、カトリシズムに接近した後期のベルクソンの書物『道徳と宗教の二源泉』を高く評価し、「民主主義はまさにその本性によって福音主義的であり、その原動力は愛である」というくだりを好意的に紹介している。ベルクソンにとって、福音の愛こそが、自然的人間の私的閉鎖性を打破し、人間を内側から不断に更新させることによって、民主主義に不可欠な「開かれた社会」を生み出すことができるものであった。そしてベルクソンのこの見解をマリタンも共有していたのである。その意味において、民主主義は福音による不断の自己変革を必要とする「永遠の革命」なのである。

マリタンは、理性を重視するネオ・トミストの中では、「恩寵」、「福音」、「超自然的な愛」による人間の変革を主張した稀有の思想家であった。超自然的なキリストの愛は、人々を利己主義の殻から解放し、人々が共に生き、共に苦しむことを教える。それはマリタンにとって「観念」ではなく、「躍動する力」(élan vital)であった。この愛が働く時に、人々のエゴイズムや偏見という硬い殻が破れ、人々は他者に心を開くことを学ぶ。マリタンは、人間の閉ざされた心を打ち破り、交わりを実現することは、古典的な哲学者が信じたように、人間の「社交性」から生まれるのではなく、また熟議民主主義が主張するように、間主観的な対話によってではなく、「福音」の力によってであることを信じていたのである。彼は、『岐路に立つ教育』においても、愛が人間のエゴイズムを打ち破り、自らの解放を実現すると主張している。

また彼は『アメリカの省察』の中でも、「アメリカは、人間の交わりの感覚の重要性が国民全体によって基本的に認識されている唯一の国である」と述べ、福音の「赦しの力」が政治社会に対して持つ意義を強調している。

マリタンが、アメリカのピューリタニズムから受けた影響はきわめて大きかった。アメリカは植民地時代のピューリタニズムの不寛容の過去を克服し、他国に先駆けて寛容と人間同胞の精神を培ってきたのである。マリタンは、「最も実存的な意味で、アメリカ人の血の底には、福音書の兄弟愛の調べが奏でられている」（『アメリカの省察』、七八頁）と述べている。マリタンがアメリカに行ったのは、トクヴィルのアメリカ渡航から約一世紀を経過しているが、マリタンがアメリカにおいて見たものは、トクヴィルと同様、習俗を形成する宗教の活力であった。

〔参考文献〕

・J. Martain, *Reflection on American*, New York, 1958〔『フランス哲学者のみたアメリカ』小林珍雄訳、荒地出版社、1958〕
・———, *Education at the Crossroad*, Yale University Press, 1971〔『人間教育論——岐路に立つ教育』溝上茂夫訳、創文社、1974〕
・———, *The Person and the Common Good*, Motre Dame, 1985〔『公共福祉論——人格と共通善』大塚市助訳、エンデルレ書店、1952〕
・———, *The Rights of Man and Natural Law*, San Francisco, 1986.
・———, *Man and State*, Catholic University of American Press, 1998〔『人間と国家』久保正幡・稲垣良典訳、創文社、1962〕.
・James V. Schall, *Jacques Maritain, The Philosopher in Society*, Rowman & Littlefield, 1998.
・Deborah Wallace, "Jacques Maritain and Alasdair MacIntyre: The Person, the Common Good and Human Rights", in *The Failure of Modernism*, The Catholic University of American Press, 1990.
・筆者のマリタンに関する論稿として「マリタン『人間と国家』」（足立幸男編著『現代政治理論入門』、ミネルヴァ書房、1991）、「ジャック・マリタン——共通善と友愛の政治」（富沢克・古賀敬太編著『二十世紀の政治思想家たち』、ミネルヴァ書房、2002）、「ジャック・マリタンと近代ヒューマニズム」（千葉眞編著『講座政治学Ⅱ　政治思想史』、三嶺書房、2002）、「ジャック・マリタンの自然法的コスモポリタニズム」（古賀敬太『コスモポリタニズムの挑戦——その思想史的考察』（風行社、2014）がある。

第三章　イギリスにおける政治と宗教

第一節　イギリスにおける政教分離の展開

ヘンリー八世（在位1509-1547）は、妻カサリンと離婚し、アン＝ブリンと結婚しようとしたが、ローマ・カトリック教会が離婚を認めなかったため、ローマ教会から分離・独立するに至った。ルターやカルヴァンの宗教改革が「聖書に帰る」ことによって行われたのに対し、イングランドにおいては、離婚問題に関する国王と教皇の対立にその理由があった。

一五三三にヘンリー八世は、「上告禁止令」を布告した。この法令は、教皇至上権の要である教皇の最高司法権を完全に否定し、司法における国王至上権を確立したものである。一五三四年には、「聖職者任命令」（国王の聖職者任命権を明記）、「僧職服従令」（国家から独立した教会の立法権の否定）、「王位継承令」（カトリックのメアリーを王位継承から排除）、「国王至上令」（国王はイングランドの教会の地上における唯一の最高首長である）を発布した。

メアリー一世（在位1553-58）の時、カトリックの反動が始まり、プロテスタントの迫害が大々的に行われた。これに対して、メアリー一世の後継者エリザベス一世（在位1558-1603）は、一五五九年に「国王至上令」、「礼拝形式統一令」、「審査令」を発布し、カトリックとピューリタン双方に対して国教会擁護のために戦った。イングランドのカルヴィニストは、「ピューリタン」と呼ばれるようになり、イングランド国教会を内部から浄化しようとした。その中で、長老派は、カルヴィニズムの長老主義を国教とすることを主張したのに対し、会衆派は単一教会の自律性を主張し、そしてその中の分離派は、イングランド国教会からの分離を主張した。ジェームズ一世（1603-1625）の時代に非国教徒への迫害が強まり、チャールズ一世（1625-1649）の治世の一六四二年にピューリタン革命が生じ、一六四九年にはチャールズ一世が処刑され、クロムウェル統治の共和制が発足した。クロムウェルは、カトリック以外に信教の自由を認め、バプティストやクエーカー派といった諸教派も台頭した。

一六六〇年王政復古によりチャールズ二世が即位し、一六六一年ピューリタン弾圧立法「クラレンドン法令」が制定された。これによりピューリタンが大量に海外に流出した。この法典は、①「地方自治体法」（一六六一年、国王への忠誠と国王至上権の承認を拒否する非国教徒を、地方自治体の公職から追放）、②「統一法」（一六六二年、エリザベス女王時代の統一令を復活し、非国教徒を教会から追放）、③「秘密集会法」（一六六四年、五名以上の非国教徒による集会を禁止）、④「五マイル法」（一六六五年、牧師が自治体の五マイル以内に近づくことを禁止）によって構成されていた。J・ロックが「宗教的寛容論」を執筆したのは、このようなピューリタン弾圧立法に抗議してであった。一六七三年には「審査法」（Test Act）が制定され、カトリックや非国教徒といった国教会信者以外の者は公職につけないことが定められた。

一六八八年に名誉革命が発生し、一六八九年にピューリタンに寛容令が発布され、権利の章典が出された。一八二八年審査法が廃止され、文字通り、信教の自由が確立されていく。

以下、イングランドの現在の政教分離の特徴を七点指摘しておく。

①国王（女王）は、イングランド国教会の首長、国王の戴冠式は国教会で執り行われる。

②国王の聖職者任命権（国王が、首相の助言に基づいて、国教会の大主教（カンタベリー）と各管区の主教を任命する権利）、信仰箇条、祈禱書の承認権。

③国教会から二六名の主教（Bishops）を貴族院に送る（僧侶貴族）、ただし、教会関係以外の立法に関しては投票権を持ちえない。

④国教会に対して、国家から財政援助は行わない。聖職者は教会が支える。聖職者に対する給与・年金をはじめ、教会の運営費に関しても、国の財政的な援助はない。

⑤教育法によって、すべての学校に宗教教育と集団礼拝が義務づけられている。一九八八年の「教育改革法」は、宗教教育の集団礼拝を義務化したものである。

⑥カトリック教徒、ないしカトリック教徒を配偶者に持つ者は国王になれない。

⑦英国国教会が教会内の重要な法規を変更する時は、英国議会の承認が必要。国教会やその他の宗教事項に関する事柄については、議会制定法によって規定されている。

以下、イギリスにおける歴史的文脈の中で、イギリスの思想家が政治と宗教との関係をどう考えたか検討する。まず第二節において、国教徒と非国教徒との戦いという特色を持つピューリタン革命に際して、宗教戦争を終わらせるために主権国家を提唱したホッブズの思想的格闘を跡づけることとする。第三節では、ピューリタン革命においてクロムウェルの側にたって王権神授説を批判し、信教の自由、政教分離を説いたJ・ミルトンの思想を紹介する。第四節では、王政復古における非国教徒への迫害を批判し、信教の自由、政教分離を提唱し、名誉革命の理論的旗手となったロックの戦いを検討する。第四節では、一八世紀スコットランド啓蒙の代表的存在であるヒュームが、宗教に対していかなる見解を持ち、また信教の自由、政教分離に対してどのような態度をとったかを考察することにする。第五節では、フランス革命に反対し、歴史的に継続されてきた文化や制度を擁護する立場から、イングランドの国教制を擁護したE・バークの思想を紹介することとする。最後の第六章において、ピューリタニズムの伝統を継承し、その民主主義形成に対する意義を強調したA・リンゼイの思想と行動を跡づけることにする。

第二節　ホッブズ（Thomas Hobbes）

I　プロフィール

ホッブズ（1588-1679）は、一五八八年四月五日にマームズベリー近郊のウェストポートに生まれた。一六四〇年にイングランドで長期議会が開かれ、議会と国王との闘いの火蓋が切って落とされる中で、王党派であったホッブズはパリに亡命した。一六四二年に革命が勃発し、一六四九年にチャールズ一世が処刑され、共和制が誕生した。ホッブズは、一六五一年にイングランドに帰国するまで、ピューリタン革命の帰趨を、フランスで注視し続けた。この亡命の時期に彼は、精力的に著作活動を行った。一六四〇年最初の著書『法学要綱』（*The Elements of Law*）を完成し、一六四一年には『市民論』（*De Cive*）、一六五一年には、主著『リヴァイアサン』（*Leviathan*）を出版した。実にホッブズ六三歳の時である。この著書は、「無神論」のかどでキリスト教会から非難され、彼はパリに亡命していたイングランド宮廷への出入りを禁止された。彼はこの年、クロムウェル支配下のイングランドに帰国した。

一六六〇年に王政復古が起こり、チャールズ二世が帰国して国王に就任した。一六六六年にチャールズ二世は、ホッブズの宗教と政治に関する著作の出版を禁止した。ホッブズは、一六六〇年に『ビヒモス』（*Behemoth*）と題してイングランド革命史を書き、チャールズ二世に捧げたが、王は刊行に反対した。この書物は、一六四〇年の内戦から一六六〇年の王政復古までの君主、議会、軍隊相互の対立抗争を描いている。ホッブズは、一六七九年一二月に九一歳の生涯を閉じた。彼の死から三年後、『リヴァイアサン』と『市民論』は、オックスフォード大学で有害な書物に認定された。

II　自然状態と社会契約

ホッブズは、『リヴァイアサン』を書く前に『市民論』を書いた。『市民論』は第一部「自由」、第二部、「支配」、第三部「宗教」から成り、『リヴァイアサン』をコンパクトにしたものである。『リヴァイアサン』は第一部「人間について」、第二部「コモンウェルスについて」、第三部「キリスト教的コモンウェルスについて」、第四部「暗黒の王国について」から構成されている。こうした構成をみてわかるように、彼の政治哲学において宗教が占める比率が極めて高い。

ホッブズは、政治社会を構想するに際して、「自然科学的方法」を人間や社会の分析に適用した。それは、「分解と構成」の方法である。ホッブズは、まず国家の素材となる人間を原子的な個人に解体し、個人の情念や感覚の分析を通して、そこから「人工的人間」としての国家を構築しようと試みた。

ホッブズは、国家の生成を導出するために、国家以前の「自然状態」を論理的仮説として想定した。「自然状態」における人間は、自己保存を求めて行動する利己的人間であり、アリストテレスが主張するような「社会的・政治的動物」ではない。ホッブズにおいては、古代や中世に存在した倫理的共同体がバラバラに解体され、利己的な人間が現出することになる。

ホッブズは、人間の行動を規制する客観的な道徳的規範を認めようとしなかった。というのも彼は、自然界の現象をすべて物理的・必然的な因果関係によって理解し、人間も自然の因果関係に組み込まれた一個の生物として把握したからである。ホッブズにとっては、善とは快楽の対象、悪とは苦痛の対象となるものであり、善悪の基準が完全に「主観化」ないし「相対化」されることとなる。こうした功利主義的・快楽主義的人間は、「自然状態」においては、自己保存を追求する無制限の権利、つまり「自然権」を有している。しかし、各人が「自然権」を無制限に行使する結果として、「自然状態」においては「万人の万人に対する闘争」という「戦争状態」が生まれることになる。ここでは相互対立は激化し、「暴力的死の危険性」を招来する。そこでは「人間の生活は、孤独で貧しく、きたならしく、残忍で、しかも短い」(『リヴァイアサン』、I-13、一五七頁)。

自己保存の追求を至上命題とするホッブズにとって、「自然状態」の「暴力的死の危険性」は、克服すべき対象に他ならなかった。ホッブズにとって、その糸口になったのが、「死の恐怖」という情念であった、自然科学をモデルとして、原子的個人からなる人為的国家を形成しようとするホッブズの理論体系の中に、人間の情念が十分に考察されていることを看過してはならない。まさに「死の恐怖」という情念こそ、ホッブズの国家論のアルファであり、オメガである。そしてこの情念と理性が結び付いて、「暴力的死の危険性」を回避するための処方箋が発見されることになる。もちろんこの理性は、カントのような「道徳的・実践的理性」ではなく、「計算的・道具的理性」である。ホッブズは、この理性によって発見された処方箋を「自然法」と呼んでいるが、それはトマスやロックの自然法のように客観的・道徳的規範ではなく、人為的規則、ルールのようなものである。暴力的死の危険性を回避する第一の自然法は、「各人は、望みのある限り、平和を勝ち取るように努力すべきである」というものであり、第二の自然法は、「平和のために、また自己防衛のために必要であると考えられる限りにおいて、人は他の人も同意するならば、万物に対するこの権利を喜んで放棄すべきである」というものであり、第三の自然法は、「結ばれた契約は履行すべき」である。

ここから、各人は自然権を放棄して、契約によって、国家（英語ではCommonwealth、ラテン語ではCivitas）を構成するのであり、ホッブズはその国家を「可視の神」ないし旧約聖書のヨブ記で登場する「リヴァイアサン」と呼んでいる。

Ⅲ　ホッブズの主権概念

以上の様にホッブズは、『リヴァイアサン』において、「万人の万人に対する闘争」という「自然状態」を克服して、社会契約により主権国家を確立するプロセスを描いた。彼の主権の定義は、「絶対的で不可分な権力」であった。彼にとって主権国家は、「可死の神」、「リヴァイアサン」であり、それは絶えず「ビヒモス」によって脅かされていた。彼の思考にとって特有な形式は、自然状態対国家、ビヒモス（無政府状態）対リヴァイアサン（絶対的権力）という二項対立であり、自然状態や無政府状態への危機感が強ければ強いほど、国家権力の絶対化が要請されることになる。『リヴァイアサン』第二九章「コモンウェルスを弱め、解体させることがら」の中から、何が国家を解体させる原因となるかを、四点考えてみよう。

絶対的権力の欠如

彼は、第一の原因として「絶対的な権力の欠如」を挙げている。ホッブズは、「絶対的権力」が欠如していた二つの歴史的事例を提供している。一つは国家と教会が対立し、主権が分割される場合である。例えばカンタベリー大司教トマス・ベケット（1118-1170）とイングランド国王ヘンリー二世（在位 1154-1189）との対立がそうであり、それは教権と俗権との対立である。ヘンリー二世は、教権を圧迫して王権の強化を試み、一一六四年クラレンドン法を制定して、教皇から聖職者任命権を剥奪しようと試みた。ベケットはこれに対抗し、教皇の支持を得てヘンリー二世と戦ったが、最終的に彼はカンタベリー教会の祭壇で暗殺されてしまった。

混合政体論

第二の事例は、古代ローマの共和制である。ローマの共和制は、執政官、元老院、民会によって構成された「混合政体」であるが、ホッブズによれば「混合政体」はまさに内乱を惹き起こすにうってつけの政治形態であった。彼は『ビヒモス』においても、キケロ、セネカ、他の反君主制論者の書物が、反君主制思想を扇動したと論じている。この点はボダンも同じ認識を示している。

善悪の私的判断

国家を弱体化し、解体させる第三の事柄は、「善悪についての私的判断」を認めることである。国家を解体させるものは、単に権力の分割のみならず、それ以上に様々なイデオロギーが対立することであった。それゆえ、ホッブズにおいては、権力の統一のみならず、思想の統一も国家の存続に不可欠である。主権者は、どんな意見や教義が平和に反するかを決定し、それを禁止することができる。またあらゆる書物が、出版前に検閲を受けることが義務づけられているので、事実上、言論や出版の自由が侵害されることになる。ホッブズは、「教義上の問題に関しては、真理以外、何物も尊重されるべきではないが、そのことは平和のために教義を規制することと何ら矛盾するものではない」（同、II-18、二〇二頁）と述べている。

聖書解釈や教義の決定は、主権者の役割なのである。

ホッブズにとって、「善悪についての私的判断」を行う元凶は、国教会に対して戦う非国教徒、特にピューリタンであった。ホッブズにとって、イングランドの内戦は、虚栄と自己欺瞞によって、ありとあらゆる不正と愚かさが演じられた前代未聞の恥ずべき戦いであった。彼は『ビヒモス』において、内戦を扇動したものとして、一方においてカトリックの教皇派、他方において長老派、独立派、再洗礼派、第五王国派、そしてクエーカー派を挙げ、「善悪の私的判断」、つまり善悪の基準となる聖書の私的解釈が盛んにおこなわれたことがコモンウェルスを混乱させたと述べている。

個人の生命の保障を至上命題とするホッブズにとって、「内戦」は悪以外の何物でもなかった。カルヴァンの後継者ド・ベーズは、正義や真理という価値より、地上の平和という価値を優先することは、「異教の哲学者」に他ならないと述べたが、ホッブズはまさにその意味において「異教の哲学者」であった。

主権の分割

国家を解体する第四の要因は、主権の分割である。主権が分割されることによって国家が解体するというのが、ホッブズの基本的見解であった。第一八章の「主権者の権利」では、主権者は立法権のみならず、行政権、そして司法権をも一身に集中している。また主権者は、交戦権、講和の権利、大臣任命権、課税権をも有している。ホッブズは、こうした立場に依拠して、イングランドの内乱の原因が、国王、上院、下院に権限を分配する「議会における国王」(King in Parliament) というイングランドの伝統的な「抑制と均衡」の体系にあると考えたのである。

仮にイングランドの大部分で、これらの権力が、国王、上院、そして下院の間に分割されるという見解が受け入れられなかったならば、人民が分割され、今日の内乱に陥ることは決してなかった。はじめは政策を異にする人々の間に、ついで宗教の自由に関して意見を異にする人々の間に起こった内乱は、主権について教える所、まことに大なるものがあった。(同、II-18, 二〇五頁)

Ⅳ　国家と教会

すでに述べたようにホッブズにとって、教会と国家の二元論は主権の分割に繋がるので、到底受け入れられるものではなかった。彼は国家と競合するカトリック教会を批判すると同時に、国教会に反旗を翻す非国教徒をも批判し、教会を完全に国家の統制下に置こうとしたのである。彼は霊的な権威を体現する教会と、地上の権威である国家との対立がもたらす国家の解体について、次のように述べている。

もしも、ただ一つの王国しかないとすれば、『市民的なもの』、つまりコモンウェルスの権力が『霊的』な王国に属するのか、さもなければ『霊的な』王国が『現世的王国』に従属するか、このどちらかでなければならない。前の場合には、『霊的』なもの以外に主権はなく、後の場合には、『現世的』なもの以外に『至上権』はない。したがって、これら二つの権力が対立する場合には、コモンウェルスは、内乱と解体という大きな危険性に晒されざるをえない。(同、II-29、二三六頁)

また彼は、一六四一年八月二日のデヴォンシャー宛書簡において、「最近では、霊的権力と政治的権力との争いが、他の何物にもまさってキリスト教会の至る所で、内乱の原因となっています」と書き記している。

こうした問題意識を持ちつつホッブズは、第三部「キリスト教」についての第四二章「教会について」において、教皇の「間接権力」を提唱したベラルミーノ枢機卿（1542-1621）を批判した。この見解は、ホッブズにとって、教皇の直接的権力の要求に劣らず危険であり、霊的権威を振りかざして他国の政治に介入し、国家解体の危機を生じさせるものであった。ホッブズは、『ビヒモス』において、教皇が国王への服従義務を免除する命令を臣民に与える時に、「その結果として一つの同じ国民に二つの王国が生じざるをえず、誰もどちらに従うかわからない」と述べている。

ホッブズは、このように霊的権威をふりかざして他国の政治に介入する教皇権力の要求を阻止するために、逆に宗教的・霊的権威を政治的主権者に付与した。つまりホッブズの時代に至るまで教皇が最高の牧者として有していた一切の権限――聖職者の任命権、聖書の解釈権、奇跡の真偽を決定し、説教し、洗礼を施し、聖餐式を執行し、破門する権限――を政治的主権者に与え、政治と宗教の全権を掌握させることによって、国家と教会、聖と俗の二元論を解消し、「間接権力」の要求を無効としたのである。興味深いことに、ホッブズは、旧約・新約を通じて最高の政治的権威と宗教的権威が同一人物に集中した時には、イスラエルの統一と秩序が保たれ、反対にこの二つの権威がバラバラで反目しあっていたイスラエルの分裂王国時代は内戦の時代で、国家が解体の危機に瀕している時であったと結論づけた。かくしてホッブズにとって、非国教徒に対する寛容も、「政教分離」もまったく問題とならない。そのことは、ホッブズが教会を、「キリスト教の信仰を告白する者たちが、一人の主権者のもとに結合し、彼の命令によって集まり、彼の権限なしに集まるべきでない一つの団体」（『リヴァイアサン』、III-39, 四三八頁）と定義する時に、一層明らかとなる。彼は教会と国家の同一性について、「命令、判決、断罪、その他あらゆることができる一つの教会は、キリスト教徒からなるコモンウェルスと全く同一である。そして一方は、その国民が人々であるために『市民的国家』と呼ばれ、他方ではその民が『キリスト教徒』であることから『教会』」と呼ばれる」（III-39, 四三八頁）と述べている。

V　信教の自由

聖職者の任命、教義や聖書解釈、洗礼や聖餐の儀式、破門などの権利を主権者が掌握し、それと異なる教義や聖書解釈、儀式などを行うような教会が非合法化される所では、信教の自由は存在しえない。ホッブズは、聖書正典の決定に関して、「主権者はその領土内における唯一の立法者であるから、いかなる国においても、主権者がその権限によって正当と認めた書物だけが正義であり、法とされる」（同、III-33, 三八〇頁）と述べている。また彼は、「キリスト教コモンウェルスでは、主権者だけが何が神の言葉で、何がそうでないかを知ることができる」（同、III-40, 四四一頁）と主張する。つまり主権者だけが神のことばである聖書の唯一の解釈者である。また主権者が許可しない教会は認められず、「国家および宗教の統治者が教えていることを禁じている教義を教えることは、国民の誰にとっても合法的ではない」（同、III-39, 四三八頁）。

ホッブズとボダンは、等しく国家主権を強調し、近代主権国家の基礎づけを行ったが、こと信教の自由となると、全く異なっていた。寛容によって諸教派との和解を達成し、国家の統一を目指すボダンと、強制的に国教会の宗教を押し付けて、国家の統一をもたらそうとするホッブズとの相違は歴然としている。またボダンが、カトリックではないにせよ、神に対する敬虔な信仰を持ち、国家の宗教的基盤を強調していたのに対し、ホッブズは唯物論者、無神論者であり、国家の基盤は、個人の生存をめぐる自己利益に基づく契約にすぎなかった。こうした契約は精神的基盤を欠いており、不安定なものであったが、まさにそれゆえに、国家権力の肥大化が要求された。しかし二人には、内面と外面を分離する処世術を行使するという点において、共通点があった。

ホッブズは、国家による公認の教義やイデオロギーが、市民の内面までも拘束することはないと主張する。ホッブズは、『リヴァイアサン』の第三七章において、心の中で信じることと、それを「告白すること」の相違を、「私的理性」と「公的理性」との相違として、次のように述べている。

> 私人には、心の中で信じ、また信じない自由が常にある。……しかし信念を、外に告白するということになれば、私的理性は公的理性、すなわち神の代理者に従わなければならない。（同、III-37, 四二一頁）

したがって、国家は人の内面まで介入できないので、外側では国教会に従うふりを示す一方、内面では自分の信仰や信念に忠実に生きるという二重生活が生まれてくる。いわゆる面従腹背である。たしかにホッブズの「内面」と「外面」の分離、「信じることと」と「告白すること」の区別は、ホッブズの機械的・技術的な国家が市民の内面までも支配できないことの証左であろう。カール・シュミットはホッブズが『リヴァイアサン』において、内的信仰と外的礼拝の区別を導入したことを、自由主義の第一歩として高く評価した（シュミット、九〇頁）。しかし、「信じること」と「告白すること」を分離することは、キリスト教の自殺行為に他ならない。「告白」は、キリスト教にとって不可欠な要素だからである。聖書には、「誰でも私を人々の前で否む者は、私も天にいます父の前で否もう」とあるように、信じることは告白することによってその真実性が立証されるからである。自ら信じていることを「告白すること」が禁じられているような国家には、そもそも信教の自由は存在しえないのである。

Ⅵ　忠誠の相克

ホッブズは、国家と教会、聖と俗の二元論が国家の分裂をひきおこすのみならず、個人の心の中に忠誠の相克を生じさせることも洞察していた。

国家についても宗教についても、この世においては現世的な統治以外になく、国家及び宗教の統治者が教えることを禁じている教義を教えることは、国民の誰にとっても合法的ではない。さもなければ、コモンウェルスの中で、『教会』と『国家』、『心霊主義者』と『現世主義者』、『正義の剣』と『信仰の盾』、各キリスト教の胸中の中では、『キリスト教徒』と『人間』との分裂が起こることは必然だからである。（同、III-39, 四三八頁）

すでに述べたように、ルソーもまた教会と国家に対する忠誠の相克を批判し、「市民宗教」を提唱した。そこでルソーは、ホッブズの教会と国家の統一の試みを「鷲の双頭を再び一つにした」と評価したのである。

ホッブズは、国家と教会が対立した場合、人々の忠誠が国家ではなく、教会に向かうことを知っていた。周知のようにホッブズ自身が最も恐れたのは、「地上的生命」の危険性であり、それがホッブズの政治哲学の出発点となっていた。しかし彼は同時に、彼の時代の多くの人々が依然として、地上的な肉体の死とは比較にならないほどの深刻な死が存在することを知っていた。この死こそ「永遠の死」である。ホッブズは、「もしも主権者以外の何者かが、生命以上に大きな報酬を与え、死以上に大きな処罰を課する力を持つならば、コモンウェルスの存立は、不可能である」（同、III-38, 四二一頁）と述べている。また彼は、『ビヒモス』において、人々は「肉体だけしか地獄に投げ入れることのできない国王より、肉体も魂も地獄に投げ入れるような教皇に従うであろう」と述べている。したがってホッブズは、この「永遠の生命ないし死」の決定権をカトリック教会から剥奪し、純粋に個人の信仰の問題に還元したのである。主権者といえどもそのような権力をもちえない。この点においてホッブズの思考は、基本的にルターの「内面の不可侵性」という考えの延長線にあるといえよう。

〔参考文献〕
・Th・ホッブズ『リヴァイアサン』（『世界の名著28　ホッブズ』永井道雄編、中央公論社、1993）
・――――『ビヒモス』（山田園子訳、岩波文庫、2014）
・C・シュミット『リヴァイアサン』（長尾龍一訳、福村出版、1972）

第三節　ミルトン（John Milton）

イギリスの内戦状況の中で、ホッブズと異なる選択をし、信仰の自由と政教分離を説いた人物が、ジョン・ミルトンである。

Ⅰ　プロフィール

ジョン・ミルトン（1608-1674）はカルヴァンの死から四四年後の一六〇八年一一月九日に、ロンドンに生まれた。両親は信仰深い人たちであったので、ミルトンが聖職者になることを望んだ。彼はピューリタンの伝統が強かったケンブリッジ大学のクライスト・カレッジに入学し、一六二九年に卒業した。

彼は、一六四一年五月から一六四二年五月の一年の間に、国教会の「主教制度」を批判する五つの著作を書いた。彼は、主教たちの腐敗を批判すると同時に、世俗的な権力と結託した「主教制度」を批判し、教会は霊的なるものによって導かれるべきことを説いた。一六四二年に国王軍と議会軍の内戦が勃発していたが、ミルトンは、一六四四年に『アレオパジティカ』（*Areoppagitica*）を発表し、検閲条例の撤廃を求め、言論や出版の自由を擁護するに至った。

またミルトンは一九四九年二月に『国王と為政者の在任権』（*The Tenure of Kings and Magistrates*）を発表し、暴君を除去することは、国民の生まれながらの権利であると主張した。ミルトンは、一六四九年三月に共和国のラテン語書記となり、クロムウェル（1599-1658）を助けて国政に参加することになる。彼は一六五一年に『英国民のための第一弁護論』（*Defensio Pro populo Anglicano*）を刊行した。この書物は、チャールズ一世を弁護したサルマシウス（1588-1653）の『王政弁護論』の王権神授説に対抗し、暴君に対する抵抗権を説いた書物である。一六五二年にミルトンは失明したが、一六五九年に『教会問題における世俗権力』（*A Treatise of Civil Power in Ecclesiastical Causes*）を発表した。

一六六〇年王政復古が実現したが、ミルトンは、その二カ月前『自由共和国を確立する要諦』（*The Ready and Easy Way to Establisch a Free Commonwealth*）を出版し、王政復古に反対し、理想的な共和国政体論を発表した。また彼は一六六七年に最大の叙情詩『失楽園』（*Paradise Lost*）を刊行した。また一六七三年には、『真の宗教について』（*Of True Religion*）を書き、宗教の自由を訴えると同時に、「聖書が宗教における唯一の原理である」と説いた。彼は一六七四年に六五歳で死去したが、彼の死後『キリスト教教義論』（*De Doctorina Christiana*）が一五〇年経過した一八二五年に出版された。

以下、第一にミルトンの主教制度批判、第二にミルトンの理性概念、第三に寛容論や国家と教会の関係、第四に契約・信託・抵抗権について論じることにする。

Ⅱ　主教制度批判

第一にミルトンは、『イングランド宗教改革論』（*Of Reformation in England*）や『教会統治の理由』（*The Reason of Church Government*）において、イングラントの主教制度を「反キリスト」と断じ、暴政と隷従が支配していると攻撃した。ミルトンにとって理想的な教会は、J・ノックスの宗教改革によって樹立されたスコットランドの教会であって、そこにおいては正しい教義と「規律」が聖書に基づいて実現していた。それに対して、イングランドの「主教制」においては、規律は乱れ、腐敗と堕落が横行していた。ミルトンは、『教会統治の理由』第二巻において、「主教制度」に反対する三つの理由をあげている。第一に、主イエスが「人に仕えられるためではなく、仕えるために来られた」にもかかわらず、高位聖職者たちは、「華美な僧衣、貴族然とした生活、富、傲慢、かつ不遜」に身をやつし、福音の本質に逆らっていること、第二に、主教制度は、教義の純粋性と神への礼拝の重要性をないがしろにし、言い伝えと儀式を偏重し、肉の知恵と誇りと虚栄心に耽っていること、第三に、主教制度の司法権は宗教裁判所という形で具体化し、教会権力の肥大化をもたらしていることである。

そうしてできあがる権力は、野望に基づく目的を達成するために宗教を濫用し、宗教というネコをかぶり、あげくのはては過酷な弾圧をほしいままにする暴政を力づけ、人々の首根っこばかりか魂の奥深くまで、食い込むことになりましょう。（『教会統治の理由』、一二五頁）

ミルトンにとって、宗教権力は、「魂の奥深くまで食い込む」ので、政治権力より始末が悪かった。そして司法権を武器として行使する教会がもはや本来の教会ではなくなり、「霊的生命」を喪失したと考えた。

教会がこの世的な支持はいっさい受けずに、偉大なわざの結果として、人々の自発的な服従を勝ちうるならば、教会は神のみ力を現わすことになります。だが教会がこの世の権威の仮面をかぶって闊歩することによって、教会の持つ霊力を促進させ、この世の畏敬の念を勝ち得ようと考えるならば、神は教会にいたまわず、使徒的な力も教会を去り、教会そのものを凍死させてしまうでしょう。（『教会統治の理由』、一二五頁）

ミルトンは、「束縛と盲目状態」に縛られている聖職者たちを批判し、本来霊的な統治にあたるべき聖職者が世俗的権力を用いて、教会の専制的な統治を行っていると断罪し、「主教制度」を「反キリスト」と断罪したのである。

Ⅲ　選択の自由と正しき理性

ところでミルトンは、当初はカルヴィニズムの長老教会を支持していたが、しだいに議会における長老派議員が長老制度を国教化しようとする動きに対して批判的となり、国家と教会の分離を説き、宗教の自由を主張する独立派に加担するようになった。一六四三年に長老派が独立派の言論の自由を抑えるために、検閲なしに一切の出版を許可しないという出版法を可決したことは、彼の長老派に対する批判を決定的なものにした。以前ミルトンはジュネーヴに行き、そこに教会の「規律」が行き届いていることに感嘆した。しかしミルトンは、イングランドの長老派との対決を通して、世俗的権力や教会による「外的規律」の危険性に築くようになり、「選択の自由」を強調するようになった。ミルトンが政治権力に対して初めて個人の自由を強調するのが、長老派の出版物検閲令（1643）に反対して書いた『アレオパディチカ』であった。彼はこの書物の中で、言論の自由を主張し、「自由に生まれた人間が公衆に助言しなければならない。自由に語れることこそ真の自由である」とエウリピデスの言葉を引用している。また彼は同書で、アダムの堕落の責任を神に帰そうとする議論に対して、毅然として、「選択の自由」を擁護した。

> 多くの人は、神がアダムに罪を犯させたといって、神の摂理を批難する。愚かなことを言うものどもよ。神がアダムに理性を与えた時、神はアダムに選択の自由を与えた。なぜなら理性とは、選択の自由に他ならないからである。そうでなければ、アダムはたんなるあやつり人形であり、操り人形のアダムであったことになる。われわれ自身、強制ゆえになされた服従、愛、あるいは贈り物を評価しないのである。（『イギリス革命の理念』、二一六―二一七頁）

ミルトンは、『失楽園』においても「選択の自由」を強調したが、「選択の自由」こそ、人間の尊厳のあかしなのである。強制された善はもはや善ではなく、悪である。ここにミルトンのカルヴィニズムに対する批判の骨子があった。最も強い強制に反対する表現は、「自由共和国を確立する要諦」（『イギリス革命の理念』所収）の中に認められる。

> 真理を信じていて異端ということもありうる。自分の牧師がそういったからだとか、宗教会議がそう決めたからというだけで、他の理由も弁えないでものごとを信じるならば、たとえその信仰が真理であっても、彼の信じるその真理そのものが異端となる。（『イギリス革命の理念』、二二九頁）

ミルトンの理性は「選択の自由」を意味するものであったが、同時に「正しき理性」であり、善や真理に向けられたものであった。「正しき理性」とは、ミルトンが「神の声」と言い換えているように、自然的理性というよりは、聖霊によって啓発され動かされた理性であった。新井明氏は、『ミルトンの世界』の中で、「正しき理性は、神との契約関係に立つものにとっては、まさに神の似姿であり、神の言葉に拠る自立性の基盤になっていることは明らかである」と述べている。ミルトンは、『失楽園』の中で天使ミカエルがアダムに呼びかけるシーンを描いている。

> お前に同時に知っておいてもらいたいことは、お前が最初の罪を犯してから、真の自由が失われてしまったこと、そしてその自由は、正しい理性と常に絡み合って存在し、理性を離れて別個に存在するものではない、ということだ。人間の場合、理性が曇ったり、理性の権威が失墜したりすると、異常な欲望と増長した情熱がすぐさま理性からその統治権を奪い、それまで自由であった人間を奴隷の境遇に陥れてしまう。（『失楽園』、12-83-89、傍点引用者）

ミルトンは、「選択の自由」を尊重したものの、それは、無制限の自由ではなく、神のみことばに刻印された「正しき理性」の行使であった。

Ⅳ　国家と教会

ルターやカルヴァンは、人間を「内なる人」と「外なる人」に分け、それに対応して宗教と政治、教会と国家を分離した。しかし後期ルター、そしてカルヴァンにおいては、正しい教義の保持と、異端の弾圧のため、宗教と政治、国家と教会が協力すべきことが主張された。したがって純粋に宗教的事柄においても、政治権力が介入することが容認されたのである。ミルトンもルターやカルヴァンと同じ区別から出発する。しかし彼は、宗教的・霊的な事柄に世俗的権力が介入してくることを断固として拒否した。

人間は、「内なる人」と「外なる人」という二つの部分からなりますので、永遠の摂理なる神は、彼のために教会と為政者という二種類の治癒機関を設けられました。為政者はその外的部分のみに関与するのであります。為政者の一般的目標は、コモンウェルスの外面的な平和と安定であり、この世における市民としての幸福です。……神は「内なる人」の健康を継続させるという、このもう一つの役割を、彼の霊的な代理人、つまりそれぞれの集まりの教職者に委ねたのであります。(『教会統治の理由』、一二九―一三一頁)

教職者は、「内なる人」を牧会や「教会規律」によって、またある場合には、譴責や除名といった手段によって神との正しい関係に導くが、決して投獄や処刑、追放、財産没収という方法で世俗的権力を行使することはできない。政教分離ないし国家と教会の分離についてのミルトンの考えは、すでに彼が長老教会を支持していた時にも表明されていたが、彼が独立派に転向した後に、いっそうはっきりした形で具体化されるに至った。ここでは、一六五九年の「教会問題における政治権力について」に依拠して、ミルトンの政治と宗教との関係をホッブズの国教会に対する態度と比較して考察してみよう。

ミルトンにとって、プロテスタントの根幹は、各人が「聖霊」の啓発によって聖書を解釈することにあるので、教皇であれ、国家の主権者であれ、聖書の解釈権は持ちえないものとされた。彼は、特に為政者が宗教の問題にも介入してくることを批判して、「為政者ないし彼の権力が宗教の決定に関与する余地はまったく残されていない。彼は、私たちが聖なる事柄において何を信じ、何を実践するかを命令することはできない」と述べている。

したがって、ホッブズが主権者の権限であるとみなした聖書解釈、聖職者任命、儀式の形態などの決定は、信者個人、ないし教会に委ねられるべきものであった。ところでミルトンは、様々な宗派に対する寛容を主張したが、カトリックと偶像崇拝だけはその例外とした。ミルトンはカトリックを「聖書に反する異端」と呼び、キリスト者の自由や良心を踏みにじるものと考えると同時に、カトリックの政治的意図を警戒した。彼は、王政復古後の教皇制の復活の危険性を憂慮して書いた『真の宗教について』の中で以下のように述べている。

> 教皇は、……王国や国家に対する権利を主張し、イギリス人を彼らの国王への忠誠義務から解除し、時々国民に神を公的に礼拝することを禁じ、……この貧しいイギリスの国の富の大部分を教皇庁とその高位聖職者を維持するために持ち運ぶことを常にしている。(*Of true religion*, p.429)

つまりカトリックは、プロテスタントの国イングランドを再び教皇の軛の下に置こうと虎視眈々と狙っていると、ミルトンは考えたのである。しかし、ミルトンにとってカトリックを寛容しない主要な理由は、それが政治的に危険であるだけではなく、それが明白に聖書に反する異端であることにあった。私たちは、『真の宗教』のフルタイトルが『真の宗教、異端、分派、寛容について』であることを忘れてはならない。ルター派、カルヴァン派、再洗礼派、ソッツィーニ派、アルミニウス派などにも間違いがあるが、彼らが基本的に神の言葉と聖書に従っている限りにおいて、異端ではないのに対して、カトリックは聖書に明白に逆らう「唯一かつ最大の異端」であり、また偶像崇拝は「異端」ないし「不敬」であるので、取り締まりの対象となる。

こうしたミルトンの発言から理解できることは、彼が聖書を否定する異端には寛容ではありえなかったことである。ミルトンは、政教分離を説きつつも、政治が宗教に対して無関心であることを奨励したわけではなく、国家が常に「キリスト教国家」の維持のために見張り、かつ育成することを主張した。この意味においてミルトンの国家は、完全に中立的な世俗国家ではなかった。とはいえ、彼の信仰の自由や政教分離の主張は、当時のイギリスにおいては、画期的な意味を有していたのである。

V　契約・信託・抵抗権

ミルトンの『国王と為政者の在任権』においては、次にロックにおいて述べると同様、「自然状態論」、「契約論」、「信託論」そして「抵抗権」が展開されている。

ミルトンもまた同時代人ホッブズと同様、「自然状態」を想定して、そこから政治社会を導き出した。しかしミルトンにおける「自然状態」は、ホッブズの「万人の万人に対する闘争」という「自然状態」ではなく、まさに神によって創造された世界であった。彼は自然状態の人間について、「すべての人間は、神の似姿であり、生まれながら自由であり、すべての被造物の上に立つ特権により、堕落するためではなく、命令するために生まれてきた」と述べている。ここでは、人間は誰にも従属することなく、自由でありながら、神の秩序の中に位置づけられていた。しかしアダムとエバの堕落により、人類に罪が入り、「自然状態」が汚された結果として、政治社会の創設が不可避となった。ミルトンによればこの移行は、二段階にわたって行われることになる。彼は、第一段階の移行について、「アダムの堕落を原因として、人間は自分たちの間で悪事、暴力を行うまでに堕落した結果、かかる悪の道は、自分たちすべての破滅に至ることを予見し、相互の侵害を互いに規制するため、「盟約」(agreement) を結び、この「盟約」を破ったり、反対するものに対して互いに守るよう同意したのである。こうして都市、町、国家が生まれた」のである。この第一段階は、自然状態から「共同の盟約団体」に移行する段階であるが、それでは不十分であるとして、特定の権威を樹立する第二段階に進むことになる。ここでは君主や行政長官に共同社会の権力を信託する段階である。彼らは、「自分を選んだ人々の上に立つ主人ではなく、「自然および信約のきずな」(the bond of nature and covenant) によって、他のすべての民衆が相互に遂行しなければならない正義を、「信託された権力」(intrusted power) によって実施する「代理人」(deputy)

であり、「委託された者」(commissioners) である。

ここで重要なのは、権力を「信託」するのであり、放棄ないし譲渡するわけではないことである。ミルトンは、「信託理論」を採用している点において、ロックの先駆者である。「信託理論」において重要なことは、権力があくまでも特定の目的にために「委託」されているのであって、君主ないし行政長官が「信託」に違反した行動をとる際には、彼らは解任され、権力は共同社会に戻ることになる。

したがってミルトンは、ド・ベーズに倣って、暴君に対する抵抗権を擁護した。チャールズ一世は、一六四九年一月三〇日に処刑された。四カ月後、フランスの学者サルマシウス (1588-1653) は、ラテン語で『チャールズ一世弁護論』を出版し、「王権神授説」の立場から「国王はそもそも神の承認を受けて統治の首位権をもっている。それゆえ国民は、これに服従する義務がある」と述べ、国王を処刑した革命政府を反逆者ときめつけた。これに対してミルトンは、一六五一年二月に『第一弁護論』を出版し、革命政府を擁護し、「国王といえども、それが暴君であれば、国民に服従の義務はない。暴君を廃位するのは、自由人としての国民に固有の権利である。それは篤信の行為であるどころか、神により承認された行為である」と反論した。ミルトンは、「チャールズ一世弁護論」を、「全世界の自由を破滅させる暴政擁護論」であると規定し、サルマシウスを「骨の髄まで奴隷根性のしみこんだ者」と批判した。ミルトンはイングランド国民を「自由な」国民と呼び、サルマシウスの陣営を「奴隷」と呼び、自由と奴隷の対照を明らかにしたのである。

〔参考文献〕

・J・ミルトン『イングランド宗教改革論』(原田純・新井明・田中浩訳、未來社、1975)
・――――『イギリス革命の理念――ミルトン論文集』(原田純編訳、小学館、1976)。ここには、「離婚の教理と規律」、「教育論」、「アレオパジチカ」、「為政者在任論」、「自由共和国建設論」が含まれている。
・――――『失楽園』(上・下)(平井正穂訳、岩波文庫、1981)
・――――『教会統治の理由』(新井明・田中浩訳、未來社、1986)

・――――『イングランド国民のための第一弁護論および第二弁護論』（新井明・野呂有子訳、聖学院大学出版会、2003）
・John Milton "Of True Religion", in *Complete Prose Works of John Milton*, volume VIII, 1662-1682.
・荒井明『ミルトンの世界』（研究社出版、1980）
・永岡薫・今関編『イギリス革命におけるミルトンとバニヤン』（御茶の水書房、1991）

第四節　ロック（John Locke）

I　プロフィール

ジョン・ロック（1632-1704）は一六三二年にイングランド南西部のサマセット州のリントンに生まれた。父は熱心なピューリタンで、ロックもその影響を受けていた。彼は、一六五六年にオックスフォードのクライスト・カレッジを卒業した。一六六〇年の王政復古の後に、チャールズ二世は「クラレンドン法典」を制定して、非国教徒から信教の自由を奪い、弾圧したが、ロックはこれに反対であり、一六六七年に「宗教的寛容論」（*Essay Concerning Toleration*）を執筆し、信教の自由を認める主張を行った。一六八八年の名誉革命以降のロックの執筆活動は目覚ましいものがあり、一六八九年に「寛容論」（*Letter Concerning Toleration*）、一六九〇年に『統治二論』（*Two Treatises of Government*）、『人間知性論』（*Essay Concerning Human Understanding*）を出版し、一六九五年には、『キリスト教の合理性』（*Reasonableness of Christianity*）を発表した。また死後出版されたものとして、『パウロ書簡の注解』（*A Paraphrase and Notes on the Epistle of St. Paul*、以下 *Epistle* と略する）がある。本書は、新約聖書のガラテヤ書、第一と第二コリント書、ローマ書、そしてエペソ書についてのロックの注釈書である。彼は一七〇四年にロンドンから二〇マイル離れた保養地オーツで死去した。ロックの墓の碑文には、「旅人よ、足をとめよ。この地に近く、ジョン・ロック眠る。彼がどういう人物であったかと問われるなら、つつましい運命に満足していた人だと答えよう。学者として育てられ、ただ真理の追求に研究をささげた人である。このことは、彼の著作から知られるであろう」と記されている。

II　ロックの哲学――『人間知性論』

人間知性論の内容に触れる前に、彼の重要なキー概念を理解する必要がある。知性（understanding）は、感性的感覚と理性的な思惟を同時に含む知的機能を意味する。「理性」（reason）は推理能力。「真知」（knowledge）は確実な知識。生得観念（innate idea）は生まれる前から人間の心に刻印されている観念・感覚（sensation）は、外的対象が感官に印銘される過程。信念（belief）、臆見（opinion）、確信（assurance）は蓋然的知識に関する表現である。

生得概念の否定

ロックはイギリス経験主義の先駆者と呼ばれる。それは、彼が「生得観念」を否定し、認識を感覚と理性によって構成したからである。デカルトの「方法論的懐疑主義」でさえも、神の観念を生得観念として残していたことから考えると、大きな認識論上の進歩である。また彼は、プラトンが魂の不死を証明するのに説いた記憶の先在説も否定した（『人間知性論』、I-4-21）。人間は生まれたとき、まったくの「白紙」（タブラ・ラサ）であるので、すべての知識は経験に由来する。しかし、彼の経験主義は、外界の感覚のみならず、「心が自己の内部それ自身を反省する」という内省と不可分であり、感覚＋内省がロックの知性（understanding）である。また、かれの「知性」は、神や道徳律の認識にも開かれていた。彼は、「人々の知識はおよそ在るもののすべてをあまねくもしくは完全に了解するのに、どれほど足りなくても、しかも人々は、おのが創造者を知り、自分自身の義務を見るようには十分になれる灯火を持っている」（同、I-1-5）と述べている。したがって、彼の経験主義を狭く取り、彼が神や魂の不死を否定した、あるいは証明できないものとして、理性的認識から追放したというなら、それは間違いである。というのも、彼の「生得観念」の否定は、「生得観念」が理性の光によって吟味されえない迷信、熱狂、偏見の温床となっていたからであり、ロックには「生得観念」を否定することによって、真の信仰を守る意図があった。

信仰と理性

ロックは、第四章第一六章の「同意の程度について」において、啓示と信仰の関係について、「啓示という特別の名前で呼ばれ、これに対する私たちの同意は、信仰と呼ばれ」、信仰は、同意と確信の定まった確かな原理であり、疑惑あるいは躊躇の余地をどんな風にも残さない」と述べている。しかし、「神的啓示でないものに、信仰と確信を持てば、私たちは狂信のあらゆる常軌を逸することと正しくない原理のあらゆる誤りとに曝される」（同、IV-16-14）のである。

それでは、信仰と狂信を区別するものは一体何だろうか。何がこの区別の基準たりうるだろうか。この点に関してロックは、「理性に従う事物」（according to reason）と、「理性に反対する事物」（contrary to reason）、そして理性の上にある事物」（above reason）の三つに分けて説明している（同、IV-17-297）。理性に反するものが「迷信」であり、理性の上にあるものが「信仰」ないし「啓示」である。ロックは、具体的事例として、「理性に反するもの」として「多神論」、理性に従っているものとして一神論、そして理性をこえるものを「死者の復活」としている。そして「信仰と理性ならびにその別個な領域について」（同、IV-18）で、ロックは信仰と理性の正しい関係をとり扱っている。

ロックは「理性」を「感覚あるいは内省から得た観念から行う演繹によって到達する真理の絶対的確実性ないし蓋然性」と定義している。これに対して「信仰」は、理性の演繹によってではなく、啓示によって示される。問題は、ロックにおいては、それが神的啓示であるかそうでないかは、理性が判断するという点である。

> およそ神の啓示してしまわれたものはなんであれ、絶対確実に真であり、これに疑いをいれることはできない。これは、信仰本来の対象である。これが神的啓示であるか、そうでないかは、理性が判断しなければならない。（同、IV-18-10）

これは、啓示と称して、そこに迷信をすべりこませてくることから、理性が信仰を守ることであり、啓示や信仰の上位に理性を置いているわけではない。

ロックは、「非合理なるがゆえに我信じる」というテルトリアヌス（160-220）の言葉を痛烈に批判している。ロックは「理性」を「自然の啓示」と呼んでいる。「理性」を捨てれば、人は「狂信」に陥っていく。彼は、「狂信」について、「狂信は、理性をわきにおいて、理性なしに啓示を」たてるものであり、「実際は理性も信仰も捨て去って、それらの代わりに、人間自身の頭脳の根拠のない空想を代用する」（同、IV-9-318）と批判している。従って、彼は信仰のゆえに理性を捨てる者に対して警告し、「啓示に道を開くために理性を捨て去る者は、理性の光明も啓示の光明もともに取り去るのである」（同、IV-19-318）と結論づけている。彼にとって啓示の内容の信憑性を裏づけるものは、聖書であった。

彼は、『キリスト教の合理性』においても、人々が理性を働かせず、狂信や迷信におちいっていくことを強く批判した。その背後にロックは、聖職者の陰謀を見た。「牧師たちは、どこにおいても、自分たちの帝国を維持せんとして、宗教に関係ある事柄には、いかなる事柄からも、理性を排除したのである」（『合理性』、一八七頁）。

このようにロックは、後のカントやルソーのような啓蒙主義者と異なり、啓示宗教、聖書信仰を保持していたが、迷信や狂信、それを利用しての聖職者支配に対しては、啓蒙主義に勝るとも劣らない憤激を示したのである。

自由と放縦

ロックにとって、キリスト教の信仰は、人を真に「自由」にするものであった。ロックは、『市民政府論』の中で再三再四「自由」と「放縦」を区別しているが、人間はともすると欲望の奴隷となり、真の内的自由を喪失してしまう。人はいかにしたらそのような欲望や衝動から自由になれるか、この答えが、『人間知性論』の第二一章「力について」（power）にある。

ロックはここで、「自由は意志に属さない」と言い、「自由」と「意志」を区別している。ロックにとって「自由意志」は存在しない。この意味において、ロックは「自由意志」を否定するアウグスティヌス－ルターの延長線上に立っている。ロックにおいては、意志は意志以外のあるものによって決定されている。そのあるものとは、人間が置かれている「落ち着きなさ」＝不安（uneasiness）つまり欲望なのである。

意志を決定するものは、一般に想定されているように、眺められた大きい方の善ではなくて、人間が現在置かれているある「落ち着きなさ」なのである。この「落ち着きなさ」は、実際呼ばれているように「欲望」と呼ばれてよい。「欲望」とは、現在ない善の欠けているための「落ち着きなさ」である。（同、II-21-31）

心の「落ち着きなさ」や「欲望」は一種の力であり、それは「受動的な力」（passive power）である。この「受動的な力」に従う時、人間は自由ではなく、「放縦」となり、欲望の奴隷となる。したがって、その欲望に従うのではなく、一旦その欲望を停止し、様々な欲望を比較考慮し、最善の欲望を選択する必要がある。そこにこそ真の自由が存在する。

心は大部分の場合、経験上明白なように、欲望のうちどれか一つを果たし満たすことを停止する力を持ち、ひいては、全部の欲望について順々に停止する力を有している。そこで、心は自由にそれら欲望の対象を考察し、あらゆる面にわたって検討し、相互に比較考慮するのである。ここに人間のもつ自由がある。（同、II-21-47）

こうした欲望の停止は、「有限な英知ある存在」の大いなる特権であり、「次々に起こる欲望の一つ一つを停止し、熟慮し、一つ一つの欲望の満足が真の幸福の妨げとなって、私たちを真の幸福から逸らすことがないかどうかを詳しく調べる」（同、II-21-52）ことを可能にする。ロックにとって、その時々の欲望に決定されることは、「不幸と隷従」であり、欲望を停止し、選択と判断力によって善へ向かうことは、「自由の減少や拘束」ではなく、「自由の目的とその行使」であり、神が人間に自由を与えた目的、すなわち「無限の完成と幸福」に叶うものであった。太田可夫氏は、『ロック道徳哲学の形成――力について』において、ロックの自由論における「欲望停止の力」の重要性について、次のように述べている。

ロックの自由は吟味し、熟慮する自由ではなく、吟味し、熟慮するために、意志を強力に限定しようとする欲望を、一時停止する自由を意味していた。熟慮することは、一般的な思想である。しかし、熟慮する前に、そのために「欲望を停止すること」は、彼の独特の思想である。「欲望の停止」そのものも一般的な思想といえるかもしれない。しかし、停止しなければならないほど、強力に意志を限定する欲望を理論的に肯定する彼の理論は、明白に他の哲学者を抜いた彼独特の思想である。（太田・田中、一四七―一四八頁）

ロックにとって「欲望を停止する力」が「自由」であり、この力は「能動的力」かつ内発的な力である。それではこの力とは一体何であろうか？　主知主義的な見解によれば、欲望を抑制するのは理性である。理性によって欲望を制御することは、古代から近代における合理主義的人間の特徴であった。しかしキリスト教徒であるロックにとって、理性は様々な欲望を比較考慮し、選択する力は持っているが、「欲望を停止する力」を有してはいなかった。彼は、基本的にルターの見解を受け継ぎ、理性さえも欲望の前には弱い存在であると考えた。とするならば、欲望を停止する「能動的な力」とは一体何なのか。それは、ルターに従えば、「聖霊」（spirit）の力である。人間の心の中において働く「内発的な力」が「聖霊」の力である。永岡薫氏は、『人間知性論』で展開されている自由論が、「リベルタンや自由意志論の自由ではなくして、究極においてはキリスト教的なスピリチュアル・パワーと深くかかわった自由論であるように思われる」と述べ、『デモクラシーの細い道』の中で、この能動的な力について次のように述べている。

ロックの経験論的思惟に深いくさびを打ち込んでいるものは、彼の内面的な心に深く刻まれていたキリスト教的な福音における『力』の観念であって、決して物理学的な力についての考えではなかったであろう。……それゆえ、人間のうちに働くその福音的な「力」を、ロックが「能動的力」の観念の源泉である「スピリット」と表示したのではないだろうか。福音的な力は他の力と違って人間を強制せず、個々人の内面的自発性と「スピリット」の自由に促された究極なる者への自発的応答だけを要求するものだからである。(永岡、二四五―二四六頁)

欲望を一時的に停止する「能動的力」と「聖霊」との関係を知るために、ガラテヤ書第五章第一六―一七節についてのロックの『パウロ書簡の注解』を見ておく必要がある。この聖書の箇所には、「私は命じる。御霊によって歩みなさい。そうすれば決して肉の欲を満たすことはない。なぜなら肉の欲するところは御霊に反し、また御霊の欲するところは肉に反するからである。こうして二つのものは、互いに相逆らい、その結果あなたがたは、自分でしようと思うことを、することができないようになる」とある。ロックは、これに注釈を施して、悪しき人間の欲望、傾向、習慣によって理性=自然の光が影響を受けるので、「御霊の助け」によって新たにされる必要性を説いている(*Epistle*, p.153)。この点に関して、ロックのパウロ書簡注解を編集したW・ウェインライトは、「御霊の働きは、心と内的な人格を新たにすること」と述べている。

すでにロックは、『キリスト教の合理性』において、「私たちが何を、どのようになすべきかについて助ける神の御霊をイエスが与えるであろう」(『キリスト教の合理性』、二〇七頁)と述べていたが、人間を「欲望」という受動的な力から解放し、自由にすることができるのは、「聖霊」という内発的で能動的力であった。

Ⅲ　ロックの宗教論

『キリスト教の合理性』は、英語では、reasonableness of christianity である。実は、Reasonableness を「合理性」と訳することは、キリスト教を合理主義の枠の中に制約するというイメージを与え、誤解を招きやすい、ロックの『キリスト教の合理性』は、啓示宗教を認める点において、カントの「単なる理性の限界内における宗教」と決定的に異なっている。

ロックは、新約聖書、特に福音書を引用しながら、聖書のメッセージの意味を確定している。後のロックの『パウロ書簡の注解』と同様に、哲学の視点からではなく、聖書解釈を通して、宗教や信仰に接近するのである。彼は自然的理性によって神の存在を証明することができると考えたが、それ以上にロックには、聖書が啓示の書、つまり霊感された神のことばであるという確信があった。ロックは聖書について、「現在、そしてこれからもずっと、私の信念の不変の導き手は聖書である。無謬な真理を含み、最高の関心事について語っているこの聖書に、私はいつも耳を傾けるであろう」と述べている（*Epistles*, p. 29, 邦訳、八九頁）。

『キリスト教の合理性』の特徴は、「人間は行いによって義とされるのではなく、信仰によって義とされる」という宗教改革の教えを基本的に継承していることである。ロックは、キリストの贖罪の必要性を否定し、「イエス・キリストを純粋自然宗教の復活者、説教者にすぎぬと考え」ることは、新約聖書の全趣旨を損なうと批判した（『合理性』、九頁）。人は、自分のなした行為にたいして贖罪を必要とする。したがって、「人々は福音を聞き、イエスがキリストであることを信じ、心からその掟に従う」ことが重要であった（同、一六六頁）。ロックは、ルターの恩寵による罪の赦し、信仰によって義とされるという教えを継承しているが、ルター以上に道徳的要素を強調している。そこには、信仰は必ず善い行いを生み出すものであって、信仰と行い、そしてキリストに従うこととは分離できないという彼の確信があった。彼は、「キリストの掟に故意に従わないことを固執する人々がいかほどキリストを信じようとも、キリストの国に受け入れられて、永遠の至福を受けるとは、どこにも約束されていないのである」（同、一六九頁）と述べている。

ロックは、イエス・キリストのなした奇跡の意義を強調し、「イエスがおこなった奇跡」は、神の摂理と叡智によって定められたものであって、いかなるキリスト教の敵、あるいは反対者も拒否したことがなく、また拒否することができなかった」（同、一八六頁）と述べている。

また彼は自然宗教や自然的理性が道徳に対して持つ意義について、「神の援助を受けていない人間理性が、道徳という重大で、人間理性にふさわしい仕事において、人間の役にたたなかったことは明らかである」と述べ、哲学者の自然法の全体系ではなく、霊感を受けた聖書こそが、道徳にとって重要であると主張している（同、一九三頁）。

啓示により発見された真理を理性もまたそれを承認するというのが、ロックが考えた啓示と理性の関係であり、そこに矛盾の契機は存在しなかった。道徳の一切の義務は、霊感を受けた聖書に明確に述べられている。また逆に、自然宗教や道徳の原理を示す理性の光を、啓示は否定できない（同、二二七頁）。啓示は、理性を超えるものであるが、反理性的なものではない。しかし、啓示と理性が背反する可能性は全くないのだろうか。この点に関して、ロックは死後に発表された『パウロ書簡の注解』において理性に対する啓示の圧倒的優越性を示している。彼は、福音は人間の理性や哲学によるものではなく、ただ啓示によるものと主張した。信仰ないし啓示と理性の関係におけるロックの理解の変遷について、A・W・ウェインライトは以下のように述べている。

ロックは『統治二論』において、王権神授説を啓示に基礎づけようとするフィルマーの念入りな試みを受け入れなかった。自分の統治論を構想するにあたって、ロックは理性の発見を助けるためだけに啓示を用いた。『人間知性論』においては両者間の均衡が保たれるように努力をした。啓示の真理は理性を越えるものであるが、しかしそれは理性の吟味の対象である。『人間知性論』よりもむしろ『キリスト教の合理性』において、理性の限界が認められるのである。……『パウロ書簡注解』はこれよりも前進する。その理性と啓蒙と人間の発見との限界についての強い主張は、ロックの態度における重要な変化の極みを示している。（*Epistles*, p.31、邦訳九四頁）

Ⅳ　ロックの政治思想

（1）フィルマー族長論批判

ロックの『統治論第一』は、ロバート・フィルマー（1588-1653）の『族長論』（*Patriacha*, 1680）に対する批判の書である。フィルマーは、旧約聖書に依拠して、家父長の相続権の延長線上に王権の絶対性を基礎づけた。いわゆる「王権神授説」である。

アリストテレスは、ポリスにおける権力構造とオイコス（家）における権力構造を区別して、前者を「政治家的支配」（自由と平等に基づく支配）、後者を「主人的支配」と定義したのに対して、フィルマーは、オイコスの権力構造をそのまま統治体制に適用した。

ロックは、フィルマーの所説を要約して、「すべての統治は、絶対的であること、いかなる人間も自由には生まれついていないこと」と述べている。彼がフィルマーを批判する基準は、それが理性と聖書に反するというものであった。

あたかも神の権威がわれわれを他者の無制限の意思に従属させるかのように神授権（divine right）が喧伝されるにもかかわらず、私の見る限り、聖書あるいは理性が、そうしたことをどこにおいても告知していないことは、確実であるからである。（『統治二論』、加藤訳、I-4、三〇頁）

フィルマーは旧約聖書を駆使して、神がアダムに与えた絶対的な家父長権が、族長たちを通して、現在の君主たちにもたらされたと論じる。フィルマーによれば、父の権威は、「神から授与された普遍の主権」であって、父あるいは君主は、それによって、その子供あるいは臣民の生命、自由及び資産の上に、絶対的で、恣意的で、制約不可能な権力を揮う。（『統治二論』、加藤訳、II-9、四二頁）

これに対してロックは、そもそもアダムが人類に対する主権的支配権を有していたことを聖書に依拠して否認し、たとえ有していたとしても、彼の後継者に継承された根拠はないと、反論している。注目すべきは、ロックが、彼の聖書解釈によって、フィルマーの所説を全面的に批判していることである。

（2）『市民政府論』――自然状態、社会契約、自然法、自然権、信託、抵抗権

ロックは、『フィルマーの族長論批判』で、王権神授説を批判した。フィルマーは、「人間は、自由なものとして生まれていない。したがって為政者や統治形態を選ぶ自由を持ちえない。君主は神聖なる権利によって絶対的権力を持っている。というのも奴隷は、契約や同意に対する権利をもちえないからである」と述べている。ロックは、こうした人民に対する抑圧と奴隷化を正当化するフィルマーに対して、『市民政府論――市民政府の真の起源、範囲、及び目的について』で、自由主義思想のバイブルとなる政治思想を展開した。

ホッブズと同様ロックも「自然状態」を設定し、そこから政治権力の正当性を立証しようと試みた。ホッブズと異なっているのは、この自然状態においては、「自然法」が存在し、自然法に従って生きることが要請されているので、自然状態は、比較的平和的な状態であった。「自然法」は「理性の法」であり、「生命、自由、財産」という自然権の保障を命じる。しかし、自然状態には、何が自然法であるかの解釈も各人に委ねられ、過度の自然権の追求により、他者の自然権の侵害の可能性が生じる。自然状態においては、裁判官もなければ、成文法もなく、国家権力も存在しないので、権利侵害に対する処罰も行われないこととなり、対立や不和が発生してくる可能性が高い。「自然状態」が「戦争状態」に転化する危険性が存在するのである。

したがって、各人は自らの生命、自由、財産を守るために、相互に「契約」(contract)を結び、「共同社会」(community)を形成し、その後、共同社会の権力を為政者に「信託」(trust)するのである。為政者である国王や議会、ないし立法府や行政府は、信託に従って、個人の自由、生命、財産を守るためにのみ、その権力を行使することが義務づけられる。もし為政者が信託に反して権力を濫用した場合には、国民には「抵抗権」が発生し、政府を転覆し、別の為政者や政府を擁立することが可能である。

法が犯され、その結果、他人に害が及べば、法の終わる所に常に「専制」が始まる。そして権威を持つ者が、法によって与えられた権力を越え、自分の自由になる力を利用して、法の容認しないことを臣民の上に押し付けるようなことをすれば、それがたとえ誰であろうと、そのことによって彼は為政者である資格を失い、権威なしに行動し

た結果として、臣民の抵抗を受けて当然であろう。(『統治論』、宮川訳、XVIII-202、三一九―三二〇頁)

ロックの『市民政府論』は、自由主義思想のバイブルと呼ばれている。そこでは、個人の自由が政治社会の礎石となり、様々な政治制度が、自由を守るために考案されている。そこには、人権の不可侵性、法の支配、権力分立の制度が、提唱されているのである。

ロックは、「権力分立」の基本的考えを次のように述べている。

法をつくる権力を握っている同一人物が、同時にその法を執行する権力までもその手に握るということは、とかく権力を握りたがる人間の弱さにとってきわめて大きな誘惑であろう。この場合彼らは、自分たちがつくった法に服従すべき義務から自分たちは逃れたり、また法をつくる時にも執行する時にも、それが彼らの個人的な利益に合うようにし、こうして共同社会の他の人々とは別個の、社会と統治の目的に反するような利害を持つようになる。(同、XI-143、二八四頁)

「権力は腐敗する。絶対的権力は絶対的に腐敗する」というイギリスの自由主義者ジョン・アクトン卿(1834-1902)の考えは、ロックの政治的思考においても共通している。ロックは、「議会における国王」という伝統的なイングランドの国家体制を念頭に置いて、立法権を国王、上院、下院が共同で行使して、行政権を国王が行使するものとした。注目すべきことは、ロックが権力の「抑制と均衡」を説きながらも、立法権を「最高権力」(supreme power)とみなし、特に行政権に対する立法権の優越を主張していることである。そこには、過去において国王が議会を無視したり、解散したりした歴史に対する批判が込められているのである。

ロックは、ホッブズと異なり、「自由」と「放縦」の違いを力説した。「自由」とはあくまでも「法の範囲内における自由」なので、自然法や実定法を侵害する自由は認められない。個人は、理性や聖書で示される「自然法」に制約され、自然法を遵守することによって、道徳的自由を達成していく。ロックの自由概念には、強制の欠如という意味での「消極的自由」のみならず、道徳律を自発的に遵守するという意味での「道徳的自由」、そして、政治社会の設立と維持に参加するという意味での「政治的自由」という三層構造が見られる。

V　ロックの「寛容論」

ロックの市民政府論、そして寛容論は、ともに国家が個人の生命、自由、財産の保持のために存在するのであって、国家権力がそれらに介入してはならないという基本的な考え方に立脚している。ガフは、ロックの寛容論の意義について、「ロックの政治理論が、立憲的自由の主張を促進させたように、「自由な国家における自由な教会」（Gough, xliv）という近代的な考えは、ロックの寛容についての議論に遡ることができる」と述べている。ところでロックは、寛容に関する書簡を全部で四通書いたが、ここでは、一六八六年にオランダ亡命中にラテン語で書かれ、一六八九年に匿名で出版された「寛容に関する書簡」を検討することにする。これは、オランダの友人リンボルクに宛てて書かれた書簡である。他の寛容論には、ロックの寛容論を攻撃した国教会右派の神学者ジョナス・プローストに対する反批判である『第二寛容書簡』（1690）、『第三寛容書簡』（1692）そして絶筆となった『第四寛容書簡』（1704）がある。

国家の役割と限界

チャールズ二世は、非国教徒の宗教的実践を制限するクラレンドン法典を制定した。すでに述べた様にそれは、「地方自治体法」（1661）、「統一法」（1662）、「秘密集会法」（1664）、「五マイル法」（1665）から構成されていた。ロックは、王政復古後、国家と教会が一体化し、信教の自由を認めない体制を批判の俎上にのせた。彼はまず国家と教会の区別を明らかにし、それぞれに固有な任務を示すことによって、「国家の教会化」ないし「教会の国家化」を回避し、信教の自由を守ろうとしたのである。彼はこの点に関して、次のように述べている。

私はなによりも政治の問題と宗教の問題を区別し、その両者の間に、正しい境界線を設けることが必要であると思うのです。これをしなければ、一方で人間の魂のことに関心を持つ人々と、他方で国家に関心を抱いている人々、少なくともそういうふうに言っている人々相互の間に絶えず起こってくる争いに決着をつけることはできないでしょう。(『寛容についての書簡』、三五三頁)

まずロックにとって、国家(commonwealth)は、「人々が自分の社会的利益を確保し、護持し、促進するためだけに創った社会」であり、社会的利益とは、「生命、自由、財産」を意味する。為政者は法を侵して、他人の生命、自由、財産を脅かす者に対しては、刑罰を以って臨むのである。しかし為政者の権力は、個人の内面、魂の中まで入ってくることはできない。それはあくまでも、個人の外面の行動に関係するものである。したがって国家が、信教の自由を奪うことは、国家が個人の魂の中に介入することを意味する。彼は、「魂への配慮は、いかなる他人にもゆだねられない。自分がどのような信仰ないし宗教をもつかの決定権を放棄することはできない」と述べている。というのも、「真の宗教のいのちと力のすべては、心のうちに完全に納得することにあるからである」。神であれ、人間であれ、その意志に反して救うことはできない。国家権力の強制によって改宗を迫ることは、信仰の本質に反することである。刑罰は、心底からの信仰告白と魂の救いをもたらしえないのである。

ここで注意すべきことは、ロックにおいては、国家は単に「信じる」という内面的な信教の自由のみを保障するのではなく、信仰箇条、礼拝様式や聖書解釈の自由、福音伝道の自由、さらには教会形成の自由をも保障するという点である。したがって、国家は、内面の領域のみならず、宗教的な「実践」の領域においても干渉することは許されない。

教会の役割と限界

ロックにとって教会とは、「人々の自発的な集まりであり、人々が神に受け入れられ、彼らの救済に役立つと考えた仕方で、神を公に礼拝するために自発的に結びついたものである」。その意味において教会は、「自由で自発的な結社」

(free voluntary society) であり、人は生まれながらにして教会の一員になることはできず、自己の選択と決定によって特定の教会に属するのである。トレルチの用語を用いれば、Kirche ではなく、Sekte（ゼクテ）であった。ここでロックは明らかに「国教会」を批判し、「独立派」の立場を擁護しているように思われる。それは彼が、「使徒承継」を批判し、教会の条件を、「二人、三人わが名によりて集まる所に私もいる」という聖書の箇所に求めていることからも明らかである。したがって教会は国家から自由であり、国家から分離されるべきという「政教分離」の考えが生じる。

国家は教会になんら新しい権利を与えるものではなく、逆に教会は国家に新しい権利を与えるということもありません。したがって為政者がある教会に加わろうと、ある教会から離れようと、教会はそれ以前と同じく自由で自発的な団体です。（『寛容についての書簡』、三六二頁）

また重要なことは、ロックにとって「寛容」は、単に政治的な考慮による上からの恩恵ではなく、まさしく信教の自由という不可侵な基本的人権であり、「政教分離」は、「信教の自由」が実現されるために不可欠な制度的保障であった。

また教会は、純粋に魂の配慮に関係する領域に自己を限定すべきであり、世俗的権力を行使することがあってはならない。たしかに教会は「規律」を重視するが、それは魂の配慮に関わる事柄に関してであって、肉体や財産を対象とするものであってはならないのである。また教会は強制的な権力を行使してはならず、あくまでも説得、勧告、忠告といった方法が用いられるべきである。それはあくまでも「教会員」としての立場にのみ関わるものであり、それによって市民としての権利が脅かされたり、身体や財産に危害が加えられてはならない。

ロックにおいて重要なことは、教会が国家と結びついて特定の教義や信仰を強制するのではなく、「自由な国家における自由な教会」において、神が自由意志によって信ぜられ、福音の精神が教会を通して個人や社会の形成に貢献することであった。とりもなおさず、市民として必要な徳を身に着けることであった。この点に関してロックは、以下の様に述べている。

宗教が造られたのは、外面の華麗さをそばだてるためでも、教会の支配を打ち立てるためでも、強制力を行使するためでもありません。そうではなく、人々の生活を美徳と恭順の規則によって「規律」するためなのです。キリストの旗にはせ参じようとする人々は、だれでもまず何よりも自分自身の欲望と悪徳に対して戦いをいどまなければなりません。きよらかな生活、純潔な態度、温和で謙虚な精神を欠くならば、キリスト教徒にとって何の役にも立ちません。（『寛容についての書簡』、三五〇頁）

福音によって「新生」した者の中に形成される美徳は、同時に「公共心」を育成する源泉であった。自由主義者ロックにとって大事なことは、「専制」に対する闘いに劣らず、自己の欲望に対する闘い、つまり「聖霊」の導きと助けを受けた「自己規律」であった。自己規律による自由こそ、ロックにとって「放縦」と区別されるものであった。そしてそれこそが、社会秩序を可能にする「市民的徳」を形成するものであった。

寛容の限界

ロックは、ミルトンのようにはっきり「異端」であるからといって、権力を用いてよいとは考えなかった。また彼は、偶像崇拝に関しても、それが罪であることは認めつつも、剣によってそれを禁止する権限を為政者は持っていないと論じた。また彼は、非国教徒に信教の自由を認めたのみならず、更に一歩進んで、カトリック、イスラム教徒、ユダヤ教徒に対しても、信教の自由を承認したのである。彼は、「異教徒でも、イスラム教徒でも、ユダヤ人でも、その宗教のゆえに市民としての権利を奪われるべきではない」と述べている。

しかし当然ロックの寛容論にも限界が存在した。その第一は、ローマ・カトリック教会のように特定の教会や宗教が政治に介入し、一国の政治を左右しようとする場合である。特にロックはカトリック教会の政治的立場に対して否定的であった。以前メアリー一世（在位1553-1558）の時にカトリックの反動が生まれ、一時的であれ国自体がカトリックになるという事態が生じた。またロックは、カトリックのヨーク公を王位につけることを排斥する「排斥法案」に賛成していたが、ヨーク公は、チャールズ二世の後一六八五年にジェームズ二世として即位し、再度「カトリック化」の危険性があったが、一六八八年名誉革命によって、未然に防ぐことができたのである。カトリック教会の支配は、当然その背後にあるフランスやローマ教皇庁にイギリスへの影響力を強化させることになる。この危険性について彼は、以下の様に述べている。

その教会に入ると、そのことによって、皆よその国王の保護下に入り、またその国王に奉仕することになるという前提に立ってつくられている教会は、為政者に寛容を求める権利を持つことはできません。というのも、これによって為政者は、自分の国の中に外国の支配が樹立されるのを容認することになるでしょうから。（『寛容についての書簡』、三九〇―三九一頁）

彼はまた、無神論者に対しても寛容を認めなかった。神を畏れることのない人は、政治社会の基礎である「約束」を履行しない危険性があった。ロックにとって、神を信じることは、「契約を履行すること」の担保となるものであった。彼は、この点に関して、以下のように述べている。

神の存在を否定する人々は、決して寛容に扱われるべきではありません。人間社会の絆である約束とか契約、誓約とかは無神論を縛ることはできないからです。たとえ思想の中だけのことにしても、神を否定することは、すべてを解体してしまいます。その上にまた無神論者によってあらゆる宗教を掘り崩し破壊する者は、寛容の特権を要求する基礎となる宗教というものを引き合いに出してくることができないわけです。（『寛容についての書簡』、三九一頁、傍点引用者）

ロックは、政治と宗教が結び付いて信教の自由を侵害することは、政治と宗教双方の堕落とみなした。しかし彼は、政教分離が宗教的な無関心を促進するものであってはならず、逆に宗教や教会が政治的秩序の形成においてある一定の役割を果たすべきだと考えた。ロック自身は敬虔なキリスト教徒であったが、彼は創造主なる神への信仰、つまり宗教が政治社会を支えるミニマムな共通分母であると考えた。ロックにおいては、信教の自由や政教分離の教説にもかかわらず、創造主なる神への信仰を前提とする共同体の枠組みは変化することはなかった。しかしカルヴァンが、彼の教義に反するものを異端として迫害したこと、ミルトンが異端という理由でカトリックを除外したことから比べると、彼の寛容論は時代の要求をはるかに先取りしたものといえよう。基本的にロックにおいては、政治的秩序を脅かす者に対してのみ寛容を認めないという近代的な論理が貫徹しているといえよう。この点においてガフは、「国家が介入するのは、それが宗教的理由によるものではなく、政治的な安全にとって必要とされるからである」(Gough, xliii）と述べている。

ロックは、信教の自由、政教分離を説きながらも、宗教を社会秩序の基礎にすえていたが、次に述べるヒュームは、寛容をときつつ、社会秩序の基礎から宗教を排除し、非宗教的な共通の基盤を模索していった。

〔参考文献〕

・J・ロック『キリスト教の合理性』（服部知文訳、国文社、1980）
・J・ロックの『統治論』（宮川透訳）と『寛容についての書簡』（生松敬三訳）の翻訳は、『世界の名著32』（宮川訳、中央公論社、1993）所収を使用した。
・J・ロック『人間知性論』（一―四）（大槻春彦訳、岩波文庫、2006）
・J・ロックのフィルマー批判の書の翻訳は『統治二論』（加藤節訳、岩波文庫、2015）を使用した。
・『パウロ書簡に関する注釈』(John Locke, *A Paraphrase and Notes on the Epistles of St. Paul*, edited with an Introduction by Arthur W. Wainright, Vol I, II Clarendon Press, 1987)．ウェインライトの序文の訳は、「オックスフォード版　ジョン・ロック『パウロ書簡注解』編者序文」（『聖学院大学総合研究所紀要』No.10, 1997）を使用した。
・太田可夫・田中庄司編『ロック道徳哲学の形成――力について』（新評論、1985）
・永岡薫『デモクラシーの細い道』（日本基督教団出版局、1984）

・J. W. Gough, "introduction", in: John Locke, *The Second Treatise of Government and A Letter Concerning Toleration*, Oxford, 1966.

第五節　ヒューム（David Hume）

Ⅰ　プロフィール

デイヴィッド・ヒューム（1711-1776）は、A・スミス（1723-1790）と並ぶスコットランド啓蒙の双璧である。彼は、スコットランドのエディンバラで一七一一年に生まれた。当時スコットランドは、一七〇七年以来イングランドと一緒に連合王国を形成していた。彼は、一七二三年にエディンバラ大学に入学したが、一七二五年に退学し、哲学の研究に没頭した。当時のイギリスでは、一七一四年にジョージ一世が即位し、ハノーヴァー王朝の下で、責任内閣制や二大政党制を柱とするイギリス議会政治が形成されていく。ヒュームは政治的には名誉革命の「議会における国王」という「混合体制」を支持した。総じてヒュームは政治的には名誉革命以降の体制を支持するホイッグ主義者として活動した。

ヒュームは一七三九―一七四〇年に匿名で主著『人性論』（*A Treatise of Human Nature*）を発表した。また一七四一年に同じく匿名で『道徳・政治論集』（*Essays, Moral and Political*, 2 vols.）、一七四九年に『人間知性についての哲学的試論』（一七五九年に『人間知性研究』（*An Enquiry Concerning Human Understanding*）に改題）、一七五二年に『政治論集』（*Political Discourses*）を刊行した。また一七五四―一七六二年にかけて『イングランド史』（*The History of England*, 8 vols.）を発表した。当初は売れなかったが、第二巻をヴォルテールが称賛したこともあり、ヒュームの名声が確立されていった。また『宗教の自然史』（*The natural History of Religion*, 1957）において、彼は古代ギリシャ・ローマの多神教とキリスト教を区別し、多神教よりも一神教が不寛容であり、社会に害悪をもたらすと主張した。彼は、懐疑主義者、無神論者というレッテルをはられたため、大学教授の道は閉ざされていた。彼は一七七六年にエディンバラで死去した。死後、一七七九年に『自然宗教に関する対話』（*Dialogue concerning Natural Religion*）が刊行された。この死後に公刊された対話が、ヒュームのラディカルな宗教観を示している。

Ⅱ　人性論

『人性論』は、第一篇「知性について」（Of the understanding）、第二篇「情緒について」（Of the passions）、第三篇「道徳について」（Of morals）によって構成されている。ヒュームは、『人性論』の中で、すべての観念は、印象（impression）から生まれ、知識は観念連合（association）であるとして、「人間とは、思いもつかぬ速さで次々と継承し、絶えず変化し、動き続ける様々な知覚の束あるいは集合に他ならない」（『人性論』、1-4-6）と述べている。また彼は、因果法則も客観的に認識できるものではなく、「慣習」にすぎないと主張し、カントの認識論に多大な影響を及ぼした。彼は、実践の領域において、理性よりは「情念」の役割を重視した。彼は、「理性は情念の奴隷であり、ただ奴隷であるべきである」（同、2-3-3）と主張した。そして情念は快苦によって規定されるので、道徳的な善悪は、快苦の感覚、つまり功利主義に帰着する。しかし、同時に情念が利己主義に走るのを抑制する装置、つまり「共感」（sympathy）が人間性の中にinputされていると考えた。彼は言う。

およそ人間の性質のうちで、それ自身にも、またその結果においても顕著な性質と言えば、他人に共感する傾向性、すなわち他人の心的傾向性や心持がわれわれ自身のそれといかほど異なっていても、いや反対であっても、それら他人の心的傾向や心持を交感伝達によって受取る傾向性、これに勝るものはない。（同、II-1-11）

しかし、「共感」によってのみ、社会秩序を形成することはできない。そこで必要なのは「慣習」である。実践の世界において重要な役割を演じる「慣習」は、人間個人としては「心理的習慣」として現れ、社会的には「歴史的慣習」（convention）として現れる。自然権、自然法といった抽象的規範は存在せず、権利、正義、自由といった普遍的概念も一皮むけば人為的な「慣習」に他ならない。「慣習」は第二の自然なのである。

問題はヒュームの懐疑主義と歴史的慣習（convention）の関係である。すべての歴史的慣習を無条件にそれが続けられてきたという理由で肯定するとするならば、懐疑主義は無益である。懐疑的思考の検証を経ることによって、迷信や悪しき伝統が淘汰され、健全な歴史的慣習が継承されていく。この点に関して、坂本達哉氏は、「哲学者の破壊的な懐疑的理性は、慣習的な常識や通念を疑い、これを破壊する論理の力を内蔵するものであった。同時にヒュームは、……この哲学的懐疑の力を徹底して追求した上で、それをもう一度、通念と常識が支配する「自然」［歴史的慣習］の世界と和解させようとしたのである」（坂本、五九頁）と述べている。

懐疑主義は、それが無制限に行使されると、社会秩序をバラバラに解体していく元凶となる。ヒュームは、過激なピュロン的な懐疑主義が「普遍的かつ堅固に行きわたるならば、すべての人間生活は消滅しなければならないだろう。すべての談話、すべての行為は瞬時に止み、自然の飽くなき必要性がこうした人間の悲惨な生存を終結させるまで、人々は完全な昏睡状態に留まる」（『人間知性研究』、一四九頁）と述べている。しかしそうしたピュロン主義の過激な懐疑主義の帰結から人を救い出すのが日常世界であり、慣習であった。ヒュームは、「哲学は、もしも自然［＝経験的・慣習的世界］が、哲学にとってあまりにも強力ではなかったとしたならば、われわれを完全にピュロン主義者となしていたことであろう」（『人間知性研究』、二二七頁）と述べている。徹底した懐疑主義であるピュロンの教えは、モンテーニュにも影響を及ぼしていたが、彼もまたヒュームと同様、「慣習」に実践的な行動の指針を求めたのである。ヒュームの懐疑主義と歴史的・経験的慣習との関係について、再度坂本氏の発言を引用する。

> 『自然』が象徴する日常的実践と慣習の世界に対する人々の信念の強度こそが、理性が強制する懐疑主義的結論に対する現実的な防波堤となっているということである。人々が、自然界の秩序や社会の秩序に対する絶対的な信頼を持っている時、懐疑主義的な結論は、容易に回避される。この強力な自然や社会の秩序に対する信念が崩れるとき、人は理性的推論の破壊的力によって圧倒され、外界存在や自我、原因・結果の必然的結合に対する信念は根底から揺らぐことになるのである。（坂本、四九頁）

坂本氏にとってヒュームの懐疑主義は「希望の懐疑主義」なのである。

Ⅲ　原始契約批判、王権神授説批判

ヒュームは、『原始契約について』で、原始契約は歴史や経験によって検証されないとして否定した。「原始契約」によれば、ロックの場合のように、君主が契約によって委託された権力を濫用し、国民の自由、財産、生命を侵害した場合は、抵抗権が生じる。しかしヒュームによれば、最初の政府は、同意によってではなく、征服や簒奪によって発生したのであり、人が政府に服従するのは明白な同意によってではなく、習慣的な黙諾（acquiescence）つまり「歴史的慣習」によってである。つまりまた政府への服従が長期にわたって継続し、習慣化した時に、政府の正統性が確立され、そこから義務や服従に対する暗黙の同意が生まれ、子孫に伝えられていく。

ヒュームは、道徳的義務を「自然的義務」と「人為的義務」に区別する。前者は、一切の義務感と関係なく、自然的な本能によって行われるものである。後者は、義務感から、政治社会を維持するために行われる「正義」（justice）や「誠実」（fidelity）（他人の財産の尊重や約束の履行など）である。自然的な本能や情念を野放しにすれば、社会の全面的解体を引き起こしかねないので、「社会の一般的利益ないし必要」を守るために、「正義」や「誠実」の履行が求められる。モンテスキューの習俗を強調した『法の精神』をヒュームは熟読し、モンテスキューを尊敬し、高く評価していた。大事なのは自然法ではなく、人為的な協定である「慣習」（convention）である。この点において、ヒュームはモンテスキューに接近する。彼は、「もし、政府に服従しなければならない義務の理由を問われたら、私は即座に、そうしなければ社会が存続できないからだと答える」（『ヒューム政治経済論集』、二五六頁）と述べている。

ヒュームは、カントの言う「天地崩るるとも正義をして行わしめよ」（fiat Justitia et ruat Caelum）は、手段のために目的を犠牲にするもので、明らかに間違いであると主張する。

またヒュームは「原始契約」と同時に、王権神授説をも批判する。君主は神からの権力の「委託者」であっても「代理人」ではない。彼は、王権神授説が説く、君主への「絶対的服従」を否定した。緊急事態の場合、つまり服従を守れば社会が破滅し、「人民の福祉が最高の法」（Salus populi suprema Lex）が否定される時に、抵抗権、反乱権が発生する。もっともヒュームは抵抗権が拡大され、濫用されることに機先を制して、「いつも忠誠の義務をしっかり堅く守り、かりにそれを破棄するにも、それを国家社会が暴力と圧制のために最大の危険に瀕した絶望的な場合の最後の避難所と考えられるような人々に、私は常に味方する」と述べている（『ヒューム政治経済論集』、二六六頁）。

Ⅳ　ヒュームの宗教観

ヒュームの宗教観は、政治秩序の形成と密接な関係があるので、政治的な射程も考慮しながら、彼の宗教観を考察することにする。

（1）迷信と熱狂

ヒュームは、『政治論集』の「迷信と熱狂」で興味深い考察を行っている。啓蒙主義者ヒュームにとって、迷信も熱狂も「真の宗教」の腐敗形態であった。「迷信」の生まれる源は弱さ、恐怖、憂鬱そして無知である。それに反して、熱狂の源は希望、プライド、無遠慮、暖かい想像力そして無知である。双方ともに「無知」が含まれている点に、啓蒙主義者ヒュームの特色がある。また双方とも理性や道徳に反するものである。問題は、迷信と熱狂が政府や社会にどのような影響を及ぼすかである。この点において、意外にもヒュームの評価は、熱狂よりも迷信に対して、厳しい。なぜであろうか。それは、聖職者支配に対する批判がヒュームにおいて大きなウェイトを占めているからに他ならない。

つまり「迷信」が聖職者権力に好都合であるのに対して、「熱狂」は、健全な理性や哲学と同様に、聖職者権力に対して敵対的である。「迷信は、恐怖、悲しみ、魂の意気消沈に依拠しているので」、神の臨在に自分で近づくにはふさわしくないと思い、神に好まれていると思われる人を媒介として神に近づこうとする。ここに聖職者の起源があり、聖職者は臆病でみじめな人が抱く迷信がつくり出したものであり、神とみじめな人間との間を仲介する存在である。彼は「迷信の度合いが強ければ強いほど、聖職者の権威も強くなる」と断言する。

迷信と対照的に、「熱狂」は反聖職者の側に立つ。すべての熱狂主義者は、教会の軛から解放され、形式、儀礼、伝統を軽蔑し、献身的である。こうした熱狂主義者として、クエーカー教徒、独立派、長老派が挙げられる。彼らは、聖職者が執行する外面的な儀式ではなく、黙想や内的な交わりで神に近づき、歓喜するのである。

また熱狂的な宗教の方が迷信的な宗教よりも激しく激烈であるが、時間の経過とともに、より穏やかで節度を保つものとなっていく。彼は、その具体的な事例として、ドイツにおける再洗礼派、フランスのカミザール派（ユグノー）、イングランドのレベラーズや他の熱狂主義者、スコットランドの契約教徒をあげている。熱狂主義は、理性、道徳、深慮（prudence）の共通の規則を軽蔑し、人間社会の中に最も残酷な無秩序を生み出すが、その激しさは雷や大嵐のようなもので、いつかは終息する。それに対して迷信は、「徐々に、かつ徹底して入り込み、人を飼いならし、隷従的にし、為政者に受け入れやすく、民には害のないもののように思える。そして最終的に聖職者は、自らの権威を堅く打ち立て、終わりのない論戦や迫害、宗教戦争によって、人間社会の暴君や攪乱者となる。いかにスムーズにローマ・カトリック教会が、権力を獲得したのか。それに反して、以前の熱狂主義者たちは、現在は自由な理性主義者となり、クエーカーは、理神論者に接近する（*Political Essays*, p.49）。またヒュームは、「党派、内戦、迫害、政府の転覆、圧制、奴隷制度などというのは、迷信が人の心を支配した場合に常に生じる不幸な結果だ」と述べている。

総じて迷信が市民的自由の敵対者であるのに対して、熱狂主義は市民的自由の友となる。熱狂主義が自由の精神を伴っているのに対して、迷信は、彼らを隷従に適したものにすると述べ、ヒュームは以下の様に要約している。

私たちは、イングランドの歴史から、対照的な宗教的原則を有する独立派と理神論者が、内乱の間、政治的原則では一致し、同様に国家のために情熱的であったことを学んでいる。そしてホイッグとトーリーの起源以来、ホイッグの指導者たちは理神論者ないし広教会主義者（latitudiarians）であることを公言しており、彼らは寛容の友であり、特定のキリスト教の教派に対しては無関心である。熱狂の強い要素を持っている教派はいつも例外なく、市民的自由の擁護のために、ホイッグと一致したのである。これに対して迷信において似通っていることで、高教会派のトーリー（the high-church tories）とローマ・カトリック教徒は、特権と君主権力を支持する点において結びついたのである。（*Political Essays*, p.49）

かくしてカトリックやイングランドの高教会が聖職者権力によって支配されるのに対して、熱狂的な諸教派は、精神的自由の擁護者となっていくというのが、ヒュームが下した判定であった。ここではヒュームが、精神的自由をもたらす非国教徒に温かい目を注いでいることがわかる。彼の態度は社会秩序の維持を至上命題にするにしては、意外に反権威主義的である。

(2)『宗教の自然史』——一神教と多神教

次にヒュームの宗教観を『宗教の自然史』を通して、特に一神教と多神教に着目して検討することにする。彼は、「自然の全領域は一つの知性的な創造者の存在を示している」として理性的な自然宗教に与している。それに対して多神教は、自然を擬人化し、自ら擬人化したものを拝む偶像崇拝の段階に留まっている。多神教は、無知の産物である。彼ら野蛮人は、「第一の至高の創造者を未だ知らない状態に止まっており、またかの無限に完全な精神をも知らない」（『宗教の自然史』、二一頁）と述べ、「迷信的無神論者」と呼び、ストア派さえもその中に含めている。

私としては、マルクス・アウレリウス、プルタルコス、及び他の若干のストア学者やアカデメイア学者たちの諸原理さえ、たとえそれらが異教的迷信よりはるかに洗練されているとはいえ、有神論という名誉ある呼称に値すると認めることはほとんどできない。なぜならば、……これらの哲学者たちの信条は、一神を除外し、天使や妖精のみを残存させているといわれて至当であると思われるからである。（『宗教の自然史』、三四頁）

野蛮人の多神教は、様々な神に、それぞれ別個の領域を配分する。戦争の神、詩の神、商業の神、学問・芸術も神といった具合である。太陽、月、植物、動物、物質でさえも、神化され、礼拝の対象となる。

ここで重要な問題は、ヒュームが偶像崇拝や多神教に比べて、唯一神論を評価しているのではないということである。確かに理性的な観点からすれば唯一神論に軍配があがるが、政治的な観点から見るならば、多神教が他の宗教や信仰に寛容であるのに対して、一神教は排他的となり、他宗教を迫害する。古代のギリシャ・ローマの多神教世界が信仰や思想に寛容であったのに対して、唯一神は排他的であるという主張は、ヴォルテールやモンテスキューの見解とも一致している。ヒュームは、プロタゴラスの追放とソクラテスの死を除けば、アテナイ世界は寛容であった事例として、エピクロスが老齢に至るまで平和かつ安全にアテナイで生活し、エピクロス派の人々は、既成宗教として最も神聖な儀礼をおこないつつ、祭壇で司祭することを許されていたことをあげている（『奇蹟論』、三七頁）。

そして彼は一神教の不寛容の事例として、ユダヤ教、イスラム教、キリスト教をあげているが、特にヒュームの念頭にあるのは、カトリックの異端審問である。

私はあえて断言してよいと思うが、偶像崇拝教や多神教の腐敗が一神教の最高度まで及んだ腐敗ほど社会にとって有害なものは他にほとんどないのである。カルタゴ人、メキシコ人その他多数の野蛮国民の人身御供は、ローマやマドリードの宗教裁判や迫害をほとんど超えていない。（『奇跡論』、六〇頁）

同時にヒュームは、マキャヴェリやルソーと同様、キリスト教が人間の隷属をもたらすと批判し、「キリスト教の教義は、人々の精神を屈従させ、彼らを奴隷状態や隷属に適合させてしまった」（『奇跡論』、六三頁）と批判している。

（3）『自然宗教に関する対話』

ここでは懐疑主義者フィロ、理神論的なクレアンテス、正統派のデメアの間で宗教に関する対話が展開されている。理神論者クレアンテスの主張は、自然の目的と秩序の背後にある神の存在を認める自然宗教を支持する立場である。こうしたクレアンテスの理神論的立場に対して、正統派の有神論者デメアは、神は無限で普遍的な一者であり、神をアポステオリに理性で論証することは理性の傲慢であると批判する。デメアの立場は、正統な啓示宗教、聖書に立脚した宗教ではなく、形而上学的宗教であり、そのモデルはマールブランシュ（Malebranche, 1638-1715）である。その特徴は、理神論を超えて、神の自然界への不断の介入を是認する立場である。

そして懐疑派のフィロは、デメアと同様に、自然や人間の考察を通して神の存在にアポステリオリに至ることは、理性の独断であり、理性の認識能力を超えるものであると批判する。懐疑主義者フィロは、方法論的な懐疑主義者というだけではなく、不可知論者である。しかし、だからといって神の存在を否定しているわけではない。逆に徹底した懐疑論から、真の啓示宗教に至る道が開かれるのである。第一二部は、フィロの驚くべき結論で終わっている。

> 人間は、本性的理性の不完全さについて正当な感覚を心得て居れば、最大限の熱望をもって啓示された真理へと飛跳していくであろう。その反面、高慢な独断論者は、哲学の助けだけによって完全な神学体系を建設できると思い込んでいるので、それを超えたいかなる助力をも軽蔑し、このような外来の教師を拒否するのだ。哲学的懐疑主義者であるということは、一文人にとっては、健全で信仰を持ったキリスト教徒であるための、最初のもっとも本質的な第一歩なのだ。（『対話』、一六二頁、傍点引用者）

正統派の有神論者デメアも理神論者クレアンテスもフィロからすれば、「高慢な独断論者」であるのに対して、自己の理性の不完全さと脆弱性を意識した懐疑論者が神と出会い、「健全な信仰をもった」キリスト者たりうるとフィロは述べているのである。既に述べたモンテスキューも『エセー』（II-12）で同じことを述べていた。

ここで問題となるのは、ヒュームがいったい、フィロ、クレアンテス、デメアのどの立場を支持しているかである。本書の末尾に、本対話篇の記録者として設定されているパンフィロスの診断がのべられている。それは、「私は正直に告白するが、全体を真剣に検討した結果、フィロの諸原理の方が、デメアの主張よりも蓋然性を持つということ、しかしクレアンテスの諸原理がさらに真理に近接していると思わざるをえない」（『対話』、一六二頁）というものである。しかし、懐疑主義者ヒュームの真意は、クレアンテスよりも、フィロに与していたのではないだろうか。もちろん、彼が懐疑主義から反転して、神への信仰を持ったとは考えにくいのであるが。

しかし、ヒュームが「健全な信仰」ないし「真の宗教」の存在を否定しなかったことは重要である。すでに述べたように「真の宗教」の堕落形態が迷信と熱狂であった。それこそが、イギリスのみならず全ヨーロッパを内戦へと導いた元凶であった。それでは、迷信と熱狂はどこからくるのか。そして真の宗教とは一体何なのか？　真の宗教に対するヒュームの評価は、啓示宗教や形而上学的宗教に対する不可知論を貫いている以上、それが道徳にもたらす影響という功利的視点から判断せざるをえない。かくしてどうどうめぐりに陥るのであるが、真の宗教とは、民衆に迷信や熱狂を注入するものではない。強いていえば、真の宗教とは、「正義と人道への人々の愛着」を強めるものであり、「神が人間行動における美徳だけを嘉するような純粋な宗教」なのである。ピュロンやモンテーニュ、そしてヒュームの懐疑主義は、宗教の迷信や熱狂に対する醒めた洞察と批判を可能とするものであるが、真の宗教に対するあこがれは否定しようもない。この点においてヒュームは、幸福主義的・功利的要素を別にすれば、カントの純粋理性宗教やルソーの自然宗教に接近するのである。ヒュームは、『人間知性研究』の第一〇章「奇跡について」において、「いかなる奇跡も宗教体系の基盤となりうるような形では決して証明されえない」（『人間知性研究』、一一四頁）と主張する。また彼は、第一一章「特別な摂理と未来の状態について」で、神の摂理と最後の審判を否定しているのである。

V　国家と教会

ところで国家と教会の分離に関して、ヒュームは一体どのような見解を持っていたのであろうか。ヒュームは、国教会の制度そのものを否定しないまでも、その聖職者主義と権威に対しては批判的であったことは、すでに述べた通りである。しかし、同時にヒュームは、完全な寛容を行った場合にもたらされる混乱を恐れざるをえなかった。完全な寛容や政教分離を実現することによってもたらされる内戦に対する恐れは、ヒュームのみならず、当時の啓蒙主義者が共通に抱いた懸念であった。とするならば、国教会制度を維持しつつも、できるだけ多くの教派に対して寛容を示すことが、最善の策となろう。

ヒュームにとって、過去カトリック教会が、政治権力に介入して権力を簒奪してきた歴史を念頭に置けば、政治による宗教のコントロールが重要であり、それは、エラストゥス主義（国家教会主義）への道であった。この点において犬塚元氏は、ヒュームの『イングランド史』を読み解き、次のように述べている。

> つまり、宗教勢力による『簒奪』をめぐるヒュームの批判は、政治と宗教を相互に分離すべきという議論ではない。ヒュームの立論は、政教分離ではなく、むしろ国家が教会をコントロールすべき、政治優位のもとで政治と宗教を接合すべき、という観点からの議論であった。……政治と宗教の分離は、ヒュームにとっては、むしろ宗教が政治を侵犯する温床であり、彼は、政治が宗教を統制する形での両者の統合を推奨するのである。すなわち、ヒュームにおけるポスト・コンフェッショナリズムの政治思想は、まずは、政治による宗教の管理を標榜して、国教会制度を評価するという形態をとるのである。（『思想』、犬塚、七一―七二頁）

ヒュームにおいて「エラストゥス主義」と寛容はセットであり、ヒュームは、国教会制度を認めると同時に、多様な教派を寛容し、社会秩序の安定化を試みたといえよう。ヒュームの寛容論は、ロックのように宗教的な人権の立場から提唱されているのではなく、ボダンやモンテーニュのようなフランスの「ポリティーク派」のように、社会秩序の維持という観点からなされている。しかし、ヒュームが国教会を支持するとしても、彼が迷信の温床となっていると考えた聖職者支配を痛烈に批判した事実を銘記すべきであろう。彼が既成の英国国教会と国家の結びつきを、留保なく支持したと考えるのは問題であろう。ヒュームの政教関係をルソーやモンテスキューのような「市民宗教」の視点から考えるのではなく、彼の迷信に対する批判と懐疑主義に着目し、ピエール・ベールのラディカリズムに近づけて考えることもできよう。この点に関してR・ベイナーは「手短に言えば、ヒュームはベールと一心同体である。無神論者が有徳で信頼できる市民であることが可能であるだけではなく、宗教者が残酷で無知な市民であることもありうる」(Beiner, p.236) と述べている。ヒュームは市民宗教に訴えることなく、良き道徳や秩序は維持されると考えた点においても、ベールと一致するのである。

〔参考文献〕

・D・ヒューム『人性論』全四巻（大槻春彦訳、岩波文庫、1948-1952）
・――――『宗教の自然史』（福鎌忠恕・斎藤繁雄訳、法政大学出版局、1972）
・――――『自然宗教に関する対話』（福鎌忠恕・斎藤繁雄訳、法政大学出版局、1975）
・――――『ヒューム政治経済論集』（田中敏弘訳、御茶の水書房、1983）。これは *Political Discourses* の翻訳である。
・――――『奇蹟論・迷信論・自殺論』（福鎌忠恕・斎藤繁雄訳、法政大学出版局、1985）
・――――『人間知性研究――付・人間本性摘要』（斎藤繁雄・一ノ瀬正樹訳、法政大学出版局、2004）
・David Hume, *Political Essays*, Cambridge Texts in the History of political Thought, Cambridge University Press, 1998. ここに彼の「迷信と熱狂」の論稿が含まれている。
・『思想』第一〇五二号（特集：ディヴィッド・ヒューム生誕三〇〇年）（岩波書店、2011.12）。この中に収録されている坂本達哉「ヒューム社会科学における『懐疑』と『自然』」、犬塚元「ポスト・コンフェッショナリストとしてのヒューム――『イングランド史』における政治・宗教・歴史」を参照した。
・N・フィリップソン『デイヴィッド・ヒューム』（永井大輔訳、白水社、2016）

第六節　バーク（Edmund Burke）

I　プロフィール

エドマンド・バークは、一七二九年にアイルランドのダブリンの法律家リチャード・バークの次男として生まれた。

父はアイルランドの国教会の信者であった。母と妻はカトリックであったが、バークは国教会に忠実であった。バークは一七四四年ダブリンのトリニティ・カレッジに入学し、美学の研究を行った。処女作は『自然社会の擁護』（*A Vindication of Natural Society*, 1756）であり、続けて『崇高と美の観念の起源に関する哲学的研究』（*A Philosophical Enquiry into the Origin of our ideas of the Sublime and Beatiful*, 1757）を書き、カントやレッシングに大きな影響を及ぼした。彼は一七六一年から六四年まで政治家ハミルトンを助けてダブリンに滞在した。一七六五年にホイッグ左派の指導者であるロッキンガム首相の私設秘書となり、また一七六五年から一七九四年まで下院議員を務め（この間一七七〇年から八〇年までブリストル選出の議員）、ホイッグの一員として行動した。彼は絶対王政を批判し、議会制擁護の論陣を張った。またバークはアメリカ植民地への英国の抑圧を非難する論陣を張り、一七七五年戦争が勃発してからは、アメリカ独立革命を支持した。しかし一七八九年のフランス革命の勃発以降、一七九〇年に『フランス革命の省察』（*Reflections on the Revolution in France*）を書いて、フランス革命を批判し、保守主義の思想家としての名声を確立した。彼は一七九四年に議会を退き、一七九七年に死去した。

Ⅱ　バークの宗教観

バークは一貫して「啓示宗教」を擁護したが、その著作において神学的・聖書学的考察を行っているわけではない。ましてやキリスト教の教義の論争に関して彼はあまり興味を示さなかった。

ここでバークの宗教観を、『フランス革命の省察』以前の著作の検討を通して明らかにしておきたい。彼のトリニティ・カレッジ時代の「山上の垂訓」に関する考察は、啓示が理性に優越することを指摘している。バークは、啓示を否定し理性によって救いを獲得できると考える「理神論」を攻撃した。この点において彼は、啓示宗教を否定し、代わりに自然宗教や道徳宗教、理神論を説くヴォルテール、J・J・ルソー、モンテスキュー、そして懐疑論を説くD・ヒュームなどの啓蒙主義者と決定的に異なっていた。人間が宗教的動物であると考えるバークの宗教とは、聖書を神の言葉と考えるキリスト教なのである。

彼は、『自然社会の擁護』（1756）を執筆し、ボーリングブルック（1678-1751）やJ・J・ルソーの自然社会、自然宗教を批判した。ボーリングブルックやルソーは、人為的社会の専制や隷従を批判した。バークもそのような専制や隷従批判には共感を覚えた。バークは、マグナカルタ以来のイギリス人の権利の擁護に忠実であったホイッグであった。しかし、人為社会を攻撃するあまり啓示宗教を批判して、「自然社会」と自然宗教を理想化することは、人間社会の土台を掘り崩すものであった。

バークは、ルソーやボーリングブルックが啓示宗教＝人為宗教を攻撃し、政治社会の土台を掘り崩していると考えた。バークは自然宗教と自然的社会を結びつけることによって、理神論や自然宗教の破壊的な影響を指摘したのである。彼はボーリングブルックの著作を念頭に置いて、「宗教のあらゆる様式が活発なやり方で攻撃され、あらゆる徳性とすべての統治の基礎が、掘り崩される」のを見たと述べている（*Pre-revolutinary writings*, p.9）。歴史における「神慮」（providence）を否定し、神を畏れ敬うという宗教心がなくなる時に、道徳の基礎が揺れ動くのである。そしてバークは、「宗教の破壊に使われたその装置が、政府の転覆に使われても等しく成功しうる」と述べ、宗教批判はとりもなおさず政府の転覆をもたらすことを指摘した。バークは、教会の信仰心が「統治と教会の双方の堅固な基礎であると主張したのである。

しかしバークは啓蒙主義の宗教批判をトータルに批判しているわけではない。彼は、ヒュームと同様、誤った宗教的熱狂や迷信に対する批判を肯定しているのである。

> 迷信の建物は、このわれわれの時代および国家において、それがこれまでこうむったことのないほどのはげしい衝撃を受け取った。……宗教の名による迷信が、人類にもたらした悲惨、および教会統治の名による教会専制の悲惨は、明白かつ有益に暴露された。我々は、理性と自然のみから思考し、行動し始めた。（*Pre-revolutionary Writings*, pp.15-16）

バークは自然的な理性を否定することはしないが、理性がその限界を超え出て神の摂理を否定することは、越権行為だと考える。彼は、神慮が人間に与えている諸観念について以下の様に述べている。

我々は、何が敬虔で、正しく、公平で、誠実であるかについて、どんな政治技術も博学な詭弁も我々の胸から完全に追い出すことのできない観念、格率、原則を神慮によって植え付けられている。これらによって、我々は、宗教と社会のそれぞれの人為的な様式を判断し、またそれらの様式がこの基準に基づくのか遠ざかるのかに応じて、それらについての判決を下すのである。(*Pre-revolutionary Writings*, p.30)

私たちは、「神慮」に対する信仰を中核とするバークの宗教観を、彼の美学において検証することとする。

Ⅲ　崇高と美の観念

美学の領域における啓示宗教の重要性を論じたのがバークの『崇高と美の観念の起源に関する哲学的研究』であった。

バークは、第二編で「崇高さ」、第三篇で「美」について論じているが、最初に「美」(beauty)について検討する。バークはまず、その対象に対する愛着を産み出す美が、通常考えられているように「均斉」や目的への「適合性」、「完全性」(perfectness)であることを否定し、「小さいこと」、「滑らかさ」、「漸進的変化」(構成部分の多様な変化)、「繊細さ」(delicacy)ないし「脆弱さ」、澄んでいて明るい色彩を挙げている。この「美」に対立するのが「崇高さ」である。そこで第二編の「崇高さ」(sublime)に焦点をあてて検討することにする。

本書は、「崇高」(sublime)の観念を美の領域に、つまり理性から感性に移したことに意義があり、それが、後にカントの『判断力批判』やレッシング、ヘルダーに多大な影響を与えた。バークは、自然界の偉大で崇高なものが生み出す情念の最も強力なものは「驚愕」であり、その弱い効果が、「嘆賞、尊敬、敬意」であると述べ、「驚愕」を定義して、「ある程度の戦慄を交えつつ、魂のすべての状態が停止する状態」であり、「心がその対象によって全く残りなく占領されること」であると述べている。

人が「崇高さ」を体験できるのは、例えば無限の宇宙空間、雄大な自然、荘厳な大聖堂、華麗な芸術作品を見た時である。しかしバークによれば人が最も「崇高さ」を感じるのは、神の力に打たれ、神に対する宗教心と畏敬が喚起される時である。その時人間は自らのちっぽけさや有限性を意識させられる。バークは、キルケゴールの「恐れとおののき」を想起させるヨブ記の箇所を引用しながら、畏敬と恐れの感情について触れている。その箇所は以下の通りである。

夜の幻で思い乱れ、深い眠りが人を襲う時、恐れとおののき（fear and trembling）が私にふりかかり、私の骨骨はわななかいた。その時、一つの霊が私の顔の上を通り過ぎ、私の身の毛がよだった。それは立ち止まったが、私はその顔だちを見分けることができなかった。しかし、その姿は、私の目の前にあった。静寂……そして私は、一つの声を聞いた。人は神の前に正しくありえようか。人はその創り主の前にただしくありえようか。（ヨブ記 4: 13-17）

バークは人間が神の偉大な恩寵に触れる瞬間においても、圧倒的な神の力と臨在に対する畏敬の念を抱き、「我々は歓喜しつつも、同時に戦慄を覚える。我々は神から恵みを受ける間ですら、このような途方もない大きな恵みを我々に与える力能の前に戦慄を感じないわけにはいかない」（『美と崇高』、七五—七六頁）と述べている。

バークは、「崇高さ」が恐怖という情念において産み出されると説くが、同時にそれは「喜悦」——喜ばしい戦慄、恐怖に色染められた平静心——を産み出すことを力説する。このようにバークは、美学を通して神と人間の関係の究明に努めた。というのも、崇高さや畏敬といった美的感受性は、バークにとっては、人間道徳と密接な関係を有しているからである。逆に言えば崇高さや、恐れ、畏敬の感情を失った人間は、自分の力を過信し、あたかも自分が完全であるかのような誤謬に陥る。神の卓越性の感覚は、道徳にとって決定的な意味を帯びる。それによって人は、自分の小ささを覚え、神の眼前で身が滅びるように感じる。この「崇高」＝神への畏敬が、道徳や社会秩序に及ぼす影響について、近藤剛は「エドマンド・バークの宗教論」において適切にも以下のように述べている。

バークの崇高論を我々の問題関心に引き寄せて解釈すれば、崇高は神という絶対者の前で、人間を単独者と化し、根源的な内省を迫るものといえよう。崇高を産み出す原初的な恐怖は、宗教的には神に対する畏敬の念となって、人々の心情に深く浸透し、健全な人間性を育む。それによって人間性とは有限性、可謬性の存在にすぎないという自覚が芽生える。その自覚を有することが、節度をもった人間の証となる。バークの保守主義は、こうした人間理解の上に立脚している。神への恐れと畏れがなければ、人間性は緊張を失って弛緩するであろう。その結果道徳を遵守することも、秩序を維持することも、社会を成立させることもできなくなるだろう。すなわち崇高としての感情が、社会の道徳的秩序を支える柱となるのである。（近藤、三二―三三頁）

バークは「宗教」（Religion）という論稿の中で、道徳は必ずしも宗教を含まないが、宗教は、創造者である神に対する人間の義務を伴うので道徳を含むと述べ、「道徳的義務は宗教の中に含まれ、またそれによって守られる」（*Pre-revolutionary Writings*, p.83）と指摘している。バークの道徳と宗教の関係を示す象徴的な言葉である。

Ⅳ　時効、先入見

バークは、フランス革命を批判して、一七九〇年に『フランス革命の省察』を発表した。彼は、フランス革命をつき動かした抽象的原理による政治秩序の解体を攻撃すると同時に、フランス革命打倒のための軍事干渉をも呼びかけた。実は、バークは革命以前ホイッグ党に属し、一六八八年の名誉革命以降の伝統的な「議会における国王」体制の擁護者であった。この立場から彼は、ジョージ三世の親政を批判し、アメリカの独立戦争に関しては、アメリカの植民地の側に立って、双方の和解を訴えていた。革命以降、彼は保守主義者としての立場を確立していく。その場合の保守とは、改革を一切否定する「保守反動」ではなく、歴史の試練の中で悪いものを捨て、善きものを保守していく立場である。彼の保守主義のキー概念は「時効」(prescription)と先入見(prejudice)である。

彼は、「我が国の国制(constitution)は、長い時間のうちに確定した時効取得的国制である」と述べている。こうした「時効」という観点から、彼は普遍主義的な概念を修正した。彼にとって「自然権」という人間に先天的な権利は存在せず、あくまでもイングランド人の権利であった。また契約概念も、社会契約説が主張する諸個人による人為的な契約ではなく、先祖や子孫をも含む有機的な歴史的な暗黙の契約であった。バークは「先入見」に関して、以下の様に述べている。

> われわれが一般に、教育されたのではない感情の持ち主であること、我々が自分たちの古い先入見(prejudice)をすべて投げ捨てる代わりに、それを大変、大事にしていること、さらに恥ずかしいことには、我々は、それらが先入見であるがゆえに、大事にしていること、それらが永続し普及すればするほど、我らはそれらを大事にすることを、私は告白する。(『省察』、一三六頁)

バークは、この先入見を「理性をもった先入見」と言い換えている。そしてバークは、イギリスの教会制度を、「先入見のうち第一のものであり、理性を欠く先入見ではなく、その中に深遠で広範な知恵を含むものである」と主張する(『省察』、七三頁)。教会制度は「道徳と規律」の土台であり、教育は聖職者によって行われてきた。バークは、「伝統と先入見の擁護」の中で、伝統と先入見の思想史的意味を考察し、伝統と先入見をトータルに否定するフランスの無神論的啓蒙主義を一刀両断に切り捨てている。バークは、フランスの唯物論者に対抗して、「われわれは、ルソーへの改宗者ではない。われわれは、ヴォルテールの弟子ではない。エルヴェシウス(1715-1771)は、我々の間で少しも発展しなかった。無神論者は、われわれの説教師ではなく、狂人はわれわれの立法者ではない」(『省察』、一三四頁)と述べている。バークが生きた一八世紀は「啓蒙の時代」であり、ヴォルテールの世紀であったが、彼は意識的にこの「啓蒙の時をえなかった。

代」の流れに抗して、先入見を擁護するのである。

バークが唯一評価するフランス啓蒙主義の思想家はモンテスキューである、彼は『法の精神』を読んで、自由の精神を具体化しているイギリス国制の意義をイギリス人に教えた人物として、モンテスキューに対する共感を一生持ち続けた。他方バークは、一八歳年長の同国人ヒュームに対しては、その不可知論的、無神論的傾向の故に、距離を置かざるをえなかった。

すでに述べたようにバークの保守主義のキー概念は、「時効」である。時間的な試練の中で生き残り、継承されてきた「実践知」や制度は、歴史的正当性を持つという考えである。この点からバークはフランスの革命政府が、教会財産を没収したことを非難し、「フランスの国民議会にとっては、所有は無であり、法と慣例は、無である。私は国民議会が公然と、時効の教説を拒否するのを見る。……もしひとたび時効が動揺させられるならば、いかなる種類の所有権も、もしそれが、窮乏した権力の貪欲さを誘惑するにたりるほどに大きなものとなったときには、安全ではない」（『省察』、二三〇頁）と述べ、議会が、所有権を蹂躙したり、時効をくつがえすことを認めないと主張した。

またバークは、フランス革命の「無制限な自由」に対して「規律ある自由」を対置する。「自由」とは「世襲財産」であり、「無秩序と過度になる自由の精神」は、慣習と伝統によって制限される必要がある。また「抑制された自由」や徳ある自由を説くバークは、無制限な徳なき自由を攻撃し、「徳がない自由とは一体何であろうか。それは、あらゆる可能な害悪の中で、最大のものである。なぜならば、それはおろかさ、悪徳、狂喜であり、教導も抑圧ももたないものだからである」（『省察』、三四二頁）と述べ、「自由な政府を形成すること、すなわち、自由と抑制という対立的要素を調合すること」こそが肝要であると主張するのである。

また権利に関しても、普遍的な天賦の権利ではなく、マグナカルタや「権利の請願」以来イギリスに継承されてきた「イギリス人の権利」を強調している。

チャールズ一世第三年の、有名な『権利の請願』と呼ばれる法において、議会は王に向かって、彼らの参政権を、抽象的権利に基づいて『人間の権利』として主張するのではなく、イギリス人の権利として、彼らの祖先から引き継いだ相続財産として主張したのである。（『省察』、八八―八九頁）

またバークは、ホッブズ、ロック、ルソーの社会契約説に異議を唱え、国家は個々人の人為的な契約ではなく、先祖、今生きている人々、子孫の連綿とした歴史的契約であることを主張した。

社会はまさしく一つの契約（contract）である。……それは、すべての科学における合同事業（partnership）であり、すべての学芸における合同事業、あらゆる徳、まったくの完成における合同事業である。このような合同事業の目的は、多くの世代によっても達成できないから、それは、生きている人々だけの合同事業ではなく、生きている人々と死んだ人々と生まれてくる人々との間の合同事業である。（『省察』、七七頁）

バークにとって、神の摂理の社会は不平等社会であった。平等にしようとする試みは、自然に反するものである。世襲の財産や地位が社会を安定的なものにするからである。フランス革命の様に、身分制秩序を廃して、すべての人の平等を唱道することは、結局第三身分を頂点に据えることになる。そこでその建物は、不均衡になる。

まったく水平化しようとするものは、決して平等化しないのだ。様々な種類の市民からなるすべての社会において、ある種類のものが、一番上にならざるをえない。だから、水平主義者は、ものごとの自然の秩序を変更しくつがえすのであって、彼らは、構造を堅固にするために地上におくべきものを、空中におくことにより、社会という建物の上のほうを重くする。（『省察』、一〇九頁）

そして彼は、「我々は、既成の教会、既成の君主政治、既成の貴族制度、既成の民主主義を維持しようと決意している」と述べている。

バークの国制は、名誉革命以降の「議会における国王」というイギリスの伝統的な憲法体制（Constitution）であった。それは、モンテスキューの『法の精神』に示されている抑制と均衡の体制であった。こうした立場からバークは、フランスの革命政府の政治体制を、「基本法をもたず、確立された原則をもたない」、絶えず不安定な体制と批判した。とりわけ国民議会は、全能の力を持ち、いかなる外的な統制権を持たない。そこには、元老院という安定した制度もなければ、君主時代王権の濫用を抑制した高等法院も廃止され、国民議会が完全に司法権をも独占しているのである。つまり国民議会は、立法権のみならず行政権、司法権も独占する専制的な体制であり、それは世論の動向次第で絶えず無秩序に転化する危険性を内包していた。

V　寛容、国家と教会

バークは、キリスト教が人間存在にとって不可欠であることを主張し、「宗教は、市民社会の基礎であり、すべての善と安楽の源泉」であり、「人間は、その生まれつきの体質によって、宗教的動物であり」（『省察』、七二頁）、「無神論は我々の理性に反するだけではなく、われわれの本能にも反する」ものであると主張する。

われわれが、キリストの宗教を投げ捨てて、裸になるとすれば、われわれは、精神が空虚にたえられぬであろうことを、よく知っているから、何か粗野で危険で下劣な迷信が、それにとってかわるかもしれないことを心配する。

（『省察』、七三七頁）

バークは、フランス革命を支配している「無神論的狂信の精神」を批判する。そうした精神が「道徳と宗教のあらゆる感情」を破壊する。それとは逆にバークは、イングランドにおけるキリスト教の伝統と寛容の精神をほめたたえる。私たちは、寛容によって良心の自由を保障すると同時に、政治社会の宗教的基盤を維持しようとする点にバークの狙いがあったことを忘れてはならない。バークにとって「寛容」は、フランスのライシテのようにキリスト教に敵対的であったり、無関心であったりするものではなく、逆にイングランド国教会の精神を活性化するものである。彼は、非国教徒やカトリックに対しても寛容であったが、国教徒としてのアイデンティティを有していた。彼は、「我々は、無関心によってではなく、熱意によってプロテスタントである」（『省察』、七二頁）と述べている。

バークはフランスの革命主義者、無神論者が唱える寛容に関して、「あらゆる意見のうちの、一つも尊敬すべきだと考えない人々が、そのすべてを寛容するとしても、たいして価値あることではない、平等な無視は公平な親切ではない」（『省察』、二二九頁）と述べ、反宗教的な「寛容」を批判している。同様に彼は、「哲学的狂信者」の宗教なき「市民的教育」を徹底的に攻撃する。彼らは、「国家は、いかなる宗教をももたないで、一つの宗教を持つよりも、よく存続しうる」として、宗教無き「市民的教育」によって、市民を「啓蒙された利己心」へ導こうとするが（『省察』、二二五―二二七頁）、それは無益な試みなのである。バークは、社会秩序の基盤を宗教ではなく、歴史的慣習に求めるヒュームと異なり、あくまでも宗教的基盤の上に、打ち立てようとするのである。

バークは多様な宗教を尊敬する観点から、寛容を支持したものの、政教分離には批判的であった。バークにとってイングランドの固有の国制を形成するものとして国教会制度があった。彼にとって国家と教会は分離されるものではなく、相対的自律性を持ちつつも、一体であるべきものであった。

彼ら（イングランド国民）は、彼らの教会制度を、彼らの国家にとって便宜的なものではなく、不可欠なものとみなしている。……彼らはそれが、彼らの全構造の基礎であり、その国家構造とそのあらゆる部分とが、それと不可分に統一されているとみなす。国家と教会は、彼らの心の中では、分離されえぬ概念であり、一方が言及されて、他方が言及されぬということは、ほとんどないのである。（『省察』、七九頁）

しかし、教会と聖職者は国家に対する相対的な自律性を持たなければならない。それは、教会の安定した財政的基盤によって可能となる。教会は、国家に依存したり、また逆に教会財産は国家によって奪われたりしてはならないのである。国家は教会財産の支配者ではなく、保護者なのである。彼は、「教会の定められた財産が、年金に転化され、国庫に依存せられたり」、僧侶を国家の年金聖職者に転化しようとする、いかなる試みに対しても反対であった。財政的に教会が国家に依存すると、教会の自律性が脅かされざるをえない。このように考えるバークが念頭に置いていたのは、フランス革命で修道院が解体され、教会財産が奪われ、没収され、聖職者が国費から俸給を支払われたことであった。彼は、フランスにおいて聖職者たちが、無信仰な政府から給与を受け取らなければならないことを、怒りをもって批判した。

こうした批判を展開するにあたって、バークはフランスの革命政府の宗教政策をつぶさに検討し、その問題点を痛烈に告発した。すでに述べたように、フランスでは、一七八九年一一月に教会財産が国有化され、一七九〇年二月一三日に修道院の廃止が行われ、一七九〇年七月には、「聖職者民事基本法」が制定されていた。その法律は、「国家がカトリック教会を完全にコントロール」するという目的で、教会の特権の廃止、聖職者を国家の管理下におくこと、司祭、司教に国家から手当を支給（聖職者の公務員化）すること、聖職者の憲法への誓約義務、戸籍抄本の民間移譲、司教、司祭は、教区の住民によって選ばれることなどを決定したのである。また一七九一年六月には共和国憲法が制定され、その第五編第二条では、「憲法制定会議の法令により、給与を受け、選挙され、任命されるカトリックの教師の給与は国家債務に属する」と明記された。バークは、聖職者の選挙を「下劣な野心のあらゆる邪悪な術策に聖職者を従属させ」、大きな害悪をもたらすものと批判している。こうした一連の教会政策は、教会を国家のコントロール下におこうとする一時的な処置であり、最終的にはキリスト教や教会の完全な廃止を準備するものに他ならないと、バークは憂慮したのである（『省察』、一一七頁）。

ところで、なぜバークは「国教会」制度、政治と宗教の結びつきを主張するのであろうか。宗教による国家の「神聖化」の危険性はないのか。この疑問に対してバークは、「国家宗教制度による国家の聖化（consecration）は、自由な市民たちに健全な畏怖（wholesome awe）を与えて働きかけるためにも必要である」（『省察』、七四頁）と述べている。この「畏怖」という言葉に注目してもらいたい。「畏怖」の感情は、「崇高なもの」に付随するものであり、バークの宗教感情の核心にあるものであった。この国家の聖化という言葉を私たちは、国家を神聖化し、国家に対する絶対服従を要求するというように理解すべきではない。国家に奉仕することは神によって与えられた聖なる奉仕、使命であって、自由な市民は、神に対する畏敬をもってその役割を果たすのである。

すべての人々は、彼らが信託を受けて行為するのだという考えを、そして自分たちはその信託における行動について、社会の一人の偉大な主人（master）、創造者（author）、創設者（founder）に対して、責任があるのだという考えを、心の中に強く刻印するべきである。（『省察』、七四頁）

権力を行使する人はその権力を戦慄して（tremble）用い、自己の利己的で野心的な目的でしてはならないが、それは、宗教なしには不可能なのである。

バークは、国教会が様々な宗派を包括することを期待した。それは、リチャード・フッカー（1553-1600）以来の「包括主義」のアングリカンの伝統であった。

それに対してフランス革命は、教会と国家の結びつきを、双方とも「旧体制」という言葉で破壊した。国家を破壊することによって、国家を後ろ盾としていた教会を破壊したといえるし、教会を破壊することによって国家からその正統性を剥奪し、そうすることによって無秩序と惨禍をもたらしたのである。少なくともバークはそのように理解した。

〔参考文献〕

・Edmund Burke, A Vindication of Natural Society, in *Pre-Revolutionary Writings*, Edited by Ian Harris, Cambridge University Press, 1993. 翻訳は「自然社会の擁護」（『世界の名著34　バーク、マルサス』）を使用した。
・――――, *Reflections on the Revolition in France*, SMK Books, 2012. 翻訳はバーク『フランス革命の省察についての省察』（水田洋訳

『世界の名著34　バーク、マルサス』中央公論社、1975）を使用した。

・——, *A philosophical inquiry into the origin of our ideas of the sublime and beautiful*, Simon & Brown, 2013. 翻訳はエドマンド・バーク『崇高と美の観念の起源』（中野好之訳、みすず書房、2015）を参照した。

・近藤剛「エドマンド・バークの宗教論」（『神戸国際大学紀要』第七九巻、2010、pp.25-43）

・岸本広司『バーク政治思想の展開』（御茶の水書房、2000）

・——『バーク政治思想の形成』（御茶の水書房、1989）

第七節　リンゼイ（Alexander Dunlop Lindsay）

Ⅰ　プロフィール

リンゼイは、一八七九年にスコットランドのグラスゴーに生まれた。父は、スコットランド自由教会のグラスゴー・カレッジの教会史教授であった。スコットランド自由教会は、改革派でありながら「分離派」の伝統に立ち、政教分離を主張する立場である。彼はグラスゴー大学、そしてオックスフォード大学のユニバーシティ・カレッジで研鑽を積み、一九〇六年にオックスフォードのベイリオル・カレッジのフェローとなった。一九〇七年にプラトンの『国家』を翻訳し、一九〇八年に『プラトンの共和国』、一九一一年に『ベルクソンの哲学』、一九一三年に「イマヌエル・カントの哲学』を出版した。第一次世界大戦が勃発し、リンゼイはフランスで軍務についた。戦後、リンゼイは、一九二四年からベイリオル・カレッジのマスター（学寮長）を二五年間勤めた。彼は、一九二七年に『民主主義の本質』（*The Essentials of Democracy*）を著し、またファシズムの脅威に対抗して民主主義を擁護するために、一九四二年に『私は民主主義を信じる』（*I believe in Democracy*）（もともとは一九四〇年のBBCの五回のラジオ講演）を発表した。リンゼイにとって、第二次大戦はデモクラシーを守るための戦争であった。そして一九四三年に彼の主著である『現代民主主義国家』（*The Modern Democratic State*）、また同年『自由の精神——現代社会における宗教・科学・社会』を出版した。戦後の一九五七年には、「パウロとキルケゴール」や「賢い人と利口な人」を収載した『講演選集』（*Selected Addresses*）が出版された。リンゼイは、一九四五年に労働党内閣の下で貴族に列せられ上院議員となり、またキール大学の開設に尽力し、一九五〇年の開学を実現した。彼は一九五二年にキールで死去した。

II　リンゼイの宗教観

彼の宗教観は、一九二七年に出版された一連のチャペル講話を集めた『宗教的真理の性格』にはっきりと記されている。彼は、第一次大戦後の精神史的情況について次のように述べている。

私たちは幻滅の時代、疑いと不信と恐怖に満ちた世界に住んでいます。私たちは戦争の傷跡を単に戦死者に見るだけではなく、大多数の人々の精神的衰弱や道徳的規準の崩壊の中に見ています。（『宗教的真理』、一九頁）

こうした状況下で、多くの人々は、ニーチェの『ツァラトゥストラ』の「神は死んだ」という言葉が現実のものになったと考えた。しかしリンゼイは、第一次大戦の悲惨によって否定されたのは、自己満足に陥り、ご利益宗教に走ったキリスト教であり、真のキリスト教の精神は、そうした絶望や疑いをくぐりぬけて、人々に生きる力と希望を与え続けるものであることを力説した。リンゼイはキリスト教のドグマ（教義）や習慣を金科玉条のように保持し、生ける命を失ってしまった信仰のあり方を批判し、キリスト教がいかに人間と社会を変革する力を持っているか、また福音と共に生き、聖霊の力に生かされることがいかに重要であるかを強調した。彼が死せるドグマを批判し、キリストとの出会いという「宗教的経験」を重視するのも、この文脈においてである。もちろんキリスト者として彼は、ドグマそのものを批判しているのではない。ドグマが慣習化し、人々の生活を変えるいかなる力を持ちえない時に、それは人間にとって桎梏となる。リンゼイはドグマから「宗教的経験」を導きだすのではなく、「宗教的経験」によってドグマの真実性を立証する道を選択したのである。経験を通して真理を確証していく「宗教的経験主義」は、まさにイギリスの経験主義が宗教の領域においても継承されていることの証左であろう。彼は、まさにこうした視点からキリストの神性や贖いのリアリティに迫り、それを死せるドグマから生けるドグマに変革しようと試みた。それは、キリスト教を神学者や教会の支配から解放し、普通の人々の生ける経験にすると同時に、単に知的領域に留まらない、生活の隅々にまで及ぶ「信仰の全体性」を回復する試みであった。リンゼイにとって「宗教的経験」の本質は、生けるキリストとの出会いを通して新生を経験し、偉大な力に自らを明け渡すことであった。人生や社会を動かす力はもはや人間から生じる有限な力ではなく、人間を通して発揮される「聖霊の力」(power of spirit)であった。この「聖霊の力」によって不断に生かされている者のみが、慣習や伝統の組織の牢固とした枠を打ち破り、新しい精神の息吹をもたらすことができる。

彼は、チャペル講話「救いを与える信仰」において「聖霊の力」について次のように述べている。

> 人間の生活に内在する聖霊の力を見て信じることとは、私たちにも自由に開かれています。したがって私たちも、その信仰によってもたらされる確信と光を自分のものにすることができるのです。……もし私たちが、本当に聖霊の力を信じるならば、私たちはまったく別人のようになり、世界をまったく別世界に変えることになるはずです。もしわたしたちが霊的な力を求めるならば、私たちは自分自身を聖霊に委ね、聖霊が求めるままにしなければなりません。(『宗教的真理』、八二頁)

また「キリストの神性」と題する講話においては、「力の源泉はキリストのうちにあり、彼に従うことはどのような力よりも偉大な力に自分自身を明け渡すこと」であると述べている。この点においてリンゼイは、ミルトンやロックのピューリタニズムの「スピリチュアリズム」の伝統線上に立っている。こうしたキリスト教観は、彼の人生を支え、導いたのみならず、彼の政治哲学や民主主義論を根底において支えているものである。

Ⅲ　リンゼイの倫理観

リンゼイは、『二つの倫理――神への義務と社会への義務』（*The two moralities: our duty to God and to Society*, 1948）において、「自己の身分とその義務」の倫理と、「完全への要請の倫理」ないし「恩寵の倫理」の緊張関係を描き出している。この書物は、アンリ・ベルクソンの『道徳と宗教の二源泉』の影響を強く受けている。この二つの倫理が相対立する時は、自国民に対しては「自己の身分とその義務」が忠実に果たされるが、他国民に対しては敵対的で、排他的な場合である。つまり「自己の身分とその義務」が、閉鎖的となる場合である。彼は、「自己の身分とその義務の倫理が唯一の倫理である世界は、互いに敵対関係や戦争状態にある、閉鎖的でしばしば敵意に満ちた諸社会の世界であると云うことになる。そういう社会は、その範囲外の人々に対する共通の憎悪によって活気づけられるにつれて、内部における連帯性と閉鎖的な協同性を増すかに思われる」（『二つの倫理』、二〇頁）と述べている。

ベルクソンの言葉を借りれば、「自己の身分とその義務」は「閉じた道徳」であり、「閉じた世界」において通用するものであるに対して、恩寵の倫理は、「開かれた社会」において可能となる。また「自己の身分とその義務」の倫理は、排他的、閉鎖的になりやすいだけではなく、時代や国によって相対的、また可変的であって、普遍的なものではない。

特定の倫理には、特定の宗教が結び付いている。リンゼイはこの点、ベルクソンの『道徳と宗教の二源泉』に触れて「ベルクソンが指摘しているように、ベルクソンが『開いた倫理』と呼ぶもの――我々が要請あるいは恩寵の倫理と呼んできたもの――に対応している宗教の一形態があるように、自己の身分とその義務の閉じた倫理に対応している宗教の一形態がある」と述べている。

リンゼイは、ベルクソンの哲学には終始一貫して興味をもち続け、一九一一年には、『物質と記憶』の考察を中心とした『ベルクソンの哲学』を著し、ベルクソンから好意的な評価を受けている。彼はベルクソンの「直観」に好意的であり、特に『道徳と宗教の二源泉』を、自分の倫理学に近いものと共鳴した。

ところでこの二つの倫理の関係はどのようなものであるべきか。リンゼイはベルクソンと同様に、「自己の身分とその義務」が閉鎖的であるからといって排斥することはしない。そうすれば、社会は無秩序となっていく。大事なことは、閉鎖的、排他的になりやすい「自己の身分とその義務の倫理」を、普遍的な福音の精神、完全な倫理によって、絶えず内側から開き、変革しなければならないのである。

「完全な倫理」、「恩寵の倫理」は、キリスト教の山上の垂訓やよきサマリヤ人のたとえに見られるものである。それは、「汝の敵を愛せよ」というイエスの言葉に尽きる。「あなたがたは、天の父が完全なように、完全でありなさい」というイエスの言葉のように、キリスト者は完全をめざすべきである。しかし同時にリンゼイは、人間はこの完全な道徳を守ることができない不完全な存在であることを指摘する。その不完全さの意識こそが重要である。リンゼイは、「完全の要請を受け入れ、完全の探求を始めるという意味で、『完全である』人々は、他の人々よりも不完全を意識しているのである。……彼が神の完全の要請を受け入れていればこそ、彼は自分自身の不完全さを深く意識しているのである」と述べている（『二つの倫理』、六五―六六頁）。とするならば、人間が完全な道徳を目指すことは不可能であろうか。リンゼイはそうは考えない。すでに述べたように、人間が自らを神に明け渡し、聖霊の力によって生かされる時に、「完全な倫理」が実現されていく。「自分と同じように隣人を愛せよ」というイエスの完全な倫理の要求は、イエスの十字架の愛によって新生を経験し、日々イエスの愛に生かされていくものにとって現実的なものとなっていく。それは、キルケゴールの言うように、「キリストとの同時性」を生きることであった。

リンゼイにとって「自己の身分とその義務の倫理」は、この地上の「市民」としての義務であるが、「恩寵の倫理」、「完全性の倫理」は、天に国籍を持つキリスト者の義務である。教会が、この「恩寵の倫理」、「完全性の倫理」への希求を失う時に、教会は命を失い、衰退していく。

Ⅳ　二種類の個人主義と市民社会論

それでは、リンゼイは、個人を、また個人から構成される市民社会をどのように見ていたのであろうか。リンゼイは、個人主義は、科学的個人主義とプロテスタント的個人主義の二種類があることを指摘する。リンゼイによればこの二つの個人主義は、全く異なるものであり、人間と共同体に対する異なった見方を示している。科学的個人主義とプロテスタント的個人主義の相違点は二つある。一つは、プロテスタント個人主義は、神の前にすべての人々が平等であり、個人の魂が絶対的に価値あるものと考える。もちろん人間の神の前における平等は、相互の多様性を排除するものではない。各人は能力、立場、判断力、性格などにおいて異なるものであり、それを科学的個人主義のように均一化することは、人間を自然科学の原子として取り扱っているようなものである。したがってプロテスタンティズムが説く人間の平等は、ホッブズなどによって主張される科学的な平等主義とは異なるものである。リンゼイは、階級、身分、性を超えた神の前の平等と、人間が本来有している尊厳を認識することの必要性を力説する。

あなたは彼よりも生まれが良く、豊かで、強く、ハンサムである。それどころかあなたは彼よりも立派で、賢く、親切で好ましい。……しかし、これらの相違は問題ではない。というのも、彼の最後の部分は、不可侵で比類がなく、独特で「普遍的」なものである。……すべての魂が神の前に貴重であり、「すべての男女の人格が神聖で不可侵である」。この教義は、神秘的な直観から生じている。一人の人間の目に見える性格や行動の背後に、そしてそれから独立して霊的な現実が感じられるのである。私たちはそれが実際に存在するという科学的な証拠は持ち合わせていない。（*The Church and Democracy*, pp.18-19）

プロテスタント的個人主義の第二の特徴は、信者が集まって教会という小さな共同体を形成することであった。この小さな共同体においては、個人はそれぞれ異なった資質と召命、それぞれ神から託された使命を持つ個人として取り扱われ、デモクラシーの実践が行われ、「リヴァイアサンの圧迫からの避難所」が形成される。そしてこの小さな交わりが広がり、より大きな社会の交わりが形成される。この小さな交わりにおける個々人の参加が、討論を通して公共精神を修得する機会となり、デモクラシー社会を活力あるものにする原動力であった。リンゼイは、『キリスト諸教会とデモクラシー』において、科学的個人主義とプロテスタン的個人主義の相違について、「ピューリタニズムと一七世紀の科学は、同時に個人主義的であるが、その内容は異なっている。ピューリタニズムの個人主義は人間の交わり

(fellowship) であるが、科学的個人主義は原子の体系としての個人主義である」と述べている。

リンゼイにとって科学的個人主義は、ホッブズとベンサムによって代表されるものである。リンゼイはベンサムに関して、「ピューリタンやロックを捨て、ピューリタンやロックがひどく嫌ったトマス・ホッブズを採った」と批判している。こうした個人主義によっては、人間の尊厳や精神的な絆によって結び合わされた共同体形成は不可能となる。人間を快楽を追求し苦痛を避ける動物として理解する功利主義によっては、人間相互の想像的共感とか、人間人格への尊厳といった宗教的・道徳的な次元を把握することは不可能なのである。リンゼイにとって、ホッブズやベンサムはイギリス人でありながら、イギリスの個人主義やデモクラシーの形成にとっては、周辺的な存在であり続けた。彼にとって、ピューリタニズムやロックによって代表されるプロテスタント的個人主義の伝統こそ、個人主義が権威主義に転化することを防ぐことができ、個人相互間の連帯をもたらし、強靭な市民社会の形成を担保するものであった。彼が個人主義やデモクラシーにおけるプロテスタンティズム、より正確にはピューリタニズムの伝統を強調するのも、またホッブズやベンサムの科学的個人主義の危険性を強調するのも、個人の尊厳や共感に基づく共同体の形成が危機にさらされ、市民社会が「リヴァイアサン」によって圧迫されている危険性を鋭く認識したからに他ならない。

V　ピューリタニズムとデモクラシー

諸個人相互間の結びつきを強調するリンゼイの立場は、彼が、フランス革命の標語である自由、平等、博愛のうち、博愛を「兄弟愛」(brotherhood) と言い換えて、自由と平等を支える原理として位置づけることに明瞭に現わされている。兄弟愛とは、お互いに仕え合うことであり、カントの言葉を借りれば、「すべての人間は、彼自身が目的として扱われるべきであって、決して単なる手段として取り扱われてはならない」ということである。兄弟愛から切り離された自由や平等は、共同の絆を破壊していく利己主義に至る。リンゼイにとってデモクラシーが宗教的信仰の土台の上に立っている以上、宗教が衰退することは、デモクラシーも衰退することを意味した。

イギリスにおけるデモクラシーは、生き生きとした宗教的運動から始まりました。もし私たちのキリスト教が、生命を失い、習慣的なものとなり、私たちの教会が形骸化し、非現実的なものとなったならば、私たちのデモクラシーもすぐに同様な道をたどることになるでしょう。（『私はデモクラシーを信じる』、四一頁）

リンゼイは、デモクラシーの形成について、ピューリタン・コングリゲーションの経験を強調した。彼は、『民主主義の本質』の中で、独立派と水平派の人々の「パトニー討論」の中に民主主義の原型を見出した。そこには共通の目標のために、討論を通して真理を見出していこうとする「集いの意識」が存在した。小規模のアソシエーション、自由で自発的な共同体、その中でも特に教会の共同の生活の中で、共に議論しあうことによって生み出される「集いの意識」が、大きな政治社会におけるデモクラシーを支えるものである。

リンゼイは、第二次大戦中の一九四二年に刊行した『私はデモクラシーを信じる』において、「全体主義」に対して民主主義を擁護した。「全体主義」とは、「社会のあらゆる権力と権威を政府が掌中に収めており」、「対立政党、独立した労働組合、宗教や学問の自由、独立した協同組合運動や青年組織、出版の自由、政府の政策に対する組織的な批判の機会、独立した討論の機会などすべてが許されていない」思想や運動であった。リンゼイにとってデモクラシーは政治機構の問題ではなく、「社会理論」であり、国家は自発的な社会に奉仕すべきであって、決してそれを抑圧したり、飲み込んでしまったりしてはならないのである。

Ⅵ　政教分離と「寛容」

リンゼイは、一七世紀のピューリタニズムの伝統の上に立っている。その伝統は、ジュネーヴ、スコットランド、マサチューセッツで試みられたカルヴァン的神権政治ではなく、信教の自由や政教分離を重視するロジャー・ウィリアムズの伝統である。それは、トレルチの分類によると Kirche ではなく Sekte（ゼクテ）の伝統であり、「自由教会的カルヴィニズム」である。リンゼイは、「自由な国家における自由な教会」の立場に立つ。

リンゼイは一九四四年に「寛容とデモクラシー」（*Toleration and Democracy*）を書いたが、ここで、彼はイギリスにおける寛容の二つの系譜を描きだしている。第一の系譜は、国家と教会の分離を前提とし、国家の機能を制限し、教会の自由と多様性を保障する理論であり、これは、分離派のロジャー・ウィリアムズや『市民政府論』や『寛容についての書簡』を書いたJ・ロックの系譜であった。

第二の系譜は、国教会の中に多様な教派や考えを許容する包括主義の立場で、リチャード・フッカーが主張したものであり、バークにも影響を及ぼした。リンゼイの立場は前者であり、信仰を権力によって強制することは、彼にとって「神の恩寵の自由な働き」を妨害するものに他ならなかった。彼は以下のように述べている。

強制力を持つ組織である国家の領域は、自発的な組織である教会の領域とはっきり区別されなければならない。国家は教会の仕事をすることはできないし、また教会は国家の仕事をすることはできない。初期の寛容に関する議論において表明された最も説得力のあった見解は、宗教の領域における強制は自滅するというものである。それは外面的な遵守なら強いることはできる。ある特定の意見を主張する人々を殺したり追放したりすることによって、思考の仕方を破壊することができる。しかし、それは正しい信仰を産み出すことにはならない。そのことと同様に明らかなことは、恩寵の機関である教会が、もし法を強制するならば、それ自体の本性を歪曲することになる。国家の役割が秩序を守るだけの必要最小限度に減少され、しかも安全に減少されうる社会においては、この区分はある程度明確に維持されうる。（『寛容とデモクラシー』、一一二頁）

また彼は、『二つの倫理』の中でイングランドのゴア主教の『山上の垂訓の社会学説』から次の文章を好意的に引用している。

教会は、事実、その特殊性が明瞭に認められている時に、「地の塩」あるいは「世の光」として、国家に対する義務を果たしうる。間違った融合方法——我々イギリス国教会の企てのような、教会を国家に吸収する企て——は、はかりしれない弊害を惹き起こしている。我々は、聖書的原理を回復しなければならない。（『二つの倫理』、九三頁）

このように国家と教会を分離しつつも、キリスト教の福音の力によって内側から社会を変革していくことがリンゼイが目指したものであった。

〔参考文献〕

・A. D. Linsay, *Essentials of Democracy*, Oxford University Press, 1929〔『民主主義の本質——イギリス・デモクラシーとピューリタニズム』永岡薫訳、未來社、1964、増補版 1992〕.
・———, *The Churches and Democracy*, Epworth Prss, 1934〔『キリスト教諸教会とデモクラシー』山本俊樹・大澤麦訳、聖学院大学出版会、2006〕.
・———, *Our Duty to God and to the State*, Lutterworth Press, 1940.
・———, *The Two Moralities: Our Duty to God and Society*, Eyre and Spottiswoode, 1940〔『二つの倫理——神と社会に対するわれわれの義務』中村正雄訳、弘文堂、1959〕.
・———, *Toleration and Democracy*, Oxford University Press, 1942.『寛容とデモクラシー』は『私はデモクラシーを信じる』（永岡薫・山本俊樹・佐野正子訳、聖学院大学出版会、2001）に収載。
・———, *The Modern Democratic State*, vol. 1, Chathan House, Oxford University Press, 1943〔『現代民主主義国家』紀藤信義訳、未來社、1984〕.
・———, *Selected Addresses*, Oxford University Press, 1945〔『現代に生きるキリスト教——オックスフォード・チャペル講話』古賀敬太・藤井哲郎訳、聖学院大学出版会、2001〕.
・永岡薫編著『イギリス・デモクラシーの擁護者Ａ・Ｄ・リンゼイ——その人と思想』（聖学院大学出版会、1988）。

第四章　アメリカにおける政治と宗教

第一節　アメリカにおける政教分離の展開

アメリカの政教関係はどのような展開を遂げ、ドイツ、フランス、イギリスと比較してどのような特徴を持っているのだろうか。この問題を検討するため、まずアメリカの建国にさかのぼって、マサチューセッツ湾植民地とヴァージニア植民地における政教関係を考察することにする。

I　マサチューセッツ

一六二〇年にジョン・ロビンソン、ウィリアム・ブラッドフォードといったイギリスの分離派のピューリタンが、メイフラワー号でイギリスからプリマスに到着した。彼らは、到着前にメイフラワー契約を結んでいた。初めての「社会契約」である。

一六三〇年には、ジョン・ウィンスロップ（1588-1649）を指導者とする非分離派ピューリタンがボストンに到着、マサチューセッツ湾植民地を形成する。彼らが理想としたのはカルヴァンのジュネーヴの国教会制度であり、「神権政治」（Theocracy）であった。ここでは、公民は会衆派の教会員であることが条件とされ、会衆派以外の他の宗教を認めなかった。そして異端者への容赦ない抑圧、弾圧、追放が行われた。こうしたマサチューセッツの「神権政治」に反旗を翻したのがロジャー・ウィリアムズであった。彼は、一六三一年国教制度を批判し、「政教分離・信教の自由」を主張したため、マサチューセッツ湾植民地から追放され、ロードアイランド植民地を建設した。この植民地は、信教の自由が保障された地域である。ロジャー・ウィリアムズは、教会は、信徒の自発的な集合による自由な教会であり、国教会のように地域的に割り振られた教区教会ではないことを主張し、一〇分の一税、公費による牧師の維持、法廷での宗教的宣誓、教会規則の植民地政府による統制を拒否し、市民政府の権力が及ぶのは、身体や財産といった人間の外的状態に限られると主張した。

信教の自由が認められたのはロードアイランド以外に「内なる光」を重視するクエーカー教徒ウィリアム・ペン（1644-1718）が創設したペンシルヴァニアがある。クエーカーは、一六五一年ジョージ・フォックス（1624-1691）を創始者としてイギリスで発生し、イギリス、北アメリカ、アイルランドで熱心な宣教を始めた。

一六三八年には、「神権政治」をモットーとするマサチューセッツ植民地からは、アン・ハチンスン（1591-1643）が「アンチノミアン」（秩序を否定する者）という烙印をおされて、追放された。また、一六六〇年には、クエーカーのメアリー・ダイアー（1611-1660）が、クエーカーの教えを伝えようとして投獄され追放されたが、マサチューセッツに戻ったため、絞首刑にされた。

さらに、一六九二年セイラムで、魔女狩りが始まり、約二〇人の女性が処刑されるという悲劇が発生した。この事件を描いた戯曲にアーサー・ミラーの『るつぼ』（*The Crucible*）がある。また文豪ナサニエル・ホーソンは、『緋文字』（*The scarlet letter*）（1850）において、一七世紀ボストンにおけるピューリタン社会を描き、牧師との姦淫の罪を犯した主人公の女性へスター・プリンが赤いＡ（Adultery）の字を服につけられ、公衆に晒されている光景を描いている。へスター・プリンのモデルが、アン・ハチンスンである。またホーソンは『優しい少年』（1832）で、クエーカーに対する迫害を描いた。

こうした悲劇を経験したマサチューセッツ湾植民地当局は、一六九一年に会衆派を公定宗教と認めるものの、同時に他の教会に対する宗教的寛容を認め、すべてのものに、信教の自由を容認した。

一七八〇年に制定されたマサチューセッツの「権利の宣言」は、第一条で「いかなる民も公共の秩序を乱したり他の人の宗教活動を妨げない限りにおいて神を崇拝するがゆえに、もしくは自身の宗教的な告白や感情のゆえに自身の人格や自由、財産を傷つけられたり、乱暴されたり、強制されたりすることのないものとする」と宗教活動の自由は保障していたが、第三条では「公定宗教」を維持していた。公定宗教制度が廃止されたのは、一八三三年になってからである。

Ⅱ　ヴァージニア

一七七六年にヴァージニアでは、独立宣言や各州憲法の権利の章典に先駆けて、「ヴァージニア権利章典」が作成された。この人権宣言は、イェリネックが『人および市民の権利宣言――近代憲法史への寄与』(1895)で、フランスの人権宣言の源流とみなしたものである。この権利章典の第一六条に、「宗教、あるいは創造主に対する礼拝およびその様式は、武力や暴力によってではなく、ただ理性と信仰によってのみ指示されるものである。それ故、すべての人は、良心の命じるところに従って、自由に宗教を信仰する平等の権利を有する。お互いに、他に対しては、キリスト教的忍耐、愛情および慈悲を果たすことはすべての人の義務である」と信教の自由が規定されている。

一七七六年以前ヴァージニアでは、イングランド国教会が公定宗教となっており、長老派やバプティストといった「非国教徒」に対する差別が行われていた。ジェームズ・マディソン、トマス・ジェファーソンたちは「教会と国家の間に分離の壁を打ち立てる」と主張し、政教分離を実現しようとした。その成果として、一七八六年「ヴァージニア信教自由法」が成立したが、それはイングランド国教会の特権的地位を廃止し、すべての教派に同等の法的地位を与えるものであった。

Ⅲ　独立宣言とアメリカ憲法修正条項

独立宣言以前における東部一三州における教会と国家の関係は、以下の三つに集約される。

①教会の公認制度をもたない州……ロードアイランド、ペンシルヴァニア、ニュージャージー、デラウエア
②監督派教会を公認宗教とした州……ヴァージニア（一七八六年廃止）、ニューヨーク、メリーランド、ノースキャロライナ（一七七六年廃止）、サウスカロナイナ、ジョージア
③会衆派を公定宗教とした州……マサチューセッツ（一八三三年まで）、コネチカット（一八一八年まで）、ニューハンプシャー（一八三三年に廃止）

一七七六年に東部一三州はジェファーソンが起草した独立宣言を発した。そこには、以下の様に記されてある。

われわれは、次のような真理をあたりまえだと思っている。つまり、すべての人間は、神によって平等に造られ、一定の譲り渡すことのできない権利を与えられており、その権利の中には、生命、自由、幸福の追求が含まれている。我々は、恐れ多い神の摂理の保護を心から信じつつ、生命および財産、それに名誉をかけてこの宣言を支持することを、相互に誓約する。

一七八七年にジョージ・ワシントン（1732-1799）が司会する憲法制定会議がフィラデルフィアで開かれ、一七八九年アメリカ合衆国憲法が制定された。その第六条には「合衆国では、いかなる官職あるいは信託による公職についても、その資格認定として、宗教的審問が課せられることはない」と記されている。そして二年後の一七九一年に権利の章典として合衆国修正憲法一〇箇条が加えられた。その第一条では「連邦議会は、国教の樹立を規定し、もしくは宗教の自由な礼拝を禁止する法律を制定してはならない」と規定されている。この条項は政教分離の主張者マディソンによって起草された。

政教分離とは、アメリカでは正確には「国家と教会の分離」であり、政治と宗教の分離ではない。政府が特定の教会に便宜をはかること、公金を特定の宗教のために使うこと、政府が特定の宗教を宣伝すること、信じる宗教によって参政権や公務員への就職を制限すること、政府が特定の宗教を国民に強制したりすることなどを禁止するものである。国

教樹立は、少数派の宗派の信者に対して公職につく道を閉ざしたり、大学入学を制限したりなど権利を制限することによって二級市民をつくりだすので、信教の自由を侵害するものであった。あらゆる人に法的・市民的平等を完全に認めるためには、政教分離は不可欠であった。政教分離の具体的内容は、エヴァンス判決（1949）に見ることが出来る。そこには、以下の七つのポイントが指摘されている。

①連邦政府、州政府のいずれも自らの教会を設立できない。
②いずれの政府も、一宗教もしくは、すべての宗教を援助する法律、または一宗教を他の宗教より優越する法律を制定してはならない。
③いずれの政府も、個人に、その意思に反して、教会に行かせないように強制したり影響を与えたりしてはならない。
④いかなる宗教に対する信仰、不信仰の告白も強制することはできない。
⑤何人も宗教信仰または不信仰を理由に、またそれを告白したことを理由に、または教会への出席、欠席を理由に処罰されてはならない。
⑥税金は、いかなる宗教的活動もしくは宗教的機関を支援するためにも課せられてはならない。
⑦連邦政府、州政府のいずれも、公然とであれ、ひそかにであれ、いかなる宗教的組織もしくは宗教的団体等の管轄事項に関与してはならない。

思想史的に見れば、アメリカにおける信教の自由、政教分離の歴史はロジャー・ウィリアムズを先駆者とし、ジェファーソンやマディソンといった啓蒙主義者によって実現されたといっても過言でもない。

Ⅳ　今日におけるアメリカの政教関係の特徴

アメリカは、政教分離を憲法において明記しているが、政治を含む公的領域における宗教の役割は積極的に肯定されてきた。この点、フランスや日本における政教分離の形態とは全く異なるのである。森孝一氏は、『宗教から読むアメリカ』において、「アメリカは、建国の最初から「国教制度を否定し、個人の信教の自由を守る」ことと、「宗教的信条のうえに政体を打ち建て、国家を統一する」ことを両立するという、難しい綱渡りの道を歩むことを選んだのである」（森、三六頁）と述べている。これは、極めて重要な指摘である。アメリカには、ロジャー・ウィリアムズのような良心の自由、政教分離を尊重する伝統と、ウィンスロップやジョン・コットンのように宗教的信条のうえに政治体制を打ち立てようとする伝統が相互に拮抗し、対立し、かつ融合しているからである。後者の人々にとって、「政教分離」という言葉は、宗教に対して敵対的であり、宗教を軽んずるという印象を与えるので、好ましいものではない。

私たちは、アメリカの政教分離とフランスのライシテとの相違点を認識する必要がある。フランス革命が王座と祭壇の旧体制を支えていたカトリックに対する攻撃の性質をもっており、寛容を説いた思想家は反キリスト教的立場をとっており、政教分離が宗教に対する無関心や敵対を誘発したのに対し、アメリカにおける政教分離は、キリスト教の精神があらゆる分野に浸透し、受け入れられている。ただ、公立学校における宗教教育に関しては、フランスにおけると同様、「政教分離違反」として認められていない。

現代アメリカにおいて宗教的要素が、公共の世界に浸透している事例を列挙してみよう。第一に、大統領就任演説では、大統領が演説において聖書から引用したり、聖書に手を置いて宣誓したり、牧師や神父、ないしラビが祈る慣行がある。

第二にアメリカの紙幣や硬貨には、In God We Trust と刻印されている。第三にアメリカ州憲法は、四二の州憲法が神に対する祝福と感謝を求める言葉を述べている。第四に国葬はキリスト教的儀式をもって行われる。第五に連邦議会、州議会、裁判所、軍隊、警察、刑務所、公立病院に、専属牧師が存在する。

フランスの政教分離とアメリカの政教分離は、似て非なるものであるといえる。これはすでに述べたようにトクヴィルやマリタンそしてトレルチが痛感したことである。

アメリカの宗教的伝統は、植民地時代のピルグリム・ファーザーズの時代にさかのぼることができる。そしてそこには、二つの異なった伝統が見出される。一つはウィリアムズの良心の自由の伝統である。この点について第二節で検討する。もう一つの伝統は、ピューリタニズムを国家の基礎に据え、宗教と国家を密接不可分のものと捉える流れであり、これは、ウィリアムズと激しく論争したジョン・コットンの立場であり、第三節で触れることにする。また第四節、第五節で、啓蒙主義の立場に依拠して信教の自由や政教分離のために戦い、アメリカの独立宣言、ヴァージニアの信教自由法、アメリカ憲法の修正条項の起草に尽力した「啓蒙的愛国主義者」であるジェファーソンとマディソンについて触れる。次の第六節と第七節では、信教の自由を尊重しつつも、個人主義や利己主義に対して共同体の絆を強化し、国民統合のためにも「市民宗教」を提唱するロバート・ベラーと、あくまでもウィリアムズの良心の自由、政教分離を継承し、発展させていこうとするマーサ・ヌスバウムの試みを取り扱うことにする。

〔参考文献〕

・大西直樹・千葉眞編『歴史の中の政教分離』（彩流社、2006）
・E・S・ガウスタッド『アメリカの政教分離——植民地時代から今日まで』（大西直樹訳、みすず書房、2007）
・森孝一『宗教から読むアメリカ』（講談社選書メチエ、1996）
・和田守編『日米における政教分離と良心の自由』（ミネルヴァ書房、2014）

第二節　ウィリアムズ（Roger Williams）

Ⅰ　プロフィール

ロジャー・ウィリアムズ（1603-1683）は、一六〇三年にイングランドのスミスフィールドで裕福な商人の家に生まれた。この年はエリザベス一世が死去し、ジェームズ一世が即位し、チューダー王朝からスチュアート王朝への変遷の時期であった。ウィリアムズは王座裁判所の裁判長を務めるエドワード・コーク卿に見出され、書記を務めた。そして一六二四年にケンブリッジのペンブルック・カレッジに入学し、牧師となる訓練を受けた。当時ケンブリッジ大学は、ピューリタンと繋がりの深い教授たちによって支配され、ピューリタン・カルヴィニズムの牙城であった。トーマス・カートライト、ウィリアム・ペルキンスといった人々がいた。

一六二五年にチャールズ一世が即位した後、ピューリタンに対する弾圧は頂点に達したが、ウィリアムズは、一六二七年に、ケンブリッジ大学のペンブルック・カレッジで学士号を取得し、友人となったミルトンにオランダ語を教え、ミルトンからヘブル語を学んだ。大学を卒業して彼は英国国教会の聖職についた。しかし、すでに英国国教会の正統主義に疑問を感じており、一六二九年には明確なピューリタンとなっていた。一六三一年に分離主義者としてマサチューセッツ湾植民地に行った時、彼は総督ジョン・ウィンスロップ（1588-1649）などによって熱狂的な歓迎を受けた。ボストン教会は彼に教師の地位を提供することを申し出ていたが、ウィリアムズはボストン教会が完全にイギリス国教会と分離していないことを理由に、この申し出を拒否した。

一七世紀のピューリタンの非国教徒には、国教会の儀式、公式の神学、教会の慣行に反対しながらも、国教会に留まり、内部から改革しようとするグループと国教会から分離し、初代教会にならって真の教会を形成しようとするグループがあった。後者が「分離派」と呼ばれ、各地域教会の独立性を主張した。この分離派の立場は、国教会の主教の権威を否定し、主教を任命した国王の権威を否定するため、国王に対する反逆の烙印を押されざるをえなかった。当時マサチューセッツ湾植民地は、非分離派の牧師や指導者によって占められ、イギリスの非分離派ピューリタンと密接な関係にあったため、ウィリアムズが「分離派」であることが判明した時、彼は危険視されることになったのである。

ウィリアムズは、その後、セイラムの町に行き、セイラム教会で短期間牧師として奉仕した後に、一六三一年にセイラムから、ブラッドフォード総督のいる分離派のプリマス植民地に移動した。そこでも彼は、植民地の土地は国王の特許によるものではなく、インディアンから購入すべきであるとして当局と対立し、一六三三年にマサチューセッツ湾植民地に戻った。一六三五年に彼は、国家は、宗教や良心の事柄に干渉する権限を持っておらず、ただ市民の肉体や財産のみに関係しうるとするとする「政教分離」を主張した。このためマサチューセッツの「総会議」（gerneral court）は、同年ウィリアムズを追放する決定を下した。この総会議は為政者の集まりであったが、牧師であるジョン・コットンも助言者としてこの会合に加わっていて、彼は宗教的事柄のみならず、政治的事柄にも影響を及ぼしていた。ウィリアムズの追放の決定に、コットンの意見が影響したことは否定できない。

ほどなくウィリアムズは、プロヴィデンスの土地を取得し、それに加えて、近隣のポーツマス、ニューポートなどを集めて、ロードアイランド植民地を形成した。ロードアイランドは、良心や信教の自由の安全な避難所となった。一六四四年に一時イギリスに帰った時に、自分を追放したコットン批判のパンフレットとして、「コットン氏の書簡——最近印刷され、検討され、回答されたコットン氏の書簡」（*Mr. Cotton's Letter lately printed examined, and answered,* 1644）や、「迫害をすすめる血まみれの教え——良心の自由のために」（*The Bloody Tenent of Persecution, for the Cause of Concience, discussed in a Conference between Truth and Peace,* 1644）を執筆した。ウィリアムズの他の著作には、「血まみれの教えは神の子羊の血でもってそれを洗い流そうとする——血塗られた罪についての審議され、正当な弁護によってその罪は放免された」（1647）、「コットン氏が神の子羊の血で洗い清めようとした一層血まみれになった教義」（1652）、「マサチューセッツとコネティカットの総督への手紙」（1670）などがある。

Ⅱ　信教の自由、政教分離

ウィリアムズは、マサチューセッツ湾植民地の総督となったウィンスロップの「神権政治」の理念に反対した。ウィンスロップの理念は建国理念となった説教「丘の上に建てられた町」に如実に示されている。

ウィリアムズは、一六四四年に一時イギリスに帰った時に、国王と議会の内戦状態を目撃して、「迫害をすすめる血まみれの教え」を執筆し、マサチューセッツにおける宗教的画一性を追求するコットンを批判した。それは、コットンのみならずカルヴァン、ベーズをも批判したものであり、迫害は聖書の教えに反し、「誤った熱意と激しい怒りという烈火のごとき精神を高じさせ、愛の精神、高潔さの精神、そして温順の精神に反するもの」であると主張した（J. C. Davis, p.117）このパンフレットは、後の歴史の中で宗教的自由を擁護する最も有名な書物の一つとなった。

「迫害をすすめる血まみれの教え」は、ウィリアムズの良心の自由と政教分離の思想が最も鮮明に展開されているパンフレットであり、真理（Truth）と平和（Peace）の対話形式で記されている。ウィリアムズは、国家が異端者の追放など、いかなる形でも宗教や良心の問題に関与してはならないと主張した。彼はこの問題に関して一二の主張をしているが、主要なものを挙げておく（J. C. Davis, pp.86-87）。

第一に、彼はコットンの聖書解釈とは全く異なり、聖書全体が信教の自由と政教分離を支持していると主張している。

第二に、彼は国家の役割が世俗的領域に限定されていて、霊的領域に干渉してはならないとして、「すべての国家は、その政体・施政において本質的に現世的であって、法を行う国家の役人も同様に現世的事項にのみ管轄権が及ぶのであり、霊的すなわちキリストの王国と信仰の裁定者、支配者ならびに守護者たりえない」と述べている。E・S・モルガンは、ウィリアムズの国家と教会の分離に関する主要な関心は、「教会を世俗的な汚染から守ることにあったが、彼はまた政府にふさわしい役割が教会によって異なった方向に向けられるとき、政府もまた損害をこうむることを信じた」（E. S. Morgan, p.118）と述べている。

第三は、寛容の範囲がどこまで及ぶかであるが、彼は、「御子イエス・キリストの到来以来、最も無宗教的、ユダヤ的、トルコ的、ないし反キリスト教的な良心や礼拝が、すべての国民や国のすべての人に許可されることが、神のみこころであり、命令である。それらに対しては、魂の事柄においてのみ克服できる剣、すなわち神の霊と神のことばという剣で戦わなければならない」と述べている。ここでは、信教の自由が、ムスリムやユダヤ人だけではなく、無宗教の人々やカトリックにも与えられており、ロックの寛容論を超えるものであった。彼らを剣で排斥することは、聖書に反するものであり、あくまでもみことばと聖霊によって、間違いを直すべきであった。

第四として、ウィリアムズは、政教一体化を説いている旧約聖書は、先例になるものではないと主張した。これはカルヴァン、ベーズ、コットンが政教一致体制を主張するために旧約聖書を持ち出すからである。

第五番目として、宗教的迫害がどのような混乱を引き起こすかを強調し、「神はいかなる市民的国家においても宗教的画一性が強制されることを望んではおられない。強制された画一性は、多かれ少なかれ、内戦、良心のレイプ、キリストのしもべの迫害、そして偽善や何百万という魂の破壊の最も大きな機会となる」という。畢竟、ウィリアムズは、良心や礼拝の自由こそが確固とした永続的平和を築くものであると考えた。ウィリアムズは、宗教の自由が社会的混乱をもたらすという批判に対して、宗教的自由が認められている所でこそ、キリスト教と「社交性」（Civility）の双方が栄えると主張した。「社交性」とは、キリスト教を信奉しているかどうかにかかわらず、社会秩序が成り立つために必要な礼儀・作法であった。

またウィリアムズは、国家の干渉から教会を擁護するとともに、個人の魂や良心の自由を教会から守るという側面も強調した。総じて彼にとって政教分離は、国家が聖職者の支配を受けないためにも、また教会が国家の介入を受け、純粋性を失ってしまうことにならないためにも、国家と教会の双方にとって必要であった。

ヌスバウムは、「一六四〇年代のウィリアムズの重要な著作は、あらゆる主要な点で、ロックの一六八九年の『寛容についての書簡』を先取りしている」（ヌスバウム、六二頁）と述べている。ウィリアムズにとってロックと同様に信教の自由は、単なる為政者の「寛容」ではなく、基本的人権であった。

J・C・デイヴィスは、ウィリアムズの宗教的立場について以下のように述べている。

> 驚くべきことは、ウィリアムズが彼の見解を、政治的プラグマティズムの不可知論的合理主義からではなく、ピューリタンのカルヴィニズムへの急進的なコミットメントから導き出したことである。ウィリアムズはピューリタンとして古典的なカルヴァン主義の世界観にコミットしていた。つまり彼は神の主権、人間の徹底した罪性、救済のための神の恩寵の必要性、宗教的・道徳的権威としての聖書の優越性、そして純粋な教会の重要性を強調した。――礼拝における絶対的純粋性の強調がウィリアムズを、純粋な宗教的信仰の必要な表現としての宗教的実践を擁護することに対して敏感にしたのである。……ロジャー・ウィリアムズは、アメリカの宗教的自由の教義が啓蒙的合理主義にのみ由来するのではなく、アメリカ文化の宗教的基盤にも負っていることを想起させるのである。
>
> (J. C. Davis. pp.2-3)

これは、宗教の自由や政教分離の主張が、一八世紀の啓蒙主義者であるジェファーソンやマディソンに由来するという主張に対して、厳格なピューリタンの宗教的自由への貢献を評価したものである。

ウィリアムズはコットンとの論争の中で、自らの良心の自由や政教分離の理論を構築していったので、私たちは次にウィリアムズの生涯の論敵であった、コットンの「神権政治」について検討することにする。

〔参考文献〕

・Roger Williams, *A Plea for Religious Liberty* (1644), 1917.
・James Calvin Davis (ed.), *On Religious Liberty-Selections from the works of Roger Williams*, The Belknap Press of Harvard University Press, 2008.「迫害をすすめる血まみれの教え——良心の自由のために」が収載されている。
・Edumund S. Morgan, *Roger Williams: The Church and the State*, W. W. Norton & Company, 2006.
・M・ヌスバウム『良心の自由』（慶應義塾大学出版会、2011）

第三節　コットン（John Cotton）

I　プロフィール

ジョン・コットン（1584-1652）は、一五八四年英国ダービーで生まれ、一六〇二年にケンブリッジ大学トリニティ・カレッジで学士号、一六〇六年エマヌエル・カレッジで学士号を取得、一六一二年にリンカーンシャ州ボストンのセント・ポトルフ教会で副牧師となった。一六一三年にはケンブリッジ大学で教え始めている。彼は、英国国教会に疑問を持ち、会衆派のピューリタンとなった。一六二八年はウィリアム・ロード（1572-1645）がロンドン司教となり、ピューリタンに対する迫害が激化してくる年である。一六二九年にコットンはロジャー・ウィリアムズおよびトマス・フッカーと、ボストンで会談を持っている。後にマサチューセッツ、ロードアイランド、コネチカットの宗教的指導者となる人物たちである。コットンは、一六三〇年にニュー・イングランドに渡航するウィンスロップの一団にサザンプトン港で説教「植民地へ向けての主の約したまえること」を行い、新大陸をイスラエルになぞらえ、移住を出エジプトにたとえた。これ以降コットンはロードの迫害で各地を転々として身を隠し、一六三三年七月にニューイングランドに向けて出発し、移住してボストン教会の牧師となった。一六三七年から三八年にかけてアン・ハチンスンをめぐってアンチノミアン論争が生じ、コットンも深く関与した。彼の有名な著書は、一六四四年に書かれた「天上の王国への鍵」（*The Keys of the Kingdom of Heaven*）と「迫害の血なまぐさい教義」（*The Bloody Tenent of Persecution*）である。一六五一年のクロムウェルからコットンへの書簡は、クロムウェルがコットンを心の支えとしていたことを示している。コットンは一六五二年に六八歳で死去した。彼の死に際して、友人で牧師のジョン・ウィルソンは、「コットンは、自分の死期が近いことを感じていたが、恐れることなくそれを迎え入れた。そして天上で祝福されたすべての人に会えることを考えて、大いに喜んでいた」と述べている。彼は、ボストンのキングズ・チャペル墓地で、すでに一六四九年に死去していたウィンスロップの隣の墓に葬られた。

Ⅱ　「神権共同体」と信教の自由

コットンは、「教会と国家に害となるデモクラシー」（*Democracy as Detrimental to Church and State*, 1636）、「ニューイングランドにおけるキリスト教会の方策」（*The Way of the Churches of Christ in New England*, 1645）などにおいて、排他的な神権共同体（theocratic community）を提唱した。

彼は、マサチューセッツを「新しいイスラエル」と考え、回心した者の契約による教会を打ち立てようとした。国家と教会の関係に関しては、国家は教会を保護し、異端から守る役割があると考えた。また彼は、「分離主義」に反対した。国家と教会は、「神権共同体」を守るため、異端者の迫害に対しては協力するのである。また教会員であることが、為政者の職に就ける条件であるので、間接的に教会が政治に影響力を及ぼす。

マサチューセッツで宗教的な専制や迫害が行われ、信仰の良心の故に罰金を課せられたり、鞭打たれたり、投獄されたりしていることを聞いたリチャード・サルトンスタールは、ボストン教会の牧師であったコットンやウィルソンに対して一六五〇年頃に書簡を書き、宗教的寛容を求めた。それに対してコットンは以下のような返書を送っている。

あなたは、ローマ書第一四章第二三節（信仰からでていないことは罪です）に従って、礼拝において人を強制することは、人に罪を犯させると考えておられます。しかし、礼拝がそれ自体合法的なものであれば、礼拝にでるように強制することは、その人に罪を犯させるものではありません。罪とは、クリスチャンの義務を強制される必要のある人の中にあるのです。ヨシュア王が、全イスラエルに神に仕えるように強制した時に（Ⅱ歴代誌 34: 33）、彼の行為は非難されたのではなく、有徳な行為として記録されています。というのも為政者にとって、安息日を汚す者を黙認することは、第四戒に対する罪だからです。（Alden T. Vaughan, 203）

またコットンは、信仰や礼拝を強制することは、処罰を恐れて外側の行為だけを服従させるような「偽善者」を作ることになるという批難に対して、「不敬な人間になるより、偽善的な人間になるほうがましです。偽善者は神に自分の外側の部分を与えますが、不敬な人間は、内側も外側もどちらも与えないからです」と述べている。そして恐ろしい冒瀆や異端に反対することに熱心であることのほうが、宗教におけるあらゆる忌むべきことに道を開くよりは、神が成し遂げた救いに益するというのである。このように信仰の強制を支持する点において、コットンはカルヴァンの忠実な後継者である。

Ⅲ　国家と教会

コットンは一六三六年のセイ・シール卿に対する書簡で、「政教分離」に触れ、教会が国家の権限を簒奪したり、国家が教会統治を侵害することを戒めて、両者の関係について、「神の制度（教会や国家の統治）は、密接で、コンパクトで相互に調和すべきであるが、混同されてはならない」（Alden T. Vaughan, p.148）と述べ、教会と国家はそれぞれ独立していると考えた。具体的には為政者は、教会の職に選ばれたり、また教会からの指令によって統治されたりすべきではなく、市民法に従って統治するのである。そして市民法は総会議において制定され、総督によって執行される。彼は、為政者における権威、人民における自由、教会における純粋性の三つの柱を列挙し、「教会において保持されている純粋性は、人民におけるよく秩序づけられた自由を保持し、双方は、為政者におけるよくバランスのとれた権威を確立する」のであって、国家が混乱したり、分裂することはないと述べている。つまり、教会の訓練が人民に放縦ではなく真の自由を教え、そのことによって、為政者の権威が確立されるのである。とはいえ、国家と教会は相対的な自立性を有しているにせよ、正しい教義の保持や異端排斥においては協力するのである。

コットンは、「見える教会」を「見えざる教会」に近づけようとし、教会員に信仰告白と回心の証を要求し、教会が真に回心している聖徒によって構成されるように尽力した。

ちなみに彼の神学は、カルヴァン主義の予定の教義を継承し、カルヴァン主義における「チューリップ」（Tulip）と呼ばれる五つの教義を信奉した。その五つとは、Total Depravity（人間の完全な堕落）、Unconditional Election（無条件の選び、救済に代償はなし）、Limited Atonement（キリストの贖罪は、予定された人々に及び、すべての人が救済されるわけではない）、Irresistible Grace（人間は神の恩恵に逆らえない）、Perseverance of the Saints（聖徒であることは、忍耐を意味する）である。

〔参考文献〕

・小倉いずみ『ジョン・コットンとピューリタニズム』（彩流社、2004）。ジョン・コットンの神学の本格的研究書であり、本書でも大いに参照したが、残念ながらウィリアムズとの論争にはほとんど触れられていない。
・E. S. Morgan, *Roger Williams: The Church and State*, W. W. Norton, 2006.
・A. T. Vaughan (ed.), *The Puritan Tradition in America, 1620-1730*, Revised Edition, University Press of New England, 1973. ウィンスロップやジョン・コットンの演説が収録されている。

第四節　ジェファーソン（Thomas Jefferson）

Ⅰ　プロフィール

トマス・ジェファーソン（1743-1826）は、一七四三年四月一三日にヴァージニア植民地のシャドウェルに生まれた。一七六九年には、ヴァージニア植民地議会の議員に選ばれ、その四年後の一七七三年にボストン茶会事件が起きた。イギリスはアメリカ植民地に対して強圧的政策をとったため、独立運動が強くなり、ジェファーソンは一七七六年に「独立宣言」を起草し、大陸会議に提出した。

彼は、一七七九年から八一年までヴァージニア州知事に選ばれ、一七八九年には初代大統領ジョージ・ワシントン（在位 1789-1797）の下で、国務長官をつとめた。また、一七九六年ジョン・アダムス大統領（在位 1797-1801）のもとで副大統領をつとめ、一八〇〇年に第三代目の大統領となり、二期をつとめ一八〇八年に引退した。彼は、一八二六年に八三歳の生涯を終えた。彼の墓碑銘には、「独立宣言と信教自由法の起草者、ヴァージニア大学の創立者」と記されてあり、大統領という言葉はない。彼が希望した墓碑銘という。彼が、信教の自由にかけた情熱が伝わってくるようである。

本書の関係で最も重要なことは、一七八六年にジェファーソンによって「ヴァージニア信教自由法」が起草されたことであった。すでに一七七六年に「ヴァージニア権利章典」が出されていたが、信教の自由は認められたものの、必ずしも「政教分離」が明記されていたわけではなかった。保守派は、信教の自由と国教会制度は両立しうると考えていたのである。

なお彼は、政治制度に関しては、マディソンと同様に、立法府に権限が集中することを憂慮し、基本的人権の保障のために、三権分立の必要性を訴えた。

Ⅱ　独立宣言

ジェファーソンは、アメリカの「独立宣言」を起草し、それにフランクリン（1705-1790）とジョン・アダムスが加筆修正をし、一七七六年七月に大陸会議で可決された。そこには、自然権理論や社会契約理論が展開されている。

われわれは、自明の理として、すべての人は平等に造られ、造物主によって、一定の奪い難い天賦の権利を付与され、そのなかに生命、自由および幸福の追求の含まれることを信じる。また、これらの権利を確保するために、人類の間に政府が組織されたこと、そしてその正当な権力は、被治者の同意に由来するものであることを信じる。そしていかなる政治の形態といえども、もしこれらの目的を毀損するものとなった場合には、人民はそれを改廃し、彼らの安全と幸福とをもたらすべしと認められる主義を基礎とし、また権限の機構を持つ、新たな政府を組織する権利を有することを信じる。

ここでは神という言葉の代わりに、「造物主」という言葉が使用されている。また、植民地の独立を宣言したくだりにおいては、「至高なる世界の審判者」という言葉が現われる。この独立宣言には、J・ロックの『市民政府論』の影響が顕著である。

Ⅲ　ヴァージニア覚書（1776）、ヴァージニア信教自由法（1786）

ジェファーソンは、「ヴァージニア信教自由法」の前に、一七七六年に『ヴァージニア覚書』を刊行した。この中で彼は、過去のヴァージニアにおける宗教迫害について触れ、「一六五九年、一六六二年のヴァージニア植民地議会の立法によって、親たちが子供の受洗を拒否することは、刑法上の犯罪とせられ、クエーカーたちの集会は非合法として禁止された。……イギリス国教会教徒たちは、このヴァージニアを百年にわたって完全に支配していたといえる」（『世界の名著40』、二五四頁）と述べ、信教の自由は自然権であり、それは譲り渡すことのできない権利であることを強調している。

人民は、法の強制の下で、いたしかたなく自然権のあるものを支配者たちに譲りわたしたかもしれないが、支配者たちは譲りうけた自然権に対し、理論上、何ら正当の権威をもちうるものではない。良心の自由の権威は、我々は決して譲り渡したこともなかったし、また譲り渡しえないものであったのだ。我々は、良心の自由の権利は、我々の神に対して責任を持つのである。（『世界の名著40』、二五五頁）

ジェファーソンは、宗教上の誤謬は「理性と自由な討究」によってのみ正されるものであり、強制を加えることは、その人を「偽善的」にするだけだと主張する。「理性と自由な討究」によって偽りの宗教すべてに審判が下され、真の宗教のみが自然と支持されるようになるというのである。そして彼は、宗教の純粋性の保持のためにも、「理性と自由な討究」が必要であるとして、「今日、思想の自由に対する制約が維持されるならば、現在行われているキリスト教の腐敗が保護されることとなり、それのみならず、新たな腐敗が奨励されることになろう」と警告している。

彼は、公定宗教を持っているヴァージニアとそうではないペンシルヴァニアやニューヨークとを比べて、後者においては「理性と自由の討究」によって高度の宗教が保たれると同時に、社会の平和と秩序が保たれていると述べ、両邦における「寛容」を称賛している。

ほとんど全部の各邦の政府は、何かの宗教を支持してきた。それを裏返しにすれば、各邦の政府や立場は、それぞれ宗教裁判所的な働きをもしているといえる。しかし、政府が特定の宗教を支持することにおいて、誤りが絶対ないという証拠はどこにあるのであろう。だが、隣のペンシルヴァニア邦でも、ニューヨーク邦でも、政府が特別に支持する特定の宗教はないが、それでいて、結構長い間うまくやっているのではないか。……この両邦では、幾つかの宗教が人民の支持を受けてきた。これらの宗教はすべて高級の宗教であり、社会の平和と秩序を維持することに貢献してきた。何か道徳に害のある教義を持つ新しい宗教が出現すると、人民の良識がフェアープレイの働きをなし、……社会からたたき出されるのである。……それは両邦では無限というべき寛容が行われているからである。（同、二五七頁）

そして彼は、「ヴァージニア人民が、異端者呼ばわりにされたものを処刑したり、三位一体の神秘的な教義を理解しえないかどで三年の禁固刑を受けるなどということをこれからも許しておくだろうか？」と述べ、信教の自由の立法化を訴えている。

なおジェファーソンは、奴隷制度を批判し、「主人の側では仮借なき専制が行われ、奴隷の側には屈辱的な服従」が強いられ、各人がもっている自然権を破壊するものであるとし、神から授けられた自由と人権が毀損されれば、正義の神の審判が下されると義憤を露わにしている。

すでにⅠで、「ヴァージニア信教自由法」について触れたが、この法律では、宗教を強制すること、公認宗教のために金銭の支払いを強要すること、信仰の故に公職への就任を禁止することは、各人が有する「自然権」への侵害であった。そして同時に、宗教的不寛容が自然権の侵害のみならず、宗教の腐敗をもたらすことがはっきりと謳われている。そうした不寛容は、「それが振興せんとする特定の宗教そのものの信条をかえって腐敗させ」、「特定宗教を単に表面的にのみ信奉する人々に対して、世俗的な名誉と報酬との独占を与える事によって、彼らを堕落させる」のである。

Ⅳ　ジェファーソンの理神論

ジェファーソンは、大統領の第一次就任演説（1800）で、「我々は、すべてを支配される神を認め、神を讃える」と述べ、「神から数々の恵みをうけている」と謝意を表明した。ジェファーソンにとって、キリスト教の信仰とは一体何であったのだろうか。それは、ひと言でいえば啓示宗教ではなく理神論であり、理性によって信じうる宗教であった。

彼は一七八七年のピーター・カー（ジェファーソンが愛した甥）への書簡の中で、次のように述べている。

宗教。あなたの理性は、いまや成熟して、この問題を考えることができる。……理性を堅くその主座に就かしめ、一切の事実と意見とを理性の審判の前に立たしめよ。大胆に、神の存在そのものをすら、問題とせよ。神もしいまさば、神は理性に基づく帰依をこそ、盲目の恐怖による服従にまして、よみしたもうであろう。当然にまず我々の国の宗教を検討せられよ。さればバイブルを読まれよ。（同、二八一頁）

また彼は、ベンジャミン・ラッシュへの書簡（1803.4.11）の中で、自分の宗教が反キリスト教的であるとみなされていることに反論し、「私はキリスト者です。キリストがすべての人にかくあれと望んだ意味でのクリスチャンです。私は、他のあらゆる宗教・教義に比べて、キリストの教義をよりよいものと信じ、それに真心から信従しております」（同、二九四頁）と述べている。これはジェファーソンが、理性の範囲内においてイエスを信じているので、イエスを神として認めず、三位一体論の教義を非本質的なものとして退けていたことで、彼の信仰に対して批判がなされていたという背景があったからである。彼にとって重要なことは、福音書に示されたイエスの道徳律であった。その意味において、ジェファーソンも啓蒙主義者であった。

更にジョン・アダムスへの書簡（1823.4.11）において、「キリスト教各派は、それぞれの教義で、啓示がなければ、神の存在の充分な証拠はなかろうと説くことにより、かえって無神論をおおいに誘致するように私には思えます」（同、三〇三頁）と述べ、啓示宗教に距離を置いている。彼は、啓示を前提としなくても、宇宙や天体の運行を観察する時に、万物の創造者の存在を認めざるをえないと述べている。創造者としての神を認めることが、ジェファーソンにとっては、アメリカ国民の様々な教派の共通分母であったといえよう。

ところでジェファーソンは、一七八九年のアメリカ憲法において、権利の章典が規定されていないことに不満であった。彼は、フランシス・ホプキンソンへの書簡（1789.3.13）の中で、以下の様に述べている。

新憲法について私ががっかりしている点は、権利の章典が挿入されていないことです。人民の基本権が、立法府や行政府の行き過ぎから保護されるという点が明記されていないことです。すなわち信教の自由、言論・出版の自由、独占からの自由、不法投獄からの自由、常備軍維持に反対する自由、国法によって裁かれる各種の事件に陪審制を置くことなどが、明記されていないことです。（同、二八四頁）

この権利の章典を憲法の中に入れることに尽力したのが、次に述べるジェファーソンの盟友で、ジェファーソンに次いで第四代大統領になった、J・マディソンであった。

〔参考文献〕

・T・ジェファーソン「ヴァージニア覚書」「書簡選集」（『世界の名著40　フランクリン、ジェファソン、マディソン、トクヴィル』（中央公論社、1990）

・西川秀和『トマス・ジェファソン伝記辞典』（大学教育出版、2014）

第五節　マディソン（James Madison）

Ⅰ　プロフィール

ジェームズ・マディソンは、国教を禁止し宗教の自由を保障した修正憲法第一条の立案者である。マディソンは、一七五一年にヴァージニアのオレンジ郡で、奴隷を所有している家に生まれた。一七六九年プリストン大学に入学し、ロック、モンテスキューやスコットランド啓蒙主義者の思想を勉強した。ヌスバウムは、マディソンがグロチウス（1583-1645）やアダム・スミス（1723-1790）を通して、ストア派の思想を継承していったと述べている（ヌスバウム、一三七頁）。彼は、アメリカ独立革命とともに、ヴァージニア邦議会、大陸会議の代表者を務めた。またフィラデルフィアの憲法会議で憲法案の基礎となるヴァージニア案を提出し、一七八九年のアメリカ憲法制定に尽力した。また独立後マディソンは下院議員となり、ジェファーソンの新憲法批判にこたえて、憲法修正一〇カ条として、権利の章典を追加することに尽力した。また彼は奴隷解放を唱道した。彼は、第三代大統領ジェファーソンのもとで、一八〇一年に国務長官を務め、一八〇九―一八一七年まで第四代目の大統領を二期八年務め、ヴァージニアの故郷モンティペリエで一八三六年に亡くなった。

Ⅱ　国家と教会

マディソンは監督派教会の敬虔な家庭に生まれたが、無資格の説教者が収監された事件を契機として、監督派教会に対する不信感を強めていった。彼は一七七四年一月二四日付書簡において、「もし監督派教会が、ヴァージニア植民地において存続しているように存続し、北米植民地すべての国教となり、妨害されることなく定着してしまえば、我々の間に隷属と支配が徐々に入り込むことは明らかなように思えます」と述べている（西川、一二頁）。マディソンは、ペンシルヴァニアの政教分離と比較して、ヴァージニアの国教会制度を批判して、国教会制度が「甚大な無知と腐敗」をして精神の隷従をもたらすと批判した。彼は、ジョージ・メイソン（1725-1792）の草案を大幅に修正し、ヴァージニアの権利の章典を一七七六年に作成した。メイソンの草案には、「宗教を口実にして社会の平和や幸福、安全をかき乱すことがない限り、あらゆる人間は、良心の命じるままに宗教活動を行うにあたって、十分な寛容を享受しなければならない」というものであった。マディソンは「寛容」という言葉に反発した。というのも、「寛容」という言葉には、権力者が少数者に恩恵としてあたえるという意味があると思われたからである。彼にとって、宗教の自由は人間の自然的権利であった。

ヴァージニアの権利章典においてマディソンは、上院の反対により、国教会の廃止と政教分離を盛り込むことができなかったが、それが実現するのがすでに述べた一七八六年の「ヴァージニア信教自由法」においてである。その前にヴァージニア州は、一七七六年に州議会において、国教会を助成する税負担を非国教徒に対して廃止し、一七七九年には国教会派の信者にも廃止していた。一七八四年にパトリック・ヘンリー(1736-1799)が州議会に「キリスト教指導者への資金供与を確立するための法案」を提出したのに対して、マディソンは一七八五年に「宗教上の課税に反対する請願書と抗議」(*Memorial and Remonstrace against Religious Assessment*)を書き、ジェファーソンとともに反対した。この法案は、特定の宗教を優遇することなしに、宗教を財政面で助成するものであったが、そこには、非宗教者に対する差別が含まれていると考えたからである。

> 私たちは、神に起源を持つと自分が信じる宗教に帰依し、そのことを公言し、そしてその教えを守る自由が自分にあることを主張する。しかし他方で、ある人たちの精神が、私たちが自明だと信じる教えにいまだ従うことがなかったとしても、そうした人々に対して、私たちと同じ自由を否定することはできない。(McConnell, pp.63-68)

彼は、公認宗教はもとより、自分が信仰する宗教のためにも、課税義務を負わせられてはならず、教会の活動は自由な献金によって行われるべきであると主張した。マディソンは、キリスト教を非キリスト教の上位に位置付ける州政府の権限を認めると、それが拡大され特定の宗派を別の宗派より上位に位置づけることになり、平等の権利が侵害されると考えたのである。

国教会は聖職者や教会の活動に対して財政的支援を行うことによって、「聖職者の高慢と怠慢」、「信者の無知と隷属状態」をもたらし、教会の依存体質を強め、教会の純粋性と活力を著しく阻害してきた。彼は、国教会制度の腐敗の歴史を想起し、「請願書と抗議」で以下の様に述べている。

> 同法案によって提案されたような給費は、キリスト教を支援するためには必要ではない。つまり、キリスト教それ

自体に矛盾している。というのは、キリスト教のあらゆる書物が、現世の権力に依存することを否定しているからである。……場合によっては、キリスト教の指導者たちは、俗世の権限を崩壊させたうえで精神的専制を築いてきた。多くの場合、キリスト教の指導者たちは、政治的専制である王権を擁護してきた。キリスト教の指導者達が人々の自由の擁護者となった例はない。人民の自由を覆そうとした支配者達は、既存の聖職者を便利な補助装置と見なしていた。人民の自由を永続させ保存するために樹立された公正な政府はそのようなものを必要としないであろう。（西川、二〇九頁）

マディソンは、「請願書と抗議」で、「宗教は政府の基礎であり基盤である」と述べているように、彼が反宗教的でなかったことは確認しておく必要がある。彼は一八二二年七月一〇日のエドワード・リヴィングストン宛の手紙において、「教会と国家の完全な分離のあたらしく成功した模範が重要なのです。あらゆる新しい模範が……宗教と政治の両方がより高い純粋性を持って存在し、よりまじりあわないようにすることで成功を収めることは疑いありません。……我々は王や貴族がいなくてもうまくやっているという偉大な真実を世界に教えています。その利点は、宗教が政府の支援がなくてもより高い純粋性の中で栄えているという教訓によって倍加します」（西川、二九七頁）と述べている。

またマディソンは、「ヴァージニア信教自由法」について、「信教自由法は、州のあらゆるキリスト教派からなる圧倒的多数者を意図的に認めることを正式に訴えかける効果をもたらす利点を持っている。この法律は、信教の自由の真の基準である。その原理は、良心の自由の権利の剥奪に対する大きな障壁となる。信教自由法が尊重される限り、もうそれらは安全である。この原理を欠いたあらゆる規定は、少なくとも狂信が迫害を導くことを通じて裂け目を残すことになろう」（西川、二八一頁）と述べている。

Ⅲ　マディソンの宗教観

マディソンは、ジェファーソンのように自分の宗教について語ることをしなかったが、ジェファーソンと同様、正統な啓示宗教を信奉するキリスト者ではなく、宇宙は神が創造した調和に満ちた世界と考え、進歩と啓蒙がもたらされると考えた啓蒙主義者であった。一八二二年にウィリアム・バリー宛ての書簡において彼は、教育が、「人民の精神に光を投じ」、「人民の自由に対する危険な侵害に対する最善の安全策」であり、アメリカの自由な政治制度が「人類の知的かつ道徳的改善にとって好ましいものである」（西川、二八二頁）と述べているが、そこに彼の啓蒙主義者としての立ち位置が示されている。

〔参考文献〕
・西川秀和『ジェームズ・マディソン伝記辞典』（大学教育出版、2016）
・M・ヌスバウム『良心の自由』（慶應義塾大学出版会、2011）
・『世界の名著40　フランクリン、ジェファソン、マディソン、トクヴィル』（中央公論社、1990）
・M. W. McConnell, *Religion and the Constitution*, Wolters Kluwer, 4th Edition, 2016.

第六節　ベラー（Robert Beller）

アメリカの宗教的伝統を重視し、政教分離を前提としながらも、「市民宗教」を主張したのが、ロバート・ベラーであり、二〇世紀におけるトクヴィルの継承者ともいうべき存在である。

Ⅰ　プロフィール

ロバート・ベラー（1927-2013）は、一九二七年に米国のオクラホマ州に生まれた。ベラーは、ハーバード大学に進学し、大学院では、日本に関する研究をすすめ、一九五七年に博士論文『徳川時代の宗教』を刊行した。彼は一九六〇年代半ばからアメリカ研究にシフトし、一九六七年「アメリカにおける市民宗教」を発表し、注目されるようになった。一九六七年にハーバード大学からカリフォルニア大学バークレー校に移り、一九七五年に『破られた契約』（*The Broken Covenant:American Civil Religion in Trial*）を発表し、ベトナム戦争で分裂したアメリカ社会の病理を解剖し、一九八五年の共著『心の習慣』（*Habits of the Heart; Individualism and Communitarianism in American Life*）において、個人主義の行き過ぎに対して、ピューリタニズムや共和主義による社会の精神的絆を強調したが、この書物は世界的なベストセラーになった。そして二〇一一年には大著『人類進化における宗教』を刊行し、枢軸時代における世界宗教の発生を論じた。彼はカリフォルニア州のオークランドで死去した。

Ⅱ 「アメリカにおける市民宗教」

市民宗教

ベラーは、「アメリカにおける市民宗教」において、ルソーの意味で「市民宗教」という言葉を用いるのではなく、アメリカの建国の父の発言の文脈でこの言葉を用いると断っている。彼は、「市民宗教」の内容を示すために、ワシントン、ジェファーソン、リンカーン、J・F・ケネディ、ウィルソンといった歴代の大統領の講演や就任演説の分析を通して、アメリカの「市民宗教」の特性を描き出している。そこでは、キリストの名前は言及されず、すべての一神教やすべての教派に共通している神の概念が引用され、創造者としての神、摂理によって歴史を導く神、歴史や民族の審判者としての神が示されている。またアメリカの独立革命、奴隷解放という重大な歴史的事件が、「出エジプト」、「選民」、「約束の国」、「新しいエルサレム」、「犠牲の死と再生」という聖書的な象徴で語られている。ベラーはベンジャミン・フランクリンの『自伝』の一節の中に「市民宗教」の特性を見ている。

私は、決して幾つかの宗教的原則なしではすますことができませんでした。例えば、私は神の存在、神による世界の創造と神の摂理による支配を決して疑いませんでした。また神に受け入れられる最も良き奉仕は、人々に善をなすこと、私たちの魂は不滅であること、すべての罪は裁かれ、徳は現世においても来世においても報われることを信じています。こうしたことを私はすべての宗教の本質とみなし、それが私たちに国のすべての宗教に見出されるので、私はすべての宗教を尊敬するのです。(Civil Religion, p.3)

特定の宗教や特定の教会ではなく、神の存在、摂理、そして審判こそが、市民宗教の内容であり、アメリカ国民は神の摂理を知り、神の業をこの地上においてなしとげる使命を有しているのである。それは、一七七六年のアメリカの「独立宣言」で、創造主によって付与された不可侵の人権を保持し、圧制、貧困、隷属からの解放をなしとげる使命であった。

ベラーは、歴代の大統領の就任演説における神への言及は単なる「空虚な形式」や選挙へのリップ・サーヴィスではなく、宗教的次元を有する真剣な発言と理解した。

ベラーにとってアメリカの「市民宗教」はたとえアメリカ国民の特別の使命に言及することがあったとしても、それは、普遍的な倫理や価値と結びついており、決してアメリカの愛国主義を煽り、国内の宗教的・人種的・政治的少数派を弾圧したり、帝国主義や冷戦のイデオロギーとなって、アメリカ主義を宣伝するものであってはならなかった。彼は「アメリカ国民がより高次の判決の下に立っているという意識がなければ、市民宗教の伝統は危険である」と述べ、「市民宗教」が宗教右派によって乱用される危険性に警告を発している。彼は「アメリカにおける市民宗教」を一九九一年に『信仰を超えて——ポスト・伝統主義世界における宗教に関する評論』という著書に再録する際に、以下のように述べている。

一九六八年に私は、私がアメリカ国民の偶像崇拝(idolatrous worship)を支持したという非難に対して弁明をしました。私が、アメリカの市民宗教の中心的伝統を国民的な自己崇拝の形式としてではなく、国民を超越し、国民の判断の基準を提供する倫理的原則に国民が服従するものとして考えていることはテキストから明白であると考えま

す。（Civil Religion, p.1）

こう述べて、ベラーは、「すべての国民は宗教的な自己理解の形式」に至るので、そのような不可避なものを切り捨てるよりは、「市民宗教の伝統の中に、国民的な自己‐偶像化の絶えざる危険性を切り取る批判的な諸原則を追求する責任がある」ことを主張する。

政治と宗教

ところで市民宗教は政教分離とどのような関係があるのだろうか。トクヴィルは、政教分離を認めつつもキリスト教を「習俗として」位置づけ、政治的・公的領域における影響を力説したが、基本的にベラーもトクヴィルに従っている。

教会と国家の分離を考えると、大統領が「神」という言葉を考えることはいかにして正当化されるのであろうか。その答えは、教会と国家の分離は、政治的領域に宗教的次元を否定していないということである。個人的な宗教的信仰、礼拝、そして集まりは、厳密に私的な事柄であると考えられるが、同時に、大多数のアメリカ人が共有する共通の宗教的方向性の諸要素が存在する。こうしたことは、アメリカの諸制度の発展において決定的な役割を果たしたし、依然として政治的領域を含むアメリカ人の生活の全構成において宗教的次元を提供している。この公的宗教的次元は、私がアメリカの市民宗教と呼んでいる一連の信念、象徴、儀式に表現されている。（Civil Religion, p.2）

ベラーは、ケネディの就任演説を例に持ち出し、彼が使用した神はすべてのアメリカ人が受け入れることができる言葉であって、ケネディは、イエス・キリストやモーセという言葉を使わなかったし、キリスト教会やカトリック教会という特定の教会にも言及しなかったと述べている。

Ⅲ　『破られた契約』

ベラーは、「アメリカの市民宗教」から約八年後に『破られた契約』を刊行した。彼は、「本書の目的は、二〇世紀のアメリカが直面している諸問題に鑑み、アメリカの伝統を解釈すると同時に、伝統を通して現在を解釈したい。それによって過去と現在の間につながりをつけ、アメリカ人たるわれわれの自己理解を深める一助としたいのである」（『破られた契約』、一四頁）と述べている。「伝統を通して現在を解釈する」ベラーの解釈学の試みは、アメリカにおけるピューリタニズムの伝統と共和主義の伝統を再解釈ないし再構成することによって、過度の個人主義や道徳の腐敗・堕落によって失われようとする共同体の再興に寄与することであった。それは、アメリカの「市民宗教」の復活の試みであった。ベラーは、伝統に根ざし、伝統の再解釈によって生み出されてくる市民宗教の本質を神との「契約」（Covenant）という形で再構成した。

彼は「市民宗教」を定義して、「どの民族の生き方の中にも見出されると思う宗教的次元――すなわち、民族が超越的実在との関わりの中で自らの歴史的経験を解釈するための次元――のことである」（『破られた契約』、二九頁）と述べている。

ただし、本書でベラーが「市民宗教」の役割において強調していることは、過度の個人主義に対するポレーミクを念頭においているので、トクヴィルのように人権や民主主義を強調するというよりは、公共的な秩序や規律の方に力点があった。彼によれば、それこそピューリタニズムの伝統であった。この点に関してベラーは、以下のように述べている。

初期のニューイングランドの政治思想では、社会的・公共的・共同体的なものが強調されている。人は基本的に社会的なものであるという理解の上にたった集団的なものの強調は、種々のものから由来している。それはまず、ポリスは市民の教育と徳性に責任をもつというポリス的古典概念、また民族は集団としてその行為に責任を持つという考えに立った旧約的な神と人との契約の概念、さらには、愛徳に基づき、一つの共同体の中での兄弟愛や同志関係の中に表現される新約的共同体理念などから発したものである。この集団的なものの強調は、決して個人の尊重を否定するものではない。なぜなら、古い諸伝統をカルヴィニズム的に統合したものにおいては、個人の尊厳と責任に対する強い意識が保たれており、特に自由意志に基づく個人の行為が強調されていたからである。（『破られた契約』、五〇―五一頁）

個人の尊厳と自由に立脚する市民的徳性と共同体の再興のためには、ピューリタニズムの伝統を、掘り起こして継承することが肝要であった。

Ⅳ　『心の習慣』

彼は、『破られた契約』から一〇年後の一九八五年に『心の習慣』を書いた。心の習慣（Habits of the Heart）は、トクヴィルの「les habitudes du Coeur」からの翻訳である。従って、トクヴィルの「市民宗教」の影響が強いものとなっている。彼は、本書の中でアメリカにおける政教分離に触れて、「圧倒的多数のアメリカ人は教会と国家の分離を支持」しているが、昔と同じくそのほとんどが、「宗教は公共的な領域における重要な役割を持っていると信じている」（『心の習慣』、二六六頁）と述べている。

ベラーは、過度の個人主義（功利的個人主義と表現的個人主義）の系譜に対してアメリカの聖書的伝統（ピューリタン的伝統）と共和制的伝統を対置し、共同体形成の重要性を訴えている。聖書的伝統はマサチューセッツ湾植民地の総督になったピューリタンのジョン・ウィンスロップの伝統である。ベラーは、一六三〇年にセイラム湾内の船内で語った「丘の上の町」というウィンスロップの説教を引用している。それは倫理的共同体の創造という実践であった。

我々は、互いの内に喜びを見出さなければならない。他者の境遇を自分のものとし、共に喜び、共に泣き、苦しみ、いつも同じからだの部分としてわれわれの共同体のことを思わなければならない。

ベラーにとって共和制的伝統とピューリタン的伝統をあわせもった人物が、トクヴィルであった。トクヴィルは、「同時代のアメリカ人のモーレス（moeurs）のうちに存続している聖書的伝統と共和主義的伝統――ウィンスロップの伝統とジェファーソンの伝統――を極めて重要なものとみていたのである」（『心の習慣』、四三頁）。ベラーにとって、こうした伝統に立つ共同体は、過去の記憶に生きているという意味で「記憶の共同体」（community of memory）である。

しかし、ベラーの「市民宗教」の記述においては、当時の宗教一致体制に対して、良心の自由と政教分離を一貫して叫んだロジャー・ウィリアムズは全く姿を現さない。それに対してウィリアムズをアメリカの宗教的伝統の中心的存在として評価するのが、次に述べるM・ヌスバウムである。ウィンスロップやコットンとロジャー・ウィリアムズとの対立が三〇〇年以上も経過して形を変えて再現されることとなる。

〔参考文献〕
・R・N・ベラー『破られた契約――アメリカ宗教思想の伝統と試練』（松本滋・中川徹子訳、未來社、1983）。原題 Robert N. Bellah, *The Broken Covenant*, 1975, The Seabury Press.
・――――『心の習慣』（島薗進・中村圭志訳、みすず書房、1991）。
・Robert N. Bellah, "Civil Religion in Amerika", Daeddaus 96, 1967. http://www.robertbellah.com/article

第七節　ヌスバウム（Martha Nussbaum）

I　プロフィール

マーサ・ヌスバウムは、一九四七年にニューヨークで生まれた。ニューヨーク大学で演劇と古典学を学び、その後ハーバード大学に移り、哲学を研究し、一九七五年に博士号を取得した。その後彼女は、ハーバード大学で哲学と古典学を教えた後、ブラウン大学を経て、シカゴ大学のロー・スクールで教鞭をとった。彼女の処女作で、彼女を有名にしたのは、ギリシャの哲学や悲劇を扱った一九八六年の著作『善の脆さ――ギリシャ悲劇と哲学における運と倫理』（*The Fragility of Goodness: Luck and Ethics in Greek Tragedy and Philosophy*）であった。ここでの中心的テーマである人間の脆弱性は、彼女の学問的・実践的営みを貫いているものである。彼女の主要な著作は、コスモポリタニズムの立場から愛国主義を批判した『国を愛するということ――愛国主義の限界をめぐる論争』（*For love of country; debating the limits of Patriotism*, 1996）、多文化主義の教育を説いた『人間性を耕す』（*Cultivating Humanity*, 1997）、ケイパビリティ理論を定式化した『女性と人間開発――ケイパビリティ・アプローチ』（*Women and human development*, 2000）がある。この書物において彼女は、人間が生まれながらにしてもっている「権原」として、生命、健康であること、身体の不可侵性、感覚を用い思考し、想像力を用いること、感情（emotion）を持つこと、実践理性、連帯（affiliation）など一〇のケイパビリティを挙げている。こうした潜在能力が生かされていくためには、それを発揮する障害となっている様々な政治的・社会的・家庭的抑圧構造の変革が不可欠である。そうした変革的意図を持って、彼女は、『思考の転換――情緒の知性』（*Upheavals of thought: the intelligence of emotions*, 2001）、『人間性からの逃走――嫌悪、恥、法律』（*Hiding from humanity: disgust, shame and the law*, 2004）、ロールズの正義論を批判した『正義のフロンティア』（*Frontiers of justice: disability, nationality species membership*, 2006）を刊行した。ヌスバウムは『正義のフロンティア』で、ロールズが無視してきた国家を超えた領域、身体的・精神的障碍者、外国人や動物も正義論の適用対象にすることを主張している。また彼女は良心の自由を擁護した『良心の自由――アメリカの宗教的平等の伝統』（*Liberty of conscience: in defense of America's tradition of religious equality*, 2008）、『新しい宗教的非寛容――不安な時代における恐怖の政治を克服すること』（*The new religious intolerance: overcoming the politics of fear in an anxious age*, 2012）などを刊行した。

ここでヌスバウムの政教関係の見解を知るうえで重要なことは、彼女が一九六九年アラン・ヌスバウムと結婚し、ユダヤ教に改宗したことである。彼女はそれによってアメリカにおける少数派の視点からアメリカの支配的な宗教の問題点を考察する立場を獲得したのである。

Ⅱ　良心の自由と政教分離

ヌスバウムは、『良心の自由――アメリカの宗教的平等の伝統』において、宗教の領域における良心の自由の必要性を訴えている。興味深いのは、ヌスバウムのアメリカの伝統に対する解釈が、建国神話を重視するベラーのアメリカの伝統に対する再解釈と対照的なことである。つまりヌスバウムは、アメリカの宗教的伝統をロジャー・ウィリアムズの「良心の自由」の伝統に求めている。ヌスバウム自身は「改革派のユダヤ教徒」であるので、一方において「良心の自由」を主張すると同時に、他方において宗教を攻撃する世俗主義や無神論に与しなかった。ヌスバウムは、アメリカ人の多くが「政教分離」という言葉に違和感を覚えていることに対して、以下のように述べている。

> 少数派の宗教を抑圧するということにぞっとさせられたり、すべての市民が平等な権利を持つわけではないという驚くべき示唆にあきれたりするような善意ある市民でも、多くの人が、国家が宗教的性格を公的に是認しようとする動向を害のないものと見ており、あるいはよいことだと考える人もいる。というのは、それがどうやって、不平等な自由や、公的領域での不平等な地位に結び付くのかを理解していないからである。ほとんどとはいわないまでも、多くのアメリカ人が、宗教はきわめて大切であると考えている。……それで多くの人が、引き続き、政教分離を擁護する者は、宗教を軽蔑していると考える。（『良心の自由』、一五頁、傍点引用者）

ヌスバウムは、「国家の宗教的性格を公的に是認すること」は、公的領域における不平等な地位をもたらすことになるので慎重であるべきであると考えたが、国家と宗教の全面的な分離を主張しているわけではない。彼女は、「政教分離」の真の意味について次のように述べている。

> 「政教分離」が良い考えである場合には、それが平等な尊重を支持し、一つの宗教の教義を国教として樹立するこ

とで、ある市民の集団を中傷したり、社会的に周辺へ押しやったしてしまうようなことが公共の分野で起こらないようにするという点で善いのである。文字通り解釈された全面的な分離など本当に信じている者は誰もいない。（『良心の自由』、一七頁）

また政教分離という言葉がもたらす問題を以下のように指摘している。

私たちのような多元的な社会において、学校での祈りや公的な展示は難しい問題である。『分離』というレトリックは、より深い理論的な分析なしに適用されてしまうと、国教禁止条項の目的は、公共空間から宗教に関連するあらゆるものを一掃することであり、政府の理論として事実上世俗主義を確立することであると誤って示しかねない。（『良心の自由』、四〇〇―四〇一頁）

こう述べてヌスバウムは、政教分離がどの程度まで妥当であるのか指針が必要であると述べている。ヌスバウムにとって、この指針とは、平等や公平の原則、良心の自由が守られているか否かであった。この原則が守られている限りにおいて、政治と宗教の結びつきは許されるのである。

ただ、ヌスバウムは基本的にロジャー・ウィリアムズの立場に依拠しつつ、ウィンスロップやジョン・コットンのようにアメリカを特定の宗教的基盤の上に形成していこうとする、保守的なキリスト教の見解には批判的である。保守的見解の第一の事例は、連邦憲法の修正第一条は州にそのまま適用される必要はないという、「編入」(incorporation）を否定する見解である。トマス判事がその代表である。

第二の事例は、特定の宗派ではなく、無宗教よりも宗教を好んで優遇し、宗教一般を育成し、財政上において助成することは認められうるとする「非優遇主義」の立場である。この立場からは、無神論者、多神教信者は排除されてしまう。これは、故レンキスト判事の立場である。また初代大統領ワシントンの立場であり、さらにはマディソンが批判した立場であった。

第三の事例は、「強制理論」である。つまり強制があるかないかが、修正憲法第一条違反であるか否かの基準となるという見解である。この理論によれば、強制がなければ、公立学校における宗教教育は許されることになる。ヌスバウムは「強制理論」に反対であり、公立学校における宗教教育そのものに反対であった。それは、生徒の平等な権利を侵害するものである。

第四の事例は、「便宜的措置」を否定することである。「便宜的措置」とは特定の少数派に対して法律適用の例外を承認する立場であり、ヌスバウムはこの立場を支持している。便宜的措置を否定する立場がスカリア判事である。例えば、良心的兵役拒否がこの事例にあたる。またユダヤ人、シーク教徒、クエーカー教徒には、法廷での出廷に対し、ヤムルカ、ターバン、帽子を法廷で身に着けることを認めることである。

この最後の点において興味深い点は、ヌスバウムのフランスの「ライシテ」の評価である。彼女は、ムスリムに対するスカーフ着用の拒否にみられるように、「便宜的措置」を否定し、公的領域における世俗主義的同質性を押し付けるフランスの「ライシテ」には反対である。また逆に彼女は、EUが事実上キリスト教的な地盤の上に建てられていることに異議を唱えている。

> ヨーロッパ諸国のほとんどはいまだに国教会を設けている。フランスは、世俗主義体制をとっているが、それは現在の他のヨーロッパの国教体制よりも、人々の生活の中に立ち入る押し付けがましいものであり、市民に対して公共的な場で高い水準において同質であることを求めている。ヨーロッパ憲法は、そのほとんどがヨーロッパ連合をキリスト教的組織として言及する文言で成り立っていると言ってよいだろう。まさにこの事実が、ヨーロッパ人が国民としての交わりをいまだに血縁関係や領土、そして宗教的遺産に関する事柄としてとらえていることを示している。（『良心の自由』、一三〇頁）

ヌスバウムは、良心の自由の思想的系譜を宗教改革のみに求めるのではなく、ローマのストア派の哲学者、つまりキケロ、セネカ、エピクテトス、マルクス・アウレリウスにも求めている。ヌスバウムによれば、ストア派は、マディソンやジェファーソンにも影響を与え、各個人の「倫理的能力」また良心の尊重、人間の尊厳と平等についての認識をもたらしたのである。ヌスバウムによれば、アメリカにおける良心の自由や政教分離の形成には様々な思想潮流の人々が合流しており、ただ一つの思想に還元されるものでなかった。彼女は言う。

新しい国家［アメリカ］は、ヨーロッパのようには考えなかった。共和政を設立するのには、共通の倫理原則だけで、とりわけすべての人間に等しく備わる人間性を尊重するという原理だけで十分だ、そう開拓者たちは考えていた。独立戦争時のアメリカは、方針を異にする様々な見解から成っていた。主だった建国者の中には、合理主義的で伝統的な宗教に対してきわめて懐疑的な理神論者たちがいた（ペインやジェファーソン）。また中には、今日なら『共同体主義者』と呼ばれるような者、すなわち共通の宗教的信念と実践とを、若い国家の社会的基本構造のために良いものとみなす者もいた（ワシントン、Ｐ・ヘンリー）。またマディソンや多くのバプティスト派、クエーカー教徒、そして他の非国教徒――彼らはＲ・ウィリアムズの教えに従った者たちなのだが、――のように自分個人としては、宗教を持っていても、宗教と政府との結びつきについては、きわめて懐疑的なものたちもいた。しかし、等しい人間の尊厳という考え方は、こうした異なる方向の考え方とそれをもった人々すべてを一つに結び付けた。どんな国家であれ、等しい尊厳の精神を固く守るような制度のあり方を見つけなくてはならない。こうした目的を追求するのに、国教樹立がよい方法ではないことを、結局は共同体主義者ですら認めていた。（『良心の自由』、一三〇―一三一頁）

Ⅲ　宗教とケイパビリティ理論

ヌスバウムは、ケイパビリティの開発という観点から、宗教の役割を理解している。彼女にとって、信仰の自由、宗教団体に属する自由、宗教活動を行う自由は、人間の中心的ケイパビリティに属しており、それは、主に「感覚・想像力・思考」や「連帯」というケイパビリティである。「感覚・想像力・思考」には「自分自身のやり方で人生の究極の意味を追求できること」が含まれているが、それは、宗教の実践によって行われる。また「連帯」には「他の人々と一緒に、そしてそれらの人々のために生きることができること。……他の人の立場を想像でき、その立場に同情すること」が必要であるが、それも宗教的活動によって可能となる。総じてヌスバウムは、宗教が人間のケイパビリティの実現に果たす役割として、以下の様に述べている。

宗教は、芸術的・倫理的・知的表現のケイパビリティとも密接かつ豊かな形で結びついてきた。それは、家族やもっと大きなコミュニティで若者の道徳倫理教育が行われる中心的な場所であった。最後に、文化の継承の中心的手段であり、他の形態の人間的連帯や結びつきの非常に貴重な支えとなってきた。従って、宗教を攻撃することは、人々の道徳的・文化的・芸術的・精神的生活を骨抜きにしてしまう危険性がある。たとえ世俗的国家において宗教に代わる表現と活動の手段があったとして、市民から信仰の自由を奪うような国家は、これらの重要な領域でひどい間違いを犯していることになる。（『女性と人間開発』、二一四—二一五頁）

こうした立場から彼女は、宗教を拒否し、宗教に対して敬意を払わない「世俗的人道主義者」たちが、宗教的ケイパビリティの本質的な価値を軽視していると批判している。彼らは非リベラルなのである。

ところで、宗教が個人の中心的ケイパビリティを促進するのではなく、それを抑圧し、宗教に対する権力の介入が必要になる時はないのだろうか。特にイスラム教やヒンズー教の特定の慣習のように、女性に教育を受けさせなかったり、女性を家庭に縛り付けてしまうときには国家はどうすべきであろうか。宗教が人種・カースト・性別など道徳とは無関係な性質によって、自由や人権を阻害するときに、国家は介入し、人権や自由を守る義務があるのではないか。この点においてヌスバウムは、「信教の自由に介入することとは、個人の自己認識と基本的自由の領域で人々に打撃を与えるが、介入しなければ、別の形で自己認識と自由を阻害する」(同、二〇四頁)と主張している。ただその場合の介入とは、信教の自由そのものに対する介入というよりは、人間の自由や健全な道徳を侵害するような慣習を取り除くことを意味するにすぎない。ヌスバウムは、「もしある宗教の慣行が主要なケイパビリティの領域で人々を傷つけるならば、私たちはその宗教に対して敬意を払うことは拒むべきである」(同、二二六頁)と主張している。

〔参考文献〕
・M・ヌスバウム『女性と人間開発——潜在能力アプローチ』(池本幸生・田口さつき・坪井ひろみ訳、岩波書店、2005)
・———『良心の自由』(河野哲也監訳、慶應義塾大学出版会、2011) 原書は、Martha Nussbaum, *Liberty of Conscience: In Defense of America's Tradition of Religious Equality*, Basic Books, 2008 を参照した。
・———『正義のフロンティア——障碍者・外国人・動物という境界を越えて』(神島裕子訳、法政大学出版局、2012)
・神島裕子『マーサ・ヌスバウム——人間性涵養の哲学』(中公選書、2013)
・またヌスバウムに関しては、拙著『コスモポリタニズムの挑戦——その思想史的考察』(風行社、2014)の中の第三章「ヌスバウムの共感的コスモポリタニズム」(九六—一六八頁)を参照のこと。

おわりに

以上私たちは、近・現代においては、時代の一般的な流れを縦軸に、各国の個別的な特殊事情を横軸に据えて、それぞれの思想家が、政治と宗教、国家と教会をめぐる問題にいかに取り組んできたかを見てきた。

西洋では、キリスト教という思想的基軸があり、国家と宗教の一体化に対してどのように対決するかという格闘を通して、政治哲学者の思想が形成されてきた。したがって、西洋の思想の流れを、それぞれの時代の国家宗教に対する血を流すような戦いという視点から再構成したのが本書であり、本書のタイトルを『西洋政治思想と宗教――思想家列伝』とした理由である。

本書は、近現代以降は、政治と宗教が一体化して、宗教の自由を認めず、宗教戦争を生み出した段階から、国教会制度を維持しつつも、大幅な寛容を実現していく段階を経て、政教分離の段階に突入するまでのプロセスを考察の対象とした。

そして政教分離が実現されている今日、問題となっているのは、宗教を公的空間から排除したフランス型のライシテを目指すのか、政教分離、正確には国家と教会の分離を前提としつつも、宗教が公的領域においても積極的に貢献する道を開くのかである。

本書は、後者の立場に立ち、例えば、フランスの思想家を選択する際にも、政教分離を説きつつも、宗教の果たす積極的な役割を認めた思想家をあえて選択した。一九世紀においてはラムネーやトクヴィル、二〇世紀においてはベルクソンやマリタンといった哲学者である。それは、フランスのライシテの世俗主義ではないもう一つの潮流を掘り起こす作業である。

今日、政治と宗教の関係はどのようにあるべきであろうか。この点において示唆に富む類型を示しているのが、Ch・テイラーの『今日の宗教の諸相』（伊藤邦武他訳、岩波書店、二〇〇九年。原題 *Varieties of Religion Today*）である。本書において、テイラーは、旧デュルケーム（paleo-Durkheimian）的なもの、新デュルケーム的なもの（neo-Durkheimian）、そしてポスト・デュルケーム的なもの（post-Durkheimian）と、政治と宗教の関係を三つに大別している。旧デュルケーム的なものとは、国家と宗教、ないし教会が合体した国家宗教体制であり、新デュルケーム的とは、政教分離をとりながらも、様々な教会（Sekte）が、社会の諸領域に浸透し、社会の活力を生み出している形態である。テイラーによれば、この段階においても、「信仰とその実践の潜在的な衰退ということは、純化するか、そもそも発生しない」（邦訳、七三頁）のであり。宗教が社会の道徳的な紐帯の形成や国家の統合機能をはたしている段階である。最後の、ポスト・デュルケーム的とは、宗教の個人化や内面化、多様化によって特徴づけられる。それは、ウィリアム・ジェームズが言う「宗教的経験」が幅を利かす時代なのである。こうしたテイラーの分析枠組みが適切であるかどうかは別にして、現在問われているのは、宗教が政治利用されないためにも、一方において宗教が人間の実存の領域、魂の内奥の領域に根差すと同時に、他方においてそれが公的な空間において影響を持ち、民主主義や人権や友愛の絆の形成に果たす役割を再認識していくことである。しかし、前者の実存的な魂の軌跡なくして、後者は存在しえず、人々の魂の内奥に根差さない宗教の公的役割をいかに議論しても無益であり、かえって宗教の政治的利用に道を開くだけである。特に日本において宗教の公的役割を議論する時には、過去の国家神道的伝統が色濃く残っているがゆえに、注意をすべきである。

本書では、こうした視点から、思想家の個人的な信仰の経験にも触れることにした。マックス・ピカートは、『神からの逃走』において、神からの逃走という時代の潮流の中で、「神への情熱によって動かされ、ただ神ゆえにのみ情熱を燃え立たせた」パスカル、キルケゴール、ドストエフスキーの三人を挙げている（ピカート『神からの逃走』坂田徳男他訳、みすず書房、五六頁）が、彼らは、まさに神なき時代、神を忘却した時代における預言者的役割を果たしている。本書でも、政治思想史の書物であるにもかかわらず、特にアウグスティヌス、ルター、パスカル、キルケゴールの魂の軌跡には、触れざるをえなかった。それは、宗教とは何か、信じることとは何かという実存的な問題を鋭く突き付けてくるからである。彼らに共通しているのは、激しい内面的な罪との戦いの中で、神の恩寵とキリストの十字架の贖いにひたすら信頼する生き方である。政治と宗教の問題を考えるということは、ただ単に論理の問題として客観的に考察するというのではなく、まさに実存的に宗教の問題と格闘することでもある。そして、その宗教は個人の内面的な救いの領域のみならず、社会的・政治的な領域にも浸透し、その領域を新たに造り変えていく活力を持つものでなければならない。その意味において本書は、思想家の根底に流れている宗教観を下地に、宗教と政治の関係を評価することを試みたものである。ただ対象とする思想家が多すぎ、一人ひとりについて十分な理解が不十分であったことは、今後の課題としたい。

［注記］

出典は、基本的に各節の本文中に記した。その際、著者名で挙げた場合（例えばヘーゲル）もあれば、著書名であげた場合もある（例えば、『法の哲学』）。著者名の場合は、その節においてその著者の作品が一つだけしか言及されていない場合で、著書名の場合は、その著者の著書が複数ある場合である。節の最後に「参考文献」をつけているので、そこを参照することによって、本文中に言及した著者、著書、訳者、出版社、発行年を確認することができる。

［全体の参考文献］

＊西洋政治思想史の通史に関する書物
藤原保信・白石正樹・渋谷浩編『政治思想史講義』（早稲田大学出版部、1991）
福田歓一『政治学史』（『福田歓一著作集』第三巻、岩波書店、1998）
小野紀明・川崎修編集代表『岩波講座、政治哲学』全六巻（岩波書店、2014）

古賀敬太編『政治概念の歴史的展開』第一—六巻、八巻（晃洋書房、2004-2016）
小野紀明『西洋政治思想史講義——精神史的考察』（岩波書店、2015）

＊政治と宗教に関する書物

Rainer Forst, *Toleranz im Konflikt: Geschichte, Gehalt und Gegenwart eines umstritten Begriffs*, Suhrkamp Verlag, 2003.
Mark Lilla, *The Stillborn God: Religion, Politics, and the Modern West*, New York, Alfred A. Knopf, 2007〔『神と国家の政治哲学』鈴木佳秀訳、ＮＴＴ出版、2011〕.
Ronald Beiner, *Civil Religion: A Dialogue in the History of Political Philosophy*, Cambridge University Press, 2010.

あとがき

本書は、非常勤講師として担当している同志社大学法学部の特殊講義「政治と宗教」の講義録に手を加え、講義のテキストとして作成したものである。また本書には、私が以前刊行した『近代政治思想における自由の伝統』（晃洋書房、二〇〇一年）や『政治思想の源流』（風行社、二〇一〇年）からも修正や加筆を加えながら、大幅な引用を行った。節ごとの参考文献は、基本的に学生が入手しやすい書物に限定した。

本書は、政治と宗教の視点から、古代から現代にいたるまで、実に四〇人以上もの思想家を扱っているので、一人ひとりの思想家についての認識の浅薄さや間違いがあるかもしれない。それぞれの思想家の専門家からの御批判は、謙虚に受けて、これからの研究に生かしていきたいと願う次第である。宗教を中心に「西洋政治思想史」の流れを読み解くという本書の意図がどこまで成功しているか、またどこに問題があるのかについては、読者の評価に委ねることとする。

ここで政治と宗教というテーマに関して、私が影響を受けた四人の先生の学恩に触れることを許していただきたい。

まず、京都大学大学院時代の指導教授である勝田吉太郎先生は、私たち院生にドストエフスキーの魅力を教えて下さり、政治思想の視点からドストエフスキーをどう読むかを、手ほどきしてくださった。ロシア政治思想史に造詣の深い先生は、神なき時代の預言者としてのドストエフスキーの重要性を熱く語っておられたことを思い出す。先生の著作の中でも特に『近代ロシア政治思想史』（創文社）や『ドストエフスキー』（潮新書）は今でも、手に取って読む機会が少なくない。授業では、学生に対しても、先生の『ドストエフスキー』を是非読むように勧めている。

もう一人の恩師は、故永岡薫先生である。先生はピューリタニズムをイギリスの政治思想の主流と理解しておられ、ロックやリンゼイの意義を熱っぽく語っておられた。本書で触れているロックとミルトン、そしてリンゼイの叙述も、基本的に永岡先生の理解を受け継いだものである。永岡先生は、日本の学界が底の浅い経験主義や合理主義にとらわれて、ロックのピューリタニズム、底の深いスピリチュアルな次元を理解できないことを嘆いておられた。いつも長い電話で、熱く日本の市民社会の未成熟を嘆いておられた先生の姿を思い出すものである。

直接指導をいただいたわけではないが、著作を通して大きな影響を受けた先生に宮田光雄先生がいる。カール・シュミットを中心とするドイツの政治思想の研究を目指していた私にとって、先生のドイツ政治思想研究の一連の業績、またバルトやボンヘッファーの研究業績、とりわけ『国家と宗教』（岩波書店）や『カール・バルト』（岩波書店）からは、政治と宗教、国家と教会のありかたについて多くの示唆を与えられた。また貴重な著作を多く送ってくださった。この場を借りて、心から感謝を表したい。

最後にもう一人、法哲学の泰斗である故水波朗先生のことを思い起こす。先生との関係は、私が『カール・シュミットとカトリシズム』（創文社）を献呈してから、長い手紙をいただくようになり、新カント主義批判やトマス主義、そしてJ・マリタンについて貴重な教えをいただいた。私はトマス主義には素人に近いが、それでも、「恩寵は自然を破壊せず、それを完成する」というトマス・アクィナスの自然の側面、つまり自然法を先生が強調されるのに対して、私の関心はパスカルに導かれ、自然よりも恩寵に向かわざるをえなかった。

こうした四人の先生に共通するのは、政治的立場如何にかかわらず、単なる博学というのではなく、学問に対する情熱、真理に対する畏敬であり、内側からあふれでてくる見識である。

本書を刊行するまでに、多くの方々の助けをいただいた。個々の名前を挙げることは差し控えるが、大阪国際大学の図書館のスタッフには、膨大な資料をＩＬＬ（図書館相互利用）で取り寄せていただくなど、多大な尽力をいただいた。学生の勉学を助けるだけではなく、研究の助力に犠牲を惜しまない有能な図書館のスタッフがおられることは、大学の誇りでもある。

また本書の出版を快諾してくださり、いつも筆者の研究活動を励ましてくださっている風行社の犬塚満氏、また本書の校正を忍耐をもって丁寧に行っておられる伊勢戸まゆみさんに心から感謝するものである。

最後に私事で恐縮であるが、本書を結婚から三六年間、私の研究生活を陰で支えてくれた妻のひとみにささげることにする。本書の底に流れている精神は、彼女も共有しているものである。ちなみに表紙の名画は、妻と一緒にオランダのアムステルダム国立美術館を訪れた時に深く感動したレンブラント（1609-1669）の「エルサレムの滅亡を嘆くエレミヤ」である。エルサレムの滅亡に涙しつつも、絶望せず、なお預言者としての使命に生きるエレミヤの姿は、私たちに圧倒的な存在感をもって迫ってくるのである。

二〇一八年三月三〇日

大津市一里山の自宅にて　古賀敬太

人名索引

（当該人物が扱われている節の頁は拾っていない）

《ア行》

《カ行》

《サ行》

《タ行》

《ナ行》

《ハ行》

《マ行》

《ヤ行》

《ラ行》

《ワ行》

【著者略歴】

古 賀 敬 太（こが　けいた）

1952年　福岡県生まれ

京都大学法学研究科博士課程修了。博士（法学）政治思想史専攻

現在　大阪国際大学現代社会学部教授

［主要業績］

単著　『ヴァイマール自由主義の悲劇——岐路に立つ国法学者たち』（風行社、1996年）
『カール・シュミットとカトリシズム——政治的終末論の悲劇』（創文社、1999年）
『近代政治思想における自由の伝統』（晃洋書房、2001年）
『シュミット・ルネッサンス』（風行社、2007年）
『政治思想の源流——ヘレニズムとヘブライズム』（風行社、2010年）
『コスモポリタニズムの挑戦』（風行社、2014年）

編著　『政治概念の歴史的展開』（第一巻～第六巻、第八巻、晃洋書房、2004 ～2016年）

論文　『矢内原忠雄の政治思想』(1)(2)(3)(4)（『国際研究論叢』、第28巻2号（2015. 1）、29巻3号（2016. 3）、30巻1号（2016. 10）、30巻3号（2017. 3））
『カール・シュミットの憲法・政治思想——緊急権を中心として』(1)(2)（『国際研究論叢』、第31巻1号（2017. 10）、第31巻2号（2018. 1））

共訳書　ロバート・P・エリクセン『第三帝国と宗教——ヒトラーを支持した神学者たち』（風行社、2000年）
A・D・リンゼイ『オックスフォード・チャペル講和』（聖学院大学出版会、2001年）

西洋政治思想と宗教——思想家列伝

2018年3月31日　初版第1刷発行

著　者　古　賀　敬　太

発行者　犬　塚　　満

発行所　株式会社 風　行　社

〒101-0052 東京都千代田区神田小川町3－26－20

Tel. & Fax. 03-6672-4001

振替 00190-1-537252

印刷・製本　中央精版印刷株式会社

ISBN978-4-86258-118-1